Cordova

Ralph Steyer

Cordova

Entwicklung plattformneutraler Apps

 Springer Vieweg

Ralph Steyer
Bodenheim
Deutschland

ISBN 978-3-658-16723-3   ISBN 978-3-658-16724-0   (eBook)
DOI 10.1007/978-3-658-16724-0

Die Deutsche Nationalbibliothek verzeichnet diese Publikation in der Deutschen National-bibliografie; detaillierte bibliografische Daten sind im Internet über http://dnb.d-nb.de abrufbar.

Springer Vieweg
© Springer Fachmedien Wiesbaden GmbH 2017

Gedruckt auf säurefreiem und chlorfrei gebleichtem Papier

Springer Vieweg ist Teil von Springer Nature
Die eingetragene Gesellschaft ist Springer Fachmedien Wiesbaden GmbH
Die Anschrift der Gesellschaft ist: Abraham-Lincoln-Strasse 46, 65189 Wiesbaden, Germany

Vorwort

Als ich im Jahr 2012 erstmals ein Buch zur plattformneutralen Programmierung von Apps geschrieben hatte, hatte ich mir Gedanken gemacht, wie stark sich die Nutzung des Internets über die Jahre verändert hatte. Ganz natürlich ging ich zu der Zeit via einer USB-Tethering-App und meinem mobilen WLAN-Hotspot über mein Smartphone online und hatte über dem damaligen Vorwort gebrütet. Dabei hatte ich am Waldrand unter einem Sonnenschirm mit meinem Notebook im Garten gesessen. Ganz selbstverständlich. Nur wenige Jahren zuvor saß ich beim Schreiben anderer Bücher ebenso oft dort (zumindest wenn es warm und schön war), aber **offline**. Wenn ich damals online sein wollte oder musste, musste ich ins Büro oder zumindest in die Nähe meines festen WLAN-Routers gehen. Diese Zeiten sind lange vergangen und gerade hat mir mein Provider mitgeteilt, dass er die Geschwindigkeit meines mobilen Anschlusses kostenlos verdoppelt.

Warum erzähle ich Ihnen das? Ich will Sie neidisch machen auf meine manchmal ungewöhnlich schönen Arbeitsbedingungen;-). Aber im Ernst – wie bei vielen Personen ist mein Smartphone mittlerweile ein Schweizer Taschenmesser des täglichen Lebens. Der Nutzen liegt weit über der einfachen Telefonie. Von der Verwaltung meiner Kontakte, Notizen und Termine über die Wiedergabe von Musik und Videos, zur Informationsbeschaffung jeder Art samt Onlinegeschäften, Navigationsmöglichkeiten, der ständig verfügbaren Kamera bis hin zu kleinen praktischen Tools wie einer Taschenlampen-App, eines Kompass oder einer Wasserwaage reichen die Anwendungen. Die diversen Spiele sind nicht zu vergessen.

Nun muss ich aber zugeben, dass ich mich lange dagegen gewehrt habe, die Organisation der täglichen Anforderungen meines Lebens solchen mobilen Geräten zu übertragen. Denn eigentlich bin ich – technisch – konservativ. Ich springe fast nie einfach auf einen Trend auf, nur weil er neu ist. Ehrlich gesagt muss ich eingestehen, dass häufig der Spruch „Was der Bauer nicht kennt, frisst er nicht!" auch für mich gelten könnte. Ich bin jedoch lernfähig. Nur muss ich immer erst von dem Nutzen einer neuen Sache überzeugt sein und vor allen Dingen, dass das Neue auch gut und sinnvoll ist. Entweder überzeugt mich irgendjemand in meinem Umfeld davon oder ich bekehre mich selbst. Letzteres dauert meist länger, ist aber der Regelfall. Wenn ich dann aber von einer Neuentdeckung überzeugt bin, dann beschäftige ich mich intensiv mit einer Sache und vertrete deren Vorteile später auch konsequent. Oft sogar ganz entgegen meines Standpunktes, den ich vor der Konvertierung vertreten habe.

Ein paar Situationen belegen das ganz gut: Während meines Mathematik-Studiums war ich beispielsweise sicher, dass ich nie „Programmierknecht" werden wollte. Die Informatiker hatten sich an der Uni bei Beginn meines Studiums gerade mit einem eigenständigen Fachbereich von uns Mathematikern abgespalten und wir wollten nicht mit so etwas schmutzig Praktischem wie Programmierung und Computertechnik in einem Topf geworfen werden. Und außerdem habe ich mich sowieso mehr für Physik interessiert und dieses Fach parallel zu Mathematik studiert.

Als ich dann mit dem Studium fertig war, stand ich nun mit meinem Diplom in Mathematik da. Und was gab es für Mathematiker für Job-Angebote? Hauptsächlich als Programmierer. Aber als ich dann als Programmierer bei einer Versicherung angefangen hatte, bin ich dem Reiz dieser ehemals „verachteten" Welt erlegen. Sowohl was die Freiheiten eines Programmierers in der Firma anging, aber vor allen Dingen der spannenden Tätigkeit, dem Erschaffen von Dingen (wenn auch nur Programmen) und den logischen Denkweisen.

Nun haben wir bei der Versicherung in meiner Abteilung anfangs prozedural mit Turbo Pascal programmiert. Das Ziel waren DOS-Programme für den Außendienst und unsere Vertriebspartner in Banken und Agenturen. Nach einiger Zeit sollten wir jedoch an einem objektorientierten Projekt arbeiten. Die OOP (objektorientierte Programmierung) kam zu dem Zeitpunkt als Hype auf. Aber diese objektorientierte Programmierung war für mich wieder so eine Neuerung, an die ich anfangs gar nicht heran wollte. Mir war der Nutzen zu dem Zeitpunkt einfach nicht klar. Vor allen Dingen, da wir in der Versicherung mit C/C++ einen hybriden Zugang zu dieser Welt gewählt hatten und man die objektorientierte Denkweise damit wunderbar umgehen konnte (und immer noch kann). Aber als ich 1996 – mittlerweile selbständig als Freelancer – Java programmieren wollte, musste ich mich richtig auf Objektorientierung einlassen und nach einiger Zeit wurde ich zum überzeugten Vertreter der OOP.

Als dann der Hype um Handys aufkam und jeder sich damit wichtigmachen wollte, war meine Aussage: „So etwas brauche ich nicht!". Ich brauche nicht zu betonen, dass mich irgendwann auch Handys überzeugt haben. Und als alle Welt von mobilem Internet geschwärmt hat …. Soziale Netzwerke, Blogs etc. – alles habe ich erst einmal betrachtet, um es erst dann zu nutzen, wenn ich den Sinn und die Vorteile verstanden habe.

Es scheint in meinem Leben immer so zu sein, dass ich bei einem Zug erst einmal schaue wohin er fährt und ob er nicht gleich beim Verlassen des Bahnhofs entgleist. Aber wenn er abgeht, dann springe ich auf den letzten Wagen auf und arbeite mich sehr oft sogar bis zur Lok vor. Seltsamer Weise klappt das dann meist.

Was nun die Programmierung von Apps angeht, ist hier die Situation aber etwas anders. Wie angedeutet, liegen meine Wurzeln in der Desktop-Programmierung mit klassischen Sprachen, aber auch vor allen Dingen Java und zum Teil C# bzw..NET. Mein zweites Standbein, mit dem ich seit etwa 1996 hauptsächlich gearbeitet und programmiert habe, sind Web-Technologien. Nun bot Java schon sehr früh die Möglichkeit zur Entwicklung von mobilen Applikationen – die sogenannten MIDlets. Mit diesen habe ich mich bereits beschäftigt, bevor der eigentliche Boom der mobilen Apps und mobilen Endgeräte begonnen hat. Die Erstellung von Apps ist sozusagen eine der wenigen technischen Entwicklungen, bei denen ich zu früh dran war. Denn wie Sie vielleicht wissen, ist der MIDlet-Zug entgleist. Oder anders ausgedrückt – MIDlets und die frühen mobilen programmierbaren Geräte wurden nicht gerade ein Erfolg. Von daher war ich dann wieder vorsichtig als die aktuellen Apps und mobilen Geräte gehyped wurden. Aber ich war immer am Puls der Zeit, denn mit Java als auch C# hatte ich die Programmiergrundlagen seit Jahren bereit. Als dann zusätzlich Web-Technologien immer mehr als Basis für Apps und mobile Seiten bzw. Applikationen propagiert wurden, fügte sich im mobilen Bereich zusammen, was ich bereits über die Jahre in allen möglichen Umfeldern genutzt habe.

Ich bin von der Verwendung von Web-Technologien im mobilen Umfeld überzeugt, obwohl ich auch native Android-Apps mit Java oder Apps für Windows Phone mit C# und VB.NET erstelle. Nur der Einsatz von HTML5, CSS3 und JavaScript erlaubt die Erstellung universell verwendbarer Web-Apps für Android, Apple, Windows Phone und andere mobile Plattformen. Und mit Cordova können Sie auch die speziellen Features mobiler Endgeräte ausnutzen. Sie können etwa auf GPS-Empfänger, die Orientierung, die Kamera, Datenbanken etc. direkt aus JavaScript heraus zugreifen, ohne spezielle native Programmiertechniken lernen zu müssen. Ich zeige Ihnen in diesem Buch, wie das geht.

Herbst/Winter 2016/2017   Ralph Steyer
http://www.rjs.de

Inhaltsverzeichnis

Einleitung und Grundlagen – Um was geht es bei Cordova?

1

Inhaltsverzeichnis

1.1 Was behandeln wir im einleitenden Kapitel?

Im einleitenden Kapitel wollen wir uns erst einmal kompakt ansehen, was Cordova eigentlich ist. Was zeichnet Cordova aus? Wozu ist Cordova überhaupt da und wie ist der Begriff „PhoneGap" in Hinsicht auf Cordova zu sehen?

© Springer Fachmedien Wiesbaden GmbH 2017
R. Steyer, *Cordova*, DOI 10.1007/978-3-658-16724-0_1

1

1.2   Erste grundlegende Überlegungen zum Umfeld

Die Verwendung mobiler Endgeräte boomt jetzt schon seit einigen Jahren, weil sie cool und (meist) nützlich ist. Mobilität mit Handys, Smartphones oder Tablets über ebook-Reader bis hin zu Netbooks, Ultrabooks und Notebooks ist ein Zeichen unserer Zeit. Und die Grenzen der Gerätetypen verschwimmen. Ebenso kommen immer wieder neue Typen an mobilen Geräten und Plattformen hinzu. Es ist erstaunlich, dass die Industrie immer wieder neue Kategorien erfinden und damit einen (künstlichen) Bedarf schaffen kann. Letztendlich kann die Vielfalt egal sein – Mobilität an sich ist wichtig und „Always-on" dabei mehr oder weniger ein Muss. Spätestens seit erschwingliche Flatrates für mobiles Internet vorhanden sind. Und dann bedarf es geeigneter Anwendungen (Apps), die den Besonderheiten mobiler Endgeräte Rechnung tragen und die ebenfalls entsprechenden Mehrwert bieten, den man mobil gebrauchen kann.

Sind Netbooks, Ultrabooks oder Notebooks dabei noch „echte" Computer, die man mit Tastatur und Maus bedienen kann, müssen ebook-Reader, Smartphones und Tablets meist ohne solche externen Eingabegeräte auskommen. Je kleiner und leichter diese Geräte sind, desto besser sind sie zu transportieren und damit verzichtet man im Hardwaredesign natürlich auf alles, was nicht notwendig erscheint. Die Eingabe von Daten durch die Anwender wird dabei auf wenige Hardwaretasten und vor allen Dingen Touchscreens, Sensoren und Spracheingabe übertragen. Aber das erzwingt auf der einen Seite spezifische Designs der Benutzeroberflächen. Auf der anderen Seite werden gerade Smartphones und Tablets oft in der Hand gehalten und nicht wie klassische Computer feststehend bzw. liegend auf dem Schreibtisch bedient. Ebenso ändert sich oft der Standort des Geräts – während des Betriebs. Ebenfalls besitzen mobile Geräte oft spezifische Hardware, die bei stationären Geräten oder klassischen Computern nicht vorhanden sind oder nur begrenzt Sinn machen. Besondere Hardwaresensoren – etwa zum Erkennen der Orientierung des Bildschirms oder des Standortes eines Benutzers – unterstützten in der Regel diese spezifische Verwendung.

1.2.1   Die mobile Welt – Tausende von Inseln

Nun gibt es allerdings gerade im mobilen Bereich ein extrem heterogenes Umfeld als technische Basis. Sowohl was die Hardware angeht, aber auch die Bedienkonzepte, die verwendeten Programmiersprachen und die Betriebssysteme.

Hintergrundinformation
Im Buch werden wir uns auf die **Referenzsysteme** Android, Windows Phone und iOS konzentrieren. Aber die Ausführungen zu Cordova werden in der Regel auch für weitere mobile Betriebssysteme gelten, soweit Cordova diese unterstützt. Das ist ja gerade das Wesen plattformneutrale Apps.

Native Programmierung von mobilen Applikationen (Apps) bedeutet nun, dass Sie sich auf eine Hardware samt speziellem Betriebssystem oder gar nur eine spezielle Version davon konzentrieren. Dazu verwenden Sie in der Regel mächtige Programmiersprachen wie Objective C oder Swift, Java, C/C++ oder C#. Wollen Sie mehrere Welten unterstützen, müssen Sie gegebenenfalls für jedes Zielsystem eine eigene App erstellen, die funktional identisch zu einer bereits vorhandenen App für ein weiteres Zielsystem ist. Dabei müssen Sie zudem sehr wahrscheinlich die App für die eine Plattform in der Programmiersprache A und für die andere Welt in der Programmiersprache B erstellen. Das kann einen immensen Aufwand bedeuten, wie man leicht nachvollzieht.

Wenn Sie nun weitgehend neutral von verschiedenen Zielplattformen bleiben wollen, bieten sich bei modernen Gerätetypen alternativ klassische Web-Technologien als Basis einer App an. Insbesondere **HTML** (Hyper Text Markup Language) und **CSS** (Cascading Style Sheets) werden in Verbindung mit *JavaScript* mittlerweile von allen relevanten Herstellern mobiler Endgeräte unterstützt und die neuen Möglichkeiten von HTML5 und CSS3 eröffnen sehr interessante Perspektiven. Erst einmal zwar nur im Rahmen der jeweilig verfügbaren eingebetteten Web-Browser (das sind derzeit fast immer die Engines WebView, Trident oder Webkit), aber diese Unterstützung kann man für „echte" Apps „missbrauchen". Damit können Sie den Quellcode für eine App nur einmal entwickeln und (relativ) problemlos auf allen modernen mobilen Systemen einsetzen. Dieser Ansatz mit der Verwendung von klassischen Web-Technologien hat auch den Charme, dass viele Leute bereits HTML, CSS oder JavaScript beherrschen und damit die Einstiegshürde zur Erstellung von Apps viel niedriger als bei nativer Programmierung ist.

Sie müssen sich dann aber auch darüber im Klaren sein, dass Sie eben Web-Apps entwickeln. Mit allen Vorteilen, die wir schon angedeutet haben, aber auch Nachteilen. Um nicht in den Verdacht unkritischer Lobhudelei zu geraten, soll neben einer optisch nicht immer dem nativen Layout entsprechender GUI (Grafical User Interface) insbesondere die manchmal schwache Performance von Web-Apps als Nachteil direkt angeführt werden. Insbesondere kann man mit JavaScript nicht so einfach oder gar nicht direkt die spezifische Hardware des mobilen Geräts nutzen. Aber hier helfen ja gerade Frameworks wie Cordova. Als spezielle Erweiterung für diese mobilen Belange erlaubt Cordova den Zugriff auf die speziellen Hardwarekomponenten mobiler Geräte – auf Basis von Quelltext in HTML, JavaScript und CSS. Wobei – um auch hier die Euphorie etwas zu dämpfen – es bei einigen Geräten und Betriebssystemen bzw. Betriebssystemversionen eine Reihe von Problemen beim Zugriff auf Hardwarebestandteile geben kann. Aber auch hier kann man davon ausgehen, dass das Cordova-Framework als auch die Geräte und Plattformen immer besser und die Probleme abnehmen werden.

Ebenso lassen sich solche Web-Apps wie native Apps auf einem Endgerät installieren und Sie erhalten damit die Möglichkeit, die Apps in einem der spezifischen Marktplätze zu vermarkten. Das ist sicher auch nicht zu verachten.

1.2.2 Was erwartet Sie in dem Buch?

Wie der Titel offensichtlich deutlich macht, beschäftigten wir uns in diesem Buch mit dem Cordova-Framework und wie man damit die Entwicklung Web-basierter, plattformneutraler Apps betreiben kann. Dazu lassen wir uns von geeigneten Mitteln für die

Entwicklung Web-basierter Apps unterstützen und lernen typische Anwendungen mobiler Apps kennen. Von dem ausführlichen Einrichten von Cordova-Projekten (was nicht ganz trivial ist) samt Fragen zur Hardware über die intensive Behandlung des Frameworks und seiner Bibliotheken samt des Aufbaus einer geeigneten Oberfläche einer App, den Zugriff auf typische Elemente eines modernen Smartphones (Geolocation, Orientierung, Kamera, Audiowiedergabe, …) bis hin zum Vertrieb und der Vermarktung von Apps.[1]

> ▶ **Tipp** Die Quellcodes des Buchs finden Sie nach Kapiteln und darin erstellten Projekten sortiert auf den Webseiten des Verlags. Die Namen der jeweilig aktuellen Dateien bzw. Projekte werden als Hinweise oder direkt im Text vor den jeweiligen Beispielen angegeben und bei Bedarf wiederholt. Ich empfehle allerdings, dass Sie die Beispiele unbedingt alle von Hand selbst erstellen. Das ist für das Verständnis und das Lernen eindeutig besser als ein reines Kopieren oder nur Ansehen.
>
> Beachten Sie auch, dass nur die selbsterstellten Quellcodes und keine vollständigen Projekte oder Bibliotheken zum Download bereitgestellt werden. Denn Sie sollten auf jeden Fall die Apps mit dem eigenen Entwicklungssystem übersetzen. Nur dann können Sie sicherstellen, dass die Apps auch laufen. Und die verwendeten Bibliotheken (im Wesentlichen zu Cordova) benötigen Sie auch für Ihr spezielles Ziel- und Entwicklungssystem – darauf gehen wir ja im Buch ausführlich ein. Ebenso werden die Bibliotheken immer wieder erneuert und Sie sollten die jeweils aktuelle Version verwenden. Sie finden allerdings Hinweise zu den verwendeten Bibliotheken im Buch, damit im Fall einer nicht kompatiblen neuen Version das Problem beseitigt werden kann.

In diesem Buch werden verschiedene Schreibkonventionen eingehalten, die Ihnen helfen sollen, die Übersicht zu bewahren. Wichtige Begriffe werden hervorgehoben. Vor allem sollten Sie erkennen können, ob es sich um normalen Text oder Programmcode handelt. Wenn bestimmte Codepassagen mir besonders wichtig erscheinen, werde ich sie so hervorheben. Ebenso werden Tasten und noch einige weitere Besonderheiten gekennzeichnet. Diese Formatierungen werden konsequent verwendet. Und ebenso werden Sie in dem Buch Bereiche vorfinden, die über die Markierung mit verschiedenen Symbolen besondere Aufmerksamkeit erzeugen sollen.

An verschiedenen Stellen im Buch werden Sie auch Quellangaben finden, die ins Internet verweisen. Zum Zeitpunkt der Bucherstellung wurden die Quellen überprüft, aber es kann natürlich immer sein, dass diese Angaben im Laufe der Zeit nicht mehr aktuell sind.

Wenn im Buch auf Software und Bibliotheken verwiesen wird, sollten Sie ebenso die Versionsnummern beachten (das wurde oben ja schon angedeutet). Ggf. werden auch

---

[1]Letzteres aber nur als Randthema.

hier neue Versionen verfügbar sein und bestimmte Erklärungen nicht mehr zu 100 % übereinstimmen.

1.3 Was sind Cordova und PhoneGap?

Wenn wir von „Cordova" reden wollen, müssen wir zuerst „PhoneGap" nennen. Phone-Gap, dessen Webseite Sie unter http://phonegap.com/ finden (Abb. 1.1), ist ein Open-Source-Entwicklungs-Framework zur Programmierung von Apps mit JavaScript und anderen clientseitigen Webtechnologien, das aus einem iPhoneDevCamp-Event in San Francisco hervorging und ursprünglich von der Firma Nitobi (http://www.nitobi.com/) entwickelt wurde.

Im Oktober 2011 wurde diese Firma von Adobe Systems (http://www.adobe.com/de/) übernommen. Gleichzeitig wurde der PhoneGap-Code der Apache Software Foundation für ein neues OpenSource-Projekt namens Apache Cordova (zuerst Apache Callback) bereitgestellt (https://cordova.apache.org/).

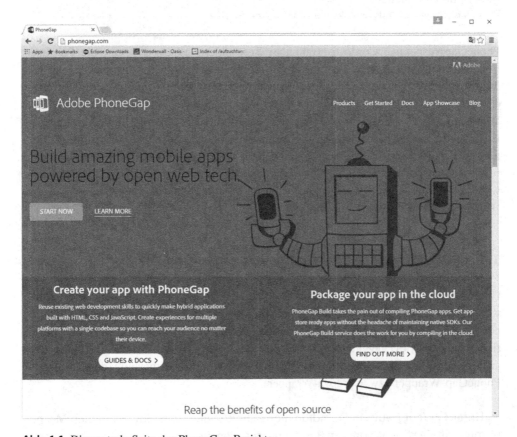

Abb. 1.1 Die zentrale Seite des PhoneGap-Projekts

1.3.1   Cordova oder PhoneGap oder was?

Genaugenommen ist PhoneGap damit eine **Distribution** von Apache Cordova und die verschiedenen Bezeichner sind im wesentlichen lizenzrechtlich von Bedeutung. Oft wird Apache Cordova als die *Engine* zur Ausführung von PhoneGap gesehen – so wie etwa Webkit die Engine von Chrome oder Safari ist. Grundsätzlich kann die eigentliche PhoneGap-Distribution einige zusätzliche Tools für spezifische Adobe-Services enthalten, die nicht im freien Apache-Projekt zur Verfügung stehen. Aber das spielt für unsere Apps keine entscheidende Rolle. Wir werden deshalb PhoneGap und Cordova synonym verwenden. Interessant ist jedoch, dass der Bezeichner „Cordova" den Bezeichner „PhoneGap" in der Popularität und Bekanntheit mittlerweile mehr als deutlich überholt hat. Das schlägt sich sowohl im Titel des Buchs als auch in den Trefferlisten bei Suchen im Internet wieder. Bei einer Suche, die ich aktuell durchgeführt habe (das ist natürlich nur eine Momentaufnahme von Sommer 2016), bekam ich etwa 450.000 Treffer zum Suchbegriff „PhoneGap" und über 46 Millionen Treffer beim Suchbegriff „Cordova".

Hintergrundinformation
Für das Buch bildet Cordova in der Version 6.x die Basis.

PhoneGap respektive Cordova ermöglicht Entwicklern nun wie gesagt die Programmierung von mobilen Apps per JavaScript, HTML und CSS. Über die Verwendung von diesen Web-Technologien soll die Cross-Plattform Entwicklung mobiler Anwendungen erleichtert werden. Dabei ist Cordova in der Regel keine Konkurrenz zu reinen mobilen Web-Frameworks wie iWebkit, jQTouch, Sencha Touch oder jQuery Mobile, sondern eine Ergänzung. Oder diese sind umgekehrt Ergänzungen zu Cordova. Sie können solche Frameworks und Cordova also gut in Kombination verwenden, was wir in dem Buch teilweise auch machen werden. Nur wozu braucht man Cordova, wenn schon ein Framework wie jQuery Mobile oder Bootstrap umfangreich die Oberfläche und Logik einer App mit HTML, CSS und JavaScript unterstützt?

1.4   Die Architektur, der Cordova-Wrapper und FFI

Cordova erzeugt aus diesem reinen Web-Code, der bei den genannten anderen Frameworks rein über einen Browser auf der mobilen Plattform nutzbar ist, native Applikationen. Oder genauer – Cordova packt sie in native Apps ein. Dazu wird ein **Foreign Function Interface** (FFI) gegenüber einer eingebetteten WebView- oder Webkit-Engine (also grob gesagt dem Web-Browser) auf dem mobilen Gerät bereitgestellt (der sogenannte PhoneGap-Wrapper bzw. Cordova-Wrapper).

▶ Unter **FFI** (auf Deutsch „Fremdfunktionsschnittstelle") versteht man einen Mechanismus, mit dem ein Programm Routinen oder Dienstleistungen aufrufen oder nutzen kann, die in einer anderen Programmiersprache geschrieben wurden. Der Begriff stammt aus der Spezifikation für Common Lisp, wird aber auch in anderen Sprachen verwendet. Andere Sprachen verwenden wiederum andere Terminologien, die aber meist die gleichen Mechanismen beschreiben. Wobei sich die konkret bereitgestellten Leistungsumfänge unterscheiden können. Einige FFIs sind auf bestimmte offengelegte Funktionen beschränkt, während andere auch Anrufe von Methoden in einem Objekt oder einer Klasse gestatten und einige FFIs erlauben sogar die Migration von komplexen Datentypen und/oder Objekten über die Sprachgrenze hinweg.

In den meisten Fällen wird ein FFI durch eine Programmierung in einer Programmiersprache auf einer höheren Ebene umgesetzt. Damit kann ein FFI in einer unteren Ebene Sprachdienstleistungen definieren und bereitstellen, die sonst nur in der Regel von einer Systemsprache wie C oder C ++ verwendet werden können. Dies wird in der Regel entweder der Zugang zu Dienstleistungen des Betriebssystems sein, die in dem API (Application Programming Interface) des Betriebssystems definiert sind, oder Leistungsinformationen.

Wenn Sie also mit diesem Framework eine Anwendung für mobile Geräte bauen, ist diese hybrid. Das bedeutet, dass sie weder wirklich nativ sind (das gesamtes Layout-Rendering

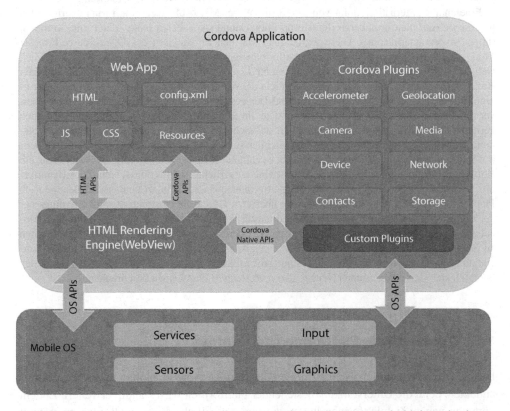

Abb. 1.2 Architektur von Cordova (https://cordova.apache.org/docs/en/latest/guide/overview/index.html)

wird über den eingebetteten Browser anstatt der Plattform mit dem jeweiligen nativen UI-Framework durchgeführt) noch rein web-basiert (sie sind nicht nur Web-Anwendungen, sondern für die Auslieferung in App-Stores verpackt). Genaugenommen läuft eine solche Anwendung unter Cordova in einem unsichtbaren Browserfenster – der reinen Web-Engine auf Basis von WebView – und das HTML-Grundgerüst samt der verwendeten CSS- und JavaScript-Anweisungen werden nicht umgewandelt. Zudem Cordova-Apps Zugriff auf einen großen Teil des jeweiligen spezifischen (API) eines mobilen Geräts. Und das macht es möglich, dass Sie aus JavaScript auf Hardwarekomponenten wie z. B. Kameras, GPS-Empfänger oder Beschleunigungssensoren zugreifen (Abb. 1.2). Wobei man festhalten kann, dass viele Erweiterungen von HTML5 und den darüber direkt in JavaScript verfügbaren Objekten auf einige Komponenten auch direkt Zugriff gestatten (etwa den GPS-Sensor). Diese „nativen" Objekte werden aber nahtlos in das API von Cordova integriert und meist mit speziellen Erweiterungen noch besser nutzbar gemacht.

Hintergrundinformation
Es gibt auch Ansätze zur App-Entwicklung mit JavaScript und anderen Web-Technologien, bei denen die ausgelieferte App letztendlich vollständig nativ ist. Diesen Weg geht etwa das Cross Platform Framework Appcelerator **Titanium** (https://www.appcelerator.com/mobile-app-development-products/). Unter Android wird etwa der gesamte Web-Code in natives Java umgewandelt.

Eine andere Alternativ kommt von Microsoft. Wobei Microsoft dazu eine Firma übernommen hat, die sich auf plattformübergreifende App-Entwicklung spezialisiert hatte – die Firma **Xamarin** (https://www.xamarin.com/). Diese wurde 2011 von den Entwicklern des Open-Source-Projekts Mono gegründet. Mono hatte generell plattformübergreifende Entwicklung unter.NET zum Ziel, während Xamarin die App-Entwicklung mit.NET revolutionieren sollte. Vereinfacht übersetzt Xamarin C#-Code in native Apps und ermöglicht die Wiederverwendung von Code über Plattformgrenzen hinweg – auch für iOS- und Android-Devices. Allerdings beträgt der Anteil von wiederverwendbarem Code nicht 100 %. Insbesondere am Beginn des Projekts war der Anteil deutlich geringer. Das betrifft sowohl die interne Logik als auch vor allen Dingen das Design und die Bedienung. Der einzig wirkliche Vorteil bei Xamarin blieb somit lange Zeit die Verwendung einer einheitlichen Programmiersprache. Mittlerweile gibt es zumindest für die Generierung der Oberfläche ein Konzept mit Namen Xamarin.Forms. Das ist eine zusätzliche Abstraktionsschicht über Benutzeroberflächen. Die Oberfläche wird zunächst plattformunabhängig definiert und anschließend je nach Plattform in das dort übliche native Pendant übersetzt. Durch die Abstraktion steht allerdings nur der kleinste gemeinsame Nenner aller Plattformen zur Verfügung, den man bei Bedarf um plattformabhängige, native Komponenten erweitern muss. Microsoft spricht aktuell auf seinen Webseiten zu Xamarin davon, dass man im Mittel 75 % des App-Codes gemeinsam auf allen mobilen Entwicklungsplattformen nutzen kann, die Benutzeroberflächen aber zu 100 %, sofern Sie sich auf den besagten kleinsten gemeinsamen Nenner aller unterstützten Plattformen beschränken.

1.5   Unterstützte Plattformen bei Cordova

Die aktuellen potentiellen Zielplattformen für Cordova-Apps kann man in einem Buch nur andeuten, denn die Unterstützung bestehender Plattformen wird ständig erweitert. Zudem kommen neuen Zielplattformen hinzu, die voraussichtlich sehr schnell auch unterstützt

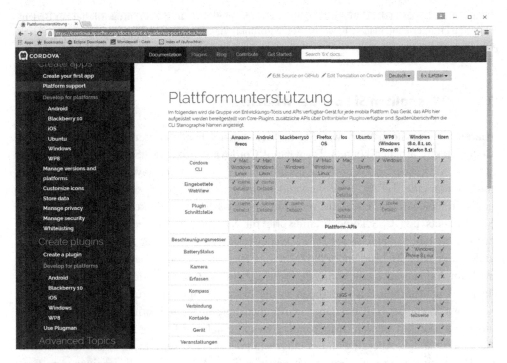

Abb. 1.3 Die Features von Cordova und wie weit sie auf den verschiedenen Plattformen zur Verfügung stehen

werden, wenn sie eine relevante Verbreitung erlangen. Andererseits nimmt auch gelegentlich die Bedeutung von Zielplattformen ab und es ist nicht abzusehen, ob diese dann langfristig mitgezogen werden. Derzeit unterstützt Cordova aber die Entwicklung für die Betriebssysteme u. a. Apple iOS, Google Android, Microsoft Windows Phone, Ubuntu, Firefox OS und RIM blackBerry10. Allerdings kann sich die Unterstützung bestimmter Features in den Betriebssystemen und/oder bestimmter Versionen davon unterscheiden. Auf der Webseite des Projekts (https://cordova.apache.org/docs/de/6.x/guide/support/index.html bzw. https://cordova.apache.org/docs/en/latest/guide/support/index.html – Abb. 1.3) finden Sie die jeweils aktuellen Daten – auch für ältere Versionen von Cordova. Sie werden sehen, dass bestimmte Features nicht auf allen Plattformen bereitstehen, aber auch wenn ein Feature grundsätzlich unterstützt wird, gibt es in Details oft Abweichungen. Diese sind dann aber in der genauen Dokumentation des API beschrieben.

Hintergrundinformation
Da sich mobile Plattformen massiv unterscheiden, stellt Cordova oft sogenannte **Quirks** bereit. Das sind spezielle Anpassungen an einzelne Plattformen. In der Dokumentation von Cordova finden Sie neben der Beschreibung von Standardfunktionalitäten für alle Plattformen meist eine in der Regel noch viel umfangreichere Beschreibung dieser einzelnen Quirks mit Spezialitäten der verschiedenen

Plattformen. Dabei ist der Umfang der Quirks-Dokumentationen umgekehrt proportional zur Bedeutung. Fast immer kann man sich auf die Standardfunktionalitäten für alle Plattformen konzentrieren und braucht nur in ganz wenigen Ausnahmesituationen diese speziellen Features.

1.6   Was sollten Sie bereits wissen?

Klären wir nun noch kurz, was Sie an Kenntnissen haben sollten, damit Sie mit dem Buch effektiv arbeiten können. Da wir mit Cordova explizit JavaScript programmieren, sind für Sie Grundlagenkenntnisse darin sehr sinnvoll. Und da JavaScript eigentlich nur im Rahmen einer HTML-Seite verwendet wird (serverseitiges JavaScript sei außer Acht gelassen), möchte ich ebenfalls voraussetzen, dass Sie HTML kennen. Ebenso sollten Style Sheets und CSS keine Fremdworte für Sie sein. Sie brauchen allerdings keine professionellen Kenntnisse als Basis. Weder in HTML, CSS oder JavaScript noch einer anderen Programmiersprache. Zu diesen drei Themen finden Sie bei Bedarf in Kap. 4 als auch im Anhang auch eine konzentrierte Einführung. Grundsätzlich handelt es sich bei diesem Buch um ein Einsteigerbuch in die mobile Programmierung und das bedeutet, dass zwar nicht bei Null begonnen wird, aber die einzelnen Schritte und Aktionen sehr ausführlich erklärt werden. Insbesondere wenn es sich um Details zu speziellen mobilen Aspekten handelt. Allerdings muss eingeschränkt werden, dass unser eigentlicher Fokus die Programmierung mit Cordova ist und nicht alle Aspekte der allgemeinen App-Entwicklung und -Distribution behandelt werden.

Ansonsten berühren wir bei fortgeschrittenen Themen auch einige Techniken, die in dem Zusammenhang als Grundlagen hilfreich sein könnten. Etwa XML oder SQL, was etwa im Kapitel zum Umgang mit Dateien und Datenbanken vorkommen wird.

1.7   Was sollten Sie haben?

Um die Beispiele und Übungen im Buch nachvollziehen zu können, benötigen Sie natürlich einen Computer zur Entwicklung. Einen Internet-Zugang setze ich als selbstverständlich voraus. Ob Sie nur einen Windows-PC, einen Linux-Rechner oder einen Mac als Entwicklungsrechner verwenden, spielt (eigentlich) keine Rolle – für das Buch. Diese drei Welten werden explizit im Buch als Entwicklungs-Basis betrachtet.

1.7.1   Betriebssysteme

Allerdings wollen wir ja mobile Apps entwickeln und da werden Sie sich vermutlich auf eine Zielplattform erst einmal festlegen, was damit auch die Entwicklungsplattform für Sie beeinflusst. Das soll jetzt kein Widerspruch dazu sein, dass die eigentlichen Apps auf mehreren Plattformen laufen werden (oder sollen). Aber in manchen Habitaten müssen Sie zwingend einen bestimmten Rechnertyp bzw. ein bestimmtes Betriebssystem als Entwicklungsbasis verwenden, wenn Sie für spezielle mobile Plattform entwickeln wollen, wenn Sie nicht schwere Klimmzüge für eine Alternativlösungen machen wollen. Bei Apple benötigen Sie etwa zur Entwicklung von Apps für das iOS-System auch zwingend einen Mac mit einem aktuellen Betriebssystem. Aber auch für die Entwicklung von Cordova-Apps für Windows Phone sind Sie recht beschränkt, was Ihren Entwicklungsrechner angeht. Ein PC mit Windows 7 oder 8.x mit den letzten Service-Pack und Aktualisierungen sollte als Untergrenze ausreichen, aber im Grunde ist Windows 10 als Entwicklungssystem zu empfehlen. Für Windows Phone Universal-Apps brauchen Sie mindestens Windows 10 in jedem Fall. Für Android sind Sie hingegen recht frei in der Wahl Ihre Entwicklungsbasis, aber auch hier machen ältere Betriebssysteme oft unnötige Probleme.

▶ **Tipp** Im Laufe des Buchs wird Ihnen ein Dienst vorgestellt, mit dem Sie Ihre Apps in einer Cloud für ein beliebiges Zielsystem übersetzen können. Auch wenn Sie keinen passenden Entwicklungsrechner zur Verfügung haben. Allerdings ist der Dienst für kommerzielle Anwendung nicht kostenfrei. Mehr möchte ich an dieser Stelle nicht ausführen, da wir noch weitere Grundlagen als Basis benötigen. Nur sollten Sie im Hinterkopf beachten, dass Sie mit dem Dienst etwa eine App, die Sie auf einem Windows-Rechner geschrieben haben, im Prinzip auch für iOS übersetzen lassen können.

Für das Buch bzw. das Lernen der App-Entwicklung mit Cordova genügt es aber wie gesagt, dass Sie sich erst einmal auf ein Zielsystem mit einem passenden Entwicklungsrechner konzentrieren. Wobei die alternative Betrachtung von den drei Referenzzielplattformen auch dann interessant ist, wenn Sie gar nicht für alle Zielsysteme entwickeln wollen – Sie lernen durch die Vergleiche viel für Ihr eigentliches Zielsystem. Zudem stellt sich die Frage nach den realen mobilen Geräten – wer von Ihnen hat schon 3 oder gar mehr Smartphones oder Tablets mit verschiedenen Betriebssystemen zum Testen zur Verfügung? Ich gehe jedoch davon aus, dass Sie aber mindestens ein Gerät Ihr Eigen nennen, auf dem Sie testen können und für das Sie am Anfang erst einmal mit dem passenden Betriebssystem entwickeln. Aber selbst wenn Sie gar kein Smartphone oder ein anderes mobiles Gerät besitzen, dann gibt es zumindest sogenannte Emulatoren bzw. Simulatoren, über die Sie die Apps aus dem Buch testen können. Ich stelle Ihnen diese Tools im Folgenden gleich noch genauer vor.

Hintergrundinformation

Die konkreten Cordova-Quellcodes im Buch werden – bis auf wenige Ausnahmen – unabhängig von der Entwicklungs- als auch Zielplattform sein. Wenn bestimmte Apps auf einer unserer Referenzsysteme nicht laufen, wird das ausdrücklich erwähnt.

1.7.2   Die Entwicklungs-Software

Die reine Erstellung von Quellcodes erfordert im Grunde außer einem beliebigen Editor keine weitere Software. Bei Cordova-Apps schreiben Sie ja explizit nur HTML-, CSS- und JavaScript-Code. Und selbst für die umgebenden Cordova-Wrapper kann man im Prinzip mit einem reinen Editor arbeiten. Aber Sie müssen ja diese Quellcodes im Editor irgendwann übersetzen, damit daraus lauffähige Apps-Programme werden. Und dazu sind gewissen Programme notwendig. Zudem ist ein reiner Editor selbst bei HTML, CSS und JavaScript wenig komfortabel. Auch für einen angemessenen Programmierkomfort bietet sich eine Integrierte Entwicklungsumgebung (IDE – Integrated Development Environment) an. Allerdings müssen wir hier differenzieren, für welche Zielplattformen Sie entwickeln wollen.

1.7.2.1   Software für die Entwicklung von Android-Apps

Das Android-Betriebssystem von Google ist ein Linux-System. Für Linux kann man in verschiedenen Sprachen native Applikationen programmieren. Aber native Apps für Android sind in der Regel in **Java** geschrieben, zumal das Google selbst mit diversen Tools und APIs unterstützt. Die objektorientierte Programmiersprache Java, die es seit 1995 gibt, wurde von Sun Microsystems (https://www.oracle.com/sun/) erfunden, das vor einigen Jahren von Oracle (https://www.oracle.com/) übernommen wurde. Wenn Sie Cordova-Apps für Android entwickeln, werden diese über einen Java-Wrapper als native Apps in Android eingebunden. Von daher werden wir uns im Buch auch ganz kurz mit Java beschäftigen, obwohl wir uns letztendlich unter Cordova kaum mit der eigentlichen Java-Programmierung auseinander setzen müssen.

Als **Entwicklungsplattform** (also das Betriebssystem, auf dem Sie programmieren) für Java sind Sie in der glücklichen Situation, dass Ihnen mehrere Varianten zur Verfügung stehen. Sei es Linux, Windows oder auch Mac OS in den aktuellen Varianten. Aber dort benötigen Sie für die Entwicklung von Java-Applikationen gewisse Programme und Bibliotheken.

1.7.2.1.1   Das JDK

Als erstes sei das **JDK** (Java Development Kit) genannt. Die gesamte Java-Entwicklung dreht sich um jenes ominöse JDK. Sie finden das JDK beispielsweise für die verschiedenen Betriebssystemen auf den offiziellen Java-Seiten (Java SE Download) von Oracle unter http://www.oracle.com/technetwork/java/javase/downloads/index.html, wie Sie in Abb. 1.4 sehen können.

Statt JDK wird im Umfeld von Java auch gelegentlich vom SDK (Software Development Kit) gesprochen. Hier hat Sun der Vergangenheit leider nicht ganz glücklich agiert, denn diese unterschiedlichen Bezeichner sorgen für unnötige Verwirrung. Wir werden im Buch konsequent auf den Bezeichner JDK zurückgreifen.

Abb. 1.4 Downloadmöglichkeiten für Java und das JDK

Hintergrundinformation
Diesem Buch liegt die Version 8 des JDK zugrunde. Und zwar die sogenannte Standard Edition.

Wenn Sie das JDK laden wollen, müssen Sie dessen Lizenzbedingungen akzeptieren und die passende Version für Ihr Betriebssystem auswählen. Sie erhalten dann über einen Link eine Installationsdatei zum Speichern auf Ihren Rechner.

Die Installation des JDK ist absolut einfach. Der Installationsassistent führt Sie mit wenigen Schritten zum Erfolg. Nach der Installation möchte Sie Oracle zu einer Registrierung per Internet motivieren, aber das ist nicht zwingend, um mit Java und dem JDK zu arbeiten.

1.7.2.1.2 Das Android Studio und Eclipse
Im Umfang des JDK ist kein Programm zur Erstellung von Quellcode dabei. Lange Zeit war im Umfeld von Android eine IDE mit Namen **Eclipse** (http://www.eclipse.org) das Standardwerkzeug. Diese IDE unter der OpenSource-Lizenz, die ursprünglich von IBM entwickelt, später freigegeben und nun von der Eclipse-Foundation bereitgestellt wird, hatte den Ruf einer universellen Lösung für alle Zwecke im Programmierumfeld. Eclipse

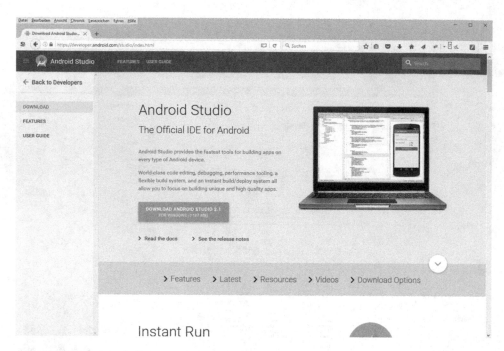

Abb. 1.5 Hier bekommen Sie das Android Studio

gibt es sowohl für Linux und Windows als auch Mac OS. Obwohl Eclipse selbst in Java geschrieben und im Schwerpunkt auf die Entwicklung mit Java ausgerichtet ist, können in Eclipse mithilfe unzähliger PlugIns nahezu alle Programmiertechniken abgedeckt werden. Auch die offizielle Dokumentation von Cordova setzte in den älteren Versionen des Frameworks auf die Verwendung genau dieser IDE. Zur Entwicklung von Android-Apps mit Eclipse benötigte man dann aber noch das Android SDK als Erweiterung, das Google bereitgestellt hatte.

Allerdings hat Google in der letzten Zeit alle Weichen zur Entwicklung von Android-Apps in Richtung des sogenannten Android Studios gestellt, das Sie unter dem Link https://developer.android.com/studio/index.html bekommen – Abb. 1.5. Was jedoch im Gegenzug nahezu die komplette Einstellung der Unterstützung der Android-Entwicklung bei Eclipse zur Folge hatte. Deshalb kann man kaum noch guten Gewissens zum Einsatz von Eclipse bei dieser Art der Applikationen raten.

Wenn man nicht aus persönlichen Gründen unbedingt Eclipse verwenden will, würde ich dringend zum Einsatz des Android Studios raten. Oder dem Visual Studio, worauf ich jetzt noch zu sprechen komme. Denn mittlerweile ist das Visual Studio zu einer universellen IDE geworden.

1.7.2.2   Software für die Entwicklung von Windows-Phone-Apps & mehr
Wie erwähnt, benötigen Sie zur Entwicklung von Windows-Phone-Apps im Normalfall einen geeigneten Windows-PC. Früher hatte man dort die Developer Tools von Microsoft

verwendet, aber auch hier ist die Zeit voran geschritten. Um auf einem PC für Windows Phone eine native App zu entwickeln, laden und installieren Sie derzeit am besten die neuste Version des **Visual Studios**. Im Buch verwenden wir die Version 2015. Die sogenannte **Community Edition** ist kostenlos und beinhaltet alles, was Sie zum Entwickeln von Apps benötigen.[2] Und zwar nicht nur für Windows-Apps. Microsoft hat sich in den letzten Jahren sowohl anderen Plattformen als auch der Open-Source-Gemeinschaft immer mehr geöffnet. Das resultiert unter anderem darin, mit Visual Studio plattformübergreifende Entwicklung betreiben können. Sie können also mittlerweile Apps für Android-, iOS- oder Windows-Geräte mithilfe von Visual Studio erstellen. Außerdem können Sie verbundene Dienste wie Office 365, Azure Mobile Services oder Application Insights problemlos den Apps hinzufügen, was wir aber nicht verfolgen werden. Insbesondere erhalten Sie mit dem Visual Studio einen Emulator für Apps – den Windows Phone Emulator. Diesen können Sie natürlich zum Testen der nativen Windows Phone-Apps, aber auch zum Testen von beliebigen mobilen Webseiten oder Web-Apps unter Realbedingungen verwenden, denn der Emulator bringt einen integrierten Browser mit.

Visual Studio erlaubt so mittlerweile die Erstellung von Apps auf verschiedene Weisen. Sie können die Apps mithilfe von C# oder VB.NET und mit dem .NET Framework, C++ oder auch mithilfe von HTML und JavaScript erstellen. Der letzte Punkt führt damit zu Cordova.

Sie sollten jedoch bei der Installation von Visual Studio darauf achten, dass Sie die Features für die plattformübergreifende Entwicklung mit auswählen. Achten Sie auf den Bezeichner „Cordova" und wählen Sie auch alle Web-Features aus, die Ihnen angeboten werden. Es gibt zudem eine ganze Reihe an optionalen Erweiterungen rund um Cordova, die Sie nachträglich auch noch hinzufügen können. Damit wird Visual Studio zu einer allumfassenden IDE für App-Entwicklung.

1.7.2.3 Software für die Entwicklung von iOS-Apps

Die Entwicklung von Apps für mobile Apple-Geräte setzt einen geeigneten Mac voraus, auf dem Sie die **Xcode Developer Tools** (https://developer.apple.com/xcode/ – Abb. 1.6) installieren sollten.

Dieses Paket bietet alles, was Sie brauchen, um Anwendungen für Mac, aber auch iPhone und iPad zu erstellen. Xcode ist eng mit dem Cocoa und Cocoa Touch-Frameworks verbunden. Das Xcode-Toolset enthält die Xcode IDE mit dem Interface Builder Design-Tool und dem voll integrierten Apple LLVM Compiler sowie der üblichen weiteren unterstützenden Entwickler-Tools. Von besonderer Bedeutung ist die Integration eines iOS-Simulators, auf dem Ihre Anwendung in der gleichen Weise abläuft, als wenn ein tatsächliches iOS-Gerät die Basis wäre. Apple versteht also in Hinsicht auf die Anwendung durch den Programmierer unter dem Simulator das, was Google und Microsoft mit Emulator bezeichnen. Wir werden in der Folge einheitlich nur den Begriff Emulator verwenden.

---

[2]Natürlich können Sie auch die kostenpflichtigen Vollversionen einsetzen.

Abb. 1.6 Die Entwicklungs-Tools von Apple

1.7.2.4   Software für die neutrale Web-Entwicklung

Grundsätzlich sollten die bisher beschriebenen Tools alles beinhalten, was Sie zum Erstellen von Apps benötigen. Aber wir wollen ja Web-Apps erstellen und das bedeutet, dass wir ziemlich viel mit HTML, CSS und JavaScript arbeiten. Es kann durchaus sinnvoll sein, dass Sie zusätzliche Programme verwenden, in denen Sie diese Codefragmente extern bearbeiten und dann erst die Web-Strukturen in die eigentlichen Apps-IDEs hineinkopieren. Ich mache das oft, wenn die IDEs mir zu schwergewichtig sind oder nicht das bieten, was ich gerne hätte. Ich persönlich arbeite bei reinen Web-Sprachen sehr gerne mit Notepad++ (http://notepad-plus-plus.org/) als Editor. Aber auch PlugIns wie Aptana (http://www.aptana.com/) für Eclipse können Ihnen bei Web-Technologien viel helfen, wenn Standardfunktionalitäten nicht genügen bzw. optimal sind. Sehr sinnvoll ist auch ein lokaler Webserver, von dem Sie externe Inhalte zum Testen in Ihre Apps laden können. Eine gute Wahl ist XAMPP (http://www.apachefriends.org/de/xampp.html). Das ist eine Zusammenstellung von diversen freier Software rund um den Webserver Apache. Ziel ist das einfache Installieren und Konfigurieren des Webservers Apache in Verbindung mit den Datenbanksystemen MySQL (mittlerweile in der voll kompatiblen Distribution MariaDB im Einsatz) bzw. SQLite und den serverseitigen Skriptsprachen Perl und PHP sowie einigen weiteren Tools. XAMPP ist bewusst nicht für den Einsatz als Produktivsystem gedacht, sondern für Entwickler, die möglichst schnell ein kompaktes Testsystem aufsetzen möchten.

▶ **Tipp** Alles weitere, was wir an Software brauchen werden, wird an geeigneter Stelle im Buch dann genau beschrieben. Insbesondere kommen wir noch einmal auf Cordova selbst als Software zurück, auch wenn Sie etwa beim Visual Studio Cordova automatisch mit installieren und integrieren können.

1.7.3 Die mobile Hardware und Registrierungsfragen

Wie oben angedeutet gehe ich davon aus, dass Sie auch über ein oder mehrere mobile Testgeräte verfügen. Seien es Tablets, seien es Smartphones oder was immer. Auf Grund der Emulatoren ist das zwar nicht unbedingt notwendig, um die meisten Apps zum Laufen zu bringen. Aber so richtig kann man gewisse Verhaltensweisen erst dann überprüfen, wenn man Apps „live" testet. Denken Sie nur an den Zugriff auf einen GPS-Sensor, den normale Computer normalerweise nicht besitzen und der damit im Emulator auch nicht real (nur als Simulation) bereitstehen kann.

Nun können Sie allerdings in einigen Fällen eine App, die Sie entwickelt haben, nicht einfach so auf das mobile Endgerät installieren. Selbst wenn es Ihnen gehört, haben Sie in manchen Umgebungen keine vollständige Kontrolle über Ihr Eigentum! Manche Betriebssystemanbieter machen die freie Installation von Apps extrem schwer oder unmöglich, da sie die Kontrolle über die Apps behalten und vor allen Dingen über den exklusiven Vertrieb von Apps ihr Monopol schützen wollen. Hier seien vor allen Dingen Apple und Microsoft erwähnt. Aber auch in freien Umgebungen wie Android kann es sein, dass Sie Ihre Hardware vorbereiten müssen, damit Sie diese unbeschränkt verwenden können.

Und obwohl man die Einschränkungen der Rechte von Anwendern über ihr mobiles Eigentum kritisieren kann – für den typischen Anwender ist ein beschränktes Gerät sinnvoll, damit er nicht so viel kaputt machen kann und es weniger Sicherheits- und Stabilitätsprobleme gibt. Für typische Anwender soll ein Smartphone oder ein Tablet ja einfach funktionieren. Das gilt aber natürlich nicht für Entwickler.

1.7.3.1 Im Google Markt anmelden und Android-Geräte rooten

Es ist für die Entwicklung von Android-Apps zwar nicht zwingend, aber ich halte es für sehr nützlich, wenn Sie sich bei Google einen Zugang (Account) besorgen. Denn der sinnvollste Weg zur späteren Veröffentlichung und gegebenenfalls kommerziellen Vermarktung von Android-Apps führt über den Marktplatz von Google – den Google Play Store (https://play.google.com/store?hl=de) – Abb. 1.7.

Um diesen nutzen zu können, benötigen Sie eben einen Google Account. Unter https://accounts.google.com/ServiceLogin können Sie sich registrieren (Abb. 1.8) und dann – wenn Sie einen Account haben – auch anmelden, um Ihre Apps später zu verwalten.

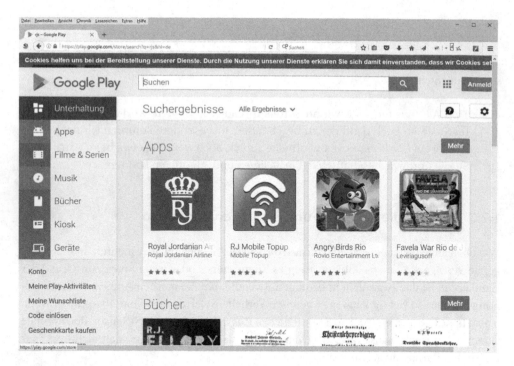

Abb. 1.7 Der Google Play Store

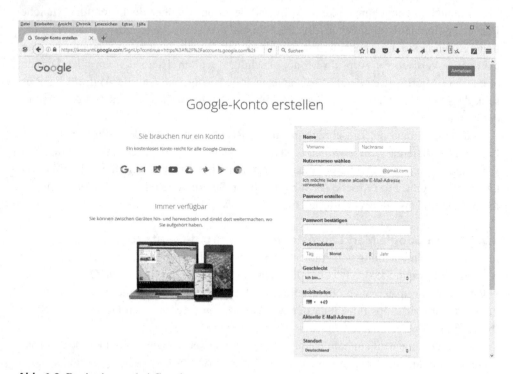

Abb. 1.8 Registrierung bei Google

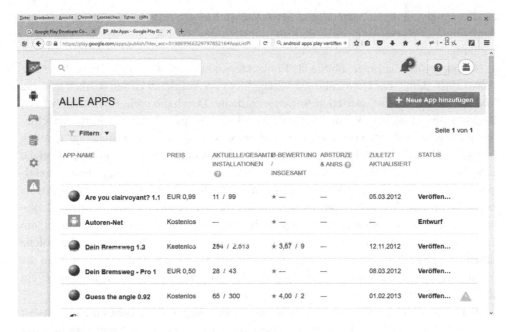

Abb. 1.9 Das Web-Interface der Google Play Developer Console

Der Account ist derzeit für die meisten Anwendungen kostenlos und Sie können ihn multifunktional verwenden (YouTube, Kalender, Maps, Analytics, …). Google wird allerdings beim Vertrieb von kostenpflichtigen Apps einen Anteil fordern und bei konkreten Einzelleistungen bzw. Details sollten Sie die genauen Bedingungen unbedingt nachlesen, denn diese können in manchen Fällen kostenpflichtig bzw. nicht frei sein. Oder anders ausgedrückt – nicht alle Leistungen von Google sind kostenlos.

Wenn Sie Ihr Entwicklerkonto erstellt haben, können Sie unter http://play.google.com/apps/publish Apps in der Google Play Developer Console veröffentlichen (Abb. 1.9). Darauf gehen wir aber später noch genauer ein.

1.7.3.1.1 Rooten

Betrachten wir nun noch, was sich hinter dem oft im Android-Umfeld zu findenden Schlagwort „rooten" verbirgt. Ein Gerät zu rooten bedeutet, dass Sie sich als Besitzer mehr Rechte im Android-Betriebssystem einräumen als Sie normalerweise besitzen. Android besitzt als Linux-System ein ausgefeiltes Rechtesystem mit der Rolle (Konto) Root oder Superuser als obersten Herrn im System. Der Root hat die höchst möglichen Zugriffsrechte auf das gesamte Betriebssystem und damit auch die Hardware. Im Auslieferungszustand gewähren die Hersteller von mobilen Geräten mit Android einem Nutzer diese maximalen Rechte nicht, was äußert sinnvoll ist. Denn der Root kann die Kernfunktionen des Betriebssystems verändern und im Fehlerfall massiven Schaden anrichten sowie die Kontrolle über das Gerät übernehmen oder auch einer App die Möglichkeit einräumen ein Gerät unbemerkt auszuspionieren. Auch sollten Sie sich im Klaren sein, dass mit der Änderung der Nutzerrechte bzw. dem Freischalten des Root-Kontos Garantieansprüche gefährdet sind.

Nun stellt sich die Frage, ob Sie als Entwickler so ein gerootetes Gerät brauchen? Die Antwort ist „Jain". Für Entwicklungszwecke gibt es im Ausgleich zu den Risiken massive Vorteile gegenüber der kastrierten Anwendervariante. Durch die volle Kontrolle über das Android-Betriebssystem können Sie etwa installierte Apps auf die SD Karte verschieben und vor allen Dingen (was in unserem Kontext wichtig ist) aus „unsicheren" Quellen Apps installieren. Das bedeutet, dass Sie aus Ihre Apps ohne Umwege und irgendwelche Einschränkungen auf dem Gerät installieren und testen können. Darüber hinaus benötigen einige Apps selbst root-Rechte, wenn sie auf tiefere Prozesse des Betriebssystems zugreifen wollen. Von daher kann auch für den reinen Anwender, der ein gewisses Risiko nicht scheut und sich zumindest ein wenig mit Android auskennt, das Rooten von seinem Gerät nützlich sein. Und wenn Sie als Entwickler Apps erzeugen wollen, die solche tiefen Betriebssystemfeatures nutzen wollen, müssen Sie rooten. Andererseits werden die meisten Apps gar nicht solche Betriebssystemfeatures nutzen und es ist eben auch ein Risiko, wenn Sie das Gerät weit öffnen.

Wenn Sie sich allerdings dazu entschließen – der Weg zum Rooten eines Geräts ist leider nicht ganz einheitlich (ein Preis dessen, dass Android frei und kaum reglementiert ist). Es gibt aber im Internet für die meisten gängigen Geräte Schritt-für-Schritt-Anleitungen, die Sie über das Schlagwort Rooten und den Namen Ihres Geräts finden. Darüber hinaus gibt es diverse Programme, die gezielt einige Geräte rooten. Das ist natürlich der einfachste Weg.

1.7.3.2   Als Microsoft-Entwickler registrieren und das Windows Phone-Gerät freischalten

Unter Windows Phone ist es so, dass Sie Ihr Gerät explizit als Entwicklergerät freischalten müssen, damit Sie ohne Umwege Ihre Apps auf Ihrem Gerät installieren und testen können. Dazu müssen Sie sich zuerst einmal als Entwickler bei Microsoft registrieren. Das ist letztendlich auch notwendig, wenn Sie Ihre Apps im Microsoft Market irgendwann veröffentlichen wollen. Mit einem Entwicklerkonto können Sie Apps und Add-Ins an Microsoft-Marketplaces wie den Windows Store, Office Store oder Azure Marketplace übermitteln und weitere sind geplant. Von daher bleibt Ihnen sowieso keine Wahl, wenn Sie Apps für Windows Phone entwickeln wollen – Sie müssen sich so oder so als Entwickler registrieren Das können Sie etwa über die zentralen Entwicklerseiten unter https://developer.microsoft.com/de-de/windows (Abb. 1.10).

Dort finden Sie einen Link zum Anmelden, wenn Sie bereits einen Account haben. Und dort wiederum einen weiteren Link, über den Sie einen neuen Entwickler-Account anlegen können. Um als Entwickler bei Microsoft registriert zu sein, müssen Sie Sie sich entweder für ein persönliches Konto/Studentenkonto oder ein Unternehmenskonto registrieren. Dabei werden Sie aufgefordert, Ihre Kontaktinformationen einzugeben,

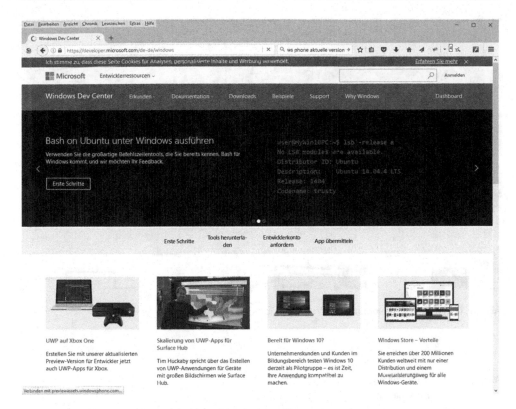

Abb. 1.10 Die zentrale Entwicklerseite für Windows Phone

einen Herausgeberanzeigenamen auszuwählen und eine Zahlungsmethode für die einmalige Registrierungsgebühr anzugeben. Die genauen Kosten richten sich nach der Art des Kontos und sie können auch über die Zeit variieren. Aktuelle Informationen dazu finden Sie aber auf der Webseite. Wenn Sie dann als Entwickler registriert sind, stehen Ihnen diverse Tools und Entwicklerressourcen zur Verfügung (siehe Abb. 1.10).

Im Dashboard haben Sie Zugang zu Ihrer Entwickler- ID, die Sie nach der Registrierung als Entwickler erhalten haben, sowie anderen Kontodaten und Sie können Geräte zu Ihrem Account hinzufügen und damit freischalten (Abb. 1.11 und Abb. 1.12).

Nach der Anmeldung Ihres Smartphones sehen Sie dieses in den Daten zu Ihrem Account (Abb. 1.13).

Nach der Freischaltung kann man Windows Phone-Apps nun direkt auf dem Gerät aufspielen. Diesen Vorgang können Sie direkt aus dem Visual Studio auslösen – auf mehrere Arten, die wir bei der konkreten Erstellung einer App noch behandeln.

Sie sehen in dem Dashboard natürlich auch alle Apps, die Sie bereits hochgeladen und veröffentlicht haben (Abb. 1.14).

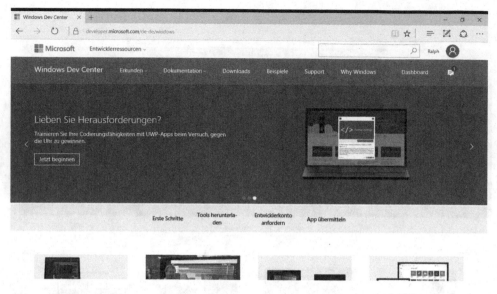

Abb. 1.11 Nach der Anmeldung im Windows Dev Center

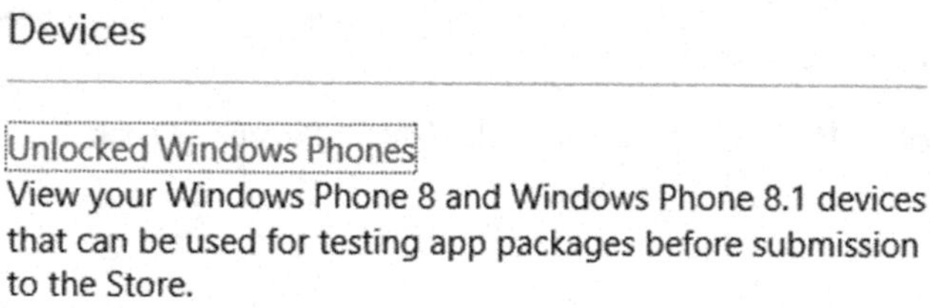

Abb. 1.12 Ein Smartphone
anmelden und freischalten

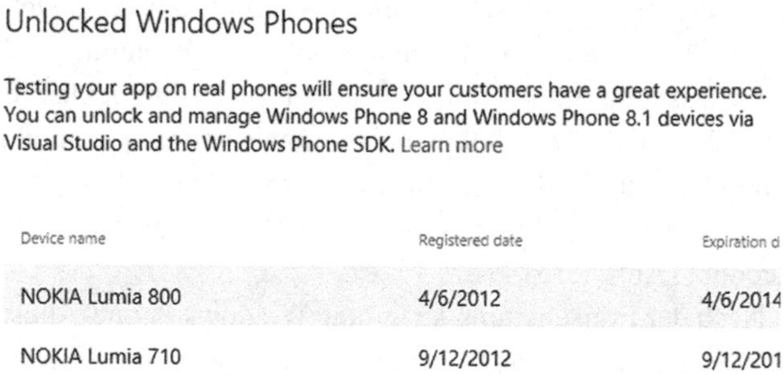

Devices

Unlocked Windows Phones
View your Windows Phone 8 and Windows Phone 8.1 devices
that can be used for testing app packages before submission
to the Store.

Abb. 1.13 Die angemeldeten
Smartphones werden im Dashboard auch angezeigt

Unlocked Windows Phones

Testing your app on real phones will ensure your customers have a great experience.
You can unlock and manage Windows Phone 8 and Windows Phone 8.1 devices via
Visual Studio and the Windows Phone SDK. Learn more

Device name	Registered date	Expiration d
NOKIA Lumia 800	4/6/2012	4/6/2014
NOKIA Lumia 710	9/12/2012	9/12/201

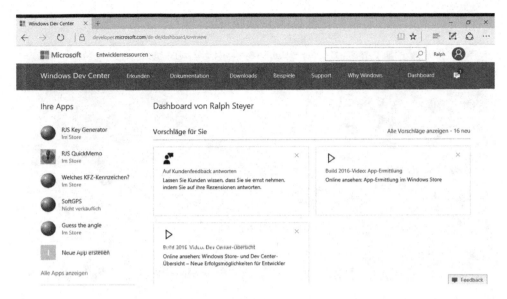

Abb. 1.14 Die Apps im Dashboard

1.7.3.3   Apfelsaft

Auch wenn Sie für iOS oder Mac X Apps entwickeln, sollten Sie sich als Entwickler registrieren. Dazu gibt es das iOS Dev Center unter https://developer.apple.com/devcenter/ios/index.action (Abb. 1.15) bzw. die Registrierungsseite und https://developer.apple.com/programs/register/, in der Sie sich in Ihrem Bereich einloggen und eben auch registrieren können. Sie benötigen für die Veröffentlichung Ihrer Apps unter dem Apple-Habitat auf jeden Fall eine Apple ID.

Haben Sie nur eine Apple ID samt Account, können Sie sowohl Apps im Apple App Store veröffentlichen (wobei es da verschieden Distributionsmodelle gibt – das führt hier aber zu weit) und auch auf Testgeräte installieren. Diese müssen in der im iPhone Developer Program unter Devices/Add Devices hinzugefügt werden. Ebenso werden Sie in der Regel ein Distribution-Zertifikat benötigen (Certificates/Distribution).

1.7.4   Verschiedene Wege zum Testen

Wie wir besprochen haben, stehen Ihnen also für Ihre Apps auf verschiedene Wege zum Testen zur Verfügung, bevor Sie diese unter die Leute bringen. Fassen wir diese zusammen.

Sie werden in der Regel Ihre Web-Apps auf einem Desktop-Rechner entwickeln. Es ist sinnvoll, wenn Ihnen dort ein Satz an modernen Web-Browsern zur Verfügung steht. Diese

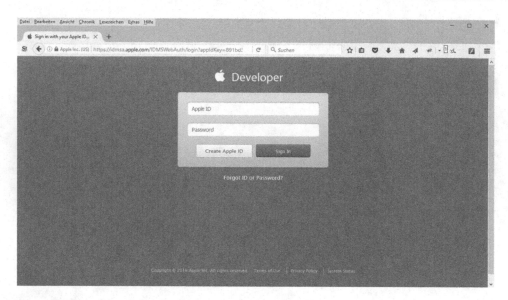

Abb. 1.15 Die allgemeinen iOS-Entwicklerseiten von Apple

Browser sollten die speziellen Features aus dem mobilen Umfeld unterstützen. Etwa die Widgets und Effekte aus dem Framework jQuery Mobile. Damit können Sie zumindest die reinen Webfunktionalitäten einer Web-App auf die Schnelle testen. Aber das ist natürlich nicht ausreichend, wenn Sie vor allen Dingen die speziellen Hardware-Funktionen testen wollen. Auf jeden Fall sind die meisten Desktop-Browser nur für einen oberflächlichen Eindruck geeignet, wie eine Web-App in der Realität (also auf einem mobilen Endgerät wie einem Tablet oder Smartphone) aussieht und wie sie sich dort verhält. Einen wirklich realistischen Test können Sie nur mit mobilen Geräten erreichen.

Das bedeutet, Sie sollten die Web-Apps auch wirklich auf einem Smartphone oder Tablet oder zumindest einer entsprechenden Umgebung testen. Die schon erwähnten Emulatoren aus dem Visual Studio, Eclipse oder den Xcode Developer Tools sind eine sinnvolle Alternative zu realer Hardware, um während der Entwicklung einen realistischen Test auf dem Desktop-Rechner durchzuführen.

Einen Mittelweg zwischen den eigenständigen Emulatoren und Desktop-Browsern gehen Emulatoren, die als RIAs (Rich Internet Applications) in einem Desktop-Browser laufen. Etwa die Chrome-Erweiterung Ripple, die zum Zeitpunkt der Bucherstellung aber erst in einer Beta-Version bereitsteht (https://chrome.google.com/webstore/detail/ripple-emulator-beta) und auf die wir noch genauer eingehen.

Unter Umständen ist es also notwendig, dass Sie die Web-App auf einem Webserver bereitstellen oder erst einmal auf das mobile Gerät kopieren (wenn das möglich ist), damit Sie diese testen können.

Zusammenfassung

Sie haben in dem Kapitel erfahren, was Cordova ist, welche Plattformen Ihnen bei Cordova zur Verfügung stehen, was Sie in dem Buch lernen und Sie wissen, was Sie an Voraussetzungen für die erfolgreiche Arbeit mit Cordova und dem Buch benötigen.

Native Apps versus Web-Apps und mobilen Web-Applikationen – Das mobile Umfeld von Cordova

2

Inhaltsverzeichnis

2.1 Was behandeln wir im einleitenden Kapitel?

In diesem Kapitel stellen wir Web-Apps und native Apps gegenüber und beleuchten die Vor- und Nachteile beider Lösungen. Das gehen wir auch praktisch an und erstellen beispielhaft native Apps, die ja über die Cordova-Wrapper die Basis von Cordova-Apps bilden. Damit soll Ihnen eine unbedingt notwendige Grundlage für die spätere Programmierung mit Cordova gegeben werden. Ebenso vergleichen wir in dem Kapitel Web-Apps und mobile Web-Applikationen bzw. Webseiten. Darüber hinaus werden wir die Bedeutung von einigen Begriffen erläutern, die für die relevanten Themen in dem Buch von Belang sind und in der Folge vorausgesetzt werden.

© Springer Fachmedien Wiesbaden GmbH 2017
R. Steyer, *Cordova*, DOI 10.1007/978-3-658-16724-0_2

2.2   Mobile Web-Applikationen und mobile Webseiten versus Web-Apps

Wir wollen uns zuerst um die Frage kümmern, was nun mobile Web-Applikationen bzw. Webseiten von Web-Apps unterscheidet? Denn es gibt ja auch die Möglichkeit für mobile Endgeräte einfach optimierten Inhalt zur Verfügung zu stellen, der nicht als App auf das Endgerät gelangt.

▶ Unter dem Begriff einer **Web-App** möchte ich im Folgenden einfach eine App verstehen, die im Wesentlichen mittels Web-Technologien erstellt wird. Der Begriff ist so aber nicht standardisiert.

Tatsächlich kann man in der Tat mobile Inhalte in vielen Situationen dem Anwender so präsentieren, dass er kaum einen Unterschied zwischen einer mobilen Web-Applikationen bzw. mobilen Webseiten auf der einen Seite und solchen Web-Apps auf der anderen Seite erkennt. Es gibt viele Gemeinsamkeiten, aber auch Unterschiede, die sich zum Teil auf Grund der Programmierung, der Speicherung und Bereitstellung der Daten und insbesondere der Verwendung auf dem mobilen Endgerät resultieren.

2.2.1   Webseiten

Einmal sollte man reine Webseiten als eher passive Angebote verstehen, die dem Besucher klassische Web-Funktionalitäten bereitstellen. Das gilt auch für spezielle mobile Webseiten, wie sie etwa mit jQuery Mobile erzeugt werden können. Diese sind zwar auf die mobilen Gegebenheiten durch geeignete Benutzerschnittstellen hin optimiert. Sie sind dennoch gewöhnliche Webseiten, die nur den Besonderheiten mobiler Umgebungen orientiert sind. Das sind etwa die spezifischen Eingabemöglichkeiten oder die oft geringen Bildschirmgrößen und -auflösungen.

2.2.2   Web-Applikationen – RIA

Web-Applikationen hingegen sind zuerst einmal aus Sicht des Betrachters viel interaktiver als konventionelle Webseiten. Es sind vom Verhalten her eben echte Applikationen, mit denen man richtig interagieren kann und die Leistungen bereitstellen, wie man sie von Desktop-Applikationen kennt. Auch wenn diese wie normale Webseiten in einem Browser geladen werden. Etwa Routenplaner wie Google Maps, Terminverwaltung wie Google Calendar oder die zahlreichen Web-Spiele. Unter dem Begriff RIA (Rich Internet Application) fasst man diese Angebote meist zusammen. Diese Web-Applikationen kann man natürlich auch gut an die Gegebenheiten auf den mobilen Endgeräten anpassen.

Für unsere Situation wollen wir diese Unterschiede zwischen mobilen Webseiten und Web-Applikationen aber nicht weiter ausarbeiten, denn wir wollen ja Apps in den Fokus stellen.

2.2.3   Single-page-Webanwendung

Als Single-page-Webanwendung (SPA) wird eine Webanwendung bzw. RIA bezeichnet, die aus einem einzigen HTML-Dokument besteht und deren Inhalte dynamisch nachgeladen werden. Diese Art von Web-Architektur steht im Gegensatz zu klassischen Webanwendungen, welche aus mehreren, untereinander verlinkten HTML-Dokumenten bestehen. Durch solch eine Architektur wird die Grundlage für eine Webanwendung in Form einer Rich-Client- bzw. Fat-Client-Verteilung geschaffen. Funktionalität wird verstärkt auf die Clientseite verlagert (inklusive dem Speichern der Sitzungszustände im Client), was zu der Reduzierung der Serverlast führt und auch Offline-Anwendungen ermöglicht.

Das SPA-Paradigma eignet sich auch ausdrücklich für die Einbettung in native mobile Anwendungen in Form von hybriden Anwendungen, die über ein Framework HTML-Seiten verwenden – eben Apache-Apps.

2.2.4   Besonderheiten von Web-Apps

Web-Apps lassen sich recht deutlich von den reinen Webseiten/Web-Applikationen differenzieren. Allgemein stellen mobile Web-Applikation oder mobile Webseite Inhalte bereit, die von einem Webserver in einem – bereits auf dem mobilen Endgerät vorhandenen – Browser geladen werden und auch nur dort „leben". Sie werden innerhalb dieses Browsers interpretiert und es wird nichts auf dem Gerät des Anwenders installiert. Dadurch, dass mobile Webseiten und Web-Applikationen jedoch immer im Rahmen eines Standardbrowsers ausgeführt werden, werden sie auch durch den Browser beschränkt. Das ist ein sinnvolles Sicherheitsfeature, aber eben auch eine Einschränkung gegenüber den Möglichkeiten, die native Programme auf einer Plattform bieten. Eine Web-App arbeitet hingegen zwar auch mit gewöhnlichen Web-Technologien wie HTML oder JavaScript, wird aber über einen geeigneten Mechanismus als **eigenständige App** auf dem mobilen Endgerät installiert und kann – gegebenenfalls über Schnittstellen wie Cordova – Ressourcen des mobilen Endgeräts mehr und besser nutzen als es bei Web-Applikationen möglich ist. Oder anders und ein bisschen leger ausgedrückt – eine Web-App bringt ihren eigenen Browser mit, der auf eine geeignete Weise auf dem mobilen Gerät installiert wird (bzw. den vorhandenen Browser so klont und anpasst, dass das möglich ist). Über diese Browserkomponente wird die Web-App letztendlich nativ ausgeführt. Man sollte aber dennoch noch einmal festhalten, dass der Kerncode von mobilen Web-Applikationen/Webseiten und Web-Apps hinsichtlich der „Geschäftslogik" weitgehend identisch ist bzw. sein kann.

▶   **Tipp** Im Rahmen einer Cordova-Web-App können Sie dort eine „normale" Webseite oder Web-Applikation integrieren. Dazu wird in der App ein eigenständiges Browserfenster samt eigenständiger Engine (ein sogenannter **Inapp-
browser**) integriert. Technisch wird das in Cordova über ein spezielles Plugin[1]
(*cordova-plugin-inappbrowser*) realisiert. Ein spezielles Objekt stellt dann eine
open()-Methode bereit, die Sie wahrscheinlich aus dem DOM-Konzept von
dem *window*-Objekt kennen. Genau wie dort wird damit einfach eine neue
Internet-Adresse (URL – Uniform Ressource Locator) geöffnet und angezeigt.
Etwa so:

   var ref = cordova.InAppBrowser.open('http://rjsde', '_blank', 'location=yes');

2.2.5   Native Apps

Kommen wir noch einmal auf die genauen Spezifika der echten nativen Apps und deren
Erstellung zurück. Der Begriff einer App ist traditionellerweise (sofern man bei so
wenigen Jahren schon von einer Tradition sprechen kann) mit einer nativen Applikation
verbunden, die auf einem speziellen mobilen Gerät installiert und dann dort ausgeführt
wird. Schon Mitte der 90iger-Jahre hatte zum Beispiel Sun dafür spezielle Java-APIs
zur Verfügung gestellt, über die sogenannte Midlets erstellt werden konnten. Das waren
Java-Programme, die sich an die speziellen Gegebenheiten auf mobilen Geräten anpassen
konnten.

Im Grunde ist eine native App einer nativen Desktop-Applikation ähnlich. Wie auch
diese ist eine native App bereits in plattformspezifische Anweisungen übersetzt und wird
beim Anwender installiert. Sie ist damit für eine bestimmte Plattform optimiert. Mit allen
Vorteilen und Nachteilen, die im Buch schon angedeutet wurden. Die Vorteile einer nativen
App sind eine gute Performance und vor allen Dingen eine optimale Anpassung an eine
spezielle Plattform sowie die Möglichkeit zum Zugriff auf besondere Hardwarebestand-
teil der mobilen Endgeräte. Eine solche App kann sich auch harmonisch in übergeordnete
Bedienkonzepte einfügen, wie es Apple mit seinem proprietären Habitat oder auch Microsoft mit seinem Design ab Windows Phone 7 fordern. Ebenso können viele vorgefertigte
Features aus nativen Schnittstellen und APIs benutzt werden. Besonders wichtig ist, dass
die verschiedenen App-Stores echte Apps einfordern. Wenn Sie also einen kommerziellen
Vertrieb oder auch nur eine etwas weitergehende Verbreitung anstreben, kommen Sie um
eine echte App nicht herum.

Die Nachteile echter nativer Apps liegen aber darin, dass ein Programmierer sich mit
anspruchsvollen Programmiertechniken auskennen (etwa Java unter Android, Object
C für Apple oder C# und .NET unter Windows Phone) sowie die dafür notwendigen

---

[1]Was Plugins genau sind, werden wir noch ausführlich behandeln. Sie können es sich im Moment als
Erweiterung der normalen Funktionalität vorstellen.

Entwicklungswerkzeuge beherrschen muss. Und ein Anwender muss eben die App auch installieren. Der entscheidende Punkt ist jedoch, dass Sie bei einer App – wie schon mehrfach erwähnt – immer für eine spezielle Zielplattform entwickeln.

▶ Wie angedeutet werden wir mit Cordova und seinen Wrapper über diese Web-Apps einen **hybriden** Weg zwischen Web-Applikationen und nativen Apps gehen und somit das Beste aus beiden Welten nutzen können.

2.2.6   Die Arbeitsweise nativer Apps

Nun ist es meines Erachtens für das Verständnis der Arbeitsweise von Apps mit Cordova elementar, dass Sie einen kurzen Einblick in die Erstellung echter nativer Apps bekommen. Details brauchen und werden wir nicht verfolgen, aber zumindest für Android und Windows Phone sowie iOS mit etwas einfacher Praxis andeuten. Der Abschnitt wird aber vor allen Dingen das Verständnis fördern, was Sie bei nativen Apps machen müssten, wie diese grundsätzlich arbeiten und wo Ihnen Web-Apps den Weg erleichtern. Zudem werden hier die Grundlagen zum Erstellen eines Cordova-Projekts mit einer typischen IDE gelegt.

Hintergrundinformation
Die Beispielcodes in diesem Kapitel und dem folgenden Kapitel werden bewusst nicht zu Verfügung gestellt, damit Sie das Anlegen eines Projekts wirklich selbst durchführen müssen. Zum einen sind das ja nur native Dummyprojekte, aber zum anderen ist es aus verschiedenen Gründen später unabdingbar, dass Sie das Anlegen eines Projekts beherrschen und es hier üben. Sie müssen später in der Praxis insbesondere die Projekte immer so anlegen, dass sie für Ihre Entwickler- als auch Zielplattform(en) passen. Ein reines Kopieren vorhandener Projekte kann schon deswegen oft schiefgehen, da etwa unter Android bei Ihnen möglicher Weise ganz andere Targets installiert sind. Und dann sind da noch die ganzen Metainformationen und Einstellungen, die nur beim direkten Anlegen eines Projekts richtig passen. Das ist auch ein Grund, warum die späteren konkreten Cordova-Listings, die auf der Webseite zum Buch bereitgestellt werden, auf die reinen Ressourcen beschränkt sind, die wir wirklich unter Cordova selbst programmieren bzw. im Web-Umfeld nutzen.
  Ein weiterer Grund ist, dass nur diese Parts neutral von der Zielplattform und deren Version sind. Es ist kaum sinnvoll, wenn Sie da umfangreiche Projekte laden, die dann doch nicht zu Ihren gewünschten Entwicklungs- und Zielplattformen passen, und Sie erst in den Projektstrukturen den Teil suchen müssen, den Sie wirklich benötigen.

2.2.6.1   Eine beispielhafte Vorgehensweise anhand Android
Ich möchte Ihnen zunächst den Weg zu einer nativen App anhand von Android beschreiben, ohne wie gesagt in die Details (insbesondere zu Java) tief einzusteigen. Ebenso werden Sie erfahren, was Sie als Entwickler zum Schreiben und Testen von Apps benötigen – speziell für native Android-Apps, aber auch schon allgemein für Web-Apps. Denn wenn wir später im Buch Web-Apps mit Hilfe von Cordova entwickeln wollen, brauchen wir diese Grundlagen als Basis.

Hintergrundinformation
Ich persönlich entwickle gerne unter Android und die konkrete Kodierung von Apps ist unter Android nach meiner Meinung auch einfach und logisch. Aber das Einrichten und Vorbereiten der Entwicklungsumgebung sowie der sogenannten Targets (Emulationen von realen Geräten) ist meines Erachtens unter Android leider oft recht umständlich und aufwändig. Dies zieht sich durch bis zur Arbeit mit Cordova, was wir noch sehen werden. Wobei die Cordova-Tools das Verfahren sehr vereinfachen.

Unter dem Android-Betriebssystem von Google kann man in verschiedenen Sprachen native Applikationen erstellen. Aber native Apps für Android sind in der Regel in Java geschrieben, zumal das Google selbst mit diversen Tools und APIs unterstützt. Java gilt nun als interpretiert und kompiliert zur gleichen Zeit, was im Grunde einen Widerspruch darstellt. Beide Vorgänge (Interpretation und Kompilierung) beschreiben den Vorgang der Übersetzung von Quelltext in lauffähigen Binärcode, der von einem Computer oder auch einem Smartphone oder Tablet ausgeführt werden kann. Dies kann man auf zwei Arten machen.

Entweder wird der Quelltext auf einen Schlag mit einem geeigneten Programm übersetzt und dann dieser daraus resultierende Binärcode auf dem Zielgerät zum Laufen gebracht. Das bedeutet dann, dass der Quelltext kompiliert wurde.

Man kann aber auch bei einem Anwender den Quelltext laden, Zeile für Zeile lesen und direkt zur Laufzeit des Programms übersetzen lassen. Das ist dann der Vorgang der Interpretation.

Java nutzt beide Vorgänge zur Übersetzung und geht damit einen dritten Weg. Der eigentliche Quellcode wird vor der Auslieferung an den Anwender in einen binären Zwischencode (so genannten Bytecode) kompiliert, der ein architekturneutrales und noch nicht vollständiges Objekt-Code-Format ist. Er ist jedoch noch nicht lauffähig und muss von einer Laufzeitumgebung interpretiert werden. Dies ist die sogenannte JRE (Java Runtime Environment), deren wesentlichen Bestandteil die JVM (Java Virtual Machine – ein virtueller Prozessor) ist.

Da jede Java-Laufzeitumgebung plattformspezifisch ist, arbeitet das endgültige Programm (und damit auch eine entsprechende App) auf dieser virtuellen Plattform. Dort werden alle Elemente hinzugebunden, die für eine spezielle physikalische Plattform notwendig sind. Damit also eine Java-Applikation auf einem Gerät ausgeführt werden kann, muss dort eine passende JRE zur Verfügung stehen. Und das gilt natürlich auch für ein Android-Gerät, wobei Android von Google standardmäßig mit einer JRE ausgeliefert wird.

Hintergrundinformation
Microsoft geht mit seinem.NET-Konzept, das die Basis der nativen Apps unter Windows Mobile bildet, ebenfalls den Weg über eine virtuelle Maschine und einen neutralen Zwischencode, der dort interpretiert wird.

2.2.6.1.1   Die konkrete Erstellung

Java-Apps für Android erstellen Sie am besten mit dem JDK und dem Android Studio, was Ihnen ja im vorherigen Kapitel schon vorgestellt wurde. Sofern dieses bereitsteht, können Sie eine Android-App damit erzeugen, testen und ausliefern. Dies läuft in mehreren Schritten ab, die immer ähnlich sind:

- Zuerst werden Sie ein neues Android-Projekt anlegen. Dabei können Sie verschiedene Angaben zu der Zielplattform etc. machen.
- Dann schreiben Sie den notwendigen Java-Code samt den ergänzenden Codestrukturen, die etwa auf XML beruhen. Das setzt natürlich entsprechende Kenntnisse voraus. Für unseren Fall werden wir uns weitgehend auf die Vorgabecodes beschränken, die von Vorlagen im Android Studio (Templates) bereitgestellt werden.
- Eine Android-App können Sie wie gesagt aus der IDE heraus in einem Emulator ausführen und testen. Das werden Sie vor einer Fertigstellung immer wieder machen. Dabei ist dieser Emulator allgemeiner zu sehen – Sie können darüber auch hervorragend mobile Web-Apps testen, denn der Emulator enthält – wie jedes reale Android-System – einen Web-Browser, über den Sie Web-Apps bzw. mobile Webseiten laden und testen können.
- Wenn die App fertig ist, werden Sie diese weitergeben wollen. Um eine App weiterzugeben, erzeugen Sie ein spezielles Package. Dieses kann man mit der IDE erzeugen. Ebenso finden Sie hier Features, um Ihre App im Marktplatz von Google zu veröffentlichen, was aber im Moment unseren Rahmen sprengt.

Gehen wir es nun konkret an:

Legen Sie zuerst im Android Studio ein neues Project an. Das finden Sie im Android Studio unter dem Menüpunkt FILE/NEW/NEW PROJET. Über das Dateimenü können Sie auch ein bereits bestehenden Projekt wieder öffnen, ein Projekt direkt von Git klonen, ein Projekt aus einer anderen Programmierumgebung zu wie z. B. Eclipse importieren und dieses in ein Android Studio Projekt umwandeln, diverse Einstellungen vornehmen und ggf. Tutorials und Dokumente einsehen.

▶   **Tipp** Je nach Version der IDE kann sich die genaue Vorgehensweise zum Anlegen von einem Projekt im Detail etwas unterscheiden, aber die grundsätzlichen Schritte sind immer identisch. Wir wollen hier die Version 2.1.2 des Android Studios als Basis nehmen. Beachten Sie, dass sich auch die einzelnen Dialoge je nach konkreter Wahl von Optionen unterscheiden können.

Im ersten Schritt vergeben Sie einen Namen für Ihr Projekt sowie den Firmennamen, der die Package-Struktur unter Java gleich mit festlegt. Gegebenenfalls können Sie den Speicherort ändern (Abb. 2.1).

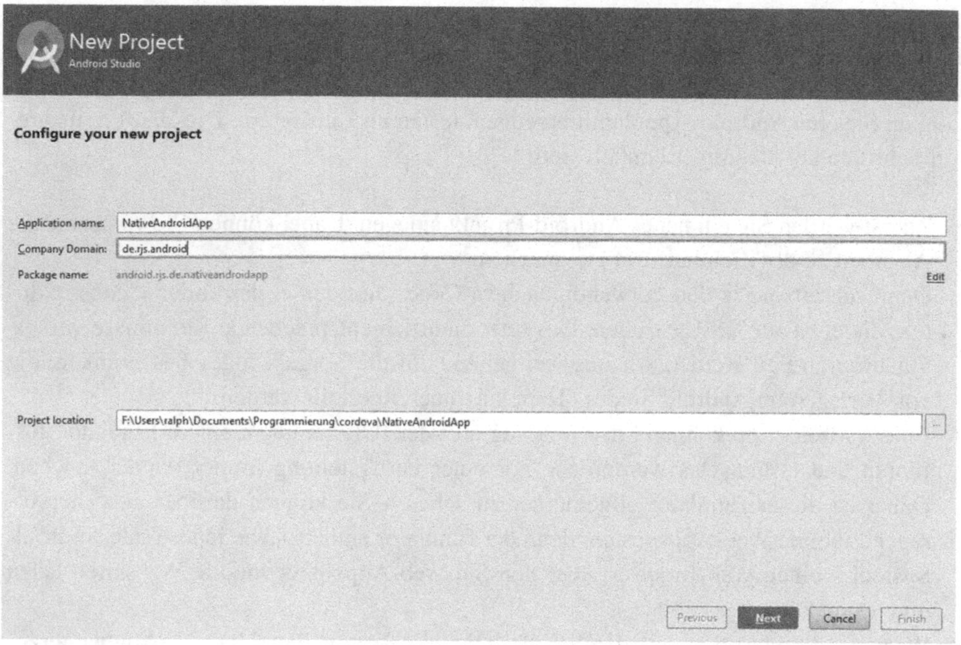

Abb. 2.1 Name, Package-Struktur und Speicherort des Android-Projekts festlegen

Der nächste Schritt wird interessant. Hier kann man auswählen, für welche Plattform man entwickeln möchte. Unter Minimum SDK können Sie die Android Version auswählen, die minimal unterstützt wird (Abb. 2.2). Sie können auch angeben, bei Sie Wear unterstützen wollen. Das ist ein Betriebssystem auf Basis von Android und speziell für Smartwatches und andere „Wearables".

Android Studio bringt eine Reihe von bereits vorgenerierten Templates (Activities), die Sie in dem folgenden Schritt auswählen können (Abb. 2.3). Probieren Sie einfach ein interessant erscheinendes Template hier aus. Für unsere Zwecke genügt aber die leere Activity.

▶ Eine Activity ist in Java erst einmal eine Klasse. Unter einer nativen Android-App repräsentiert sie genau ein sichtbares Benutzerinterface. Beispielsweise kann eine Activity den gesamten Bildschirm des mobilen Endgeräts einnehmen – mit oder ohne ein Auswahlmenü. Ebenso verwaltet die Activity eventuell mit einem Menü oder Schaltflächen verbundenen Aktionen der App. Eine App kann mehrere Activities besitzen, zwischen denen gewechselt werden kann. Jedoch kann bei einer App immer nur eine Activity aktiv sein. Eine Activity ist also in gewisser Weise modal.

Im nächsten Schritt können eventuell notwendige Anpassungen von Namen für Layout, Java-Klasse etc. vorgenommen werden (Abb. 2.4).

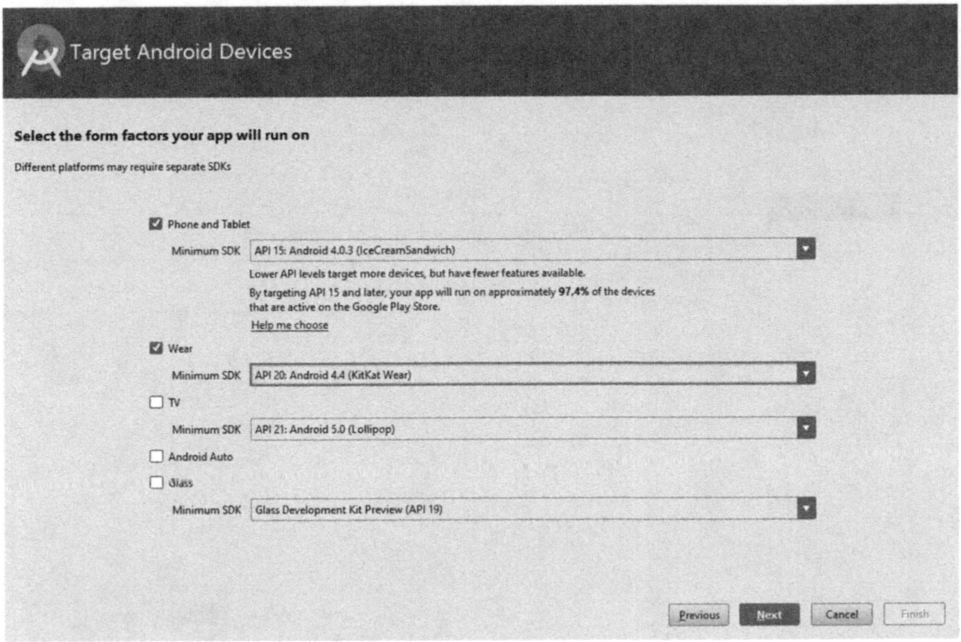

Abb. 2.2 Auswahl der Zielplattformen mit Minimalforderungen

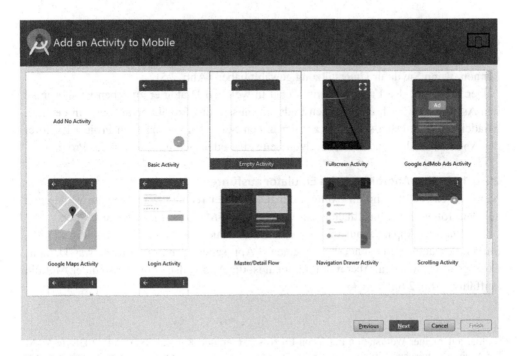

Abb. 2.3 Eine Activity auswählen

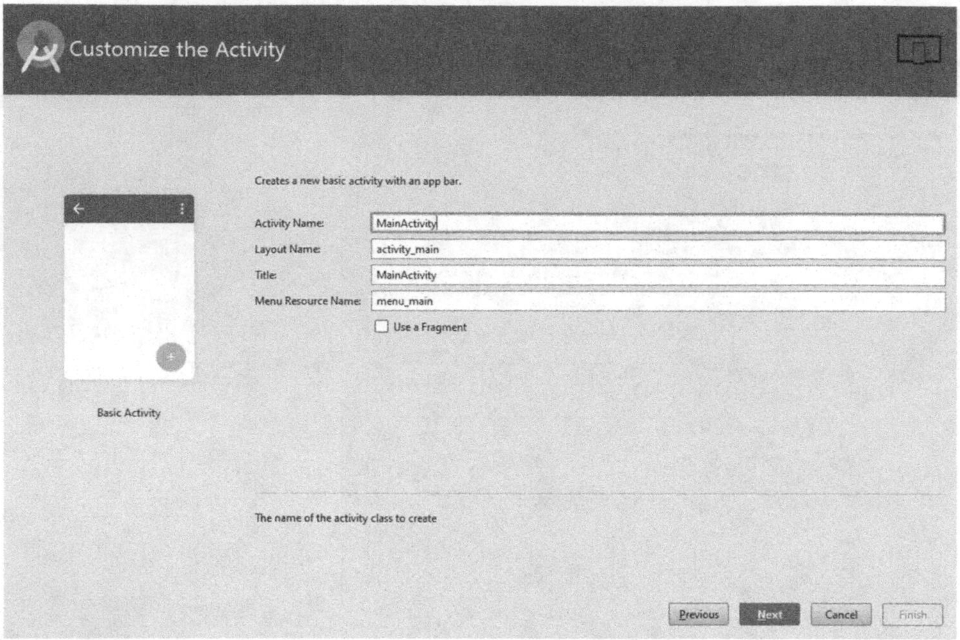

Abb. 2.4 Falls notwendig, können hier noch Namen angepasst werden

Sofern Sie etwa Unterstützung für Wear oder Smart-TVs voreingestellt haben, tauchen eventuell weitere Schritte auf, die noch erledigt werden müssen. So kann etwa ein Schritt noch notwendig werden, in dem Sie noch eine Activity für Android Wear auswählen können, wenn Sie dafür Unterstützung gewählt haben (Abb. 2.5).

Der Klick auf den FINISH-Button – egal in welchen Dialog er zu sehen ist – beendet den Assistenten. Nach einer kurzen Ladezeit müsste das Projekt erstellt und in der IDE geladen werden. Dann sehen Sie auf der linken Seite den sogenannten Project Explorer des Android Studios und auf der rechten Seite eine oder mehrere Dateien des Projekts.

2.2.6.1.2 Eine Android-App im Emulator ausführen

Nun können Sie die App im Explorer der IDE mit der rechten Maustaste auswählen und aus dem folgenden Kontextmenü oder mit dem RUN-Menü im Emulator ausführen.

Der Start der App im Emulator kann eine Weile[2] dauern – also nicht ungeduldig werden. Sie werden auch keine sonderlich spannende App sehen, denn es ist nur etwas Default-Code generiert worden. Aber rein funktional ist die App vollständig und so unter Android lauffähig (Abb. 2.6).

---

[2]Selbst auf meiner Workstation mit Xeon-Prozessor, 6 echten Kernen, SSD und 32 GByte RAM kann ich mir zwischenzeitlich einen Kaffee kochen.

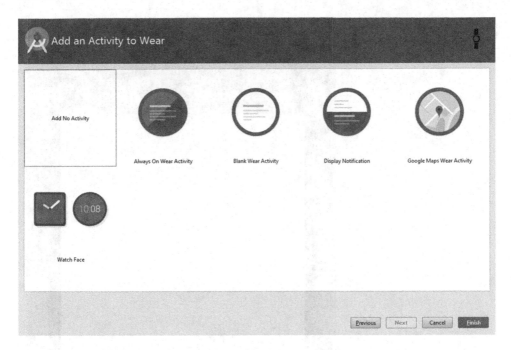

Abb. 2.5 Bei Bedarf kann Wear-Unterstützung hinzugefügt werden

Es kann auch sein, dass Sie vor einer Ausführung der App in einer Emulation erst einmal ein Target anlegen oder aktualisieren müssen. Auch dazu gibt es einen Assistenten, den Sie einfach mit den Vorgabeeinstellungen durchlaufen sollten. Dabei kann das Laden und Einrichten aber ebenfalls ziemlich lange dauern.

2.2.6.1.3   Eine Android-App im Ripple-Emulator ausführen

Der Ripple-Emulator ist ein Tool, welches im Rahmen des Chrome-Browsers als RIA ausgeführt wird und die Produktivität bei der Entwicklung hybrider Web-Apps erheblich verbessert. Denn insbesondere das Testen mit dem Android-SDK-Emulator kostet viel Zeit für das Erstellen sowie das Starten der Anwendung im Emulator. Selbst bei guter Hardware kann man wie gesagt oft zwischenzeitlich Kaffeekochen gehen – von der Wartezeit auf schwacher Hardware ganz zu schweigen. Der Ripple-Emulator hingegen startet sehr schnell und vor allem kann auch die Sensorik von mobilen Endgeräten damit sehr gut getestet werden. Aber wie gesagt – als Web-Applikation zeigt auch der Ripple-Emulator einige Verhaltensweise, die nur näherungsweise das echte Verhalten der App abbilden (etwa funktioniert kein wirklicher Zugriff auf das Dateisystem oder XML- und HTML-Tags im Content werden als Teil der Webseite verarbeitet).

Der Ripple-Emulator wird Ihnen – entsprechende Erweiterungen und Chrome vorausgesetzt – in Visual Studio zur Verfügung stehen und es gibt für Chrome auch eine

Abb. 2.6 Die gestartete App
im Emulator

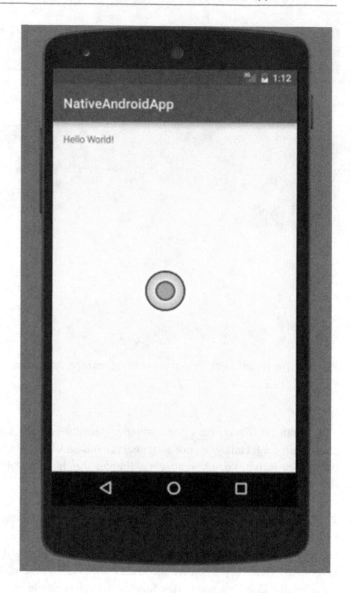

Standard-Ripple-Emulator-Erweiterung, aber die ist meist veraltet. Die neuste Version von
Ripple installiert man am besten mit npm:

```
npm install -g ripple-emulator
```

Hintergrundinformation
Auf npm gehen wir noch genauer ein (Kap. 3). Das ist ein Paketmanager, den wir für die Installation
von Cordova verwenden werden.

Anschließend kann man den Emulator über die Konsole aufrufen

```
ripple emulate [Pfad zur Indexseite der App]
```

Der Chrome-Browser wird daraufhin mit der App, die innerhalb von Ripple läuft, gestartet.

2.2.6.1.4   Eine Android-App exportieren und auf einem mobilen Gerät ausführen

Um eine Android-App auf einem realen Smartphone oder Tablet auszuführen, muss sie da installiert werden. Dazu kopieren Sie einfach die.apk-Datei mit der App auf das Gerät und öffnen diese dort. Sofern keine Rechteprobleme bestehen, wird die App installiert und Sie können sie ausführen. Ebenso benötigen so eine.apk-Datei, wenn Sie die App im Marktplatz von Google veröffentlichen bzw. vermarkten wollen.

Aber wie wird aus Ihrer App eine solche.apk-Datei? Mit Hilfe des BUILD-Menüs im Android Studio können Sie die App in der Form exportieren. Dabei können Sie sowohl eine signierte (der Befehl GENERATE SIGNED APK) als auch unsignierte App (mit dem Befehl BUILD APK) exportieren, was letztendlich sowohl die Akzeptanz der App als auch die Rechte für die Installation berührt (Abb. 2.7).

Wollen Sie die App später vertreiben, müssen Sie auf jeden Fall den Assistenten zum Signieren durchlaufen. Aber auch zum Testen ist das besser, da Sie sich sonst möglicherweise unnötige Probleme bei der späteren Installation in der Praxis einhandeln. Der Assistent zum Exportieren und Signieren Ihrer App fordert von Ihnen nach der Angabe eines Namens die Spezifikation eines passwortgeschützten Schlüsselspeichers (Keystore – Abb. 2.8).

Darin werden die Schlüssel für Ihre App verwaltet, über die Sie die App mit einem Zertifikat signieren können (Abb. 2.8). In dem gewählten Schlüsselspeicher können Sie

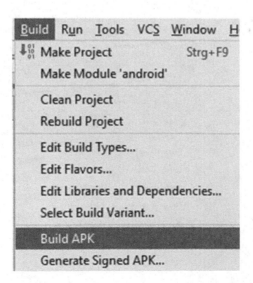

Abb. 2.7 Eine App zum Export erstellen

Abb. 2.8 Auswahl des
Schlüsselspeichers

dann einen konkreten Schlüssel auswählen, über den Sie die App signieren wollen. Sie können sowohl einen vorhandenen Schlüsselspeicher verwenden als auch selbst einen neuen anlegen (Abb. 2.9).

Entweder verwenden Sie einen bereits vorhandenen Schlüssel oder aber Sie legen einen neuen Schlüssel an. Bei einem neuen Schlüssel müssen Sie in einem weiteren Schritt neben einem Alias für den Schlüssel und einem Passwort einige Eckdaten wie Ihren Namen und Wohnort angeben, woraus dann ein eindeutiges Zertifikat generiert wird.

Im letzten Schritt speichern Sie dann die zertifizierte App. Anschließend können Sie diese auf Ihr Smartphone kopieren oder im Google Markt veröffentlichen.

Abb. 2.9 Einen neuen Keystore anlegen

2.2.6.2   Native Apps mit Visual Studio

Ich möchte Ihnen nun einen zweiten Weg zu einer nativen App in einer anderen Welt vorstellen. Dabei verwenden wir als IDE Visual Studio, womit man ursprünglich gezielt für Windows Phone entwickelt hatte.[3] Microsoft unterstützt mittlerweile aber ausdrücklich auch andere Plattformen, so dass dieser Abschnitt zwar im Fokus auf mobile Windows-Systeme abzielt, aber auch Android und iOS umfasst. Deshalb nennt sich dieser Abschnitt auch nicht „Native Windows Apps mit Visual Studio", sondern ist universeller gehalten.

Sie werden sehen, dass sich trotz diverser Unterschiede in den Details die Grundschritte ähneln werden, da man im Grunde für alle nativen Apps ähnlich vorgehen muss – gleich welche Zielplattform man im Auge hat und welche IDE oder Werkzeuge man verwendet. Und auch hier gilt, dass wir weitere notwendige Grundlagen für Web-Apps mit unter Cordova legen.

Zuerst aber möchte ich ein paar Begriffe klären, die im Umfeld mobiler Windows-Apps auftauchen.

2.2.6.2.1   Windows Phone und Windows Mobile versus UWP-Apps

Windows Phone bezeichnet den direkten Nachfolger von **Windows Mobile**, mit dem Microsoft im Zusammenhang mit Windows 8 eine weitere Fusion von mobilen und stationären Anwendungen und Geräten vorantreiben wollte. Insbesondere wurde ein vereinheitlichtes Designkonzept in den Fokus gestellt. Zentraler Aspekt war der Zwang für Hardware-Hersteller, dass ihre Geräte einen Mindeststandard einhalten und eine einheitliche Benutzeroberfläche bereitstellen mussten, damit Windows Phone damit ausgeliefert werden durfte. Bei der Benutzerführung ging Microsoft neue Wege und hatte sich damit im Look & Feel als auch der Philosophie deutlich von Android-Geräten abgehoben.

Durch die mittlerweile weitgehend vollzogene Ablösung von Windows 7 und 8.x durch Windows 10 verliert aber auch Windows Phone deutlich an Bedeutung und Windows Mobile kann man vollständig ignorieren. Die Zukunft gehört den **Universal Windows Platform App**s – auch universelle Windows Apps oder einfach nur Windows Apps. Dabei handelt es sich um spezielle Anwendungen, die auf verschiedenen Geräten unter Windows 10 eingesetzt werden können.

Universal Windows Platform Apps (kurz UWP Apps) sind Anwendungen, die sich ausdrücklich auf verschiedenen physikalischen Plattformen einsetzen lassen – zum Beispiel einem Tablet Computer, einem Smartphone, einer Spielekonsole, aber auch auf einem normalen Personal Computer. UWP Apps sind also nicht beschränkt auf den Einsatz auf einem bestimmten Gerätetyp, sondern können für eine ganze Gerätefamilie entwickelt werden.

▶   Beachten Sie, dass aber für UWP-Apps auf allen diesen unterschiedlichen Plattformen Windows 10 laufen muss. Auch ist als Entwicklerplattform Windows 10 notwendig – Vorläuferversionen von Windows eignen sich nicht.

---

[3]Und natürlich allgemein für Windows.

Da mobile Geräte in der Regel über Touchscreens bedient werden, arbeiten Universal Windows Platform Apps mit anderen Bedienkonzepten als klassische Anwendungen. So gibt es zum Beispiel Bedienelemente wie eine Symbolleiste oder ein Menüband in dieser Form nicht.

Grundsätzlich lassen sich Universal Windows Platform Apps aber auch mit der Maus und der Tastatur bedienen. Das ist zum Beispiel dann wichtig, wenn Sie sie auf einem klassischen Computer ohne Touchscreen einsetzen.

Der Vertrieb der Universal Windows Platform Apps erfolgt so gut wie ausschließlich über den **Windows Store**, der „traditionell" zum Verteilen von Windows-Apps genutzt wird. Dabei handelt es sich um einen virtuellen Marktplatz im Internet, auf dem unterschiedlichste Apps angeboten werden. Das Konzept ist im Grunde vollkommen analog wie bei Google oder Apple. Der Windows Store kann direkt über Windows aufgerufen werden und steht damit grundsätzlich allen Windows-Anwendern zur Verfügung.

Universal Windows Platform Apps weisen im Vergleich mit Windows Forms-Anwendungen und auch WPF-Anwendungen (was für die älteren Formen der Apps im Windows-Umfeld die Basis war) einige Besonderheiten auf. Insbesondere bilden sogenannte **Seiten** (pages) die Basis einer App. Die Darstellung der Inhalte erfolgt immer auf einer oder mehreren Seiten. Jede Seite übernimmt dabei eine eindeutige Aufgabe – zum Beispiel die Anzeige von vorhandenen Dateien und das Laden einer Datei. Zwischen den Seiten einer App kann der Anwender hin- und herwechseln.

Universal Windows Platform Apps weisen vor allen Dingen hinter den Kulissen erhebliche Unterschiede zu Windows Forms- und WPF-Anwendungen auf, die für Programmierer wichtig sind:

- Eine UWP-App muss verschiedene Darstellungen unterstützen und auf verschiedenen Geräten einsetzbar sein.
- Die App muss daher mit unterschiedlichen Auflösungen arbeiten können. Zusätzlich muss die App für mobile Geräte auch noch das Hoch- und das Querformat unterstützen.
- Eine App hat nur eingeschränkten Zugriff auf das System. Dazu kommt eine Sandbox zum Einsatz. Auf andere Bereiche des Systems hat die App nur dann Zugriff, wenn der Benutzer das ausdrücklich genehmigt. Die Zugriffsregeln werden durch Capabilities beschrieben. So etwas kennt man ja bei Android schon lange. Als Programmierer hat man damit aber nicht mehr kompletten Zugriff auf die Systemressourcen. So kann man zum Beispiel nicht mehr ohne weiteres Daten aus dem Internet herunterladen oder die Kamera eines Smartphones nutzen.
- Mehrere Apps können über aber über Contracts (Verträge) zusammenarbeiten. Damit kann man als Programmierer auf die Dienste bereits vorhandener Apps zurückgreifen oder aber die Dienste einer App selber anderen Apps zur Verfügung stellen.
- Jede UWP App hat einen eigenen Lebenszyklus. Sobald die App in den Hintergrund gestellt wird, wird sie durch das Betriebssystem in eine Art Schlafzustand (Suspend-Modus) versetzt, aber nicht beendet. Nur im Ausnahmefall wird das Betriebssystem eine App komplett beenden.

Auch für die Gestaltung der konkreten App fordert Microsoft die Einhaltung von ein paar
Regeln:

- Die App soll möglichst einfach und sachlich erscheinen. Das folgt dem Konzept, dass
  eine App so selbsterklärend wie eben möglich sein sollte. Im Mittelpunkt steht der
  Inhalt – und nicht die Gestaltung. Dazu wird nicht nur die Oberfläche sehr sachlich
  gehalten, sondern auch Bedienelemente wie Symbolleisten oder Menüleisten sollen
  nicht verwendet werden. Auf besondere grafische Effekte soll komplett verzichtet
  werden. Der Einsatz von Animationen – zum Beispiel für Seitenübergänge – ist aber
  durchaus erlaubt und von Microsoft sogar gewünscht.
- Die App soll einfach über Gesten bedient werden können. Die Bedienelemente sollten
  daher nicht zu klein sein oder zu eng nebeneinander liegen. Denn hier kann bei der
  Bedienung mit den Fingern unter Umständen nicht mehr exakt genug gezielt werden.
  Die Bedienung soll nach Möglichkeit direkt über Elemente auf einer Seite erfolgen.
  Daher fallen auch viele klassische Menüleisten, Menübänder und Symbolleisten aus.
  Sie eignen sich für die Bedienung über Gesten nicht, weil die Elemente zu nah bei-
  einander liegen oder sind in der Anwendung zu kompliziert. Als Ersatz kommen aber
  einige neue Elemente wie die Befehlsleiste zum Einsatz.
- Die App soll schnell und flüssig arbeiten. Der Benutzer soll nie das Gefühl haben, auf
  die App warten zu müssen. Daher sollte der Anwender bei jeder Aktion, die er über die
  Oberfläche startet, nach Möglichkeit Feedback erhalten – zum Beispiel in Form einer
  Animation oder eines Seitenwechsels. Dadurch weiß der Anwender auch, dass die App
  seine Bedienkommandos angenommen hat.

2.2.6.2.2   Die Entwicklung von Universal Windows Platform Apps

Bei der Entwicklung von Universal Windows Platform Apps wird konsequent zwischen
der Präsentation und der Logik getrennt. Für die Beschreibung der Oberfläche können Sie
neben XAML zum Beispiel auch HTML verwenden. Die Logik – also das eigentliche
Programmverhalten – lässt sich mit Programmiersprachen wie C++, JavaScript, C# oder
Visual Basic abbilden.

Für das Erstellen von Apps verwendet man Visual Studio in einer geeigneten Version.
Grundsätzlich genügt die Community Edition 2015 (oder Folgeversionen), die aber unter
Umständen erweitert werden muss. Nach dem Start legen Sie dort ein neues Projekt an.
Dazu gehen Sie unter Datei -> Neu -> Projekt.

Die Vorlagen für Universal Windows Platform Apps finden Sie im Zweig für Ihre bevorzugte Sprache. Etwa unter Visual Basic/Windows. Dort finden Sie auch Vorlagen für
Windows 8, aber in dem Buch konzentrieren wir uns auf UWP Apps (Abb. 2.10).

Wir verwenden für unser Beispiel eine leere App aus der Kategorie Visual Basic.

▶   **Tipp** Je nachdem wie Sie die Visual Studio Installation durchgeführt hatten –
     als Standardinstallation, als vollständige Installation beziehungsweise als
     benutzerdefinierte Installation – existiert die Vorlage für Universelle Windows

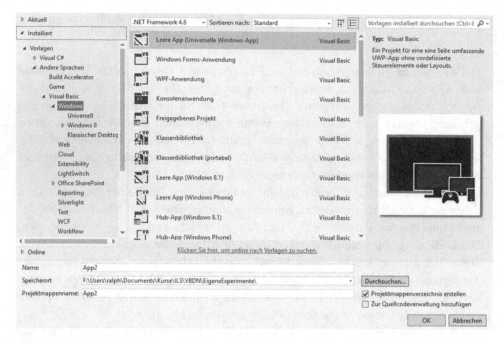

Abb. 2.10 Eine Vorlage für eine UWP App

Apps auf Ihrem System möglicherweise noch nicht. Sie haben dann aber die Möglichkeit, die Installation direkt aus dem Fenster zum Anlegen eines neuen Projekts über einen Doppelklick auf den Eintrag Universelle Windows-Tools installieren zu starten. Sie müssen dazu einfach die fehlenden Features installieren und anschließend den Anweisungen der Installationsroutine folgen. Aber auch über das Extras-Menü und dort die Anweisung Extensions und Updates können Sie fehlende Features nachinstallieren.

Der ganze Vorgang kann erheblich Zeit in Anspruch nehmen, da gegebenenfalls auch weitere Visual Studio Updates mitinstalliert werden. Unter Umständen müssen Sie während des Installationsvorgangs Ihren Computer auch mehrfach neu starten.

Wenn die Vorlage bereitsteht, markieren Sie den Eintrag für eine leere universelle Windows App. Geben Sie anschließend einen Namen für das Projekt ein. Wir verwenden in unserem Beispiel den Namen *HalloWeltApp*. Klicken Sie auf OK, um das Projekt anzulegen. Sie legen dann noch die Ziel- und Mindestplattformversionen fest, die Ihre universelle Windows-Anwendung unterstützt bzw. vorhanden sein muss (Abb. 2.11).

▶   **Tipp** Es kann sein, dass Sie im nächsten Schritt den Entwicklermodus für Windows 10 aktivieren müssen, sofern das noch nicht vorgenommen wurde (einmal eingestellt, brauchen Sie das nicht mehr machen). Sie finden diese

Wählen Sie die Ziel- und Mindestplattformversionen aus, die Ihre universelle Windows-Anwendung unterstützt.

Zielversion

| Windows 10 (10.0, Build 10586) | ⌄ |

Mindestens erforderliche

| Windows 10 (10.0, Build 10240) | ⌄ |

Welche Version sollte ausgewählt werden?

[OK]   [Abbrechen]

Abb. 2.11 Ziel- und Mindestplattformversionen

Einstellungsmöglichkeit in Windows 10 unter EINSTELLUNGEN und dort im Bereich
UPDATE UND SICHERHEIT. Hier gibt es den Link „FÜR ENTWICKLER". Klicken Sie diesen an.
Im nächsten Schritt müssen Sie den Entwicklermodus für Windows 10 aktivie-
ren. Bestätigen Sie ggfls. die Sicherheitsabfrage.

Das Projekt wird nun angelegt und erscheint in der Entwicklungsumgebung (Abb. 2.12).
Dabei wird zunächst die Datei *App.xaml.vb* im Editor angezeigt. Diese Datei ist die Code-
behind-Datei der eigentlichen App.

Im Projektmappen-Explorer rechts im Fenster von Visual Studio sehen Sie auch noch
weitere Dateien und Ordner. Im Ordner *Assets* werden unter anderem Logos für die App
abgelegt.

Wechseln Sie bitte in die Startseite der App. Doppelklicken Sie dazu auf die Datei
MainPage.xaml im Projektmappen-Explorer. Damit wir der visuelle Bearbeitungsmodus
geöffnet (Abb. 2.13).

Abb. 2.12 Die App in Visual Studio

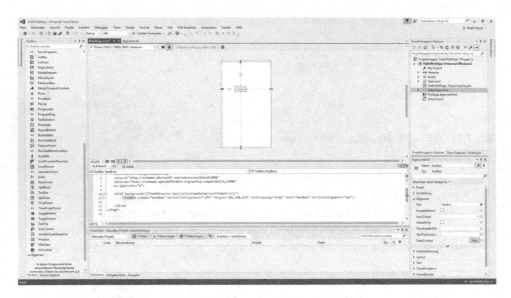

Abb. 2.13 Die XAML-Datei in Visual Studio visuell bearbeiten

Über die Toolbox oder auch direkt im XAML-Code können Sie jetzt Steuerelemente einfügen. Probieren Sie das bitte aus.

Setzen Sie einen Textblock für die Anzeige von Text in die App. Das entsprechende Steuerelement finden Sie in der Toolbox unter dem Namen TEXTBLOCK.

Ändern Sie den Text für den Textblock dann über die Eigenschaften – zum Beispiel in „Hallo Welt". Damit der Text besser zu sehen ist, können Sie auch die Schriftgröße anpassen – zum Beispiel auf 24. Die entsprechenden Einstellungen finden Sie bei den Eigenschaften im Bereich TEXT.

Positionieren Sie danach das Steuerelement neu, und lassen Sie die App ausführen. Dazu können Sie über das Listenfeld zum Ausführen der App diverse Zielplattformen wählen. Etwa den lokalen Computer, ein angeschlossenes Device (also etwa ein per USB verbundenes Smartphone), einen Simulator oder einen Emulator (Abb. 2.14).

Nach kurzer Zeit sollte die App in einem Emulator zu sehen sein (Abb. 2.15).

Sie können bei Bedarf auch weitere Emulatoren nachinstallieren.

Hintergrundinformation
Ausgeführt wird eine App von Visual Studio in der Standardeinstellung auf Ihrem lokalen Rechner. Damit wird sie auch so angezeigt wie sie auf einem Desktop aussehen würde. Mit einem Simulator oder verschiedenen Emulatoren lässt sich das Verhalten auf einem Tablet oder Smartphone simulieren. Ein Emulator stellt dabei ein anderes Gerät möglichst exakt nachstellt. Hier wird die App in einem emulierten Gerät ausgeführt und verhält sich dabei annähernd so wie auf dem echten Gerät. Die Emulatoren für Windows-Systeme in Visual Studio arbeiten allerdings mit der Virtualisierungssoftware **Microsoft Hyper-V**, die Ihnen nicht in allen Windows-Versionen zur Verfügung steht. Gravierender ist das Problem, dass populäre Virtualisierungs-Lösungen wie VMWare als auch VirtualBox mit Hyper-V kollidieren. Ist Hyper-V aktiviert, lassen sich keine virtuellen Maschinen

Abb. 2.14 Die App aus Visual Studio heraus ausführen

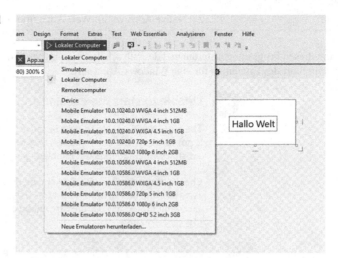

Abb. 2.15 Die App wurde in einem Emulator aus dem Visual Studio ausgeführt

mit diesen Programmen starten und deshalb schaltet man Hyper-V oft ab. Was aber zu einem Fehler beim Start des Emulators für eine Windows-App führt.

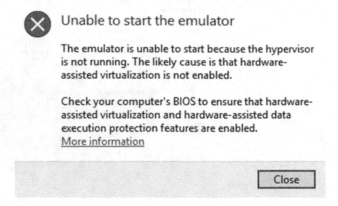

Wenn man also sowohl den Emulator als auch Virtualisierung über VMWare oder VirtualBox benötigt, muss man leider Gottes ständig Hyper-V an- und ausstellen, was jedes Mal einen Neustart des Rechners zur Folge hat. Das bereitet leider erhebliche Umstände. Wenn man in Windows 10 die Rolle „Hyper-V" aktivieren möchte, kann dies über die Systemsteuerung in Windows 10, PowerShell oder das DISM-Tool (Deployment Imaging Servicing and Management) erfolgen. Wir behandeln nur den Vorgang über die Systemsteuerung. Dazu wählen Sie dort PROGRAMME UND FEATURES und dann WINDOWS-FEATURES AKTIVIEREN ODER DEAKTIVIEREN. Im Folgedialog wählen Sie Hyper-V aus und legen fest, ob Hyper-V aktiviert oder deaktiviert sein soll. Nach dem Neustart des Rechners ist dann Hyper-V entweder neu aktiviert oder deaktiviert.

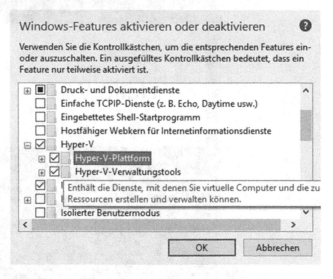

Nun kann beim Einsatz eines Emulators aus Visual Studio aber auch eine Meldung der Art auftauchen:

  „*Join the Hyper-V Administration security group*".

Das ist dann der Fall, wenn der angemeldete Benutzer in Windows zu geringe Rechte hat bzw. eben dieser Gruppe nicht angehört und dennoch Manipulationen an Hyper-V notwendig sind (was beim Start des Emulators leider sein kann). Wenn Sie diese Meldung bekommen, können Sie wie über das Service-Tool *mmc* dieser Gruppe beitreten – etwa indem Sie dort das Dateimenü öffnen und SNAP-IN HINZUFÜGEN/ENTFERNEN … wählen oder auch auf andere Weise dieses Hinzufügen bewerkstelligen. Aber dies geht viel zu tief in die Windows-Administration und führt hier definitiv zu weit in eine Richtung, die nicht in unserem Interesse sein kann. Glücklicherweise genügt in den meisten Fällen ein Klick auf die Schaltfläche RETRY und der Emulator startet dann in dem sogenannten elevated-Modus. Das ist für so gut wie alle Aktionen aus der App heraus ausreichend.

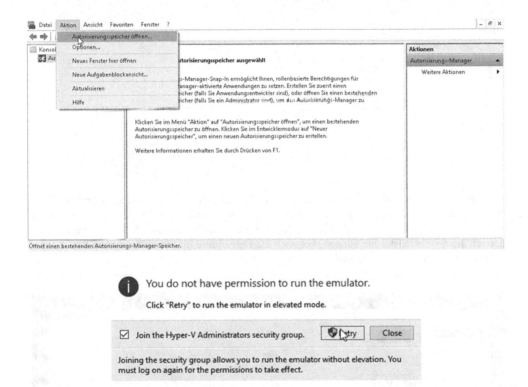

Doch die potentiellen Probleme mit Hyper-V sind immer noch nicht ganz abgehandelt. Leider können bestimmte Konfigurationen in Hyper-V auch die Einstellungen der Netzwerkschnittstellen so verändern, dass Sie keinen Zugang zum Internet mehr haben. Der Hyper-V Extensible Virtual Switch wird etwa bei bestimmten Android-Emulationen benötigt, blockiert aber den Internet-Zugang der normalen Netzwerkschnittstelle.

Aus dem Grund ist der Einsatz eines Emulators nicht immer die beste Wahl zum Testen einer Windows- App. Glücklicher Weise gibt es aber in Visual Studio noch den Simulator, der Hyper-V nicht benötigt.

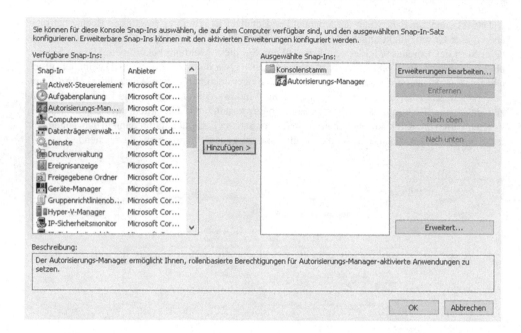

Ein **Simulator** versucht allgemein, wesentliche Aspekte einer ganzen Plattform nachzubilden. Über die Symbolleiste am rechten Rand des Simulators in Visual Studio können Sie zum Beispiel die Bedienung mit dem Finger mit der Maus simulieren. Dazu verwenden Sie die Symbole im oberen Bereich der Symbolleiste. Sie können aber auch die Darstellung im Simulator drehen beziehungsweise ein Drehen des Tablets simulieren.

Die entsprechenden Symbole finden Sie im mittleren Bereich der Symbolleiste. Der Simulator stellt Ihren Rechner als Tablet nach. So finden Sie zum Beispiel auf dem Desktop des Simulators genau die Anwendungen, die Sie auch über den Desktop Ihres Rechners starten können. Allerdings werden die Anwendungen auch als Desktop-Anwendungen ausgeführt. Sie sehen also nicht anders aus als auf Ihrem Desktop.

Wie auch immer Sie die App aus Visual Studio starten – nach einiger Zeit erscheint zuerst der Splash Screen – der Startbildschirm – der Anwendung. Da wir in dieser einfachen App noch kein eigenes Logo angelegt haben, wird hier lediglich ein Viereck mit einem X angezeigt. Kurze Zeit später wird aber auch die Oberfläche der App angezeigt. Entweder in dem Simulator, als Desktop-App oder in einem der verschiedenen Emulatoren, die Visual Studio mitbringt.

2.2.6.3 Eine Android-App unter Visual Studio
Wie erwähnt bemüht sich Microsoft in der letzten Zeit immer mehr plattformübergreifend zu arbeiten. So kann man in Visual Studio mittlerweile ganz hervorragend Android-Apps entwickeln und auch aus der IDE heraus ausführen. Sie benötigen dazu aber dann den **Visual Studio Emulator for Android**. Diese installieren Sie bei Bedarf – wie alle Erweiterungen und insbesondere sämtliche Features für Android als auch Cordova – über EXTENSIONS UND UPDATES (Abb. 2.16).

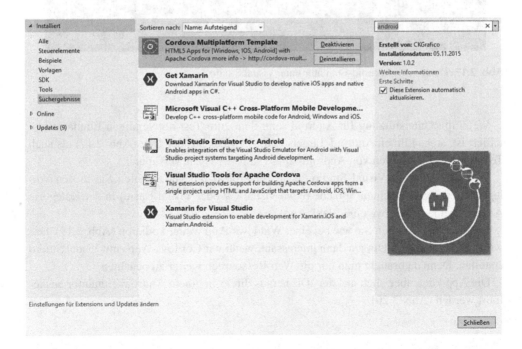

Abb. 2.16 Visual Studio lässt sich vielfältig erweitern

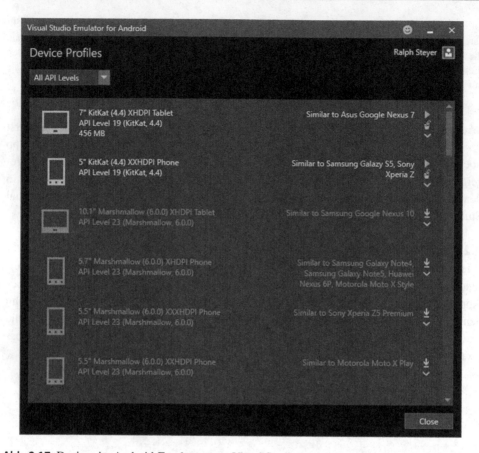

Abb. 2.17 Devices im Android-Emulator unter Visual Studio

Wenn die Unterstützung für Android samt dem zum Test notwendigen Emulator installiert ist, stehen Ihnen Android-Targets bzw. -Devices aus der IDE (Abb. 2.17) als auch Templates zum Erstellen von Android-Apps (Abb. 2.18) zur Verfügung.

Wenn Sie dann in Visual Studio ein neues Projekt anlegen, wählen Sie in den Vorlagen bei der gewünschten Sprache (etwa Visual C# oder Visual Basic) in der Kategorie ANDROID eine App (etwa eine Blank App) aus.

Im Folgenden können Sie wie bei einer Windows-App weiter kodieren (Abb. 2.19). Das wird für uns vor allen Dingen dann interessant, wenn wir Cordova-Apps mit Visual Studio erstellen. Denn da braucht man nur die Web-Ressourcen weiter zu beachten.

Die App kann aber auch aus der IDE heraus direkt in einem Android-Emulator ausgeführt werden (Abb. 2.20).

Abb. 2.18 Ein Android-Projekt unter Visual Studio anlegen

Abb. 2.19 Ein Android-Projekt unter Visual Studio

Abb. 2.20 Die Android-App
wurde aus Visual Studio im
Emulator gestartet

Und auch der Ripple-Emulator steht in Visual Studio zur Verfügung, wenn Sie die entsprechenden Android/Cordova-Erweiterungen installiert haben.

2.2.6.4 Eine native-App für iOS

Mit dem Visual Studio können Sie mittlerweile sogar Apps für iOS entwickeln, wenn die entsprechenden Erweiterungen installiert sind. Wobei Sie für eine ernsthafte Arbeit auch die entsprechenden Lizenzen benötigen. Aber die Entwicklung einer nativen als auch später einer Cordova-App unter iOS wird in der Regel mit Xcode durchgeführt und ist

Abb. 2.21 Entwicklung unter iOS

von den Grundschritten ähnlich einfach wie der Vorgang für Windows Phone. Gegebenenfalls müssen Sie einen Mac oder Xamain Mac Agent so konfigurieren, dass einen Remote Login auf dem Mac gestatten (Abb. 2.21).

Unter Xcode wird mit CREATE A NEW XCODE PROJECT ein neues Projekt angelegt. Aus den folgenden Templates können Sie sich eine geeignete vorgegebene Projektstruktur auswählen und dann den folgenden Assistenten durchgehen.

Im so aufgerufenen Assistenten vergeben Sie die wichtigsten Daten zu dem Projekt (analog der Vorgehensweise für Android und Windows – in diesem Fall Name, Organisation, Zieldevice, Speicherort etc.). Bleiben Sie ansonsten bei den Vorgaben. Wenn Sie den Assistenten beenden, haben Sie bereits eine vollständig lauffähige App, die mit dem Klick auf den grünen Pfeil links oben im iOS-Simulator gestartet werden kann.

Zusammenfassung

Sie haben in einer Übersicht das weite Gebiet der mobilen Apps kennengelernt. Sie kennen diverse Begriffe, die wir im Umfeld von Cordova benötigen werden. Insbesondere haben wir einen Blick auf native Apps geworfen und wie Sie diese erstellen können. Sie haben in diesem kurzen Einblick gesehen, dass die Erstellung nativer Apps in verschiedener Hinsicht aufwändig und keineswegs trivial sein kann. Und wir haben ja nur an der Oberfläche gekratzt und für voll funktionale native Apps wäre noch sehr viel zu tun. Zudem ist es notwendig, dass Sie für jede Zielplattform unterschiedlich vorgehen.

Sie wissen, wo die Vor- und Nachteile von nativen Apps und Web-Apps liegen. Es hat eine Menge Charme klassische RIAs auf mobile Endgeräte zu übertragen bzw. dahingehend anzupassen. Denn die meisten modernen Handys, Tablets und Smartphones sind Internet-fähig und verfügen über einen Standardbrowser. Und die klassischen Webtechnologien sind in der Regel einfacher zu beherrschen als die mächtigen nativen Techniken wie C# oder Java. Insbesondere ist das Wissen verbreitet, da viele Leute Webseiten erstellen und diese Kenntnisse und Erfahrungen übertragen können. Nicht zuletzt durch HTML5, aber auch CSS3 werden Webtechnologien auf mobilen Endgeräten konkurrenzfähig. Gerade im mobilen Umfeld wird HTML5 schon sehr weitreichend unterstützt. Und in Verbindung mit JavaScript und einem leistungsfähigen Framework hat man Funktionalitäten, die sich hinter nativen Möglichkeiten oft nicht verstecken brauchen.

Installation und erste Anwendung von Cordova – Erster Kontakt zu Cordova

3

Inhaltsverzeichnis

3.1 Was behandeln wir im Kapitel?

Wir beschäftigen uns nun in diesem Kapitel damit, woher Sie Cordova beziehen und installieren können und wie Sie das Framework in Ihren Projekten einsetzen. Oder anders ausgedrückt – wir erstellen nach der Installation des Frameworks selbst die ersten Cordova-Projekte, die die Basis für alle folgenden Beispiele bilden. Das

© Springer Fachmedien Wiesbaden GmbH 2017
R. Steyer, *Cordova*, DOI 10.1007/978-3-658-16724-0_3

müssen Sie für jede Zielplattform etwas unterschiedlich machen. Wir besprechen in dem Kapitel konkret den Weg für iOS, Windows und Android, was ja unsere Referenzsysteme über das gesamte Buch sein werden. Dabei wird indirekt auch die jeweilige Entwicklungsplattform bzw. das Entwicklungs-Tool festgelegt.

3.2   Installation von Cordova

Cordova ist einmal eine JavaScript-Bibliothek. Aber das ist nicht alles, denn es gibt ja auch den Cordova-Wrapper, um dieser JavaScript-Bibliothek den Zugang zu der mobilen Hardware zu ermöglichen und die App nativ auf der jeweiligen Zielplattform zu integrieren.

Nun hat sich über die letzte Zeit die Art der Bereitstellung des Cordova-Frameworks massiv geändert. War es früher noch üblich, dass Sie das Framework von der Projekt-Webseite geladen haben und ziemlich mühsam konfigurieren mussten, führt mittlerweile der sinnvollste Weg über **npm** – den Node Package Manager (http://www.npmjs.com) – sogar unabhängig von der Entwickler- als auch Zielplattform. Das ist eine nahezu exorbitante Vereinfachung gegenüber dem Umgang mit den ersten Versionen des Frameworks.

Der Node Package Manager ist eigentlich ein Paketmanager für die JavaScript-Laufzeitumgebung Node.js. Aber er hat sich so bewährt, dass er mittlerweile universell verwendet wird.

▶   **Tipp** Unter https://cordova.apache.org/#getstarted finden Sie eine Schnellanleitung, wie Sie Cordova am besten installieren. Und diese Anleitung setzt zwingend die Existenz von npm voraus (Abb. 3.1).

Wir werden an der Stelle auch überhaupt nicht mehr auf Wege zur Installation von Cordova eingehen, die ohne npm auskommen.[1] Was umgekehrt bedeutet, dass Sie erst einmal npm benötigen. Machen wir einen kleinen Exkurs dazu.

3.2.1   Node.js und npm bereitstellen

Allgemein ist Node.js (oft auch vollständig klein als node.js geschrieben) eine serverseitige Plattform auf Basis von JavaScript zum Betrieb von Netzwerkanwendungen. Insbesondere lassen sich Webserver damit realisieren. Node.js wird in der JavaScript-Laufzeitumgebung V8

---

[1]In der Dokumentation finden Sie ggfls. ein paar Hinweise dazu – aber das Cordova-Projekt empfiehlt auch ausdrücklich die Verwendung von npm. Beachten Sie, dass Visual Studio allerdings einen eigenen Weg zur Installation von Cordova bereitstellt und Sie sich damit die Verwendung von npm sparen können. Ich rate aber dazu, dass Sie npm erst einmal ausprobieren.

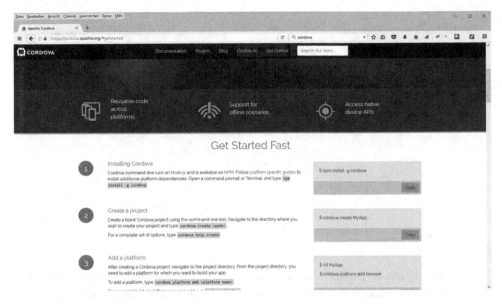

Abb. 3.1 Cordova wird am Schnellsten und Einfachsten mit npm installiert

ausgeführt, die ursprünglich für Google Chrome entwickelt wurde. Die Plattform ist besonders wegen einer ressourcensparenden Architektur beliebt. Und sie ist erweiterbar, was mit einem eigenen Paketmanager erledigt wird – eben npm. Unter https://nodejs.org/en/ finden Sie node.js zum Download (Abb. 3.2) und da ist dieser npm inkludiert, wenn Sie ihn nicht bei der Installation abwählen.

Abb. 3.2 Download von node.js und npm

Abb. 3.3 Der Setup Wizard
von node.js und npm entspricht
dem gewohnten Standard

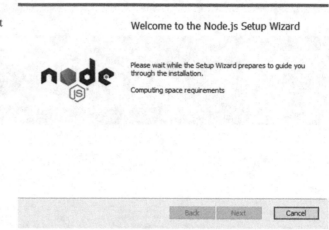

Welcome to the Node.js Setup Wizard

Please wait while the Setup Wizard prepares to guide you
through the installation.

Computing space requirements

Laden Sie einfach die passende Version von node.js für Ihr Betriebssystem und führen Sie den Installationsassistenten aus. Diese ist vollkommen unproblematisch und selbsterklärend (Abb. 3.3).

Achten Sie nur darauf, dass Sie npm nicht aus Versehen bei der Installation abwählen. Ansonsten können Sie im Anschluss an die Installation von node.js Cordova dann mit npm installieren.

3.2.2   Die konkrete Installation von Cordova mit npm

Der Paketmanager npm wird mit diversen möglichen Parametern auf Befehlszeilenebene aufgerufen. Die Installation von Cordova erfolgt dementsprechend in der Konsole und ist ganz einfach. Sie geben nur das ein:

```
npm install -g cordova
```

Danach läuft die Installation.

> ▶   **Tipp** Unter Linux oder iOS benötigen Sie unter Umständen root-Rechte zur Installation. Das bedeutet, dass Sie in dem Fall sich entweder als root anmelden oder die Anweisungen mit vorangestelltem *sudo* aufrufen.

Sie benötigen für die Installation Internet-Zugang, denn diese Anweisung lädt alle notwendigen Ressourcen von Cordova auf Ihren Rechner und richtet diesen dabei auch ein. Dabei wird neben dem API von Cordova die sogenannten Cordova-Befehlszeilenschnittstelle (oder Englisch Cordova Command-line interface – **CLI** – bzw. hin und wieder auch Cordova Command-line Tools genannt) installiert (Abb. 3.4).

Die CLI wird beim Einrichten und Konfigurieren von Cordova-Projekten von zentraler Bedeutung sein. Wir werden im Buch sehr intensiv damit arbeiten, wobei Sie etwa beim

```
C:\WINDOWS\system32>npm install -g cordova
[npm] WARN deprecated minimatch@2.0.10: Please update to minimatch 3.0.2 or higher
to avoid a RegExp DoS issue
C:\Users\ralph\AppData\Roaming\npm\cordova -> C:\Users\ralph\AppData\Roaming\npm
\node_modules\cordova\bin\cordova
cordova@6.3.0 C:\Users\ralph\AppData\Roaming\npm\node_modules\cordova
├── underscore@1.7.0
├── q@1.0.1
├── nopt@3.0.1 (abbrev@1.0.9)
├── update-notifier@0.5.0 (is-npm@1.0.0, semver-diff@2.1.0, string-length@1.0.1,
 chalk@1.1.3, repeating@1.1.3, configstore@1.4.0, latest-version@1.0.1)
├── insight@0.8.2 (object-assign@4.1.0, async@1.5.2, tough-cookie@2.3.1, node-uu
id@1.4.7, lodash.debounce@3.1.1, chalk@1.1.3, configstore@1.4.0, os-name@1.0.3,
request@2.74.0, inquirer@0.10.1)
├── cordova-common@1.4.0 (q@1.4.1, cordova-registry-mapper@1.1.15, unorm@1.4.1,
underscore@1.8.3, semver@5.3.0, ansi@0.3.1, osenv@0.1.3, bplist-parser@0.1.1, sh
elljs@0.5.3, glob@5.0.15, minimatch@3.0.2, elementtree@0.1.6, plist@1.2.0)
└── cordova-lib@6.3.0 (valid-identifier@0.0.1, cordova-registry-mapper@1.1.15, u
norm@1.3.3, opener@1.4.1, properties-parser@0.2.3, semver@4.3.6, nopt@3.0.6, dep
-graph@1.1.0, shelljs@0.3.0, glob@5.0.15, elementtree@0.1.6, request@2.47.0, xco
de@0.8.9, cordova-serve@1.0.0, aliasify@1.9.0, tar@1.0.2, init-package-json@1.9.
4, cordova-app-hello-world@3.10.0, cordova-fetch@1.0.1, plist@1.2.0, cordova-js@
4.1.4, npm@2.15.9)

C:\WINDOWS\system32>
```

Abb. 3.4 Cordova wurde per npm aus dem Internet geladen und installiert

Einsatz von Visual Studio auf den direkten Kontakt mit der CLI auf Konsolenebene verzichten können. Wir werden beide Varianten verfolgen und letztendlich können Sie sich entscheiden, welcher Weg Ihnen lieber ist.

3.2.3 Test der Installation

Wenn Sie nach der Installation von Cordova in der Konsole einfach *cordova* eingeben, sollte das funktionieren und Sie eine Hilfe zur Bedienung der CLI-Tools von Cordova angezeigt bekommen (Abb. 3.5). Der Befehl *cordova* ist dabei die wichtigste Konsolenanweisung der CLI. Mit diversen Parametern kann der genaue Effekt spezifiziert werden.

```
Aliases
    build -> cordova prepare && cordova compile
    emulate -> cordova run --emulator

Options
    -v, --version ..................... prints out this utility's version
    -d, --verbose ..................... debug mode produces verbose log output
for all activity,
    --no-update-notifier .............. disables check for CLI updates
    --nohooks ......................... suppress executing hooks
                                        (taking RegExp hook patterns as paramet
ers)

Examples
    cordova create myApp org.apache.cordova.myApp myApp
    cordova plugin add cordova-plugin-camera --save
    cordova platform add android --save
    cordova requirements android
    cordova build android --verbose
    cordova run android
    cordova build android --release -- --keystore="..\android.keystore" --storeP
assword=android --alias=mykey

C:\WINDOWS\system32>_
```

Abb. 3.5 Cordova funktioniert, wenn Ihnen so eine Hilfemeldung ausgegeben wird

3.2.4 Erweiterte Anweisungen zur Cordova-Installation

Nach der Installation von Cordova kann mit der CLI auf einfache Weise auf die aktuellste Version des Frameworks aktualisiert werden. Das geht mit dem Befehl:

```
npm update -g cordova
```

Um eine spezifische Version zu installieren, geben Sie diese beim Installierungsbefehl als Parameter mit an. Etwa so:

```
npm install -g cordova@3.1.0-0.2.0
```

Um Informationen zur installierten Version von Cordova zu erhalten, geben Sie das an:

```
cordova -v
```

Mit der folgenden Anweisung finden Sie das aktuellste Release von Cordova:

```
npm info cordova version
```

So aktualisieren Sie Ihre Zielplattform:

```
cordova platform update android --save
cordova platform update ios --save
```

3.3 Cordova-Projekte anlegen

Nicht nur die Installation von Cordova, auch das Anlegen von Cordova-Projekten hat sich seit den ersten Versionen von PhoneGap/Cordova nahezu gigantisch vereinfacht. Sowohl was die Erstellung in IDEs angeht, aber erst recht das händische Erzeugen. Man muss nur noch einen kurzen CLI-Befehl in der Konsole eingeben. Formal geht das immer so:

```
cordova create <path>
```

Etwa so, wenn wir in einem geplanten Projekthauptverzeichnis für Cordova-Apps stehen und die App *HalloWelt* heißen soll:

```
cordova create HalloWelt
```

Das legt ein Unterverzeichnis des Namens *HalloWelt* an. Darin sind bereits alle notwendigen weiteren Unterverzeichnisse und Ressourcen für eine einfache Cordova-App enthalten. Allerdings mit Ausnahme der Unterstützung einer konkreten Plattform und so genannter Plugins, die spezielle Features erweitern. Diese fügen Sie je nach Bedarf hinzu (darauf kommen wir später zurück).

Hintergrundinformation
Das gezielte Auswählen einer Plattform und insbesondere der tatsächlich nur benötigten Plugins macht moderne Cordova-Apps erheblich schlanker und damit auch performanter im Vergleich zu Apps, die noch mit älteren Versionen des Frameworks erstellt wurden. Das gezielte Hinzufügen systemeigener Funktionen (Plugins) ist eine der wichtigsten Funktionen, die Cordova bereitstellt. Diese Plugins ermöglichen den Zugriff auf systemeigene Funktionen eines Geräts wie etwa Geolocation und Informationen zum Akku. Mit einem Plugin können Sie die Programmierung zu einer generischen JavaScript-API vornehmen. Kern-Plugins umfassen für gewöhnlich die Unterstützung sämtlicher Hauptplattformen, während bei Drittanbieter-Plugins möglicherweise mehr Eingriffe erforderlich sind. Wenn die Plugin-Unterstützung nicht verfügbar ist, müssen Sie eventuell ein vorhandenes Plugin anpassen oder ein eigenes schreiben, für das systemeigener Code erforderlich ist.

3.3.1   Die Plattformunterstützung hinzufügen

Damit eine App überhaupt sinnvoll wird, muss mindestens eine Plattform angegeben werden, unter der die App laufen soll. Das Hinzufügen der Unterstützung für eine Plattform ist dabei mit CLI genauso trivial wie das Anlegen eines Projekts.

Zuerst wechseln Sie in der Konsole in das Corvoda-Verzeichnis der App, das Sie – wie oben beschrieben – angelegt haben. Etwa mit dem Befehl *cd HalloWelt*. Dann fügen Sie die gewünschte(n) Plattform(en) hinzu. Formal geht das mit der CLI immer so:

```
cordova platform add <platform name>
```

Etwa so, wenn man Android als Zielplattform hat:

```
cordova platform add android
```

Sie sehen in der Konsole nun einige Meldungen und letztendlich eine Erfolgsmitteilung, wenn das Hinzufügen einer Plattform funktioniert hat (Abb. 3.6).

▶ Beachten Sie, dass die Parameter klein geschrieben sind und Groß- und Kleinschreibung relevant ist.

So würden Sie etwa die Unterstützung einer Ausführung in einem normalen Browser (was auch geht) hinzufügen:

```
cordova platform add browser
```

```
F:\cordovaprojekte>cordova create HalloWelt
Creating a new cordova project.

F:\cordovaprojekte>cd HalloWelt

F:\cordovaprojekte\HalloWelt>cordova platform add android
Adding android project...
Creating Cordova project for the Android platform:
        Path: platforms\android
        Package: io.cordova.hellocordova
        Name: HelloCordova
        Activity: MainActivity
        Android target: android-23
Android project created with cordova-android@5.2.1
Discovered plugin "cordova-plugin-whitelist" in config.xml. Adding it to the pro
ject
Fetching plugin "cordova-plugin-whitelist@1" via npm
Installing "cordova-plugin-whitelist" for android

                This plugin is only applicable for versions of cordova-android gr
eater than 4.0. If you have a previous platform version, you do *not* need this
plugin since the whitelist will be built in.


F:\cordovaprojekte\HalloWelt>_
```

Abb. 3.6 Plattformunterstützung wurde hinzugefügt

Als Plattformen gibt es die als deprecated erklärten amazon-fireos und wp8 und vor allen Dingen die noch aktuellen folgenden Systeme:

- android
- blackberry10
- browser
- ios
- firefoxos
- webos
- windows

▶   **Tipp** Sie können einem Projekt mehrere Plattformen hinzufügen. Dann ist die App unter mehreren Plattformen lauffähig, was ja Ziel von Cordova-Apps ist. Dazu müssen Sie lediglich die CLI-Anweisungen mit den jeweiligen Parametern nacheinander ausführen. Auch wenn Sie bereits kompiliert haben, können jederzeit weitere Plattformen ergänzen. Sie müssen dann aber neu kompilieren.

3.3.2   Kompilieren und ausführen

Zum Ausführen der Cordova-App müssen Sie nun nur die nachfolgende Anweisung angeben:

```
cordova run <platform name>
```

Also etwa so:

```
cordova run android
```

Dabei wird die App vor der Ausführung automatisch kompiliert. Nach einer Weile sehen Sie die App in dem Emulator von Android – sofern da alles korrekt eingerichtet ist (Abb. 3.7). Alternativ geht für eine bereits übersetzte App auch der Parameter *emulate*. Also etwa so:

```
cordova emulate android
```

▶   Wenn Sie eine App via den CLI-Tools in einer Emulation oder Simulation unter Windows ausführen wollen, müssen Sie in der Regel für Ihren Rechner erst die Entwickleroptionen freischalten. Das machen Sie in den Einstellungen über den **Entwicklermodus,** der ein bisschen versteckt ist (Abb. 3.8). Sie wählen also die Einstellungen über das Start-Menü aus und finden unter der Kategorie UPDATE UND SICHERHEIT den Punkt FÜR ENTWICKLER. Hier aktivieren oder deaktivieren Sie den Entwicklermodus.

Abb. 3.7 Die App wurde kompiliert und in einem Emulator gestartet

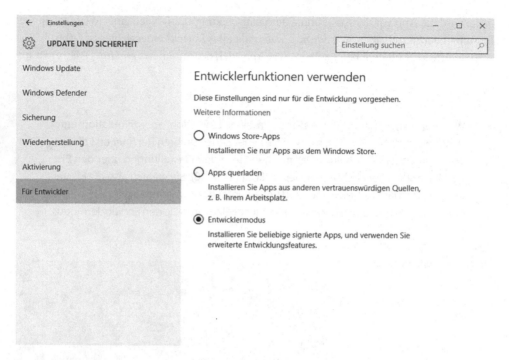

Abb. 3.8 Entwicklermodus unter Windows 10 freischalten

3.3.3 Individuelle Icons

Eine App wird auf einer Plattform durch ein Icon repräsentiert. Allgemein wird dieses Bilddatei für das Icon an verschiedenen Stellen in einer Cordova-App verwendet. Anwender sehen diese als Symbol für die Startmöglichkeit der App auf dem Smartphone, aber auch beim Startbildschirm (Splashscreen) oder beim Menüsymbol kann das Icon auftauchen. Cordova verwendet in der Vorgabe ein eigenes Icon (Abb. 3.9). In der Praxis ist es nicht sinnvoll, dieses Icon zu verwenden, denn Apps lassen sich vom Anwender nur über individuelle Icons unterscheiden.

Die Bilddatei finden Sie bei einem Cordova-Projekt in der Regel innerhalb des *www-*Verzeichnisses im Unterverzeichnis *img* unter dem Namen *logo.png*. Nun kann man zwar einfach eine neue Bilddatei mit identischen Maßen nehmen und diese Datei damit ersetzen. Aber der Weg ist wenig flexibel und nur begrenzt sinnvoll. Besser ist die Festlegung der gewünschten Datei in den Konfigurationsdateien. Die Basis ist die Datei *config.xml* und dort das Element *<icon>*(Tab. 3.1). Das wird etwa so verwendet:

```
<icon src="res/ios/icon.png" platform="ios" width="57" height="57" den-
sity="mdpi" />
```

Abb. 3.9 Das Standard-Icon einer Cordova-App

Tab. 3.1 Die Attribute von icon

Attribut	Beschreibung
src	Die relative Adresse der Bilddatei. Die Angabe ist zwingend.
platform	Optional kann die Zielplattform angegeben werden.
width und *heigth*	Die Breite und Höhe des Bildes. Die Angaben sind optional. Wenn Sie nicht angegeben werden, werden die originalen Ausmaße des Bildes genommen.
density	Für Android kann man optional die Bilddichte angegeben werden.
target	Für Windows kann man optional einen Zielbildnamen spezifizieren.

Hintergrundinformation
Wenn dieses *icon*-Element nicht angegeben wird, wird die Defaultbilddatei *logo.png* verwendet

Sowohl die CLI, aber auch IDEs werden diese Bilder verwenden, wenn sie angegeben werden. In IDEs kann man Bilder auch über visuelle Dialoge auswählen.

▶   **Tipp** Für jede Plattform können Sie einen Satz an pixelgenau passenden Icons definieren, um für verschiedene Bildschirmauflösungen optionale Ergebnisse zu liefern. Das wird im *platform*-Element vorgenommen.

3.4   Von der CLI zur IDE

Mit der CLI können Sie ganz einfach ein Cordova-Projekt anlegen. Die Quelltexte können Sie auch jederzeit mit einem einfachen Editor bearbeiten. Aber der Einsatz einer IDE macht die weitere Modifizierung von Quellcode erheblich einfacher. Wir wollen in dem Buch zwei IDEs in den Fokus stellen und jetzt auch gleich besprechen, wie Sie Cordova-Projekte darin bearbeiten können. Diese haben wir schon im Laufe des Buchs gesehen:

- Android Studio
- Visual Studio

3.4.1   Ein Android-Cordova-Projekt im Android Studio laden und bearbeiten

Der einfachste Weg, um mit dem Android Studio ein Cordova-Projekt für Android zu bearbeiten, geht über den Import eines Projekts, das Sie mit den Cordova-Konsolen-Tools wie oben erklärt angelegt haben.

Dazu starten Sie zuerst die Android-Studio-Anwendung. Wählen Sie dort IMPORT-PROJEKT (ECLIPSE ADT, GRADLE ETC.) – (Abb. 3.10).

Wählen Sie dann die Stelle, wo das Projekt für die Android-Plattform gespeichert ist (das Unterverzeichnis *android*). Die folgenden Vorgaben des Assistenten lassen Sie in den Vorgabeeinstellungen. Achten Sie nur darauf, dass Sie einen Cradle-Import wählen.

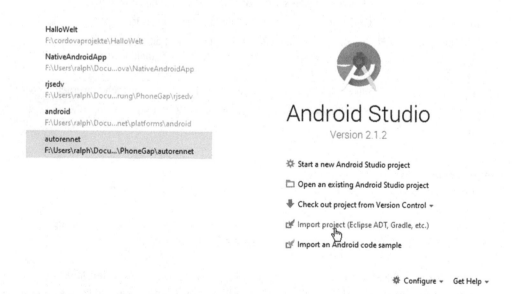

Abb. 3.10 Ein Cordova-Projekt in Android Studio importieren

Eventuell müssen Sie dabei das Installationsverzeichnis von Cradle noch auswählen (etwa *C:\Program Files\Android\Android Studio\gradle\gradle-2.10*) und Cradle – falls nicht vorhanden – vorher noch installieren.

Hintergrundinformation
Gradle (http://www.gradle.org/) bezeichnet ein auf Java basierendes Build-Management-Automatisierungs-Tool (ähnlich wie Apache Ant und Apache Maven). Seit Mitte 2013 wird das Android-System unterstützt und seitdem wird das Tool dort vor allem zur Unterstützung zum Bau nativer Systeme ausgebaut, welche nicht auf Java basieren.

Nach dem Import können Sie das Projekt bei Bedarf modifizieren (Abb. 3.11), aus dem Android Studio heraus erstellen und auch direkt ausführen. Dazu müssen Sie dann nur das Ziel auswählen, wo die App starten soll – ein Emulator oder ein angeschlossenes mobiles Gerät. Wenn Sie einen Emulator wählen, muss dafür auch Target eingerichtet sein (Abb. 3.12) oder Sie müssen ein solches Target neu anlegen.

3.4.1.1 Die generierten Codestrukturen
Wenn Sie ein Cordova-Projekt anlegen, gibt es im Hintergrund diverse Java-Ressourcen, die Sie im Grunde aber nicht anpacken werden. Das ist ja genau der Sinn von Cordova –

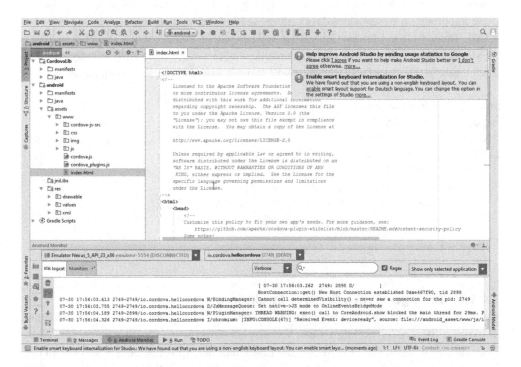

Abb. 3.11 Ein Cordova-Projekt im Android Studio

Abb. 3.12 Auswahl eines
Emulators, in dem die App
gestartet werden soll

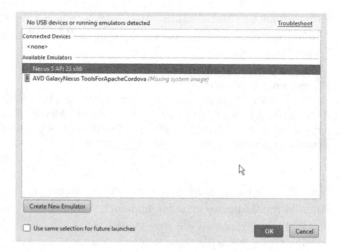

die Anpassungen werden in Web-Technologien vorgenommen. Dennoch wollen wir kurz
einen Blick darauf werfen.

3.4.1.1.1 Die Java-Datei für die Activity

Wie bei einer Android-App auf Basis von Java üblich, gibt es eine Datei für die Activity,
welche die App im Kern repräsentiert. Sie finden diese Datei im Verzeichnis *android/java*.
Diese importiert im Wesentlichen das Cordova-API und die Android-Ressourcen und lädt eine
HTML-Datei, welche dann den Content der App bereitstellt. Früher hat man den Pfad zu dieser
HTML-Datei direkt angegeben, aber mittlerweile wird diese Angabe in XML-Konfigurations-
dateien gesetzt. Die Java-Datei sollte ohne die meisten Kommentare so in etwa aussehen:

```
package io.cordova.hellocordova;
import android.os.Bundle;
import org.apache.cordova.*;
public class MainActivity extends CordovaActivity {
    @Override
    public void onCreate(Bundle savedInstanceState) {
        super.onCreate(savedInstanceState);
        // Set by <content src="index.html" /> in config.xml
        loadUrl(launchUrl);
    }
}
```

3.4.1.2 Die eigentlichen Cordova-Strukturen

Wenn Sie das Cordova-Projekt in Android Studio ansehen, erkennen Sie signifikante
Strukturen. Besonders wichtig ist das Verzeichnis *assets/www*. Darin werden alle Web-
Ressourcen zu finden sein, die Sie für die Erstellung der Apps bearbeiten werden. In der
Grundeinstellung ist der Dreh-und-Angelpunkt eine Datei mit Namen *index.html* in dem
Verzeichnis *assets/www*. Sie können darüber beliebigen Web-Code nativ verwenden. Der

entscheidende Part ist, dass in der Datei natürlich einer Referenz auf die JavaScript-Datei von Cordova notiert werden muss. Darauf gehen wir im Detail noch etwas später ein.

Ansonsten finden Sie im Projektverzeichnis natürlich auch noch die JavaScript-Ressourcen von Cordova selbst, verschiedene Ressourcen wie Icons, CSS- und XML-Dateien zur Konfiguration.

▶ XML ist die Abkürzung für eXtensible Markup Language. Dies beschreibt einen plattformneutralen Klartextstandard auf Unicode-Basis zur Erstellung maschinen- und menschenlesbarer Dokumente, um darüber beliebige Informationen auszutauschen. Man kann damit aber auch hervorragend strukturierte Konfigurationsangaben machen, um etwa das Verhalten oder Aussehen von Apps festzulegen. XML-Dokumente liegen in Form einer Baumstruktur vor, die eine Navigation zu den einzelnen Zweigen des Baums gestattet. Dabei ist XML wie HTML eine Auszeichnungssprache (Markup Language), um über die Textinformation hinaus eine Struktur der Information zu bieten. Die in einem Dokument enthaltenen Informationen werden dazu durch Tags strukturiert, die sowohl in HTML als auch XML in spitze Klammern notiert werden. Die Elemente in XML sind im Gegensatz zu HTML aber nicht vorgegeben. Es gibt keinen vorgefertigten, beschränkten Sprachschatz an Elementen. Mit anderen Worten – es gibt keine vorgegebenen XML-Tags in dem Sinne, wie die meisten Anwender HTML-Tags kennen. Es gibt also keine Tags wie *
* mit einer festen Bedeutung, obwohl Sie solche Tags bzw. Elemente jederzeit selbst einführen können.

Im Gegensatz zu HTML, das auch über eine solche Semantik verfügt und neben jedem Tag auch dessen Bedeutung beschreibt, besteht XML lediglich aus einer Beschreibung der Syntax für Elemente und Strukturen. Damit sind aus XML festgelegte Regeln freilich beliebig erweiterbar. Die XML-Spezifikation beschreibt lediglich, nach welchen Regeln Sie Tags (oder besser Elemente) und deren Attribute zu definieren haben. Die Festlegung von Elementen machen Sie selbst. Im Gegensatz zu HTML ist XML syntaktisch eine sehr strenge Sprache. Die XML-Spezifikation ist streng formal und lässt keine Ausnahmen und unklaren Strukturen zu. Dadurch ist XML jedoch einfach und automatisiert zu validieren. XML beschreibt nur wenige, einfache, aber eben sehr strenge und absolut eindeutige Regeln, nach denen ein Dokument zusammengesetzt sein kann.

Besonders wichtig ist die XML-Datei *config.xml*. Ohne an der Stelle zu weit in die Details einzusteigen – die Angaben dort legen das Verhalten, die bereitgestellten Features und vor allen Dingen die Rechte fest, die Ihre App fordert. Etwa ob die App auf das Internet zugreifen will oder ob Sie den GPS-Sensor abfragen. Die Bezeichner der Werte für die Rechte sind meist sprechend.

▶   **Tipp** Eine App sollte vor einer Auslieferung die Rechteanforderungen soweit reduzieren, wie es möglich ist. Die Akzeptanz der App wird größer, wenn Sie nicht unnötig Freigaben für bestimmte Zugriffe vom Anwender fordern. Im Buch werden wir noch etwas genauer auf die Rechte eingehen und bei der Behandlung spezifischer Features werden wir jeweils angeben, was dafür gefordert wird.

3.4.2   Cordova-Projekte unter Visual Studio

Wie bereits im Buch an früherer Stelle besprochen, eignet sich Visual Studio nicht nur zum Erstellen von App für Windows, sondern mittlerweile auch anderen Plattformen wie Android oder iOS. Insbesondere Cordova-Projekte lassen sich damit weitgehend unabhängig von der Plattform erstellen oder importieren und weiter bearbeiten. Sie müssen nur Visual Studio so konfigurieren bzw. erweitern, dass die Optionen für die plattformübergreifende Entwicklung für Mobilgeräte sowie HTML/JavaScript aktiviert sind. Sie müssen zudem den remotebuild-Agent auf OSX für die iOS-Unterstützung installieren, wenn das gewünscht ist. Dazu brauchen Sie allerdings eine Apple-Id und entsprechende Konten, was wir in dem Buch aber nicht verfolgen.

Nachdem aber die Cordova-Tools installiert sind, sind maximal noch einige Abhängigkeiten zu Ressourcen manuell aufzulösen. Das sprengt aber unseren Rahmen und Sie finden im MSDN entsprechende Hilfe (etwa unter https://msdn.microsoft.com/de-de/library/dn771551.aspx).

3.4.2.1   Erstellen eines Cordova-Projekts

Zum Erstellen eines Cordova-Projekt öffnen Sie Visual Studio und wählen wie üblich in der Menüleiste DATEI/NEU/PROJEKT aus. Wählen Sie im Dialogfeld NEUES PROJEKT die Vorlage LEERE APP (APACHE CORDOVA) aus dem Bereich VORLAGEN/ANDERE SPRACHEN/JAVASCRIPT/APACHE CORDOVA APPS aus (Abb. 3.13).

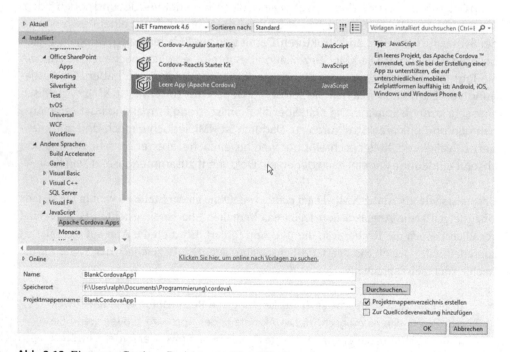

Abb. 3.13 Ein neues Cordova-Projekt unter Visual Studio anlegen

Geben Sie dann die üblichen Daten für den Namen und den Speicherort etc. an und wählen Sie dann OK aus. Das ist alles war notwendig ist, um eine Schablone für eine Cordova-App in Visual Studio zu erstellen. Allerdings kann Schritt das erstmalige Erstellen eines Cordova-Projekts etwas dauern. Beim erstmaligen Erstellen eines Projekts lädt Visual Studio eine Kopie von Cordova und Ihren Projektabhängigkeiten in Ihre Projektmappe herunter. Dies kann mehrere Minuten dauern und erfordert eine Internetverbindung.

▶   **Tipp** Beim Erstellen einer Cordova-App auf diese Weise benötigen Sie keine CLI.

Aber wenn das fertig ist, können Sie die Cordova-App auch direkt aus Visual Studio starten (Abb. 3.14). Je nach gewählter Zielplattform kommen da bestimmte Emulatoren, der Simulator etc. zum Einsatz.

Abb. 3.14 Mehrere startfähige
App-Projekte in Visual Studio

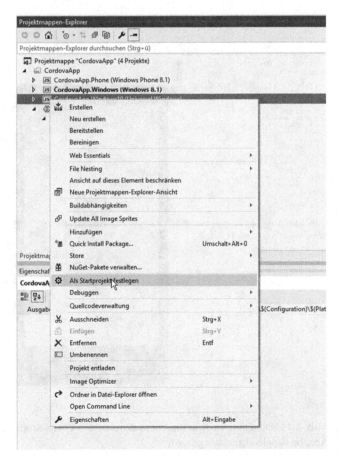

3.4.3   Importieren eines Cordova-Projekts in Visual Studio

Ein Cordova-Projekt, das Sie mit der CLI erstellt haben, können Sie direkt in Visual Studio öffnen. Da gibt es in der Regel keine besonderen Anpassungen oder Imports durchzuführen.

Wenn Sie mit der CLI Windows als Plattform hinzugefügt haben, werden Ihnen in Visual Studio in der Regel gleich drei Windows-Projekte und eine Cordova-App in der Projektmappe bereitstehen. Damit wird die synchrone Unterstützung für Windows Phone-Apps und Universal Windows Apps gewährleistet. Mit dem Kontextmenü können Sie dabei jedes der drei Windows-Projekte zum Startprojekt machen (Abb. 3.15).

3.4.3.1   Die Projektstruktur einer Apache Cordova-App in Visual Studio
Die Projektstruktur eines Cordova-Projekt in Visual Studio ist der Struktur in Android Studio ähnlich. Insbesondere der Ordner *www* ist so gut wie identisch. Aber es gibt ein paar Details, die sich unterscheiden. Wobei man festhalten sollte, dass diese Strukturen

Abb. 3.15 Die Cordova-App für Android wurde aus Visual Studio heraus in Chrome mit dem Apache Ripple--Emulator gestartet

zum Teil auch im Android Studio oder bei reinen CLI-Projekten sinnvoll sind. Das neue Cordova-Projekt enthält vier Ordner der obersten Ebene:

- Der Ordner *merges* wird verwendet, um plattformspezifischen Code hinzuzufügen. Standardmäßig umfasst die Vorlage der leeren App häufig verwendeten plattformspezifischen Code für Windows- und Android-Geräte in diesem Ordner *merges* (*platformOverrides. js* wird zur Bestimmung der Plattformdatei verwendet). Auf diesen Ordner kommen wir gleich noch einmal zurück.
- Bei Android-Geräten wird eine.js-Datei mit einbezogen, um Unterstützung für die Java-Script-*Function.prototype.bind( )*-Funktion auf Android 2.3-Geräten bereitzustellen.
- Unter Windows 8, Windows 8.1 und Windows Phone 8.1 ist eine Datei vom Typ *instore-jscompat.js* zum Aktivieren der Unterstützung für eine Vielzahl von Java-Script-Bibliotheken im Ordner *merges\Windows* enthalten. Weitere Informationen finden Sie unter der Projektwebsite zu JavaScript Dynamic Content Shim für Windows Store-Apps.
- *Plugins* dient für Apache Cordova-Plugins, die Zugriff auf systemeigene Gerätefunktionen bereitstellen.
- *Res* wird für plattformspezifische visuelle Objekte (Symbole und Begrüßungsbildschirme), Signaturzertifikate und (sofern erforderlich) plattformspezifische Konfigurationsdateien verwendet.

Der besagte Ordner *www* wird wieder für den App-Code verwendet. Der Ordner *www* enthält einige weitere Ordner, die Sie so aber auch in Android Studio finden:

- Der Unterordner *css* enthält grundlegende CSS-Stylesheets, die über die leere Vorlage verfügbar sind.
- Der Ordner *images* ist der empfohlene Speicherort für die Bilder Ihrer App.
- Der Ordner *scripts* ist der Standardspeicherort für alle JavaScript- oder TypeScript-Dateien.

Neben CSS- und JavaScript-Dateien enthält das neue Projekt auch einige weitere Dateien:

- Wie im Android Studio haben wir die Datei *config.xml*. Diese enthält Konfigurationseinstellungen für die App. Sie können diese Datei über den Projektmappen-Explorer im Configuration-Designer öffnen oder sie direkt bearbeiten.
- In *taco.json* sind Projektmetadaten gespeichert, die es Visual Studio ermöglichen, die Erstellung auf anderen Betriebssystemen als Windows, z. B. auf einem Mac, vorzunehmen.
- Die Standard-Startseite für die App lautet *www\index.html*. Das ist bei Cordova-Apps immer gleich.
- In *Project_Readme.html* sind Links zu nützlichen Informationen enthalten.

3.5   Verschiedene Workflow, das merges-Verzeichnis und plattformspezifische Anpassungen

Zwar tritt Cordova mit dem Ziel an plattformübergreifende Apps entwickeln zu können. Aber das bedeutet nicht, dass man nicht für manche Plattformen spezifische Anpassungen vornehmen muss oder möchte. Das spiegelt sich auch in verschiedenen Entwicklungswegen wieder, die explizit von Cordova vorgesehen werden.

Cordova bietet Ihnen explizit zwei grundlegende Workflows eine mobile App zu erstellen.

- Beim **Cross-Plattform (CLI) Workflow** soll eine App möglichst viele verschiedene mobile Betriebssysteme unterstützen. Dieser Workflow basiert auf den bereits vorgestellten High-Level-Tools der CLI, die über Shell-Skripten tiefere Ebenen abstrahieren. Die CLI kopiert einen gemeinsamen Satz von Web-Assets in Unterverzeichnisse für jede mobile Plattform, nimmt die notwendigen Änderungen an der Konfiguration für jede Zielplattform vor und stellt Build-Skripte zur Generierung der Anwendungsbinärdateien bereit. Ebenso kann man damit mit einer gemeinsamen Schnittstelle Plugins hinzufügen. Diese Art der Erstellung von Apps wird vom Cordova-Projekt empfohlen und ist die Wahl der Dinge, wenn es keine Gründe dagegen gibt.
- Bei dem sogenannten **Plattform-zentrierten Workflow** konzentrieren Sie sich beim Erstellen einer App auf eine einzige Plattform. Dabei müssen Sie in der Lage sein, diese auf einem niedrigeren Niveau anzupassen. Sie müssen etwa diesen Ansatz verwenden, wenn Sie in Ihrer App die Web-basierten Cordova-Komponenten mit benutzerdefinierten nativen Komponenten mischen wollen. Dieser Workflow stützt sich auf eine Reihe von untergeordneten Shell-Skripte, die für jede unterstützte Plattform zugeschnitten sind, und einem separaten Plugman-Dienstprogramm, das Sie für Plugins anwenden können. Wir werden das in dem Buch nicht weiter verfolgen, aber unter https://cordova.apache.org/docs/en/latest/guide/hybrid/webviews/index.html finden Sie dazu mehr Informationen.

Aber Anpassungen an eine Plattform können auch im CLI-Workflow vorgenommen werden. Ich möchte dazu noch einmal genauer auf das Verzeichnis *merges* zurückkommen, über das Anpassungen für jede Plattform vorgenommen werden können. Wenn Sie Anpassungen für verschiedene Plattformen auf Ebene der Web-Technologien und im Rahmen der Cordova-Komponenten vornehmen wollen, ist es oft sinnvoll, dass die Anpassungen nicht im globalen www-Verzeichnis im Wurzelverzeichnis des Projekts vorgenommen werden.

Stattdessen verwenden Sie das *merges*-Verzeichnis, um spezielle Dinge auf bestimmten Plattformen zu implementieren. Jedes dieser plattformspezifischen Unterverzeichnisse spiegelt die Verzeichnisstruktur des *www*-Wurzelbaums und Sie können so Dateien dort individuell überschreiben oder nach Bedarf neue hinzufügen.

3.6 Alles was Recht ist

Wie in dem Kapitel schon angedeutet, benötigt Ihre App auf dem Zielsystem gewisse Rechte und die können sich – je nach gewünschter Anwendung der App – massiv unterscheiden. Auch sind die Konzepte zum Einräumen bzw. Verbieten gewisser Dinge in den verschiedenen Zielplattformen sehr unterschiedlich. Und nicht nur das – über die verschiedenen Versionen der Zielplattformen haben sich die Rechtesysteme immer wieder geändert.

Grundsätzlich gilt allerdings in Cordova mittlerweile, dass alle erweiterte Funktionalität durch Plugins gewährleistet werden, die nur bei Bedarf hinzugefügt werden. Dabei kümmern sich die CLI darum, dass dann auch die notwendige Rechte der Features eines Plugins für jede Plattform automatisch hinzugefügt werden.

3.6.1 Allgemeines zu den Rechtesystemen

Wenn wir unsere drei Referenzsysteme iOS, Windows und Android betrachten, gibt es hier ganz unterschiedliche Konzepte zum Kontrollieren von Apps. Was sich auch aus der Art der Distribution von Apps ergibt. Während Apple mit seinem Apple Stores von Anfang an die vollständige Kontrolle und Zensur von Apps erzwungen (sowohl in Hinsicht auf die Technik, aber auch teils bezüglich der Inhalte), erlaubt als Gegenpool Google für Android-Geräte im Grunde eine Distribution von beliebigen Apps als auch von beliebigen Quellen.[2] Und eine App darf auch tun, was sie will, und wird auch vom Inhalt nicht kontrolliert.

Microsoft bewegt sich irgendwo dazwischen. Es gibt eine gewisse Kontrolle im Market, aber nicht so extrem wie unter Apple.

3.6.1.1 Globale Zensur und Kontrolle versus Einzelvereinbarungen

Bei aller berechtigter Kritik ob der inhaltlichen Zensur und Kontrollwut von Apple – in Hinsicht auf die Sicherheit von Apps für den Anwender hat Apple ein ziemlich sicheres Habitat geschaffen, in dem die Apps nicht mehr so stark auf dem mobilen Gerät kontrolliert und im Zaum gehalten werden müssen. Apple garantiert, dass eine App aus einem App Store sicher (im Rahmen der Absichten, Regeln und Wertevorstellungen von Apple, die man natürlich auch infrage stellen kann) ist.

Abhängig von der Plattform kann man also bei einer App gewisse Freigaben einfordern, die bei bestimmten Features bzw. Plugins auch zwingend sind. Wie das genau funktioniert, ist in der Dokumentation von Cordova für jede Plattform genau beschrieben und lässt sich mit IDEs größtenteils auch visuell festlegen.

---

[2]Auch wenn man für die vollständige Freiheit als Anwender sein Gerät möglicherweise „rooten" (also für den Vollzugriff freigeben) muss.

Dabei können etwa (wie unter iOS) Whitelists über gewisse XML-Elemente angegeben werden. Unter Android wird dagegen ein Capability-Based Security Model angewendet, das auch Microsoft ähnlich verfolgt (trotz der auch hier durchgeführten Vorzensur von Apps im Market). Dabei sieht bei der Installation ein Anwender, welche Rechte eine App einfordert, um ausgeführt zu werden. Und diese Anzeige der notwendigen Rechte ist ein Problem für die Akzeptanz bei einigen Anwendern. Wenn da eine endlos lange Liste mit Rechten auftaucht, die eine App fordert, und diese Rechte auch nicht nachvollziehbar im Zusammenhang mit der Funktionalität stehen, werden sich viele Anwender eine Installation überlegen (was ich sehr gut nachempfinden kann).

3.6.1.2   Individuelle Rechtevergabe unter Android

Werfen wir einen etwas genaueren Blick auf die konkreten Festlegungen der Rechte unter Android. Diese Rechte einer App werden über XML festgelegt. Unter Android ist das – wie besprochen – die Datei *AndroidManifest.xml*. Die Tags uses-permission regeln die einzelnen Anforderungen. Mit dem Attribut *android:name=„android.permission.VIBRATE"* wird etwa gefordert, dass eine App den Vibrator des mobilen Geräts nutzen kann, *android. permission.ACCESS_COARSE_LOCATION*, *android.permission.ACCESS_FINE_LOCATION* und *android.permission.ACCESS_LOCATION_EXTRA_COMMANDS* braucht man bei Lokalisierungen, *android.permission.ACCESS_NETWORK_STATE* und *android.permission.INTERNET* ist für den Zugriff auf Netzwerk und Internet notwendig und *android. permission.READ_CONTACTS* und *android.permission.WRITE_CONTACTS* spezifizieren den Lese- und Schreibzugriff auf das Kontaktbuch des Geräts. Die Bezeichner der Werte für die Rechte sind offensichtlich meist sprechend. Die genauen Festlegungen finden Sie unter http://developer.android.com/reference/android/Manifest.permission.html (Abb. 3.16).

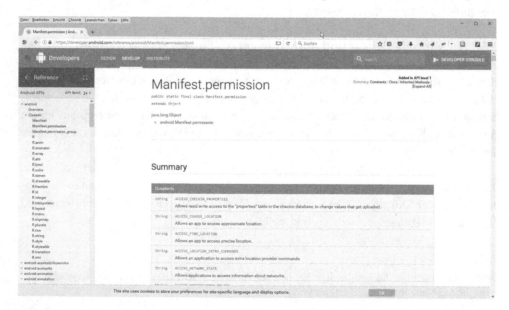

Abb. 3.16 Beschreibung der möglichen Rechte einer App unter Android

So sieht auszugsweise eine exemplarische Datei *AndroidManifest.xml* aus:

```xml
<?xml version="1.0" encoding="utf-8"?>
<manifest xmlns:android="http://schemas.android.com/apk/res/android"
  package="io.cordova.hellocordova"
  android:hardwareAccelerated="true" android:versionCode="10000"
  android:versionName="1.0.0" >
  <uses-sdk android:minSdkVersion="14"
    android:targetSdkVersion="23" />
  <supports-screens
    android:anyDensity="true" android:largeScreens="true"
    android:normalScreens="true" android:resizeable="true"
    android:smallScreens="true" android:xlargeScreens="true" />
  <uses-permission android:name="android.permission.INTERNET" />
  <uses-permission
    android:name="android.permission.ACCESS_NETWORK_STATE" />
  <uses-permission
    android:name="android.permission.ACCESS_COARSE_LOCATION" />
  <uses-permission
    android:name="android.permission.ACCESS_FINE_LOCATION" />
  <application
    android:hardwareAccelerated="true" android:icon="@drawable/icon"
    android:label="@string/app_name" android:supportsRtl="true" >
    <activity
...
    </activity>
  </application>
</manifest>
```

Nun lädt man in Cordova ja eine HTML-Seite in den Wrapper. Auch wenn man die HTML-Datei aus einer lokalen Ressource lädt, benötigt man Internet-Zugriff. Das ist etwas ärgerlich, weil man möglicherweise gegenüber Anwendern rechtfertigen muss, warum man auf das Internet zugreifen möchte (auch wenn man das eigentlich nicht braucht), aber das ist der Preis für den Einsatz von Cordova und Web-Technologien.

Leider war es in der Dokumentation von Cordova als auch Android über die letzten Jahre oft nicht ganz so klar, was man für eine Cordova-App sonst noch an Rechten wirklich benötigt. Die verschiedenen Quellen im Internet widersprachen sich und oft blieb nur ausprobieren. Mittlerweile ist das aber konsistenter und insbesondere das individuelle Anpassen von Plugins geht mit dem gezielten Anpassen der Rechte einher. Insbesondere finden Sie in der Dokumentation bei jedem Plugin, was an Rechten gefordert ist.

Neben dem unstrittigen *<uses-permission android:name="android.permission. INTERNET" />* sollte meist auch *<uses-permission android:name="android.permission. ACCESS_NETWORK_STATE" />* gesetzt werden und diverse Methoden in Cordova nutzen Speicherzugriffe (auch wenn man da vielleicht erst einmal nicht daran denkt). Von

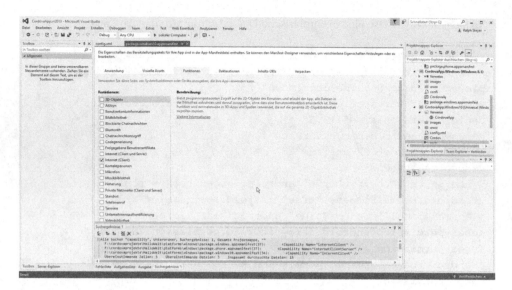

Abb. 3.17 Visual Studio erlaubt die visuelle Festlegung von Rechte/Funktionen einer App

daher wird *<uses-permission android:name="android.permission.WRITE_EXTERNAL_STORAGE" />* die dritte Erlaubnis sein, die sehr oft gesetzt werden muss. Und dann natürlich die Erlaubnis für die explizite Maßnahme, die man mit einem Plugin bereitstellen will.

3.6.1.3 Rechte unter Windows
Auch unter Windows kann man die Rechte einer App über XML spezifizieren. Dazu gab es lange Zeit die Datei *WMAppManifest.xml*, die im Properties-Ordner des Projekt zu finden war und direkt in Visual Studio manipuliert werden konnte. Diese Struktur wurde mittlerweile mehrfach geändert und die Rechte finden Sie aktuell in einer allgemeinen Konfigurationsdatei *AppxManifest.xml*. Diese wird aber in der Regel nicht mehr direkt bearbeitet. Stattdessen gibt es in Visual Studio einen visuellen Editor, mit dem die Rechte (hier Funktionen genannt) einer App festgelegt werden (Abb. 3.17).

Die visuelle Manipulation in Visual Studio schreibt aber direkt die XML-Datei, die Sie – wenn Sie sich auskennen – eben auch in einem normalen Editor bearbeiten können. Manuelle Änderungen an dieser Datei gehen aber verloren, wenn das Projekt erneut erstellt wird, denn diese Datei wird jeweils durch den Buildvorgang generiert. Hier ist ein Auszug aus so einer Datei:

```
<?xml version="1.0" encoding="utf-8"?>
<Package xmlns="http://schemas.microsoft.com/appx/2010/manifest"
xmlns:m2="http://schemas.microsoft.com/appx/2013/manifest"
xmlns:build="http://schemas.microsoft.com/developer/appx/2012/build"
IgnorableNamespaces="build">
...
```

```
<Capabilities>
  <Capability Name="internetClient" />
  <DeviceCapability Name="location" />
</Capabilities>
...
</Package>
```

Der entscheidende Part für die Rechte der App sind die *<Capability>*-Tags im Capabilities-Element. Wie auch unter Android werden mit sprechenden Werten die Rechte beschrieben, die eine App fordert. Wenn es Wert gesetzt ist, wird auch das entsprechende Recht gefordert. Genauere Details zu dem Windows Phone Application Manifest und die genaue Beschreibung jedes Rechts finden Sie unter MSDN – etwa https://msdn.microsoft.com/library/windows/apps/ff769509(v=vs.105).aspx für Windows Phone 8 oder https://developer.microsoft.com/en-us/windows/develop für UWP unter Windows 10.

▶ **Tipp** In neuen Versionen von Cordova sowie der Verwendung der modernen IDEs werden Rechte sehr oft automatisch im Hintergrund korrekt konfiguriert. Deshalb muss man – im Gegensatz zu früher – nicht mehr so oft da individuell etwas einstellen. Aber es kann dennoch sinnvoll sein, an den Rechten zu drehen – etwa um nicht notwendige Rechte wegzunehmen. Bei der Vergabe von Rechten einer App können Sie analog der Konfiguration einer Firewall vorgehen. Da gibt es einmal das Konzept, dass man erst einmal sämtliche Netzwerkkommunikation verbietet und dann gezielt freischaltet, was notwendig ist. In unserem Fall würden Sie erst einmal alle Rechte außer dem Internet-Zugriff wegnehmen und schauen, was danach nicht funktioniert. Der alternative Weg erlaubt erst einmal alles und macht dann all das dicht, was nicht notwendig ist oder wo es Probleme gibt. Beachten Sie dazu unbedingt auch die API-Dokumentation. Bei unklaren Rechten testen Sie nach jeder Reduzierung einfach, ob die App danach noch geht. Da Sie den Quellcode selbst dabei ja nicht ändern, kann es im Fehlerfall eigentlich dann nur an fehlenden Rechten liegen.

Zusammenfassung

Sie haben in dem Kapitel Cordova installiert, die CLI kennengelernt und erste Cordova-Apps erstellt. Ebenso wissen Sie nun, wie Sie mit einer IDE Cordova-Projekte importieren oder gar vollständig erstellen können. Auch das Ausführen von Apps in Emulatoren etc. haben wir behandelt.

Web-Technologien unter Cordova – Wie setzt man HTML, JavaScript und CSS in Cordova ein?

4

Inhaltsverzeichnis

4.1   Was behandeln wir im Kapitel?

In diesem Kapitel wollen wir uns ein wenig mit Details zu den Web-Technologien beschäftigen, die Ihnen bei einem Cordova-Projekt im eigentlichen Quellcode begegnen. Dabei bedeutet das nicht, dass wir hier HTML oder JavaScript lernen, sondern wie diese und andere Technologien in Cordova-Projekten zuverlässig eingesetzt werden und auf was Sie zu achten haben.

© Springer Fachmedien Wiesbaden GmbH 2017
R. Steyer, *Cordova*, DOI 10.1007/978-3-658-16724-0_4

4.2   Die Indexseite

Wie Sie bei der Erstellung der ersten Cordova-Projekte in den vorherigen Kapiteln gesehen
haben, laden Sie in der Regel in eine Cordova-App eine lokale HTML-Seite mit Namen
index.html. Diese befindet sich in der Voreinstellung in Visual Studio bei einer Cordova-
App direkt in einem Unterverzeichnis *www* im Projektverzeichnis (Abb. 4.1).

Im Android Studio finden Sie die Datei dagegen in der Grundeinstellung im Verzeichnis
asserts/www (Abb. 4.2).

Natürlich können Sie auch einen anderen Namen verwenden und diese HTML-Datei
auch von einer anderen Stelle laden, aber wir wollen den Pfad und den Namen erst einmal

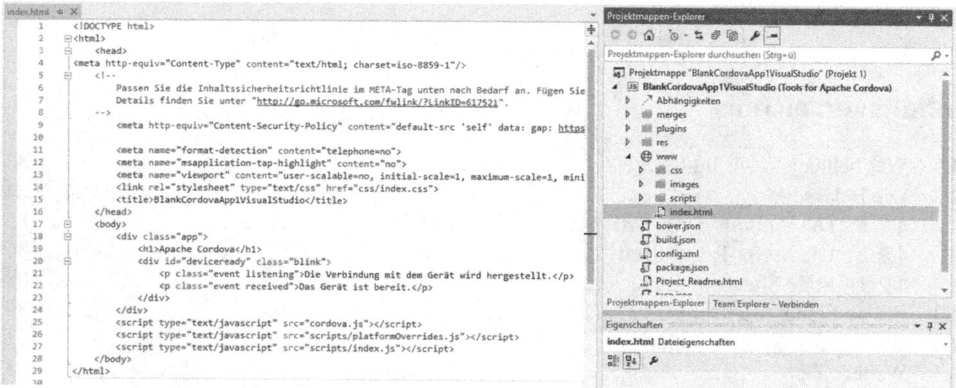

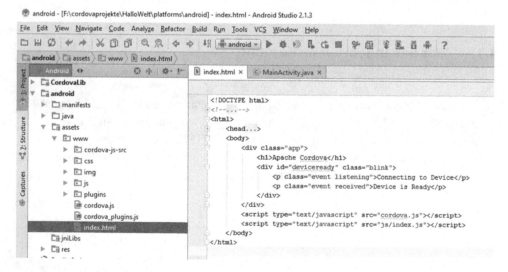

Abb. 4.1 Die Datei index.html in Visual Studio

Abb. 4.2 Die Datei index.html in Android Studio

in der Voreinstellung lassen. Wir beschäftigen uns zuerst mit der Struktur dieser zentralen HTML-Datei einer jeden Cordova-App.

4.2.1   Die Struktur der HTML-Seite

Allgemein sollte man bei der HTML-Datei darauf achten, dass sie fehlerfrei ist. Das ist keine triviale Aussage. Wenn Sie sich bereits mit Webseiten-Erstellung oder Web-Programmierung länger beschäftigen, dann wissen Sie, dass Webseiten und insbesondere Web-Applikation meist fehlerhaft im Sinne eines HTML-Standards erstellt werden. Das ist oft zwingend, weil man bestimmte Workarounds für gewisse Browser braucht oder aber nicht schlimm, da Browser nach dem **Prinzip der Fehlertoleranz** fehlerhafte Strukturen in der Webseite sowieso kompensieren.

▶ Das **Prinzip der Fehlertoleranz** veranlasst einen Browser tolerant mit Fehlern im HTML-Code umzugehen. Und das nach einem logischen Prinzip. Ein Browser wird ihm unbekannte Befehle in HTML einfach ignorieren. Im ungünstigsten Fall bleibt reiner Text über und damit jedoch die eigentliche Information einer Webseite weitgehend erhalten. Das Prinzip der Fehlertoleranz sorgt ebenso dafür, dass fehlende Elemente und Strukturen in einer HTML-Seite quasi automatisch vom Browser im Hintergrund ergänzt werden, wenn die Ergänzung eindeutig möglich ist.

Aber obwohl das Prinzip der Fehlertoleranz die Bereitstellung von Informationen erheblich vereinfacht und in der Anfangszeit ohne Zweifel erst den Erfolg des Webs ermöglicht hat sowie die Funktionalität anspruchsvoller Rich Internet Applications (RIAs) in den unterschiedlichen Browsern erst ermöglicht, können unsauber beschriebene Klartextdokumente nicht zuverlässig (und einfach) von Parsern für die Programmierung aufbereitet werden. Ebenso sind solche Dokumente für die Aufbereitung in Lesegeräten für Behinderte oder die Analyse von Spidern bei Suchmaschinen nicht optimal.

Für Cordova und die Erstellung von Apps rate ich daher dringend dazu, dass Sie das Prinzip der Fehlertoleranz nicht ausnutzen und möglichst eine valide HTML-Basis schaffen. Das bedeutet also, dass Sie die klassischen Schlampereien der Web-Programmierung wie

- nicht abgeschlossene Elemente,
- Attributwerte, die nicht in Hochkommata gesetzt sind,
- unsauber verschachtelte Elemente etc.

vermeiden.

Dabei können Sie als Grundgerüst der Webseite durchaus eine HTML5-Struktur verwenden, die verkürzte DOCTYPE- und Meta-Anweisungen verwendet, denn die Engines moderne mobiler Endgeräte kommen sehr gut mit HTML5 zurecht. Dennoch würde ich die neuen semantische Tags wie *header*, *footer* oder *nav* vermeiden, denn diese sind ja im Wesentlichen für die Spider von Suchmaschinen gedacht und solche spidern ja nur Webseiten und keine Apps auf mobilen Endgeräten. Ein *div*-Element mit passender ID ist meines Erachtens besser. Aber wenn Sie bestimmte neue Features, die es in älteren Versionen von HTML nicht gibt, benötigen (etwa die Darstellung von Bildern in *canvas*-Elementen), dann können Sie diese neuen Elemente aus HTML5 recht zuverlässig einsetzen.

4.2.2 Die Skript-Referenzen

Der zentrale Aspekt bei der Verbindung der Webseite, die in der App geladen wird, mit Cordova ist die Referenz auf die JavaScript-Bibliothek von Cordova. Grundsätzlich wird JavaScript bei modernen Webseiten und Web-Applikationen nur in Form von externen Dateien verwendet. Sie könnten bei einer Cordova-Basisseite im Prinzip auch mit internen Skripten in der Webseite arbeiten, aber das ist ganz schlechter Stil und beinhaltet so viele Nachteile, dass ich darauf nicht genauer eingehen möchte. Der wichtigste Nachteil ist, dass die Trennung von Struktur und Funktionalität dann nicht gegeben ist und die braucht man in etwas aufwändigeren Projekten unbedingt.

Wie üblich verwenden Sie den *<script>*-Tag mit dem *src*-Attribut zur Angabe der URL dieser externen Datei.

Wenn Sie nun aber die HTML-Datei ansehen, die unter Visual Studio als auch Android Studio beim Anlegen eines Cordova-Projekts generierte wird, werden Sie erkennen, dass diese Referenz nicht im Header der HTML-Datei, sondern unmittelbar vor dem schließenden Tag des Bodys notiert wird. Das wird Sie vielleicht überraschen, denn bei „normalen" Webseiten wird oft empfohlen, die Referenz im *head*-Bereich der Webseite zu notieren. Dieser Aufbau ist jedoch kein Zufall, sondern beugt einigen Fehlern vor, die manche Browser beim Aufbau des DOMs haben.

▶ Im DOM-Konzept (Document Object Model) wird ein baumartig aufgebautes Dokument wie eine HTML-Seite als differenzierbare Struktur betrachtet, deren einzelne Bestandteile Programmen und Skripten dynamisch zugänglich sind. Sie bilden damit verschachtelte Objekte. Dieser Ansatz ermöglicht etwa die individuelle Behandlung von Bestandteilen einer Webseite nach dem Laden in den Browser. Das DOM-Konzept veranlasst beispielsweise einen Browser eine HTML-Seite wie eine gewöhnliche Textdatei zu lesen und entsprechende Anweisungen auszuführen. Darüber hinaus wird der Browser jedoch beim Laden der Webseite alle ihm im Rahmen des Konzepts bekannten und einzeln identifizierbaren Elemente einer Webseite bezüglich ihres Typs, ihrer relevanten Eigenschaften und ihrer Position innerhalb der Webseite indizieren und als Objekte zugänglich machen.

Wenn Sie sich mit der Programmierung im World Wide Web auskennen wissen Sie, dass es beim Zugriff auf die Bestandteile einer Webseite per JavaScript oder einer anderen

Skriptsprache über das DOM-Konzept zu Problemen kommen kann, wenn diese Zugriffe mit dem Laden der Webseite einher gehen. Beim Laden und nachfolgendem Parsen der Webseite verarbeiten verschiedene Browser die Webseite unterschiedlich und es kann beim Zugriff auf die Elemente der Webseite vor allen Dingen dann Schwierigkeiten geben, wenn man in einem Skript zu früh auf Elemente einer Webseite zugreifen will – also bevor der Browser den DOM korrekt aufgebaut hat.

Um diesem zu frühen Zugriff Herr zu werden, bieten moderne Web-Frameworks wie das Dojo Toolkit oder jQuery zuverlässige Verfahren. Nutzt man solche Frameworks nicht, muss man den Schutz des DOMs selbst in die Hand nehmen. Im Prinzip steht dazu bei „normalen" Webseiten der Eventhandler *onload* zur Verfügung, um eine Funktion, die auf den DOM einer Webseite zugreifen möchte, erst nach dem Laden der Webseite (was mit dem Fertigstellen des DOM identisch ist bzw. sein sollte) aufzurufen. Dieser Eventhandler ist jedoch in verschiedenen (älteren) Browsern fehlerhaft implementiert.

Aus diesem Grund notierte man früher – wenn man eben ein Framework wie jQuery nicht verwendet – die Skriptreferenz häufig am Ende der Webseite, wenn darin bereits beim Laden der Webseite Zugriffe auf DOM-Elemente erfolgen. Denn bis diese Skriptreferenz vom Browser erreicht wird, ist der Rest der Webseite bereits verarbeitet und damit der DOM fertig. Ebenso optimiert diese Struktur die Geschwindigkeit beim Anzeigen der Webseite, denn die Oberfläche kann schon gerendert werden, während (unter Umständen umfangreiche) Skripte nachgeladen werden. Das ist nicht der Fall, wenn die Skripte weiter oben eingebunden werden. Man kann deutlich beobachten, dass immer mehr moderne Webseite deshalb die Skripte erst am Ende des Webseitenkörpers einbinden.

Diese Sicherheitsmaßnahme übernimmt man Cordova und das ist der Grund, warum das in der generierten Webseite vom Visual Studio oder auch unter anderen IDEs oder Tools so gemacht wird.

Nun sollte auffallen, dass in der generierten HTML-Datei noch eine weitere Referenz auf eine externe JavaScript-Datei zu finden ist. Diese ist dafür gedacht, dass Sie Ihren eigenen JavaScript-Code dort unterbringen. Und es ist kein Zufall, dass diese **nach** der Referenz auf die Cordova-Datei notiert wird. Denn Sie werden dort Deklarationen aus dieser Cordova-Datei ja verwenden wollen und die müssen vorher bereits verfügbar gemacht werden. Dennoch sollte man festhalten, dass es bei unseren Cordova-Apps ja meist darum geht, dass eine lokale HTML-Seite geladen wird und nicht der klassische Fall des Ladens einer Webseite über das Internet vorliegt. Zudem gibt es einen eigenen Eventhandler der beobachtet, ob eine App fertig geladen ist und man auf den DOM zugreifen kann.

▶   **Tipp** Es wird in einem Cordova-Projekt durchaus noch weitere JavaScript-Dateien geben. In Visual Studio gibt es etwa in der Regel in der Standardschablone bereits eine weitere JavaScript-Datei *platformOverrides.js*. Selbstverständlich können Sie auch Ihre eigenen Skripte auf mehrere Dateien aufteilen. Diese werden einfach der Reihe nach eingebunden. JavaScript arbeitet in einem gemeinsamen Namensraum. Das bedeutet, dass etwa Deklarationen aus der einen Datei auch in einer anderen Datei zur Verfügung stehen, wenn diese in einer HTML-Datei eingebunden sind. Allerdings müssen Sie auch hier beachten, dass Deklarationen in einer Datei immer vor der Verwendung in einer anderen Datei eingebunden gehören.

4.2.3   Style Sheets

Sehr wahrscheinlich werden Sie in Ihrer Basis-Webseite Style Sheets verwenden. Moderne Webseiten reduzieren die Verwendung von HTML fast vollständig auf die reine Strukturierung der Seite, während die Funktionalität JavaScript und das Layout gänzlich Formatvorlagen bzw. Style Sheets übertragen wird. Style Sheets stellen einmal den – mehr oder weniger erfolgreich umgesetzten – Versuch dar, den unterschiedlichen Interpretationen von Webseiten auf verschiedenen Plattformen einen Riegel vorzuschieben. Über Style Sheets können Sie in Formategeln das Layout von Webseiten viel genauer als mit HTML festgelegen und haben Sie viel mehr. Der wichtigste Grund für die Verwendung von Style Sheets ist die Trennung von Gestaltungsbefehlen und Struktur bzw. Inhalt. Allgemein liegen bei einer Anwendung von Style Sheets Daten in einer Rohform oder einer nicht gewünschten Darstellungsweise vor, die auf spezifische Weise verändert werden soll. Die Darstellung der Daten erfolgt dann in einer anderen Form, wobei die Informationen selbst meist erhalten bleiben. Unter Umständen werden allerdings im Ausgabedokument Daten der Quelle unterdrückt und/oder durch Zusatzdaten ergänzt.

4.2.3.1   Verschiedene Style Sheet-Sprachen

Style Sheets bezeichnen nun keine eigene Sprache, sondern im Grunde nur ein Konzept. Es gibt mehrere Style Sheet-Sprache, aber im Zusammenhang mit dem Web (und unseren Cordova-Apps) haben sich die so genannten CSS (Cascading Style Sheets) durchgesetzt.

4.2.3.2   Die Einbindung

Mit der gleichen Argumentation wie bei externen JavaScript-Dateien wird man am besten nur externe Style Sheets in Cordova-Projekten (als auch im Web) verwenden. Diese referenziert man vor[1] den Referenzen auf die Skripte in der Webseite über das *<link>*-Tag (ein leeres Element). In den Schablonen der IDEs wird die Referenz im Header der Webseite zu finden sein (Abb. 4.1). Als Attribute geben Sie über das Attribut *type* den MIME-Type *text/css*, den URL zur Datei über das Attribut *href* und den Typ *stylesheet* über das Attribut *rel* an. Das sieht also etwa so aus:

```
<link type="text/css" rel="stylesheet" href="css/stil.css" />
```

---

[1]Damit eventuelle Formatierungen bereits im DOM zur Verfügung stehen, wenn man diese dynamisch mit JavaScript manipulieren möchte.

▶   **Tipp** Selbstverständlich können Sie mehrere CSS-Dateien in Ihrer App
verwenden.

4.2.3.3 Ein paar Anmerkungen zu CSS3

Die modernen Engines mobiler Geräte können recht gut mit CSS3 umgehen. Von
daher können Sie die neuen Möglichkeiten dieses Standards einigermaßen zuverlässig
verwenden (besser als im Web). Allerdings kann es durchaus sein, dass bestimmte
Formatierungen nicht oder nicht identisch auf allen Zielplattformen funktionieren.
Das ist für eine übergreifende Programmierung natürlich nicht perfekt. Von daher ist
es sinnvoll, kritische Anweisungen (also neue CSS3-Formatierungen) redundant mit
proprietären Anweisungen zu notieren, die speziell für eine bestimmte Engine vorhanden sind. Um diese proprietären Anweisungen zu kennzeichnen, stellen Browser-
hersteller (oder genauer Engine-Hersteller) den CSS-Eigenschaften ein bestimmtes
Präfix voran:

*   *-moz-* wird für Gecko-basierte Browser wie Firefox oder Seamonkey verwendet.
*   *-webkit-* wird für Webkit-basierte Browser wie Safari, iCab, Konfuserer oder Google
    Chrome notiert.

Dazu kommen noch weitere wie *-o-* für Opera oder *-ms-* von Microsoft etc. Um etwa über
verschiedene Engines hinweg eine neue CSS3-Formatierung festzulegen, sollten Sie so
vorgehen (Angabe einer Klasse):

```
.linkeEcke {
  -moz-border-radius-topleft: 4px; -webkit-border-top-left-radius: 4px;
    border-top-left-radius: 4px;
}
```

▶   Wie erwähnt, kommen mobile Geräte mit CSS3-Anweisungen eigentlich besser
zurecht als man vom Web her gewohnt ist. Dennoch gibt es einige kritische
Anweisungen wie CSS3-Farbverläufe, die auch in gar nicht so alten mobilen
Betriebssystemversionen bzw. Engines nicht richtig funktionieren (auch wenn
Sie diese mit den verschiedenen Präfixen redundant notieren). Solche kritischen Anweisungen sollten Sie auf jeden Fall auf der gewünschten Minimal-
version eines Zielsystems zu testen.

4.3   Einige Standardschablonen

Betrachten wir nun einige Schablonen, mit der wir in der Folge bei Cordova-Projekten
arbeiten werden, wenn wir kein Framework einsetzen (ohne Kommentare).

Eine Standardstruktur sieht so aus. Dabei werden wir die externen Skripte und Style Sheets in die Unterordner *jscripts* und *css* einsortieren.[2]

```
<!DOCTYPE html>
<html>
  <head>
    <meta http-equiv="Content-Type"
      content="text/html; charset=iso-8859-1"/>
    <meta http-equiv="Content-Security-Policy"
     content="default-src ,self`
     data: gap: https://ssl.gstatic.com 'unsafe-eval'; style-src 'self'
     'unsafe-inline'; media-src *">
    <meta name="format-detection" content="telephone=no">
    <meta name="msapplication-tap-highlight" content="no">
    <meta name="viewport" content="user-scalable=no, initial-scale=1,
      maximum-scale=1, minimum-scale=1, width=device-width">
    <link rel="stylesheet" type="text/css" href="css/index.css">
    <title></title>
  </head>
  <body>
    <script type="text/javascript" src="cordova.js"></script>
    <script type="text/javascript" src="scripts/index.js"></script>
  </body>
</html>
```

Nun werden Sie aber auch andere Pfadstrukturen finden. Beachten Sie, dass Eclipse früher die Ressourcen in ein Unterverzeichnis *lib* und dort Unterverzeichnisse *js* und *css* einsortiert hatte. Wichtiger für uns ist jedoch, dass etwa die Verzeichnisse, die mit den CLI-Tools erzeugt werden, etwas anders lauten. Hier wird vor allen Dingen das JavaScript-Verzeichnis *js* lauten. Letztendlich spielt das keine Rolle, aber Sie müssen unbedingt bei den Referenzen aufpassen, wenn Sie etwa Quellcodes kopieren.

▶   Weil es so wichtig ist, hier noch einmal zusammenfassend der Hinweis – notieren Sie in der HTML-Basis-Datei immer zuerst die Referenzen auf die externen CSS-Dateien (am besten im Header), erst dann die Referenz auf die Cordova-JavaScript-Bibliothek und dann die Referenzen auf die externen JavaScript-Dateien mit Ihrem Code und die zur Sicherheit am Ende des Bodies.

---

[2]So generieren auch unsere Referenz-IDEs in der Regel die HTML-Datei.

4.4 Die eigenen Skript-Dateien

Lassen Sie uns kurz über die JavaScript-Dateien sprechen, die Sie selbst erstellen werden. Genau genommen über den strukturellen Aufbau. In jedem Fall sollten Sie sicherstellen, dass der DOM der Webseite fertig ist, wenn Sie beim Laden der Webseite bereits Anweisungen ausführen wollen. Obwohl Sie eigentlich mit der Positionierung der Skriptreferenz am Ende des Bodys bereits sicherstellen, dass der DOM beim Ausführen der Anweisungen fertig aufgebaut wurde, kann man mit dem Eventhandler *onload* arbeiten. Wenn man die verschiedenen Versionen des Cordova/PhoneGap-Frameworks verfolgt hat fällt auf, dass die Verwendung von *onload* teils empfohlen wurde, dann aber auch teils darauf verzichtet wurde.

Was beim Laden einer Webseite in einen Cordova-Wrapper immer beachtet werden sollte ist, dass die Cordova-Bibliothek selbst geladen wurde, bevor Sie spezifische Features des Frameworks nutzen. Ebenso muss das mobile Gerät bereitstehen. Das wird man im Framework mit einem eigenen Eventhandler *deviceready* gewährleisten.

Die Schablone für die JavaScript-Datei, die in der Dokumentation von Cordova vorgegeben wird, sieht so aus:

```
// Auf die Bibliotheken des Device warten, dass sie geladen sind
function onLoad() {
    document.addEventListener("deviceready", onDeviceReady, false);
}
// Die Device-APIs stehen bereit
function onDeviceReady() {
    document.addEventListener("pause", onPause, false);
    document.addEventListener("resume", onResume, false);
    document.addEventListener("menubutton", onMenuKeyDown, false);
    // Weitere Listener für andere Events
}
function onPause() {
    // Reaktion auf das pause-Event
}
function onResume() {
    // Reaktion auf das resume-Event
}
function onMenuKeyDown() {
    // Reaktion auf das menubutton-Event
}
```

Der wichtigste Eventhandler ist *deviceready*. Dieser stellt sicher, dass Cordova geladen ist und zur Verfügung steht. Der zweite Parameter ist die Angabe einer weiteren Funktion, in der dann die eigentlichen Schritte zur Initialisierung ablaufen. Wir sichern uns mit dieser Struktur und der Notation der Skriptreferenz am Ende des Bodys also mehrfach ab. Im schlimmsten Fall sind diese mehrfachen Sicherungen unnötig, aber schaden können sie auf keinen Fall.

Nun werden Sie bei Verwendung von Android Studio und Visual Studio sehen, dass die generierten Strukturen der JavaScript-Datei sich etwas von dieser Form unterscheiden. Das ist im Wesentlichen die Version, wie sie in Visual Studio bereitgestellt wird:

```
(function () {
  "use strict";
  document.addEventListener('deviceready', onDeviceReady.bind(this),
    false);
  function onDeviceReady() {
    // Verarbeiten der Cordova-Pause- und -Fortsetzenereignisse
    document.addEventListener('pause', onPause.bind(this), false);
    document.addEventListener('resume', onResume.bind(this), false);
  };
  function onPause() {
    // Die Anwendung pausiert.
  };
  function onResume() {
    // Die Anwendung wurde erneut aktiviert.
  };
} )();
```

Hier wird zwar mit einer anonymen Funktion und einer etwas anderen Syntax des Eventhandlings (mit Binding über die *bind()*-Methode) gearbeitet, aber trotzdem ist die Funktionalität vollkommen identisch.

In Android Studio sieht der Code im Kern so aus:

```
var app = {
  initialize: function() {
    this.bindEvents();
  },
  bindEvents: function() {
   document.addEventListener('deviceready', this.onDeviceReady, false);
  },
  onDeviceReady: function() {
    app.receivedEvent('deviceready');
  },
  receivedEvent: function(id) {
  }
};
app.initialize();
```

Der Aufbau die Codes ist „objektorientierter", aber dennoch funktional wieder vollkommen identisch.

Hintergrundinformation
In dem Buch werden wir aus didaktischen Gründen immer wieder eine andere dieser Strukturen verwenden. Das soll Ihre Aufmerksamkeit hoch halten und Sie zum Nachdenken zwingen. Ebenso sind alle Varianten gleichwertig und je nach verwendetem Tool werden Sie eben die eine oder andere Variante vorgeneriert bekommen.

Ansonsten sollten Sie bei der Programmierung unter Cordova beachten, dass Sie konsequent JavaScript einsetzen und etwa auf HTML-Eventhandler verzichten. Auch eine gute Kapselung von Strukturen (etwa durch anonyme Funktionen und/oder das Erstellen von eigenen Objekten) ist sehr zu empfehlen.

4.5 Weitere Tipps

Im Rahmen der Arbeit mit Web-Programmierung werden Sie auch weitere externe Ressourcen nutzen. Etwa Bilder oder Videos. Dazu kann es sein, dass Sie die Pfade in Ihrem Projekt ansprechen oder ändern müssen. In diesem Abschnitt sollen einige Details besprochen werden, auf die Sie achten müssen. Dabei sind diese Details einfach als unstrukturierte Praxistipps zu sehen, die Ihnen später vielleicht einmal nützlich sind.

4.5.1 Pfadangaben

Die Webseite, die Sie in einer Cordova-App laden, kann sowohl lokal als auch aus dem Internet geladen werden, wenn das mobile Endgerät des Anwenders dazu in der Lage ist. In dem Java-Code der Activity von Android tauchte früher oft etwa die Zeile folgende auf:

```
super.loadUrl("file:///android_asset/www/index.html");
```

Das ist die Angabe zum Laden der Datei *index.html* aus dem *www*-Verzeichnis des Projekts.

Hintergrundinformation
Diese alte Version des Ladens der Webseite fußt auf der Struktur von Android. Android stellt für Apps ein Standardverzeichnis bereit, in dem Sie Dateien bereitstellen können, die aus der App heraus geladen werden können und im App-Package verwaltet werden. Dieses Verzeichnis nennt sich *assets*. Auf dieses greift man in Java mit relativen Pfaden zu. Von besonderer Bedeutung im Java-Code ist der Token *android_asset*, der besagtes Verzeichnis repräsentiert. Genaugenommen verweist die gesamte Angabe *file:///android_asset* auf dieses Verzeichnis. Der URL in dem Listing oben ist also die Angabe von dem aktuellen *assets*-Verzeichnis des Projekts. Darin wird das Unterverzeichnis *www* sowie die Datei *index.html* spezifiziert.

Mittlerweile steht da aber das:

```
loadUrl(launchUrl);
```

Allerdings finden Sie in der Datei *res/xml/config.xml*[3] die folgende Angabe:

```
<content src="index.html" />
```

Und das ist dann wieder die Angabe zum Laden der Datei *index.html* aus dem *www-*Verzeichnis des Projekts – nur in die XML-Konfigurationsdatei ausgelagert.

Insgesamt ist zu beobachten, dass sich die gesamten Strukturen in Cordova immer mehr von den nativen Strukturen in Android, Windows etc. lösen und vereinheitlicht werden. Das macht eine plattformneutrale Programmierung immer einfacher und bequemer, weil sich im eigentlichen Webcode, aber auch in den Konfigurationsdateien kaum noch Unterschiede finden.

Sie können hier auch eine andere Pfadangabe notieren. Durchaus auch einen absoluten URL mit http, wenn die App Zugriff auf das Internet hat. Allerdings ist die Verwendung des lokalen Verzeichnisses am zuverlässigsten, da die enthaltenen Ressourcen mit der App installiert werden. Zudem kann es Probleme mit den Zugriffsrechten der App geben, wenn Sie auf einen anderen Pfad zugreifen wollen.

Hintergrundinformation
Unter Windows Mobile bzw. dem Visual Studio wurde das Cordova-Projekt früher mit einer XML-Datei mit Namen *CordovaSourceDictionary.xml* ausgeliefert, die sich im Wurzelverzeichnis des Projekts befand. Diese wird mittlerweile nicht mehr verwendet – auch hier sieht man die immer bessere Vereinheitlichung der verschiedenen Plattformen.

4.6   Bilder & andere Multimediadateien

Grundsätzlich können Sie Bilder in Ihrer App wie in einer normalen Webseite verwenden. Also die üblichen Formate (GIF, JPEG, PNG) und die klassischen Techniken wie das *img*-Tag oder ein Bildobjekt unter JavaScript. Dazu unterstützen moderne mobile Engines sogar das Zeichnen von Bildern über die Canvas-Technologie. Auch ist die Wiedergabe von Tondateien und Videos meist möglich, wobei hier die Codecs zu beachten sind.

▶   **Tipp** Bilder würde ich grundsätzlich in einem eigenen Unterordner wie *images* oder *img* im Webverzeichnis der App führen, wenn ich sie nicht von externen Quellen lade. IDEs wie Visual Studio und Android Studio generieren in der Voreinstellung den Unterordner *images*, während die CLI *img* erzeugen.[4] Solch eine Gruppierung von Ressourcen in geeigneten Unterordnern gilt analog für andere Multimediadateien wie Tondateien oder Videos, die in der Regel in einem Ordner *media* zu finden sind.

---

[3]In Visual Studio befindet sich die Datei direkt im Projektverzeichnis.

[4]Auch hier müssen Sie aufpassen, wenn Sie Code aus der einen Welt in die andere kopieren.

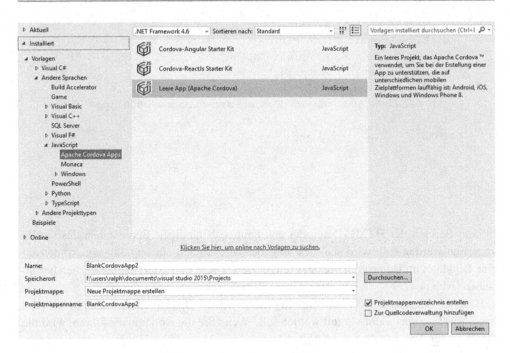

Abb. 4.3 Anlegen eines Projekts für eine Cordova-App in Visual Studio

4.6.1   Eine App mit Bilddarstellung über das img-Tag

Schauen wir uns einmal eine einfache Cordova-App an, die ein Bild mittels des klassischen *img*-Tags anzeigt. Dabei halten wir uns an die Struktur, dass erst beim Eintreten des *deviceready*-Events und vollständigem Bereitstehen des Geräts das Bild angezeigt werden soll. Wir nutzen also die generierte Struktur der App aus, um möglichst wenig ändern zu müssen

Für dieses Beispiel legen wir eine App in Visual Studio an. Zur Erinnerung – dazu brauchen Sie lediglich in Visual Studio die Vorlage LEERE APP (APACHE CORDOVA) aus dem Bereich VORLAGEN/ANDERE SPRACHEN/JAVASCRIPT/APACHE CORDOVA APPS verwenden (Abb. 4.3).

In der HTML-Datei *index.html* führen wir folgende Änderung durch:

```
<!DOCTYPE html>
<html>
    <head>
...
        <title>CordovaAppMitBild</title>
    </head>
    <body>
```

```
    <div class="app">
      <h1>Eine App mit Bild</h1>
      <div id="deviceready" class="blink">
        <p class="event listening">
          Die Verbindung mit dem Gerät wird hergestellt.</p>
        <p class="event received"><img src="images/w800.jpg" /></p>
      </div>
    </div>
...
  </body>
</html>
```

In dem Bereich der HTML-Datei, der erst beim vollständigen Bereitstehen des Geräts angezeigt werden soll, wird statt des Vorgabetextes einfach ein *img*-Tag notiert, der auf eine Bilddatei im Unterordner *images* referenziert. Diese muss dort dann natürlich bereitstehen (Abb. 4.4).

Beachten Sie, dass ich die automatisch generierte CSS-Datei auch ein wenig modifiziert habe, was hier aber nicht vertieft werden soll.[5] Wenn Sie die App nun ausführen, wird die Grafik in der App zu sehen sein (Abb. 4.5).

4.6.2   Eine App mit Video

Betrachten wir noch eine weitere App, die mittels des neuen HTML5-Tags *video* eine Videodatei in der App zur Verfügung stellt. Sie werden sehen, dass das extrem einfach geht und keinerlei „wirkliche" Programmierung bedarf.

▶   **Tipp** Mit Audiodateien geht das vollkommen analog.

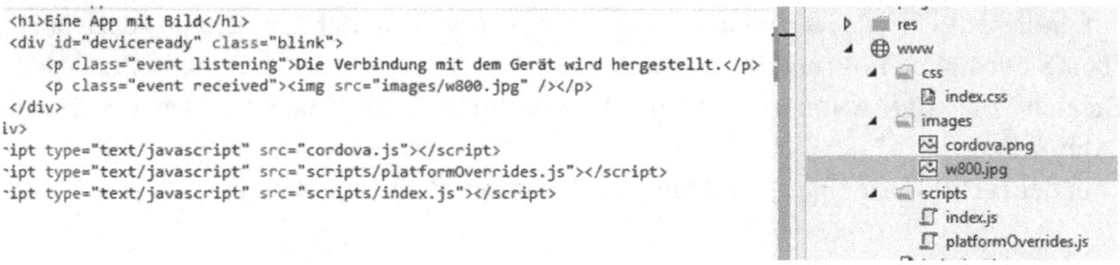

Abb. 4.4 Die referenzierte Grafik befindet sich im Verzeichnis images

---

[5]Es wurden nur einige generierte Regeln beseitigt.

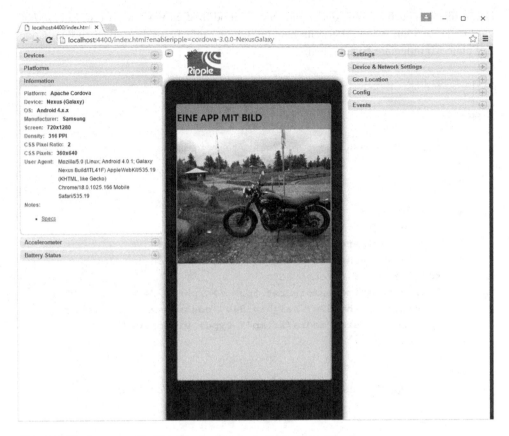

Abb. 4.5 Die App samt Grafik – hier in dem Android-Emulator Ripple

Dabei erzeugen wir zur Rekapitulation diese neue App mit dem CLI. Wir gehen also in die Konsole und erzeugen das Projekt so:

```
cordova create AppMitVideo
```

Dann wechseln wir in das Projektverzeichnis:

```
cd AppMitVideo
```

Nun werden die Plattformen hinzugefügt, die wir als Ziel haben wollen. In unserem Fall sind das Android und Windows:

```
cordova platform add android
cordova platform add windows
```

Damit die App auch ein Video lädt und anzeigt, modifizieren wir wieder die Datei *index. html* im Verzeichnis *www*. Das kann man mit einem einfachen Editor machen. Der Code soll ohne Kommentare so aussehen:

```
<!DOCTYPE html>
<html>
  <head>
...
    <link rel="stylesheet" type="text/css" href="css/index.css">
    <title>Mediendateien</title>
  </head>
  <body>
    <div class="app">
      <h1>Safety First</h1>
      <div id="deviceready" class="blink">
        <p class="event listening">Connecting to Device</p>
        <p class="event received">
          <img src="img/safetyfirst.jpg" /></p><hr />
          <video width="320" height="240" controls>
            <source src="media/sf.mp4" type="video/mp4">
          </video>
      </div>
    </div>
    <script type="text/javascript" src="cordova.js"></script>
    <script type="text/javascript" src="js/index.js"></script>
  </body>
</html>
```

In der HTML-Datei wurde noch einmal ein Bild (dieses Mal aus dem Ordner *img*) eingefügt, aber für unsere Zwecke ist das nachfolgende *video*-Tag mit dem eingeschlossenen *source*-Tag von Bedeutung. Damit aktiviert man den browsereigenen Videoplayer und lädt die Datei, die mit *source* referenziert wird. Die Parameter bei *video* legen die Größe des Videoplayer fest sowie die Anzeige von Bedienelementen.

▶   Die referenzierten Ressourcen müssen sich natürlich in den Unterverzeichnissen von *www* befinden.

Nun wollen wir die App erstellen. Das kann man so machen:

```
cordova build
```

Wenn das alles erfolgreich war, können Sie die App in einem passenden Emulator starten. Etwa für Android so:

```
cordova emulate android
```

Nach einer Weile sehen Sie die App im Emulator (Abb. 4.6).

Beachten Sie das Auftauchen von Bedienelementen, wenn Sie im Emulator den Mauszeiger über den Bereich des Videoplayers bewegen (Abb. 4.6). Wenn Sie auf den Start-
button klicken, wird das Video abgespielt (Abb. 4.7).

Nun sollten Sie aber beachten, dass wir mit dem *video*-Tag explizit HTML5-Techno-
logie einsetzen und sich das Aussehen und Verhalten des Videoplayers auf verschiedenen
Plattformen unterscheiden kann. Wenn Sie die App in einem Windows-Emulator starten,
wird der Videoplayer sich deutlich von dem Videoplayer unter Android unterscheiden.

Abb. 4.6 Die App im
Android-Emulator

Abb. 4.7 Das Video wird
wiedergegeben

Das sieht mein bereits nach dem Laden der App (also vor dem Start des Videos – Abb. 4.8) als auch beim Abspielen des Videos (Abb. 4.9).

Der Videoplayer unter Windows erlaubt es beispielsweise, dass er in den Vollbildmodus geschaltet wird und die restlichen Bestandteile der Oberfläche der App zu dem Zeitpunkt verdeckt sind (Abb. 4.10).

Das kann unter anderen Plattformen nicht immer der Fall sein. Aber um es noch einmal zu verdeutlichen – hier wird mit reinem HTML gearbeitet und es ist genial, wie einfach man in einer App – ohne „echte" Programmierung solch mächtige Features bereits zur Verfügung hat.

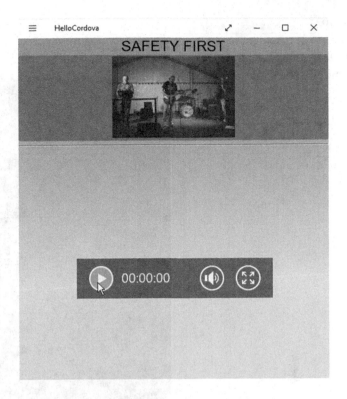

Abb. 4.8 Der Videoplayer in einem Windows-Emulator nach dem Laden der App

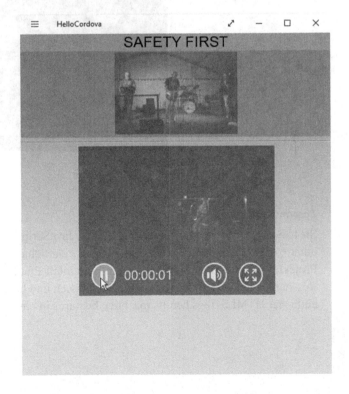

Abb. 4.9 Das Video wird in dem Windows-Emulator abgespielt

Abb. 4.10 Der Videoplayer ist
in einem Vollbildmodus

Zusammenfassung

Sie haben gesehen, worauf Sie bei den HTML-JavaScript, CSS- und Multimediadateien unter Cordova achten müssen und Sie haben eine Schablone für zukünftige Cordova-Projekte zu Verfügung. Sie können nun prinzipiell Pfade zu den verschiedenen Web-Ressourcen und andere Konfigurationen anpassen und haben Apps erzeugt, die mittels einfacher HTML5-Tags bereits mächtige Features in einer App bereitstellen können.

Wo bin ich und wo will ich hin? – Mit Cordova die Position und Richtung bestimmen

5

Inhaltsverzeichnis

© Springer Fachmedien Wiesbaden GmbH 2017
R. Steyer, *Cordova*, DOI 10.1007/978-3-658-16724-0_5

5.1   Was behandeln wir im Kapitel?

Wir kommen nun dazu, konkrete (und auch etwas umfangreichere) Beispiele mit
Cordova umzusetzen. Dabei wird in diesem Kapitel unter anderem die Auswahl
auf Techniken gelegt, die zumindest teilweise im Grunde auch ohne Cordova
umgesetzt werden können. Es handelt sich bei diesen Techniken um Erweiterungen, die auf dem neuen HTML5-Standard bzw. dem neuen DOM-Konzept
beruhen und im Wesentlichen mit einem DOM-Objekt namens *navigator* zusammenhängen. Genaugenommen sind einige dieser nachfolgenden Techniken auch
schon in dem JavaScript-Standard ECMAScript5 eingeführt, aber erst unter dem
HTML5-Label wirklich akzeptiert worden. Wir segeln also sozusagen teils hart
am DOM. Wobei es dabei durchaus vorkommen kann, dass gewisse Standardfea-
tures über das Cordova-API verbessert werden. Die Unterstützung geht aber noch
weiter, denn Cordova stellt die Features auch auf Plattformen bereit, die nativ mit
den reinen DOM-Techniken gar nicht klar kommen. Für Sie als Programmierer
kann das egal sein, ob nun native Objekte zum Einsatz kommen oder die Cordova-
Erweiterungen. Wenn Sie das Framework einsetzen, nutzen Sie einfach die vorgegebene Syntax und lassen das Framework seinen Job tun. Konkret wollen wir
uns in dem Kapitel um **Geolokalisierung** bzw. **Geodating** und **Richtungsbestimmung** (Kompass) samt daraus resultierenden Anwendungen kümmern. Es geht
also darum zu bestimmen, wo sich ein Anwender befindet, wohin er sich bewegt
und wie er sich orientieren kann. Dazu bringen wir mit dem Canvas-Konzept eine
HTML5-Erweiterung zum Zeichnen ins Spiel, die man in Apps sehr gut nutzen
kann. In den Kontext passt auch gut der Zugriff auf den Beschleunigungssensor
eines mobilen Geräts, denn dieser gibt auch Auskunft über die Richtung, in die ein
mobiles Gerät bewegt wird. Und wir schauen uns das *navigator*-Objekt genauer
an, denn dieses bildet die zentrale Grundlage für diverse Zugriffe auf die Hardware
unter Cordova. Da wir uns in diesem Kapitel erstmals „richtig" mit Cordova auseinander setzen, gehen wir hier langsam und sehr ausführlich vor. In diesem Kapitel
werden also sowohl wichtige Dingen wiederholt, es werden aber vor allen Dingen
viele Grundlagen gelegt, auf die wir in den folgenden Kapiteln aufbauen wollen.

5.2   Das navigator-Objekt

Immens wichtig für den Zugriff auf die Hardware ist bei Cordova das Objekt *navigator*.
Dieses gehört zwar zum allgemeinen DOM-Objektkonzept, wurde dazu im Cordova-API
aber um diverse Eigenschaften erweitert.

Hintergrundinformation

Schon viele Jahre stellt das *navigator*-Objekte bei Webseiten in Browsern wertvolle Eigenschaften zur Identifizierung eines Browsers bzw. der Plattform eines Besuchers zur Verfügung. Das umfasst nicht nur die Lokalisierung, sondern viele andere Informationen zum Anwender. Hier ist eine Auswahl wichtiger Eigenschaften, die schon lange über das Objekt verfügbar waren und im Web oft genutzt werden. Über

- *appCodeName* erhalten Sie den Codename eines Browsers,
- *appName* ist der offizielle Anwendungsname eines Browsers,
- *appVersion* beinhaltet die Version und die Betriebssystemplattform des Browsers,
- *cookieEnabled* ist die Information, ob der Nutzer das Setzen von Cookies erlaubt,
- *language* ist die vom Anwender eingestellte Sprache des Browsers in international üblichen Abkürzungen (browserabhängig – beispielsweise *"de"* für deutsch),
- *platform* ist das Betriebssystem des Anwenders und
- *userAgent* beinhalte detaillierten Daten des verwendeten Browser genauso, wie sie im HTTP-Protokoll übermittelt werden.

5.2.1   Eigenschaften und Methoden von navigator auswerten

Nun sollten wir uns das *navigator*-Objekt aber noch etwas genauer zu Gemüte führen. Denn die viele Zugriffe auf die Hardware unter Cordova nutzen bzw. erweitern dieses Objekt. In JavaScript kann man durch dessen lose Typisierung und die Listenstruktur seiner Objekte, in der Eigenschaften und Methoden einfach als Schlüssel-Werte-Paare an ein Objekt gebunden werden, bestehende Objekte leicht erweitern. Dazu werden noch nicht vorhandene Listenpaare einem bestehenden Objekt einfach hinzufügt und damit ist ein Objekt erweitert worden. Und das macht das Cordova-Framework mit *navigator*.

Damit Sie einen ersten Überblick über die verfügbaren Eigenschaften dieses Objektes in Cordova erhalten, können Sie das nachfolgende Beispiel verwenden. Dieses gibt alle Eigenschaften und Unterobjekte aus, die Ihnen über *navigator* zur Verfügung stehen. Die Quellcodes finden Sie auf der Webseite zum Buch unter *kap5/AuswertungNavigator*. Das wäre die Basis-Webseite:

```
<!DOCTYPE html>
<html>
  <head>
...
    <link rel="stylesheet" type="text/css" href="css/index.css">
    <title>Auswertung navigator</title>
  </head>
  <body>
   <h4 class="ausrichtung rundeEcken">Das navigator-Objekt
  <div id="info" class=
```

```
      "hintergrund vordergrundspeed rundeEcken ausrichtung"></div>
   <script type="text/javascript" src="cordova.js"></script>
   <script type="text/javascript" src="js/index.js"></script>
   </body>
</html>
```

Sie finden in der Webseite, die nach unseren üblichen Regeln für eine Basisseite einer Cordova-App aufgebaut ist und alle notwendigen Ressourcen referenziert, im Wesentlichen einen Div-Bereich, der mit einer ID angesprochen werden kann. In dem sollen Ausgaben erfolgen, die dynamisch mit JavaScript generiert werden. Die Klassen dienen der Formatierung mit CSS-Regeln und sind im Moment nebensächlich. Betrachten wir die folgende JavaScript-Datei *index.js*, die in der Grundstruktur mit den CLI generiert und in dem Beispiel eingebunden wird. Als wesentliche Modifikation enthält sie den Code, über den wir das *navigator*-Objekt auswerten:

```
var app = {
   initialize: function() {
     this.bindEvents();
   },
   bindEvents: function() {
     document.addEventListener('deviceready', this.onDeviceReady,
false);
   },
   onDeviceReady: function() {
     app.receivedEvent('deviceready');
   },
   receivedEvent: function(id) {
   document.getElementById('info').innerHTML = "";
   for (i in navigator)
    document.getElementById('info').innerHTML += i +
     ": " + navigator[i] + '<br />';
   }
};
app.initialize();
```

Wir iterieren hier mit einer for-each-Schleife über alle Eigenschaften von *navigator*. Dabei machen wir uns zu Nutze, dass Objekte in JavaScript auch als assoziierte Arrays bzw. Hash-Listen zu sehen sind. Der Zähler der Schleife *i* ist in jedem Schleifendurchlauf der Index (also der Name der Eigenschaft) und *navigator[i]* jeweils der zugehörige Wert. Auch die Namen von Methoden werden damit ausgegeben, da sie in JavaScript als Funktionsreferenzen in Objekten verankert werden. Diese werden entsprechenden Eigenschaften als Wert zugeordnet.

Die Eigenschaften und deren Werte werden mit *document.getElementById('info'). innerHTML* in den Div-Bereich der Webseite geschrieben.

Abb. 5.1 Die Eigenschaften von navigator in einem
Android-Emulator

Nun werden Sie beim Ausprobieren der App sehen, dass sich natürlich die konkreten Werte der Eigenschaften, aber auch die genau verfügbaren Eigenschaften je nach Gerät unterscheiden können. Das zeigt sich schon in den verschiedenen Emulatoren (Abb. 5.1 und 5.2).

5.2.2   Die Bedeutung von deviceready

Mit dem gerade gesehenen Beispiel bzw. einer kleinen Abwandlung davon kann Ihnen auch die Bedeutung des Eventhandlers *deviceready* weiter verdeutlicht werden. Und der Bedeutung von dem Cordova-API selbst. Wir betrachten eine kleine Modifikation, in der

Abb. 5.2 Die Eigenschaften von navigator in einem
Windows-Emulator

wir bewusst in dem Beispiel auf den Eventhandler *deviceready* verzichten. Die Änderungen in dem Projekt *AuswertungNavigatorOnload* betreffen dabei nur die JavaScript-Datei
index.js. Das ist deren neuer und vollständiger Code:

```
window.onload = function() {
  document.getElementById('info').innerHTML = "";
    for (i in navigator)
      document.getElementById('info').innerHTML += i +
        ": " + navigator[i] + '<br />';
}
```

Abb. 5.3 Im Edge-Browser sehen Sie diese Eigenschaften von navigator

Sie sehen, dass wir in dem Listing nur mit dem Eventhandler *onload* arbeiten, der beim Laden von klassischen Webseiten im Browser üblich ist und nach dem vollständigen Laden der Webseite ausgelöst wird. Diese Modifikation hat zur Folge, dass Sie die Webseite auch direkt in mehrere Webbrowser laden können, denn Sie benötigen das Cordova-Framework, dass dort auch gar nicht verfügbar ist, nicht mehr (Abb. 5.3 und 5.4).

Wenn Sie genau hinsehen werden Sie erkennen, dass Ihnen weniger Eigenschaften als in einer Cordova-App angezeigt werden, denn die Erweiterungen von *navigator* durch das Cordova-Framework kommen nicht zum Tragen. Insbesondere fehlen alle Repräsentationen von Dingen, die nur bei Apps und mobiler Hardware sinnvoll ist. Etwa wird die Eigenschaft *splashscreen* nicht da sein, die bei Windows-Geräten bzw. dem Windows-Emulator über *navigator* zur Verfügung steht. Aber interessanter Weise wird auch eine App, die diese Anwandlung lädt, die speziellen Cordova-Eigenschaften für die erweiterten Zugriffe auf die Hardware nicht anzeigen (Abb. 5.5). Was im Umkehrschluss bedeutet, dass das mobile Gerät zu dem Zeitpunkt noch nicht fertig initialisiert und der eigentliche DOM

Abb. 5.4 Das zeigt der normale Firefox-Browser an

Abb. 5.5 Auch in dem Windows-Emulator fehlt hier die
Eigenschaft splashscreen

zwar fertig, aber noch nicht vollständig aufbereitet bzw. durch Cordova erweitert worden
ist. Der Einsatz vom Eventhandler *deviceready* stellt das erst sicher. Das gilt umso mehr,
wenn wir Plugins zusätzlich verwenden (Abschn. 5.3.2.1).

Hintergrundinformation

Über die letzten Jahre wurde das *navigator*-Standardobjekt bereits immer mehr erweitert, so dass die Erweiterungen, die Cordova selbst hier vornehmen muss, immer weniger werden. Hatte man in der Vergangenheit das letzte Beispiel in einem Browser geladen oder mittels einer Cordova-App ausgeführt, wurden erheblich weniger Eigenschaften angezeigt. Doch es gibt eine ganze Reihe an wichtigen Erweiterungen durch Cordova. Eine besondere Erweiterung ist das Plugin *cordova-plugin-dialogs*, über das das Unterobjekt *notification* bereitgestellt wird. Damit diese Erweiterung jedoch zur Verfügung steht, muss man – wie bei allen Plugins mittlerweile – dieses Plugin erst der App hinzufügen. Darauf haben wir bisher verzichtet. Wir kommen darauf aber noch zu sprechen.

5.3   Geolokalisierung

Bei Cordova basiert die Geolokalisierung explizit auf der **Geolocation API Specification** des W3C (http://dev.w3.org/geo/api/spec-source.html) respektive der Erweiterung des DOM-Konzepts, das mit HTML5 einhergeht. Auf diversen Plattformen (u. a. Android und Windows) gibt es bereits eine native Implementierung davon. Diese wird auch unter Cordova direkt verwendet. Für andere Plattformen ergänzt Cordova jedoch diese Möglichkeiten, so dass Sie einheitlich programmieren können.

Die gesamte Geolokalisierung beruht in Cordova als auch in anderen Zugängen auf dem DOM-Objekt *navigator*, das dafür aber bereits vor vielen Jahren nativ[1] um eine neue Eigenschaft erweitert wurde – *navigator.geolocation*. Bei *geolocation* handelt es sich selbst wieder um ein Objekt, über das verschiedene Methoden zur Lokalisierung bereitgestellt werden und die konkrete Technik der Lokalisierung vollkommen vor dem Anwender verbirgt. Sie brauchen sich als Programmierer überhaupt nicht darum zu kümmern, wie konkret die Position ermittelt wird. Aber Sie sollten darüber Bescheid wissen.

5.3.1   Die verschiedenen Techniken zur Ortsbestimmung

Betrachten wir also erst einmal ein bisschen die Hintergründe zur sogenannten **Geolokalisierung**. Dabei geht es grundsätzlich darum automatisiert herauszubekommen, wo Sie (oder genauer – Ihr Gerät) sich gerade aufhält und wohin Ihr Weg führt. Die Geolokalisierung (oder auch Geodating) umfasst alle denkbaren Verfahren zur Lokalisierung eines Anwenders. Sei es die lokale Zuordnung eines Besuchers einer Webseite, sei es die Ortsbestimmung eines Anwenders, der eine App auf einem Smartphone ausführt, sei es die Routenführung mit einem Navigationsgerät.

Gerade mobile Geräte sind eine ideale Basis für die Ortsbestimmung, da diese über mehrere Optionen zur Ortsbestimmung verfügen. Aber zum Teil kann man auch stationäre

---

[1]Also nicht durch Cordova, was Sie auch im letzten Beispiel bei der Ausgabe in normalen Webbrowser sehen können – auch da ist das *navigator*-Objekt bereits um die Fähigkeit zur Geolokalisierung erweitert.

Geräte sehr genau lokalisieren, von denen man das erst einmal vielleicht gar nicht erwartet. Dabei stehen verschiedene Verfahren zur Bestimmung eines Orts zur Verfügung. Wir betrachten Sie in einem kurzen Exkurs, denn daraus erschließen sich einige wichtige Optionen von mobilen Geräten und Verhaltensweisen von Cordova.

5.3.1.1 GPS

Besonders einfach wird eine Lokalisierung, wenn Geräte über GPS (Global Positioning System) verfügen. Dies ist bei mobilen Geräten mittlerweile fast immer der Fall. Und dieses GPS-Verfahren ist den meisten Anwendern schon länger bekannt, da Navigationsgeräte im Auto schon lange vor dem Boom der Smartphones große Verbreitung gefunden haben.

Zur Ortsbestimmung auf diese Art werden spezielle Satelliten verwendet. Diese GPS-Satelliten senden dabei ihre aktuelle Position und die genaue Uhrzeit über kodierte Radiosignale aus, die ein Gerät mit geeignetem Empfänger verwerten kann. Aus den Signallaufzeiten von mindestens drei Satelliten lassen sich dann die eigene Position und auch die Geschwindigkeit berechnen. Wenn der GPS-Empfänger jedoch keine hinreichend exakte eigene Uhr besitzt, die zur genauen Bestimmung der Laufzeiten fähig ist, braucht man das Signal eines vierten Satelliten zur exakten Bestimmung der Daten, was normalerweise aber sowieso gegeben ist. Aber ob Sie nun drei oder mehr Satelliten benötigen, wird Ihnen beim Zugriff per Cordova ohnehin verborgen.

Hintergrundinformation
Die Lokalisierung per GPS ist sehr exakt (in der Regel auf wenige Meter genau) und man kann wie gesagt damit auch die Geschwindigkeit eines Objekts ziemlich genau bestimmen.

5.3.1.2 Funkzellen

Mobile Geräten sind ja auch oft explizit in Funkzellen zur mobilen Telefonie oder mobilem Internet angemeldet und bekanntlich auch darüber zu orten. Allerdings bei Weitem nicht so genau wie mit GPS und die Geschwindigkeit kann überhaupt nicht bestimmt werden. Die Genauigkeit der Ortsbestimmung über Funkzellen hängt konkret an der Infrastruktur der Funkmasten. So kann damit bei einer großen Dichte an Funkmasten (etwa in der Stadt) die Position unter Umständen auf einige Meter genau ermittelt werden (gerade wenn sich mehrere Funkzellen überschneiden und das Gerät sich in so einem Überschneidungsbereich befindet), während es bei großen Funkzellen möglichweise eine Abweichung von mehreren Kilometern geben kann.

5.3.1.3 W-LAN

Eine weitere Möglichkeit zu Lokalisierung verwendet W-LAN-Router, wenn deren Positionen bekannt sind. Diese Technik funktioniert bei allen Geräten, wenn diese mit dem W-LAN-Router verbunden sind. Das kann auch per Leitung sein, wenn der W-LAN-Router ebenso als normaler Router des LAN eingesetzt wird. Die Genauigkeit der Lokalisierung eines einzelnen Geräts kann auf wenige Meter genau sein, wobei in einem großen lokalen Netzwerk (etwa in einer großen Firma) durchaus große Abweichungen von der tatsächlichen Position eines einzelnen Geräts auftreten (auch wenn der Router selbst auf wenige Meter genau lokalisiert werden kann).

Nun stellt sich aber die Frage, wie aber die Position eines W-LAN-Routers und damit der angeschlossenen Geräte überhaupt erfolgt? Und wer überhaupt diese Positionen kennt?

Die Beantwortung der Fragen führt unter anderem zu zwei neuen Schlagworten. Da gibt es einmal die MAC-Adresse (Media-Access-Control), die man berücksichtigen kann, und natürlich die IP-Nummer. Und wo diese gesammelt und lokalisiert werden.

5.3.1.3.1   Lokalisierung via MAC-Adresse

Diese kann zur Identifizierung des zugehörigen Geräts in einem Rechnernetz verwendet werden. Und wenn so eine MAC-Adresse eines W-LAN-Routers an einen Empfänger gesendet wird, kann dieser den Ort bestimmen, woher die Sendung kam.

▶ Die MAC-Adresse ist eine eindeutige Hardware-Adresse jedes einzelnen Netzwerk-adapters auf der Welt.[2] Bei Apple wird sie auch **Ethernet-ID**, Airport-ID oder Wi-Fi-Adresse genannt. Bei Microsoft finden Sie oft den Bezeichner **Physikalische Adresse**. **Lokalisierung via MAC-Adresse.**

5.3.1.3.2   MAC-Adressen und GeoLocation Services

Aber woher kennt man eben den Ort des W-LAN-Routers und wer kennt ihn? Es gibt spezielle GeoLocation Services. Etwa von Apple den GeoLocation-Dienst Skyhook bzw. WiFi Access Point Database, von Nokia oder Google Gears bzw. die Google GeoLocation-Dienste. Diese liefern die genaue Position von einem W-LAN-Router, wenn Sie dessen MAC-Adresse bei einer Anfrage zugesendet bekommen.

Und wie wissen diese Dienste die Position von einem W-LAN-Router? Da gibt es verschiedene Wege – von der manuellen Eingabe eines Anwenders, der über den Router eine Adresse, die er in einem Webformular auf seinem angeschlossenen Rechner eingegeben hat, verschickt bis hin zu Scannern, die die MAC-Adressen von Routern ausspionieren und dann samt den geografischen Positionen den GeoLocation Services-Betreibern zukommen lassen. Und Letzteres ist nicht etwa an den Haaren herbei gezogen und ein Ausnahmefall. Im Gegenteil – das ist der Regelfall. Darüber erhalten die GeoLocation Services fast alle geografischen Positionen von W-LAN-Routern.

Denn einmal senden viele mobile Geräte mit aktiviertem GPS und eingeschaltetem W-LAN automatisch die MAC-Adressen aller W-LANs in Reichweite und ihre aktuelle Position an die besagten GeoLocation-Dienste. Eine explizite Verbindung mit den jeweiligen W-LANs ist dazu nicht vonnöten, denn zur Identifizierung senden die W-LAN-Router die MAC-Adressen offen mit (Abb. 5.6). Viele Hunderttausend Smartphone-Besitzer betätigen sich damit – oft unbewusst – als Zuträger für die GeoLocation-Dienste. Selbst

---

[2]Oder sollte es sein – sie kann gefälscht werden und es kann auch sein, dass Adressen durch Fehler mehrfach vorkommen. Aber im Allgemeinen kann man schon von einer weltweit eindeutigen Kennung sprechen.

...	Connectable	Authentication	Cipher	PHY Types	First Detected On	Last Detected On	MAC Address	RSSI	^
	Yes	RSNA-PSK	CCMP	802.11n	01.09.2016 20:55:...	01.09.2016 20:55:...	00-0C-F6-E4-C1-58	-94	
	Yes	RSNA-PSK	CCMP	802.11g	01.09.2016 20:54:...	01.09.2016 20:55:...	00-15-0C-8A-71-60	-93	
	Ver	RSNA-PSK	CCMP	802.11n	01.09.2016 20:54.	01.09.2016 20:55.	5C-49-79-CC-8A-E9	-91	v

5 Wireless Networks   NirSoft Freeware. http://www.nirsoft.net

Abb. 5.6 W-LAN-Router senden ihre MAC-Adresse mit und diese kann man scannen

wenn die sich die Position eines bereits bekannten W-LAN-Routers ändert (etwa durch Umzug) – irgendwann kommt eine Person mit Smartphone und angeschalteten W-LAN-Scanner/GPS vorbei und die Position kann in den Datenbanken der GeoLocation-Dienste korrigiert werden.

Erinnern Sie sich an den Skandal als Google vor einigen Jahren im Rahmen seines StreetView-Projekts „aus Versehen" W-LANs gescannt hatte? Eine Riesenaufregung, dass Google die per W-LAN ausgetauschten Informationen im Netzwerk protokolliert und private Daten ausspioniert! Google hat gleich eingelenkt, von einem Versehen gesprochen und versprochen die Daten zu löschen. Das war auch kein Opfer für Google – sie waren vermutlich sowieso nur an den MAC-Adressen und den Positionen der Router und gar nicht an den hin-und-her geschickten Daten interessiert. Die eventuell protokollierten Inhalte haben wie ein Scheinangriff die öffentliche Aufmerksamkeit abgelenkt und als Google da nachgegeben hat, war wieder alles gut. Die Öffentlichkeit war beruhigt und Google hatte die Position samt der MAC-Adresse der W-LAN-Router.

Hintergrundinformation
Selbst mobile Geräte ohne GPS sind in der Lage die MAC-Adressen und die aktuelle Position (mehr oder weniger genau durch die Funkzelle) an GeoLocation-Dienste zu senden.

5.3.1.4 RFID
Für die Ortsbestimmung in kleinen Abständen kann man auch die RFID-Technik (radio-frequency identification) verwenden. Ein passender Scanner kann mit Hilfe elektromagnetischer Wellen ein Gerät erkennen, wenn dieses einen RFID-Transponder besitzt. Ist die Position von dem Scanner bekannt, ist auch die von dem mobilen Gerät verfügbar.

5.3.1.5 Bluetooth
Kommt ein mobiles Gerät mit aktivierter Bluetooth-Kennung an einem Gerät mit Bluetooth vorbei, ist dessen Position natürlich auch ziemlich genau zu bestimmen.

5.3.1.6 IP-Adressen
Wenn all diese bisher genannten Quellen nicht verfügbar sind – selbst rein über IP-Nummern kann man Positionen bestimmen und das geht dann selbst für reine PCs, die ganz ohne W-LAN-Router etc. online gehen. Die Genauigkeit ist da in der Regel zwar recht gering, aber zumindest die Region lässt sich bestimmen. Und teils sogar mehr, wenn bestimmte Voraussetzungen gegeben sind.

Aber wie geht diese Ortsbestimmung mit IP-Nummern? Erst einmal glauben viele Laien, dass sie vollkommen anonym im Internet surfen, da sie ja von ihren Providern dynamische IP-Adressen zugeordnet bekommen. Das ist schon deswegen falsch, da – je nach aktueller Gesetzeslage – Provider die jeweilige Zuordnung einer IP-Adresse protokollieren und über längere Zeit speichern müssen. Und selbst bei dynamisch zugewiesenen IP-Adressen sollte man immer beachten, dass viele dynamisch vergebene IP-Nummern immer wieder gleich vergeben werden und wenn eine Position einmal bekannt ist, spricht viel dafür, dass die IP-Adresse wieder diese Position repräsentiert.

Ebenso wäre Anonymität nicht identisch mit fehlender Information über die Position. Denn die Positionen der Einwahlknoten ins Internet sind ja bekannt. Von daher kann man leicht die Region bestimmen, woher eine Anfrage kommt. In der Regel ist zumindest die Stadt oder der Landkreis bekannt, woher eine Anfrage kommt. Wenn man dann noch berücksichtigt, dass man Antwortzeiten zwischen dem Einwahlknoten und dem lokalen System messen kann, kann man die Entfernung zum Einwahlknoten recht genau schätzen.[3]

Damit ist zwar nicht die Richtung aus Sicht des Einwahlknotens bestimmt, aber sollte man nun noch auf dem Client gewisse Anweisungen ausführen können (etwa mit einem Skript oder aus einer Anwendung heraus), kann man mit verschiedenen Techniken dem Inhaber einer IP-Adresse doch viel näher kommen. Ein Skript kann etwa „nach Hause telefonieren" oder Testdaten an mehrere Stationen schicken, deren Position man kennt und dann über mathematische Verfahren wie Triangulation die genaue Position bestimmen.

Im Allgemeinen ist die Lokalisierung rein über die IP-Adresse jedoch recht ungenau und vor allen Dingen – und das ist wichtiger – für unsere Belange mit Apps und mobilen Geräten zu vernachlässigen.

5.3.1.7   Viel Auswahl

Es gibt also mehrere Varianten, wie automatisch ein Gerät bzw. Standort mehr oder weniger genau lokalisiert werden kann. Wenn Sie einmal als Beispiel das Rechtesystem unter Android betrachten kann man erkennen, dass der Zugriff einer App auf Standortdaten mit spezifischen Rechten eingefordert wird. Man unterscheidet hier etwa zwischen

* *ACCESS_COARSE_LOCATION* (grobe Standortbestimmung) und
* *ACCESS_FINE_LOCATION* (genaue Standortbestimmung),

die oben beschriebenen Techniken dann in dem mobilen Gerät nutzen.

Die **Coarse-Location** wird mittels Cell-ID (Positionsbestimmung über der Funkmasten für die mobile Telefonie) oder über W-LAN Access Points mit Standortdaten bestimmt. Das ist wie gesagt nur eine relativ ungenaue (Funkzellen) bzw. unzuverlässige (W-LAN) Bestimmung des Orts eines Geräts, die beispielsweise bei einer Navigation nicht genügt, aber beispielsweise zumindest interessante Orte in der Umgebung ermitteln

---

[3]Sie kennen vielleicht Tools wie ping oder traceroute/tracert.

oder lokalisierte Werbung zuordnen kann. Ebenso funktionieren diese Verfahren auch gut in geschlossenen Räumen.

Die **Fine-Location** nutzt explizit den Zugriff auf die GPS-Daten und somit auf sehr viel genauere Positionsbestimmung.

Hintergrundinformation
Viele Applikationen versuchen im Hintergrund automatisch das Verfahren zur Lokalisierung auszu-wählen, das die bestmöglichen Standortdaten liefert, wenn mehrere Möglichkeiten zur Verfügung stehen. Das gilt auch, wenn Sie Cordova für Ihre Apps einsetzen. Cordova nutzt in der Regel expli-zit alle verfügbaren und explizit freigegebenen Möglichkeiten, die ein mobiles Gerät bietet, um ein optimales Ergebnis zu erreichen. Das kann auch mehr als eine Zellortung, W-LAN- und GPS umfassen. Aber es kann immer auch vorkommen, dass gar keine der verfügbaren Möglichkeiten die Position wirklich liefert.

5.3.2   Das Objekt navigation.geolocation

Kommen wir nun konkret zu den neuen Möglichkeiten, die Ihnen mit dem Objekt *geolocation* zur Verfügung stehen. Das Objekt stellt Ihnen erst einmal drei Methoden zur Verfügung:

- *getCurrentPosition()*
- *watchPosition()*
- *clearWatch()*

An nur auszuwertenden Objekten stehen die folgenden bereit:

- *Position*
- *PositionError*
- *Coordinates*

▷   **Tipp** Bei mobilen Geräten ist die Unterstützung des Objekts *geolocation* zwar recht weit gediehen, aber zur Sicherheit kann man trotzdem per JavaScript diese Unterstützung abprüfen (bei Webseiten macht diese Prüfung sehr viel Sinn). Mit dem folgenden Codefragment können Sie eine Browserweiche auf-bauen, die im Fall fehlender Unterstützung eine entsprechende automatisierte Reaktion programmieren lässt:

```
if(navigator.geolocation) {
// Geolokalisierung vorhanden
} else {
// keine Geolokalisierung vorhanden
}
```

Die grundsätzlichen Bedeutungen der Objekte und Methoden erschließen sich aus den Bezeichnern:

- Das *Position*-Objekt enthält die aktuelle Position,
- *PositionError* im Problemfall eine Fehlermeldung und
- *Coordinates* sind die Koordinaten der aktuellen Position.
- Mit *getCurrentPosition()* ermitteln Sie die verschiedenen Angaben zur aktuellen Position,
- mit *watchPosition()* beobachten Sie die Veränderung dieser Werte und
- mit *clearWatch()* beenden Sie eine Beobachtung, wenn Sie diese über eine Variable verfolgen.

Die Details sind aber nicht so offensichtlich und bedürfen genauerer Erklärung. Besonders weil wir hier erstmals mit grundlegenden Verfahren konfrontiert werden, die im Cordova-API immer wieder Einsatz finden werden.

- Plugins hinzufügen
- Übergabe von Argumenten an Methoden

5.3.2.1 Das notwendige Plugin hinzufügen

Obwohl sich die Geolokalisierung vollständig mit dem reinen DOM-Objekt durchführen lässt, wird man in Cordova seit einigen Versionen des Frameworks ein zusätzliches Plugin hinzufügen. Dies erweitert einmal die Möglichkeiten des reinen DOM-Objekts, stellt aber auch insbesondere sicher, dass mehr Plattformen unterstützt werden als bei der Verwendung des nativen DOM-Objekts. Ebenso wird die Anwendung vereinheitlicht und es werden automatisch die notwendige Rechte vorkonfiguriert. Gerade der letzte Punkt erleichtert die Arbeit mit Cordova doch erheblich gegenüber der früher manuell notwendigen Konfiguration.

Da wir an der Stelle das erste Mal dazu kommen einer Cordova-App Plugins hinzuzufügen, soll das Verfahren ausführlich besprochen werden. Wir verwenden dazu zuerst die CLI.

Wir gehen also in die Konsole und erzeugen das Projekt *Position1* so:

```
cordova create Position1
```

Dann wechseln wir wie üblich in das Projektverzeichnis:

```
cd Position1
```

Nun werden die Plattformen hinzugefügt, die wir als Ziel haben wollen. Wie generell nehmen wir Android und Windows sowie dieses Mal auch den Browser:

```
cordova platform add android
cordova platform add windows
cordova platform add browser
```

Der nächste Schritt ist neu für uns – das Hinzufügen eines Plugins. Das geht grundsätzlich so:

```
cordova plugin add <Plugin>
```

Für die Cordova-Versionen 5+ geben Sie das ein:

```
cordova plugin add cordova-plugin-geolocation
```

Nun steht das Plugin zur Geolokalisierung in Ihrer App zur Verfügung (für alle Plattformen) und das Lokalisierungsobjekt steht nach dem Eintreten von dem *deviceready*-Ereignis zur Verfügung.

▶ **Tipp** Mit der Anweisung *cordova plugin rm <Plugin>* entfernen Sie ein Plugin wieder.

Bei älteren Versionen nutzt man die Anweisung:

```
cordova plugin add org.apache.cordova.geolocation
```

Aber wir werden uns in dem Buch an der neusten Syntax orientieren und in der Folge die alten Anweisungen nicht mehr erwähnen. Bei Bedarf finden Sie Informationen dazu in der Dokumentation von Cordova.

▶ **Tipp** In Visual Studio können Sie nachträglich recht bequem aus der IDE heraus ein Plugin in einem Cordova-Projekt mit dem Kontextmenü im Projektmappen-Explorer hinzufügen, sofern das in Visual Studio entsprechend konfiguriert ist. Allerdings werden Sie da auch die Konsole nicht ganz vermeiden. Klicken Sie mit der rechten Maustaste in das Projekt und wählen Sie aus dem Kontextmenü OPEN COMMAND LINE->DEFAULT(CMD) (Abb. 5.7). In der folgenden Konsole können Sie die CLI-Anweisung zum Hinzufügen des Plugins dann angeben und das Plugin wird in das Projekt implementiert.

Eine alternative, rein visuelle Möglichkeit in Visual Studio, die zudem noch immer verfügbar ist, führt über die Bearbeitung der Datei *config.xml*. Wenn Sie diese in Visual Studio öffnen, erhalten Sie einen visuellen Editor. In dem Bereich PLUGINS sehen Sie die verfügbaren Plugins und können diese einfach mit der Schaltfläche HINZUFÜGEN der App hinzufügen (Abb. 5.8). Die XML-Datei können Sie aber auch im Textmodus öffnen und direkt die XML-Elemente bearbeiten – das setzt allerdings entsprechendes Wissen voraus und ist nicht unkritisch, wenn man Fehler macht.

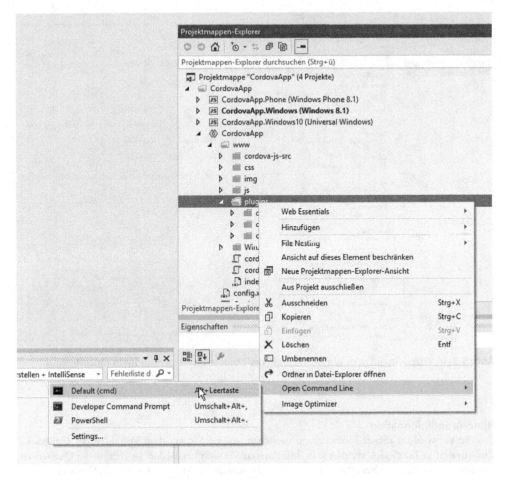

Abb. 5.7 In Visual Studio per Konsole ein Plugin hinzufügen

5.3.2.2 Die Argumente und Rückgabewerte der Methoden

Lassen wir das Projekt nun eine Weile ruhen und kommen wir nun zu den Parametern, die die Methoden besitzen. Die Methoden *getCurrentPosition()* und *watchPosition()* sind sowohl von den Daten, die Sie bereitstellen, als auch den Parametern identisch. Der Unterschied ist, dass bei der ersten Methode beim Aufruf die Daten einmal ermittelt werden und dann nicht mehr, während die zweite Methode sich in Intervallen bzw. auf Grund bestimmter Ereignisse aktualisiert und damit eine Veränderung der Position beobachtet werden kann.

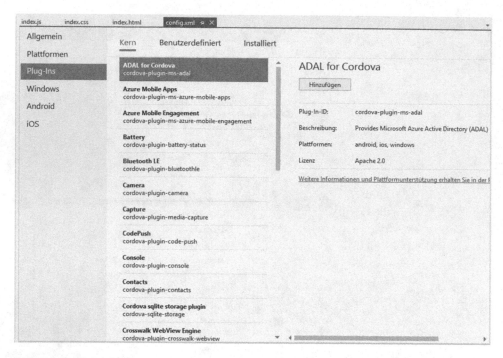

Abb. 5.8 In Visual Studio über die Bearbeitung der Datei confix.xml ein Plugin hinzufügen

Hintergrundinformation

Um die Verwendung dieser Methoden zu verstehen, sollten Sie mit dem Verfahren der **Callback-Funktionen** in JavaScript vertraut sein. Informieren Sie sich bei Bedarf in geeigneten Quellen zu JavaScript, denn dieses Verfahren wird sich durch sämtliche Anwendungen von Cordova durchziehen. Vereinfacht gesagt liefern diese eine Referenz auf die Funktionsimplementierung als Rückgabewert und können deshalb Variablen zugewiesen oder als Parameter bei Funktionen verwendet werden.

Bei beiden Methoden ist der erste Parameter eine Callback-Funktion, die automatisch im Erfolgsfall (die Position konnte bestimmt werden) aufgerufen wird. Der zweite Parameter ist ebenso eine Callback-Funktion, die jedoch im Fehlerfall (die Position konnte nicht bestimmt werden) aufgerufen wird.

Nachfolgend sehen Sie ein Schema für die Anwendung von *getCurrentPosition( )*:

```
navigator.geolocation.getCurrentPosition(success, error);
```

Die (im Grunde willkürlichen) Bezeichner der beiden Callbacks verweisen auf extern definierte Funktionen, in denen dann die konkrete Reaktion programmiert wird.

Statt Verweisen auf externe Funktionen kann man in den Callbacks von den Methoden des Cordova-APIs auch sehr gut mit anonymen Funktionen (also ohne Funktionsbezeichner) arbeiten. Hier wäre ein Beispiel für die Verwendung von anonymen Funktionen:

```
navigator.geolocation.getCurrentPosition(function(position){
...
}, function(error){
...
});
```

Gerade in Hinsicht auf die Kapselung von Strukturen ist das anonyme Verfahren auch sehr sinnvoll. Nur wenn die Funktionen zu groß werden, können anonyme Funktionen unübersichtlich werden.

Zusätzlich gibt es einen optionalen dritten Parameter, über den sich Optionen an die Methode übergeben lassen. Dazu kommt in der Praxis meist das JSON-Format (JavaScript Object Notation) zum Einsatz. Hier sehen Sie ein Beispiel für den Einsatz von dem dritten Parameter im JSON-Format in Verbindung mit der Methode *watchPosition()*:

```
navigator.geolocation.watchPosition(success, error,
    {
        maximumAge: 500, timeout: 1000, enableHighAccuracy: true
    }
);
```

Die Methode *clearWatch()* bekommt als Parameter eine Variable übergeben, in der ein Verweis auf die Beobachtung von *watchPosition()* gespeichert ist, denn diese Methoden kann einen solchen Verweis als Rückgabewert liefern. Das wäre ein schematisches Beispiel für den Einsatz von clearWatch():

```
var watchId = navigator.geolocation.watchPosition(success, error);
...
navigator.geolocation.clearWatch(watchId);
```

5.3.2.3 Die Standardparameter bzw. Objekte in den Callback-Funktionen

In den Callback-Funktionen selbst, die im Erfolgs- als auch Fehlerfall zurückgegeben werden, repräsentiert der erste Parameter immer ein read-only-Objekt mit einer vordefinierten Bedeutung. Diese Logik kennt man schon sehr lange[4] ähnlich aus dem Eventhandling unter JavaScript im Netscape-Ereignismodell.

---

[4]Im Grunde fast schon seit der Einführung von JavaScript durch Netscape.

Im Erfolgsfall steht das Objekt bei der Ortbestimmung über die Methoden *getCurrentPosition()* und *watchPosition()* für die Repräsentation der Position über ein *Position*-Objekt. Im Fehlerfall liegt ein *PositionError*-Objekt vor.

Wird der Callback für den Erfolgsfall aufgerufen, so enthält das Positionsobjekt wiederum eine Menge Geoattribute, wobei das Unterobjekt *coords* mit den Koordinaten wohl am interessantesten ist. In *coords* können Sie etwa auf *latitude* oder *longitude* für den Breiten- und Längengrad zugreifen.

Hintergrundinformation

Lassen Sie uns auf einen kleinen Exkurs zur Navigation mit Längen- und Breitengrade gehen, wobei wir hier natürlich nicht ins Detail gehen und auch etwas vereinfachen. Die Erde wird in der Navigation bekanntlich in Breiten- und Längengrade unterteilt. Der Schnittpunkt eines Längen- und eines Breitengrads ergibt eine geokodierte Position. Die Breiten- (**Latitude**) und Längengrade (**Longitude**) werden in Form von Gleitkommazahlen – meist mit einer Genauigkeit von sechs oder mehr Dezimalstellen – angegeben.

Die Angabe für die Länge basiert auf der Entfernung vom Ort Greenwich in England in Ost- oder Westrichtung, durch den der sogenannte **Nullmeridian** läuft. Das ist eine willkürlich festgelegte Nord-Süd-Linie, auf die man sich historisch auf Grund der früheren Bedeutung von Großbritannien als Berechnungsnullpunkt der Länge geeinigt hat. Ein Vollkreis ist nun in 360 Grad eingeteilt. Oder besser – 360 Grad bedeuten einen vollständigen Kreis. Die geographische Länge beschreibt nun in Grad die Position östlich oder westlich des Nullmeridians. Die geographische Länge ist also ein Winkel, der – ausgehend vom Nullmeridian – zwischen (0°) bis 180° in östlicher (+) und 180° in westlicher (–) Richtung angegeben wird. Statt des Vorzeichens gibt man auch in manchen Notationen E bzw. W an. Der Abstand zwischen zwei Längenkreisen ist je nach Breitengrad unterschiedlich und am Äquator am größten. Dort beträgt der Abstand 111,32 Kilometer. Multiplizieren Sie diesen Wert mit 360 (also die Anzahl der Grade für den vollständigen Kreis), erhalten Sie 40.075 Kilometer – den Umfang der Erde.

Breitengrade sind nun eine Angabe in Nord-Süd-Richtung. Sie können einen beliebigen Wert zwischen −90 und 90 annehmen mit dem Äquator als Nullpunkt.

5.3.2.4   Die notwendigen Rechte bei Geolocation

Wenn über einen Web-Browser im Rahmen einer geladenen Webseite eine Geolokalisierung vorgenommen werden soll, wird der Browser – falls die Sicherheitseinstellungen nicht unverantwortlich niedrig eingestellt werden – den Anwender vorher um Erlaubnis fragen (Abb. 5.9).

Im Fall von Apps wird zwar in der Regel nicht vor jedem Einsatz der Geolokalisierung die Erlaubnis eingeholt, aber bei der Installation des App werden Anwender davon in Kenntnis gesetzt. Und Sie müssen als Programmierer der App diese Permissions einfordern. Wie besprochen, wird das je nach Zielbetriebssystem unterschiedlich gehandhabt.

fvb2.vrwebservice.de möchte Ihre Positionsdaten verwenden. Zuerst müssen Sie jedoch Positionsdienste in den Einstellungen aktivieren.   Einstellungen öffnen   ✕

Abb. 5.9 Browser sollten vor der Geolokalisierung warnen und um Erlaubnis fragen

Unter Android müssen in der Datei *AndroidManifest.xml* müssen – je nach gewünschter Art der Lokalisierung (siehe oben) – folgende Elemente auftauchen:

```
<uses-permission android:name=
"android.permission.ACCESS_COARSE_LOCATION" />
<uses-permission android:name=
"android.permission.ACCESS_FINE_LOCATION" />
```

Für Windows gehören die folgenden Zeilen in die Datei *package.phone.appxmanifest*, *package.windows.appxmanifest* oder *package.windows10.appxmanifest*:

```
<Capabilities>
  <DeviceCapability Name="location" />
</Capabilities>
```

Analog verhält es sich mit weiteren Zielplattformen. Für die weiteren Zielsysteme finden Sie in der Dokumentation die relevanten Angaben.

▶ **Tipp** Wie etwas weiter oben schon angedeutet – in älteren Versionen von Cordova/PhoneGap musste man diese Konfigurationsdateien mit einem Editor manuell bearbeiten. Nun ist es aber das Schöne, dass mittlerweile die Installation von Plugins bereits die Rechte setzt. Ebenso werden sich auch die IDEs ggfls. darum kümmern, dass die Konfigurationsdateien automatisch geschrieben werden. Es wird also nur in Ausnahmefällen notwendig sein, dass Sie diese Stellen in den XML-Dateien ansehen oder gar von Hand bearbeiten.

5.3.3 Die aktuelle Position – ein konkretes Beispiel mit getCurrentPosition()

Vervollständigen wir nun unser Projekt *Position1*, in dem wir mit *getCurrentPosition()* alle verfügbaren Eigenschaften auswerten, die über das Positionsobjekt im Erfolgsfall zur Verfügung stehen. Dabei wird wie üblich vorausgesetzt, dass die wesentlichen Teile der HTML-Datei unseren Schablonen entsprechen. Diese Parts werden nicht mit abgedruckt. Ebenso sollten sich die referenzierten JavaScript- und CSS-Dateien natürlich an den Positionen befinden, die wir besprochen haben. Hier ist der interessante Part HTML-Datei:

```
<div class="app">
  <h1 class="ausrichtung rundeEcken">Ortsbestimmung
  <div id="karte"></div>
</div>
```

Im Grunde ist nur der DIV-Bereich interessant, in dem Positionsangaben angezeigt werden sollen. Hier ist die JavaScript-Datei, die das erledigt:

```
var app = {
  initialize: function() {
    this.bindEvents();
  },
  bindEvents: function() {
    document.addEventListener('deviceready', this.onDeviceReady,
false);
  },
  onDeviceReady: function() {
    app.receivedEvent('deviceready');
  },
  receivedEvent: function(id) {
    if (navigator.geolocation) {
      navigator.geolocation.getCurrentPosition(success, error);
    } else {
      document.getElementById('karte').innerHTML =
        "Geolocation ist nicht möglich";
    }
  }
};
function success(position) {
  document.getElementById('karte').innerHTML =
    "Das Objekt navigator.geolocation liefert:<hr />" +
    "Breitengrad: " + position.coords.latitude +
    "<br />L&auml;ngengrad: " + position.coords.longitude +
    '<br />&Uuml;bergangsh&ouml;he: ' + position.coords.altitude +
    '<br />' + 'Genauigkeit: ' + position.coords.accuracy +
    '<br />' + 'Genauigkeit &Uuml;bergangsh&ouml;he: ' +
      position.coords.altitudeAccuracy +
    '<br />' + 'Steuerkurs: ' + position.coords.heading + '<br />' +
    'Geschwindigkeit: ' + position.coords.speed + '<br />' +
    'Zeitstempel: ' + position.timestamp;
}
function error(msg) {
  document.getElementById('karte').innerHTML =
    "Fehler bei der Lokalisierung:<br /> " + msg;
}
app.initialize();
```

In dem JavaScript-Quellcode erzeugen wir ein Lokalisierungsobjekt mit den zwei Call-backs. Zur Absicherung nutzen wir eine Browserweiche, die auf die Verfügbarkeit von *navigator.geolocation* prüft.

In der Callback-Funktion für den Erfolgsfall verwenden wir die verschiedenen Informationen, die eine Lokalisierung liefern kann. Wie Sie aus den Beschreibungen bei der Ausgabe erkennen können, stehen Ihnen die folgenden Möglichkeiten zur Verfügung (Tab. 5.1):

▶ Wenn Sie diese App auf verschiedene Geräte installieren kann es sein, dass nicht alle Werte der Eigenschaften geliefert werden oder sich die Werte unterscheiden. Emulatoren liefern zum Teil gar keine Werte oder können die Geolokalisierung nicht durchführen (Abb. 5.10). Je nach Emulator kann man aber auch Dummywerte vorgeben (Abb. 5.11). Dann sind in dem Emulator auch entsprechende Ausgaben für die Geolokalisierung zu sehen (Abb. 5.12). Auch können sich je nach Hardware die Werte selbst etwas unterscheiden. Etwa in der Genauigkeit, aber auch in der Form selbst (etwa beim Zeitstempel). Richtig zuverlässig sind der Längen- und Breitengrad sowie der Zeitstempel und (meistens) die Geschwindigkeit.

Hintergrundinformation
An dieser Stelle ist ein kleiner Exkurs zu dem **Zeitstempel** sinnvoll, denn mit diesem werden wir in Cordova an den verschiedensten Stellen konfrontiert. Er kann die Basis für die unterschiedlichsten Anwendungen bieten. Der 01.01.1970, 0.00 Uhr ist der interne Zeitnullpunkt, der in JavaScript (als auch anderen Sprachen) als Speicherungs- und Berechnungsbasis für alle Operationen mit einem Datum dient. Die Einheit, in der in JavaScript intern Zeit verwaltet bzw. berechnet wird, ist die Millisekunde. Dementsprechend liefert ein Zeitstempel die Anzahl der Millisekunden seit diesem internen Zeitnullpunkt.

5.3.3.1 Ein paar Praxistipps zum Umgang mit Datum und Zeit
Die Anzahl der Millisekunden bei einem Zeitstempel ist sicher interessant um zu erkennen, in welcher Reihenfolge Ereignisse eingetreten sind. Auch ist es offensichtlich, dass man die Differenz zwischen Zeitstempeln bilden kann und damit den Abstand der Ereignisse

Tab. 5.1 Eigenschaften des Positionsobjekts

Beschreibung	Eigenschaft
Breitengrad	*coords.latitude*
Längengrad	*coords.longitude*
Übergangshöhe bzw. Höhe	*coords.altitude*
Genauigkeit	*coords.accuracy*
Genauigkeit der Übergangshöhe	*coords.altitudeAccuracy*
Steuerkurs	*coords.heading*
Geschwindigkeit (m/s)	*coords.speed*
Zeitstempel	*timestamp*

Abb. 5.10 Dieser Emulator
kann die Geolokalisierung
nicht durchführen

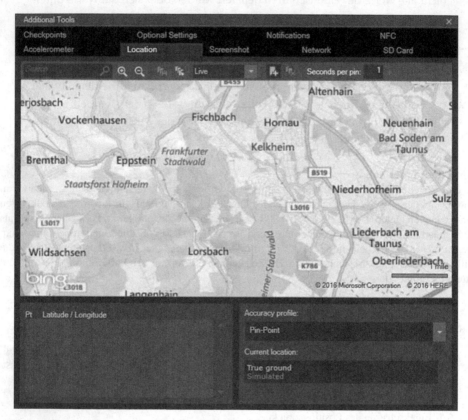

Abb. 5.11 Bei manchen Emulatoren kann man einen Dummywert für die Geolokalisierung
vorgeben

in Millisekunden erhält. Denn es sind ja nur Zahlen, mit denen man operiert. Aber diese
Anzahl der Millisekunden ist sehr unhandlich, wenn man in einer lesbaren und verständli-
chen Form eine Datums- oder Zeitinformation präsentieren will. Kein Anwender wird mit
der Angabe der Millisekunden etwas anfangen können, wenn Sie darüber den Zeitpunkt
eines Ereignisses oder auch die Zeitdifferenz von Ereignissen in der App anzeigen. Aber
hier können Sie mit JavaScript Abhilfe schaffen. Mit JavaScript können Sie Datumsob-
jekte als Instanz der Klasse *Date* erzeugen. Ein Objekt vom Typ *Date* stellt in JavaScript

Abb. 5.12 Geolokalisierung
mit einem passenden Emulator

für alle Berechnungen mit Datum und Zeit zahlreiche Funktionalitäten bereit. Zur Erzeugung einer Objektinstanz von Date stehen mehrere Möglichkeiten in Form verschiedener Konstruktoren zur Verfügung und im Zusammenhang mit dem Zeitstempel ist besonders wichtig, dass Sie bei einem der Konstruktoren die Millisekunden seit dem internen Nullpunkt als Parameter übergeben können:

```
[Objektname] = new Date(Millisekunden);
```

Da ein jedes Datum wie gesagt immer intern in einer ganzen Zahl verwaltet wird, können
Sie auch mit Datumsobjekten wie mit gewöhnlichen Zahlen rechnen. Also addieren, sub-
trahieren und – sofern es sinnvoll ist – auch multiplizieren oder dividieren. Die lose Typisierung von JavaScript mit ihren internen Typumwandlungen und Automatismen macht
es möglich. Und es gibt eben verschiedenen Methoden, um die Bestandteile von einem
Datum aus einem Datumsobjekt zu extrahieren – Tab. 5.2.

Tab. 5.2 Methoden eines Date-Objekts

Methoden	Beschreibung
getDate()	Der Monatstag des Objekts als Zahl, beispielsweise 3, wenn in dem Datumsobjekt der 03.12.2006, 23:59:00, gespeichert ist.
getDay()	Der Wochentag des Objekts als Zahl, beispielsweise 3, wenn in dem Datumsobjekt implizit ein Mittwoch gespeichert ist. Die mög-lichen Rückgabewerte sind 0 (Sonntag) bis 6 (Samstag).
getFullYear()	Die Abfrage von dem vollen Jahr.
getHours()	Die Stunden der im Objekt gespeicherten Uhrzeit.
getMilliseconds()	Die Abfrage der Millisekunden.
getMinutes()	Die Minuten der im Objekt gespeicherten Uhrzeit.
getMonth()	Der Monat des im Objekt gespeicherten Datums. Beachten Sie, dass Januar den Wert 0 (!) liefert und dementsprechend alle weite-ren Monate behandelt werden müssen (Dezember liefert 11). Ge-rade für die Darstellung in einem in Deutschland üblichen Format werden Sie für den Monat in der Regel den Wert 1 zum Rückgabe-wert der Methode addieren.
getSeconds()	Die Sekunden der im Objekt gespeicherten Uhrzeit.
getTime()	Die Methode gibt die Anzahl Millisekunden als Zahl zurück, die seit dem 01.01.1970, 0:00:00, bis zu dem im Objekt gespeicherten Zeitpunkt vergangen sind.
getTimeZoneoffset()	Die Methode gibt den Unterschied zwischen lokaler Zeit und Greenwich Mean Time (GMT) in Anzahl Minuten zurück.
getUTCDate()	Die Abfrage von dem Monatstag der UTC-Zeit. UTC (Universal Time Coordinated) ist die international koordinierte Weltzeit – die heute gültige Weltzeit.
getUTCFullYear()	Abfrage des vollen Jahres der UTC-Zeit.
getUTCHours()	Die Abfrage von dem Stundenteil der UTC-Uhrzeit.
getUTCMilliseconds()	Die Abfrage von der Millisekunden der UTC-Uhrzeit.
getUTCMinutes()	Abfrage der Minuten der UTC-Uhrzeit.
getUTCMonth()	Die Abfrage von dem Monat von UTC-Uhrzeit.
getUTCSeconds()	Die Abfrage der Sekunden in der UTC-Uhrzeit.

Tab. 5.2 (Fortsetzung)

Methoden	Beschreibung
getYear()	Das Jahr des im Objekt gespeicherten Datums. Dummer Weise wird das in einigen Browsern ab dem Jahr 1900 angegeben. Das bedeutet, im Jahr 1999 liefert die Methode 99 als Rückgabewert, im Jahr 2001 den Wert 101. Andere Browser liefern allerdings die tatsächliche Jahreszahl mit vier Stellen. Dies kann zu einigen Komplikationen führen, die programmtechnisch berücksichtigt werden müssen.
parse(Zeitpunkt)	Diese Methode ermittelt aus einer zu übergebenden Zeichenkette Zeitpunkt die Anzahl Millisekunden, die zwischen dem 01.01.1970 0:00:00, und dem übergebenen Zeitpunkt verstrichen sind. Die Zeichenkette Zeitpunkt muss dem IETF-Standard folgen. Beispiele: "Wed, 2Oct 1991 23:59:00 GMT", oder "Mon, 25Dec 1995 13:30:00 GMT+0430".
setDate(Tag)	Hiermit ändert man den in dem Objekt gespeicherten Monatstag auf den als Zahl zu übergebenden Monatstag.
setFullYear(Jahr)	Setzen eines vollen Jahres.
setHours(Stunden)	Veränderung der in dem Objekt gespeicherten Stunden der Uhrzeit auf die als Zahl zu übergebenden Stunden. Die übergebenen Werte können zwischen 0 und 23 liegen. Man kann auch größere Werte nehmen (was aber selten sinnvoll ist). In diesem Fall wird der Tag entsprechend erhöht.
SetMilliseconds(Milli-Sek)	Setzen der Millisekunden.
setMinutes(Min)	Ändert die in dem Objekt gespeicherten Minuten der Uhrzeit auf die als Zahl zu übergebende Minutenzahl. Werte zwischen 0 und 59 sind erlaubt. Man kann auch größere Werte nehmen (was aber selten sinnvoll ist). In diesem Fall wird die Stunde entsprechend erhöht.
setMonth(Monat)	Ändert den in dem Objekt gespeicherten Monat auf den als Zahl zu übergebenden Monat. Es sind Werte zwischen 0 und 11 als Übergabeparameter sinnvoll. Achtung – der Wert 0 steht für Januar. Aber auch größere Werte sind erlaubt. In diesem Fall wird das Jahr entsprechend erhöht. Das bedeutet, der Wert 12 steht für den Januar des Folgejahrs.
setSeconds(Sek)	Verändert die in dem Objekt gespeicherten Sekunden der Uhrzeit auf die als Zahl zu übergebenden Sekunden. Es gibt Übergabewerte zwischen 0 und 59. Man kann auch größere Werte nehmen (was aber selten sinnvoll ist). In diesem Fall werden die Minuten entsprechend erhöht.
setTime(Millisek)	Diese Methode ändert den kompletten Inhalt von dem Objekt auf einmal durch Übergeben einer Zahl. Diese Zahl stellt die Anzahl der Millisekunden seit dem 10.01.1970 – 0:00:00 Uhr dar.
setYear(Jahr)	Hier wird das in dem Objekt gespeicherte Jahr auf das als Zahl zu übergebende Jahr geändert.

5.3.4   Die Veränderung mit watchPosition() beobachten

Beachten Sie, dass in dem letzten Beispiel gewisse Werte – etwa für die Geschwindigkeit – wenig sinnvoll sind, da nur eine „Messung" vorgenommen wird. Erweitern wir
deshalb das Beispiel um die Methode *watchPosition()* und geben darüber die gleichen
Werte aus (*kap5/Position2*). Aber wir sollten uns dazu ein paar Gedanken um diese
Methode selbst machen. Allgemein überwacht diese Methode die Änderung einer Position. Es handelt sich dabei um eine asynchrone Funktion, die jedes Mal automatisch
eine neue Position über den Erfolgs-Callback liefert, wenn eine Positionsänderung
entdeckt wurde. Im Grunde müssten wir unseren JavaScript-Code von oben nur so
modifizieren:

```
if (navigator.geolocation) {
   navigator.geolocation.watchPosition(success, error);
}
```

Allerdings liegt hier der Hund in der Tatsache begraben, dass eben eine Positionsänderung
entdeckt werden muss, um die Methode aufzurufen. Und das kann recht ungenau sein.
Aber es gibt ja noch Optionen, die gerade bei dieser Methode als weiterer Parameter sehr
sinnvoll sind.

▶   **Tipp** Die Mobile-Emulatoren in Visual Studio können umfangreich konfigu-
    riert werden. Dazu klicken Sie in der Symbolleiste neben dem Emulator auf die
    Tools-Schaltfläche mit dem >>-Symbol ganz unten (Abb. 5.13). Auch die Werte
    für die Geolocation lassen sich im Register Location sehr genau und umfang-
    reich anpassen (Abb. 5.14).

    Ein besonders nettes Feature ist die Möglichkeit, dass Sie in den Emulato-
    ren sogar eine dynamische Veränderung der Position simulieren können. Dazu
    wählen Sie aus dem Listenfeld in der Mitte Route. Dann klicken Sie an verschie-
    dene Positionen in der Karte. Sie sehen, dass dazwischen eine Linie gezogen
    wird, die einen Weg beschreiben soll. Wenn Sie dann auf die Play-Schaltfläche
    ganz rechts in der Symbolleiste klicken (den Pfeil), dann wird die Route „abge-
    gangen" und Sie erkennen die Veränderungen in den überwachten Sensorwer-
    ten in Ihrer App. Dabei können Sie über Speed Limit auch einstellen, wie schnell
    die Veränderungen der Position sein sollen.

5.3.4.1   Die Optionen
Sowohl bei *getCurrentPosition()* als auch *watchPosition()* können Sie als dritten Parameter ein JSON-Objekt der folgenden Form angeben:

```
{ maximumAge: 500, timeout: 1000, enableHighAccuracy: true };
```

Abb. 5.13 Konfiguration des Emulators

- Dabei geben Sie mit *enableHighAccuracy* an, ob die App die bestmögliche Lokalisierung versuchen soll.
- Mit *maximumAge* geben Sie in Millisekunden an, wie alt eine gecachte Position maximal sein darf.
- Die *timeout*-Option gibt in Millisekunden an, wie lange maximal für den Aufruf der Callbacks gewartet werden darf, bevor ein Timeout-Fehler geliefert wird.

Um eine regelmäßige und sehr feingliedrige Überwachung der Position zu gewährleisten, können Sie also folgende Änderungen in der JavaScript-Datei notieren (die gecachte Information darf nicht zu alt sein):

```
if (navigator.geolocation) {
  navigator.geolocation.watchPosition(success, error,
    {maximumAge: 500, timeout: 1000, enableHighAccuracy: true});
}
```

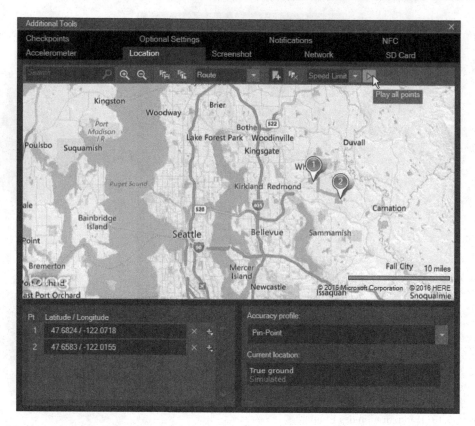

Abb. 5.14 Dynamische Simulation von Bewegung in dem Emulator

5.3.5   Die Beobachtung beenden

Wenn Sie die Beendigung der Beobachtung einer mit Position *watchPosition()* erlauben wollen, weisen Sie den Rückgabewert von *navigator.geolocation.watchPosition()* einer Variablen zu, die Sie dann *clearWatch()* als Parameter übergeben. Das wollen wir nicht mit einem Beispiel vertiefen, weil die Erweiterung trivial ist.

5.4   Ein Mashup mit Kartendiensten

Die reine Anzeige von irgendwelchen nummerischen Navigationswerten ist für einen typischen Anwender meist wenig nützlich. In dem folgenden Beispiel (*kap5/Position3*) wollen wir deshalb die ermittelte Position nutzen und dem Anwender eine Karte mit seiner Position anzeigen. Das nennt man dann ein Mashup.

▶ Ein **Mashup** (englisch für Verknüpfung) bedeutet die Erstellung neuer Medieninhalte durch die nahtlose Kombination bereits bestehender Inhalte.

Das geht recht einfach, wenn man auf die APIs von Kartendiensten wie Bing Maps oder Google Maps oder auch anderen Anbietern zurückgreift. Diese stellen im Rahmen vieler weiterer Web-APIs auch APIs für Karten zur Verfügung, die Sie im Rahmen von Webseiten als auch Web-Apps nutzen können (siehe dazu https://www.microsoft.com/maps/ oder https://developers.google.com/maps/).

▶ Beachten Sie aber, dass diese APIs, die wir im Buch verwenden, immer wieder umstrukturiert, bezüglich der Lizenzen umgestaltet und erweitert als auch gelegentlich umbenannt werden. Dazu gibt es auch bezüglich der konkreten Syntax immer wieder Änderungen. Sie sollten bei Problemen mit den folgenden Quellcodes immer die aktuelle Dokumentation von Microsoft, Google & Co heranziehen.

5.4.1 Karten von Google Maps nutzen

Für Android-Apps bietet es sich natürlich an, dass wir Karten über das Google Maps-API nutzen. Wobei diese Verwendung nicht auf Android beschränkt ist! Google Maps APIs sind für Android, iOS, Webbrowser und über HTTP-Webdienste erhältlich. Im Rahmen einer Cordova-APP sind dabei die dynamischen Web-APIs von hauptsächlichem Interesse (https://developers.google.com/maps/web/ – Abb. 5.15).

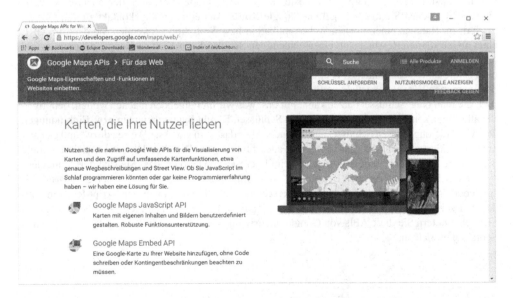

Abb. 5.15 Die Einstiegsseite, um die Google Maps APIs für das Web zu nutzen

▶   Die Verwendung des Google APIs (gerade in Verbindung mit Geolokalisierung)
    funktioniert nicht in allen Emulatoren oder Simulatoren. Gerade hier ist beim
    Testen die Verwendung von einer realen Hardware meist nicht zu umgehen.

    Ebenso sollten Sie beachten, dass man für den Zugriff auf das Google API
    natürlich auch online sein muss. Das kann man mit geeigneten Mitteln von
    Cordova überprüfen und bei einem Offline-Zustand Gegenmaßnahmen ergrei-
    fen, aber das werden wir an der Stelle noch nicht machen, um den Fokus nicht
    zu verlieren.

    Was Sie aber auch nicht ignorieren dürfen – der Zugriff auf die Geoloka-
    lisierung als auch die Objekte des Google APIs dürfen nicht zu früh erfol-
    gen. Wir haben einmal *deviceready*, womit wir die Geolokalisierung absi-
    chern. Aber damit ist nicht unbedingt auch sichergestellt, dass das Google
    API schon vollständig geladen wurde. Gerade bei langsamen mobilen Ver-
    bindungen kann das ein Problem sein. Hier kann es sinnvoll sein, dass Sie
    zusätzlich mit einem *onload*-Event und/oder gezielt gewählten Positionen
    der Skriptreferenzen arbeiten. Auch das Google API selbst besitzt ein *load*-
    Event, dass man gezielt verwenden kann.[5] In dem Kapitel werden wir diese
    ganzen erweiterten Sicherungsmaßnahmen erst einmal vernachlässigen,
    aber darauf zurückkommen.

Aber betrachten wir erst einmal die Hintergründe und Syntax von dem Google API, wobei
wir hier im Rahmen bleiben und natürlich nicht in die Detail gehen können bzw. wollen.

Hintergrundinformation
Für die vollständige Nutzung vieler Dienste und APIs von Google (als auch den anderen Service-
diensten) brauchen Sie in der Regel ein **Google Konto**. Bei einem Onlinekontakt zu den Google
Servern im Rahmen einer eigenen Web-Applikation bzw. Web-App verwenden Sie dann im URL
einer angeforderten Ressource oft einen eindeutigen Schlüssel, den Sie von Google bekommen und
der unmittelbar an Ihr Google Konto gekoppelt ist. Damit können etwa die Anzahl der Zugriffe auf
ein Feature eines bestimmten APIs umfangreicher sein und es gibt einige erweiterte Features, die in
der anonymen Verwendung nicht verfügbar sind. Denn es gibt auch einige Features mit dem Google
API, die man ohne Schlüssel nutzen kann. Für das, was wir im Folgenden machen wollen, benötigen
Sie allerdings kein Google-Konto und keinen Schlüssel. Es gibt Syntaxvarianten bzw. Einbindungen
des APIs, die ohne diesen Schlüssel auskommen. Aber das ist in gewisser Weise „dirty" und es kann
nicht garantiert werden, dass das in Zukunft auch funktioniert. Vor allen Dingen publiziert Google
diese Wege kaum noch, denn es ist natürlich im Interesse von Google, dass Sie sich dort anmelden.

Wir werden in den folgenden Beispielen sowohl mit als auch ohne einen solchen Schlüssel Beispielcodes sehen bzw. verwenden. Die Unterschiede werden sich nur in der Skript-Referenz auf
das API zeigen und von daher ist das auch irrelevant. In jedem Fall halte ich es für sinnvoll, dass
Sie sich – sofern Sie diese APIs von Google intensiv nutzen wollen – ein Google-Konto und einen
Schlüssel einrichten.

---

[5]Etwa so: *google.maps.event.addDomListener(window, 'load', onSuccess);*

Das Google Maps API ermöglicht Ihnen unter anderem rein mit JavaScript in Ihren eigenen Webseiten als auch Web-Apps Satellitenbilder und Landkarten bzw. Stadtpläne oder aber eine gemischte Darstellung von Karten und Satellitenbilder samt Beschreibungen und verschiedenen Steuerelementen einzubauen. Und diese Karten sind in der Regel dynamisch.[6] Der Anwender kann sie verschieben, vergrößern, verkleinern etc. Solche Karten, die das Google Maps API bereitstellt, werden in einem Bereich der Webseite in einem Gitter mit mehreren kleineren Einzelbildern und ergänzenden Zusatzinformationen zusammengesetzt, die aufgrund von Benutzeraktionen oder programmtechnischen Vorgaben vom Google-Server gesendet werden und von Ihnen mit JavaScript- und DHTML-Techniken in Ihre Seiten eingefügt werden können.

Um diese Kartendienste zu nutzen, brauchen Sie nur eine Skriptreferenz in Ihre Webseite (im Fall von Apps unsere *index.html*) einzubinden. Über diese externe Bibliothek haben Sie unter anderem Zugriff auf die gleichen Satellitenbilder und Karten, die auch von Google Maps oder Google Earth verwendet werden.

Aber wie gesagt im aktuellen Modell von Google ist die Verwendung von einem Schlüssel meist sinnvoll oder auch notwendig. Dazu gehen Sie so vor:

5.4.1.1   Die Google Maps Web Service APIs aktivieren

Legen Sie ein Google Konto an, wenn Sie das noch nicht getan haben. Sie melden sich dann über Ihren Webbrowser in der Google Developers Console an, wo Sie dann Folgendes tun müssen:

* Klicken Sie auf Schlüssel anfordern (Abb. 5.15).
* Wählen Sie ein vorhandenes Projekt aus oder erstellen Sie ein solches Projekt neu (Abb. 5.16).
* Sie wählen dann das gewünschte Projekt aus und aktivieren die Google Maps Web Service APIs (Abb. 5.17).
* Dann können Sie den zugehörigen Schlüssel erstellen, der Ihnen nach der Generierung in einem Mitteilungsfenster angezeigt wird (Abb. 5.18). Dieser Schlüssel kann dann in dem Code Ihrer Skriptreferenz verwendet werden.

So sieht diese Skriptreferenz dann aus:

```
<script src=
"https://maps.googleapis.com/maps/api/js?key=IHR_API_KEY&callback=ini-
tMap" type="text/javascript" async defer></script>
```

▶   Die Angabe *IHR_API_KEY* muss natürlich durch Ihren eigenen Schlüssel ersetzt werden.

---

[6]Es gibt auch ein statisches API, das gänzlich ohne JavaScript auskommt.

Abb. 5.16 Ein vorhandenes
Projekt auswählen oder neu
erstellen

Abb. 5.17 Das Dashboard

Abb. 5.18 Ein Schlüssel
wurde generiert

Alternativ funktioniert wie gesagt für einige Anwendungen des Google APIs auch die
Referenz auf das API ohne Schlüssel. Beachten Sie, dass im nachfolgenden Code sowohl
ein anderer URL als auch das reine http-Protokoll notiert wird. Aber um es noch einmal
zu betonen – die Variante ohne Schlüssel wird offiziell von Google nicht mehr empfohlen.
Wobei es interessanter Weise mit dieser Version der Einbindung des Google APIs nach
meiner Erfahrung in Emulatoren viel weniger Probleme gibt.

```
<script src="http://maps.google.com/maps/api/js"
type="text/javascript"></script>
```

Die Verwendung des APIs im Quelltext ist einfach und wird auf den Google-Seiten mit
leicht zu verstehenden Beispielen demonstriert, wobei Sie unbedingt aufpassen sollten,
welche Version des APIs Sie verwenden. Für viele Zwecke können Sie diese Beispiellis-
tings sogar einfach kopieren und immer wieder für Ihre Anwendungen anpassen.

5.4.1.2   Die Objekte des Google APIs
Die zentrale Basis ist immer ein Objekt vom Typ *google.maps.Map* zur Erzeugung von
einem Kartenobjekt (ab der Version 3 vom API – in älteren Versionen des APIs basierte
die Objekterzeugung auf anderen Klassen – etwa in der Version 2 auf der Klasse *GMap2*).
   Schauen wir uns vor weiteren Erklärungen ein vollständiges Beispiel an *Position3* an,
das Sie wie üblich anlegen und mit den gewünschten Plattformen sowie dem Plugin zur
Geolokalisierung erweitern.
   Die Modifikationen in der HTML-Seite sind auf den ersten Blick wieder trivial. Außer
dem Div-Container, in dem die Karte angezeigt werden soll, notieren Sie nur zusätzlich
die Referenz auf das Google API (vor den anderen Skriptreferenzen):

```
<h1 class="ausrichtung rundeEcken">Ortsbestimmung mit Karte</h1>
<div id="karte" style="width:200px;height:200px;"></div>
<script src=
"https://maps.googleapis.com/maps/api/js?key=IHR_API_KEY&
callback=initMap"
  async defer></script>
```

Aber die vorsichtige Formulierung hinsichtlich der Trivialität sollte Sie bereits gewarnt
haben. Schauen wir noch einmal genauer auf die HTML-Datei. Dabei wird Ihnen in dem

Code der Datei *index.html*, der von Cordova generiert wird, vielleicht eine Zeile mit einem *meta*-Tag auffallen:

```
<meta http-equiv="Content-Security-Policy" content="default-src 'self'
data: gap: https://ssl.gstatic.com 'unsafe-eval'; style-src 'self'
'unsafe-inline'; media-src *">
```

Damit wird reglementiert, ob und wie Code von fremden Servern nachgeladen werden kann. Und diese Reglementierung kann bei der Verwendung des Google APIs massive Probleme machen, wenn diese Regeln so etwas nicht gestatten. Der Hintergrund nennt sich **CSP**.

Hintergrundinformation

Mit **Content Security Policy** (CSP) bezeichnet man ein Sicherheitskonzept, um Cross-Site-Scripting und andere Angriffe durch Einschleusen von Daten in Webseiten zu verhindern. Es handelt sich um eine W3C-Empfehlung zur Verbesserung der Sicherheit von Webanwendungen. Um den Schutz vor solchen Problemen zu konfigurieren, verwendet man einen *meta*-Tag in der Webseite. Der offizielle Name des HTTP-Header-Felds ist Content-Security-Policy und den sehen Sie in besagtem Codeausschnitt.

Mit dem CSP-Konzept möchte man einem zentralen Problem des klassischen Sicherheitskonzepts bei Webseiten begegnen. Zwar erzwingen Browser beim Ausführen von JavaScript die Einhaltung der Same-Origin-Policy (SOP). Dies bedeutet, dass Code von einer Quelle nicht auf Inhalte einer anderen Quelle zugreifen darf. Aber dieses Konzept kann man durch dynamischen Code umgehen, bei dem dieser Code aus Sicht des Browsers aus der gleichen Quelle wie die angegriffene Webseite kommt. Die Content Security Policy erzwingt daher unter anderem eine strikte Trennung zwischen Inhaltsdaten im HTML-Code und externen Dateien mit JavaScript-Code. Insbesondere müssen JavaScript-Blöcke in externen Dateien aus einer vertrauenswürdigen Domäne kommen. Und da liegt bei der Verwendung des Google APIs der Hund begraben – diese Domäne ist erst einmal nicht vertrauenswürdig. Sie muss entweder einer sogenannten Whitelist des Cordova-Frameworks hinzugefügt werden. Oder aber Sie verzichten für das aktuelle Beispiel auf den oben obigen *meta*-Tag – was wir an der Stelle machen wollen, weil es einfacher ist und nicht zu weit vom eigentlichen Thema wegführt. Aber wir kommen auf die Whitelist zurück.

Interessant ist jetzt die JavaScript-Datei, in der wir sowohl die Lokalisierung mit *getCurrentPosition()* als auch die Anzeige der Karte vornehmen:

```
var app = {
...
};
function success(position) {
  document.getElementById('karte').style.width =
    (screen.width - 10) + "px";
  document.getElementById('karte').style.height =
    (screen.height - 100) + "px";
```

```
var latitude = position.coords.latitude;
var latitude = position.coords.latitude;
var longitude = position.coords.longitude;
var coords = new google.maps.LatLng(latitude, longitude);
map = new google.maps.Map(document.getElementById("karte"), {
   zoom : 15, center : coords, mapTypeControl : true,
   navigationControlOptions : {
    style : google.maps.NavigationControlStyle.SMALL
   },
   mapTypeId : google.maps.MapTypeId.ROADMAP
});
var marker = new google.maps.Marker({
   position : coords, map : map, title : "Ihre aktuelle Position!"
});
}
function error(msg) {
...
}
app.initialize();
```

Zuerst legen wir dynamisch die Größe von dem Anzeigebereich für die Karte fest. Dieser ist zwar in der HTML-Datei mit CSS vorformatiert, aber hier nehmen wir die aktuelle Größe des Bildschirms (DOM-Objekt *screen* und dessen Eigenschaft *width* und height) und passen den Bereich damit dynamisch an die Gegebenheiten auf dem konkreten Gerät an.

Die Geolokalisierung nehmen wir wie bekannt vor. Damit wir eine Karte bekommen, wird in der Folge ein Objekt vom Typ *google.maps.Map* erzeugt. Diese Klasse ist wie gesagt der Dreh- und Angelpunkt des gesamten Systems. Ein Objekt dieses Typs repräsentiert eine einzelne Karte in der Seite. Die Klasse stellt eine ganze Reihe an interessanten Eigenschaften, Methoden, Konstanten und Events bereit, die wie schon erwähnt hervorragend in der API-Referenz beschrieben sind. Sie können etwa überprüfen, ob eine Karte initialisiert und geladen wurde, die geographischen Koordinaten des Zentralpunktes der Karte setzen und abfragen oder den Zoomfaktor der Karte ermitteln oder setzen.

Für eine Karte muss man nun verschiedene Angaben spezifizieren, was ja das einfache Beispiel auch schon zeigt. Sie sind teils optional, teils zwingend. Etwa die Positionen, die wir aus der Geolokalisierung übernehmen und mit *new google.maps.LatLng(latitude, longitude);* in Form eines Koordinatenobjekts in den Optionen (in JSON-Notation) verwenden. Dort wird auch die Karte über *center* zentriert. Daneben sehen Sie die Zoomstufe. Das bezeichnet die Auflösung der aktuellen Ansicht. Dazu geben Sie Werte zwischen 0 (die niedrigste Zoomstufe) und 19 (Maximalwert, der aber nicht für alle Orte verfügbar ist) an.

Hintergrundinformation
Mittels des Google Maps JavaScript APIs können Sie mehrere Kartentypen verwenden und sogar dynamisch dazwischen umschalten. In der API wird ein Objekt *MapType* verwendet, das Informationen zu diesen Karten enthält. Es gibt hier eine Reihe an Basiskartentypen, die in Google Maps API verfügbar sind:

- *MapTypeId.ROADMAP* zeigt die Standardansicht von Straßenkarten.
- *MapTypeId.SATELLITE* zeigt Google Earth-Satellitenaufnahmen.
- *MapTypeId.HYBRID* ist eine Kombination aus normalen Ansichten und Satellitenaufnahmen.
- *MapTypeId.TERRAIN* zeigt eine physische Karte basierend auf Geländeinformationen.

Sie bearbeiten den von der Karte (Map) verwendeten Kartentyp, indem Sie ihre Eigenschaft *mapTypeId* definieren. Standardmäßig ist der Wert *MapTypeId.ROADMAP* gesetzt.

Eine wichtige Möglichkeit bei einer Karte ist die Verwendung von **Steuerelementen**, über die ein Anwender unter Anderem Kartenausschnitte verschieben und vergrößern bzw. verkleinern sowie den Typ der Karte auswählen kann. Dies wurde in alten Versionen vom Google API über die Methode *addControl()* erledigt, aber mittlerweile wird das meist alles deklarativ beim Initialisieren über die Optionen erledigt. Das sehen Sie an der Angabe *mapTypeControl : true* sowie der Festlegung der genauen Art des Steuerelements über *navigationControlOptions : {style : google.maps.NavigationControlStyle. SMALL}*. Mit *mapTypeId : google.maps.MapTypeId.ROADMAP}* spezifizieren Sie den Typ der Karte.

Eine interessante Möglichkeit zur Ergänzung von Zusatzinformationen in eine Karte sind **Overlays**. Dies sind Objekte auf der Karte, die an Längen- und Breitenangaben gekoppelt und damit beim Verschieben der Karte sich mit der Karte zusammen bewegen. Sie bleiben ebenso erhalten, wenn Sie den Typ der Karte verändern. Overlays werden oft nach deren Konstruktion zur Karte hinzugefügt und auch alle Overlays definieren ein Options-Objekt, das beim Konstruieren verwendet werden kann und mit dem Sie die Karte bezeichnen können, auf der die Overlays angezeigt werden sollen. Das Google Maps API stellt unter anderem sogenannte **Marker** zur Verfügung, den wir in dem Beispiel verwenden. Das sind Symbole in der Karte, die spezifische Punkte in einer Karte markieren. Ein Marker ist im Google Maps API der Version 3 vom Typ *google.maps.Marker*. Dessen Konstruktor verwendet ein Objektliteral mit den Optionen eines einzelnes Marker, das die anfänglichen Eigenschaften der Markierung angibt. Die Position ist bei der Konstruktion einer Markierung besonders wichtig und wird üblicherweise festgelegt. Wir markieren in dem Beispiel einfach das Zentrum der Karte, weil dies ja die Position des mobilen Geräts angibt (Abb. 5.19).

▶ **Tipp** Wenn Sie das Beispiel ohne Google-Schlüssel erstellen wollen, ersetzen Sie einfach die Skript-Referenz so:
<script src="http://maps.google.com/maps/api/js" type="text/javascript">
</script>

Abb. 5.19 Die Lokalisierung und Markierung einer Position in einer Karte in einem Windows-Emulator

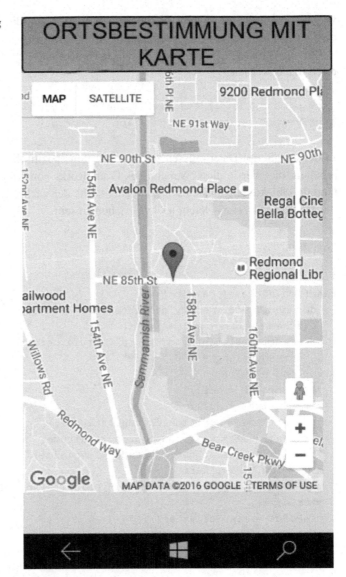

5.4.2   Karten von Bing Maps nutzen

Für Windows Phone-Apps bietet es natürlich an, dass wir Karten über das Bing Maps-API nutzen. Wobei auch hier diese Verwendung nicht auf Windows Phone beschränkt ist! Wir werden in der Folge zwar weiter der Google API verwenden, aber als Alternative zu der Verwendung des Google Maps API soll hier eine Anpassung an das Bing-API kurz betrachtet werden (*kap5/Position4*), wobei wir eine ältere Version des Frameworks verwenden, um keinen Schlüssel angeben zu müssen und die Modifikationen gegenüber dem letzten Beispiel möglich minimal bleiben.

Die eigentliche Webseite bleibt gleich, nur muss statt dem Google-API das Bing-API referenziert werden:

```
<script src="http://ecn.dev.virtualearth.net/mapcontrol/mapcontrol.
ashx?v=6.3" type="text/javascript"></script>
```

In der JavaScript-Datei müssen wir nun mit den spezifischen Objekten des Bing-APIs arbeiten, die aber in dieser Version des Frameworks von Bing im Wesentlichen wie die Google-Objekte aufgebaut sind. Von daher sollte der nachfolgende entscheidende Part – die Methode *success()*– leicht nachvollziehen zu sein.

```
var app = {
...
};
function success(position) {
   document.getElementById('karte').style.width =
     (screen.width - 10) + "px";
   document.getElementById('karte').style.height =
     (screen.height - 100) + "px";
   var map = null;
   var pinPoint = null;
   var pinPixel = null;
   var latitude = position.coords.latitude;
   var longitude = position.coords.longitude;
   var LA = new VELatLong(latitude, longitude);
   map = new VEMap('karte');
   map.LoadMap(LA, 15, VEMapStyle.Hybrid, false, VEMapMode.Mode2D,
     true, 1);
   pinPoint = map.GetCenter();
   pinPixel = map.LatLongToPixel(pinPoint);
   map.AddPushpin(pinPoint);
}
function error(msg) {
...
}
app.initialize();
```

Wenn diese App geladen wird, sehen Sie auch da die Position in der Karte mit einem Marker markiert (Abb. 5.20).

Abb. 5.20 Die Verwendung
des Bing-APIs im Emulator
mit Dummy-Koordinaten

5.5   Wie schnell bin ich? Eine Tachometer-App

Eine weitere interessante Anwendung der Geolokalisierung ist die Angabe der **Geschwin-**
digkeit, mit der sich ein mobiles Gerät bewegt (Abb. 5.21). Wir erstellen also eine Tachometer-App (*kap5/Speed1*). Mit GPS und der Geolokalisierung geht das ziemlich einfach
und genau. In der Regel viel genauer als der normale Tacho bei einem Auto, der die
Bewegung der Räder als Basis nimmt. Von daher kann die nachfolgende App als ziemlich

Abb. 5.21 Wenn sich ein Gerät bewegt, wird die Geschwindigkeit in Km/h angezeigt – hier in einem passend konfigurierten Ripple-Emulator

genauer Tacho für ein Fahrrad, Auto, Boot oder auch einen Fußgänger verwendet werden, wenn die Verdunkelung des Smartphones oder Tablets nicht zu kurz eingestellt und GPS aktiviert ist. Und natürlich muss das Smartphone geeignet befestigt sein, denn in der Hand zu halten ist ja im Auto verboten. Selbst für Ermittlung der Geschwindigkeit über Grund von Fluggeräten ist dieser Tacho geeignet. Wobei die Genauigkeit mit der Geschwindigkeit zunimmt, aber auch von diversen weiteren Randbedingungen abhängt (etwa der Empfindlichkeit des GPS-Sensors und natürlich auch den verfügbaren Satelliten).

Der Weg führt über die Eigenschaft *speed* des Positionierungsobjekts und den regelmäßigen Aufruf von *watchPosition()*. Damit erhalten Sie die aktuelle Geschwindigkeit in Metern pro Sekunde. Und diese Angabe kann ganz einfach in die üblichen Km/h umgerechnet werden, indem Sie den Wert mit 3,6 multiplizieren.

▶   Leider sind einige Probleme mit der zuverlässigen Auswertung der Eigenschaft *speed* unter einigen Plattformen und/oder der Chromium-Implementierung bekannt. Das reduziert die potentielle Anwendung in der Praxis bedauerlicher Weise. Aber grundsätzlich funktioniert der Zugriff.

In der HTML-Seite brauchen Sie lediglich einen Anzeigebereich für die Geschwindigkeit, dessen Schrift Sie groß genug wählen und optisch mit CSS etwas aufpeppen. Das sind die wesentlichen Teile der Datei *index.html*:

```html
<div class="app">
  <h1 class="ausrichtung rundeEcken">Ihre Geschwindigkeit</h1>
  <div id="tacho" class="schriftspeed vordergrundspeed hintergrund">
</div>
</div>
```

In JavaScript passiert das:

```javascript
var app = {
  initialize: function() {
    this.bindEvents();
  },
  bindEvents: function() {
    document.addEventListener('deviceready', this.onDeviceReady,
false);
  },
  onDeviceReady: function() {
    app.receivedEvent('deviceready');
  },
  receivedEvent: function(id) {
    document.getElementById("tacho").innerHTML = "0 km/h";
    if (navigator.geolocation) {
      navigator.geolocation.watchPosition(success, error,
        { maximumAge: 0, timeout: 200, enableHighAccuracy: true});
    } else {
      document.getElementById('tacho').innerHTML = "##";
    }
  }
};
function success(position) {
  if (!isNaN(position.coords.speed*1))
    document.getElementById("tacho").innerHTML =
      Math.floor(position.coords.speed * 3.6) + " km/h";
  else
    document.getElementById("tacho").innerHTML = "###";
}
function error(msg) {
  document.getElementById("tacho").innerHTML = "#";
}
app.initialize();
```

Der Div-Bereich zur Anzeige der Geschwindigkeit wird mit dem Wert *0 km/h* initialisiert und im Fehlerfall auf einen Wert mit dem #-Zeichen[7] gesetzt. Dann liegen keine Geschwindigkeitsinformationen vor und dann kann man entweder einen Fehler oder eben den Wert 0 anzeigen. Das ist sicher Geschmacksache, was sinnvoller ist. Die Berechnung der Km/h erfolgt mit *position.coords.speed * 3.6*, wobei der Wert mit *Math.floor()* auf eine ganze Zahl gerundet wird. Das ist bei einer Km/h-Angabe vernünftig. Nun sollten wir noch einen Blick auf die Optionen werfen, die bei *watchPosition()* angegeben werden. Die Zeit für den Timeout und das maximale Alter der Daten wird sehr kurz gewählt und die Genauigkeit der Lokalisierung möglichst genau. Das sehr sinnvoll, denn wir wollen sehr genau und vor allen Dingen sehr aktuell die Geschwindigkeit haben – sonst ist ein Tacho nicht vernünftig anzuwenden.

▶   **Tipp** Nun muss man zu einem Test der App entweder eine Hardware verwenden, die man bewegen kann, oder aber einen Emulator, der den Wert von *speed* vorgeben lässt. Hier bietet sich der Ripple-Emulator an, wie er in Visual Studio zum Testen von Android-App beigefügt ist. Dort kann man in der Kategorie Geo Location den Wert Speed setzen. Beachten Sie, dass dies die Angabe m/s ist und wir km/h in der App ausgeben (Abb. 5.21).

5.6   Ein grafischer Tacho mit HTML5-Canvas-Objekten

Wir wollen unsere Tachometer-App optisch noch ein bisschen aufpeppen (*kap5/Speed2*). Die Geschwindigkeit soll nicht nur als Zahl, sondern auch visuell angezeigt werden. Ein optisches Highlight von HTML5 ist sicher, dass Sie mit Hilfe von sogenannten Canvas-Objekten zeichnen können. Und in modernen Smartphones und Tablets können Sie diese Zeichnenbereiche nutzen. Mit Hilfe von Skripten (im Wesentlichen JavaScript) kann man da zweidimensionale (später sind dreidimensionale) Bilder als Pixelgrafiken zeichnen.

5.6.1   Das Canvas-Element

Als erstes müssen Sie ein Canvas-Objekt zur Verfügung haben. HTML5 stellt dazu den neuen Tag *<canvas>* zur Verfügung. Das ist im Grunde ein normales Blockelement, in dem man aber über die Methoden der Objektrepräsentation zeichnen kann. Obwohl man die Breite und Höhe von Blockelementen mittels CSS festlegen soll, gibt man bei Canvas-Elementen derzeit die Breite und Höhe zudem mit HTML-Attributen an. Dies sorgt aktuell für einen zuverlässigeren Aufbau in Browsern.

```
<canvas width="250" height="150"></canvas>
```

---

[7]Die unterschiedliche Anzahl der #-Zeichen soll die Art des Problems deutlich machen, ist aber willkürlich. Man kann natürlich hier auch ebenfalls 0 km/h hinschreiben.

5.6.1.1   Der Grafikkontext

Ein Canvas-Objekt stellt sogenannte Grafikkontexte zur Verfügung. Das sind erst einmal einfach die Bereiche, in denen man konkret zeichnen kann. Allerdings im Sinn der Objekt-orientierung mit implementierten Methoden. Im Konzept von HTML5 sind sowohl zwei-dimensionale als auch dreidimensionale Bereiche vorgesehen, wobei aktuell nur die zwei-dimensionalen Bereiche richtig unterstützt werden. Der Bereich zum Zeichnen ist nach der Initialisierung erst einmal leer.

Der Zugriff auf den Grafikkontext erfolgt über ein Canvas-Objekt und dessen Methode *getContext()*. Als Parameter geben Sie die Art des Grafikkontextes an (zweidimensional oder dreidimensional). Derzeit macht nur *"2d"* Sinn. Etwa so:

```
var zb = document.getElementById('b').getContext('2d');
```

5.6.1.2   Das Koordinatensystem und das Gitter

Grundlage jeder grafischen Ausgabe in einem Canvas-Bereich ist ein Koordinatensystem, in dem mit zwei Werten ein Tupel spezifiziert werden kann, an dem eine bestimmte Ausgabe erfolgen soll, und ein unsichtbares überlagertes Gitter (Grid), das den Bereich in Einheiten skaliert und das man als Grafikkontext selektiert. In dem Koordinatensystem lässt sich durch die Angabe von zwei Werten, die vom Ursprung des Koordinatensystems ausgehen, ein beliebiger Punkt in dem Koordinatensystem eindeutig festlegen. Dies sind ein x-Wert und ein y-Wert, wie man es meist aus dem Mathematikunterricht in der Schule kennt. Die Maßeinheit ergibt sich aus dem Grid, wobei normalerweise eine Einheit im Grid mit einem Pixel im Canvas-Element korrespondiert. Die obere linke Ecke des Canvas-Bereichs wird in der Grundeinstellung mit (0, 0) – also dem Koordinatensystemursprung – abgebildet. Dabei ist der x-Wert die Anzahl der Bildschirm-Pixel von links ausgehend, also in der Waa-gerechten, und y ist die Zahl der Pixel, von oben angefangen, also in der Senkrechten. Das Koordinaten-Tupel (4, 10) beschreibt z. B. einen Punkt, der 4 Pixel vom linken Rand des Canvas-Bereichs und 10 Pixel vom oberen Rand des Canvas-Bereichs entfernt ist.

Die Möglichkeiten zum Zeichnen über Canvas-Objekte
Ein Objekt vom Typ *Canvas* verfügt über den Grafikkontext über verschiedene Arten von Methoden zum Zeichnen von Grafiken. Wir werden für unser Beispiel die nun folgenden verwenden:

* Die Methode *fillRect(x,y,breite,height)* zeichnet ein gefülltes Rechteck. Die ersten beiden Parameter sind jeweils die X- und Y-Koordinate von der linken oberen Ecke des Bereichs (relativ zum Ursprung) und die anderen beiden die Breite und Höhe des Bereichs.
* Die Methode *clearRect(x,y,breite,height)* dient zum Leeren eines Bereichs und macht ihn zusätzlich transparent. Das benötigen wir, da in Canvas-Bereichen eine einmal dort gezeichnete Form erhalten bleibt, wenn sie nicht verdeckt wird – auch wenn Sie eine neue Form in dem Canvas-Bereich erzeugen. Wenn Sie immer einen leeren Bereich

zum Zeichnen einer neuen Form benötigen, müssen Sie sich selbst darum kümmern, dass der Canvas-Bereich beim Zeichnen der neuen Form leer ist.
* Die Methode *fillText( )*gibt den Text, der als erster Parameter angegeben wird, aus. Der zweite und dritte Parameter gibt die Koordinaten des linken Eckpunkts der Basislinie von dem Text an.

Zusätzlich benötigen wir noch zwei Eigenschaften:

* Mit der Eigenschaft *font* geben Sie die Details zur Schrift (Schriftgrad und Schriftart) an.
* Mit *fillStyle* geben wir die Farbe der nachfolgenden Ausgabeaktion an.

Kommen wir zu den konkreten Quellcodes. Da diese Beispiel den Abschluss dieses Parts und in gewisser Weise das Highlight bildet, sollen hier als eine Art Zusammenfassung alle beteiligten Quellcodes (nur die Web-Codes) mit den relevanten Parts gezeigt werden. Auch die CSS-Datei dieses Mal aufgeführt. Vor allen Dingen deshalb, damit Sie das Layout der App nachvollziehen können. Sie sehen diverse Klassen und Ids sowie typische CSS-Formatierungen, die nicht weiter besprochen werden.

```
* {
  background: #CCCCCC;
  background-image: -moz-linear-gradient(top left, #ccc 25%, #000
    75%);
  background-image: -webkit-linear-gradient(top left, #ccc 25%, #000
    75%);
  background-image: linear-gradient(top left, #ccc 25%, #000 75%);
}
.rundeEcken {
  -moz-border-radius: 4px; -webkit-border-radius: 4px;
  border-radius: 4px; border-style: solid; border-width: 1pt;
}
.hintergrund {
  background: #000000;
}
.vordergrund {
  color: green;
}
.schriftgroes {
  font-size: 60px;
}
.schriftspeed {
  font-size: 80px;
}
.vordergrundspeed {
```

```
  color: yellow;
}
.ausrichtung {
  text-align: center;
}
.ausrichtung2 {
  padding-top: 20px; padding-bottom: 20px;
}
#digitacho {
  display: block; margin-left: auto; margin-right: auto;
  width: 320px; height: 100px;
}
```

Die entscheidenden Stellen in der HTML-Datei:

```
<h1 class="schriftgross ausrichtung rundeEcken">Speed</h1>
<div class=
  "schriftgross ausrichtung vordergrund rundeEcken">Km/h</div>
<div id="tacho" class=
  "schriftspeed hintergrund vordergrundspeed rundeEcken
ausrichtung"></div>
<div class="ausrichtung2">
  <canvas id="digitacho" width="320" height="100"></canvas>
</div>
```

Und natürlich ist die JavaScript-Datei der Teil, wo es am Interessantesten ist.

```
var app = {
…
};
function success(position) {
    var speed = Math.floor(position.coords.speed * 3.6);
    if (speed > 270)
     speed = 270;
    document.getElementById("tacho").innerHTML = speed + "km/h";
    zb = document.getElementById("digitacho").getContext('2d');
    zb.font = "18px Arial";
    zb.fillStyle = "red";
    zb.fillText("0", 20, 0);
    zb.fillText("0", 0, 20);
    zb.fillText("50", 50, 20);
    zb.fillText("100", 100, 20);
    zb.fillText("150", 150, 20);
    zb.fillText("200", 200, 20);
```

```
    zb.fillText("250", 250, 20);
    zb.fillText("|", 0, 40);
    zb.fillText("|", 50, 40);
    zb.fillText("|", 100, 40);
    zb.fillText("|", 150, 40);
    zb.fillText("|", 200, 40);
    zb.fillText("|", 250, 40);
    zb.clearRect(0, 45, 270, 55);
    if(speed>249) zb.fillStyle = "red";
    else zb.fillStyle = "green";
    zb.fillRect(0, 45, speed, 55);
}
function error(msg) {
  document.getElementById("tacho").innerHTML = "#";
}
app.initialize();
```

Die Geschwindigkeit wird wie im letzten Beispiel bestimmt, wobei wir sie dieses Mal einer Variablen *speed* zuweisen. Beachten Sie, dass wir eine Art „Geschwindigkeitsbegrenzer" bei 270 Km/h eingebaut haben. Damit kann man verhindern, dass der Balken, der die Geschwindigkeit anzeigen soll, über den Rand des Anzeigebereichs hinausgeht. In dem Fall wird die Geschwindigkeitsanzeige auf 270 Km/h begrenzt und der Balken zur Anzeige der Geschwindigkeit wechselt von der Farbe Grün auf die Farbe Rot (Abb. 5.22).

In der Methode sehen Sie die oben besprochenen Methoden zum Zeichnen auf einem Canvas-Bereich. Je nach Geschwindigkeit wird ein Balken in X-Richtung gezeichnet, der von 0 bis eben der Geschwindigkeit reicht (Abb. 5.23).

Damit der Zeichnenbereich bei jeder „Messung" bzw. Ausgabe leer ist (das ist dann notwendig, wenn die Geschwindigkeit abnimmt), wird immer der gesamte Bereich für den Balken mit *clearRect()* gelöscht. Mit der Methode zum Schreiben von Text notieren wir an den passenden Stellen Zahlen und Querstriche, um die Anzeige besser lesbar zu machen.

5.7   Wo geht es lang? Der Kompass

Eng verwandt mit der Geolokalisierung ist die Bestimmung der **Himmelsrichtung**. Manche mobile Geräte stellen einen Sensor bereit, der diese bestimmen kann. Und Cordova besitzt im API Zugang zu einem Objekt *navigator.compass* mit den Methoden *getCurrentHeading()*, *watchHeading()* und *clearWatch()*. Wie Sie sehen, greifen wir auch hier auf eine Erweiterung des DOM-Objekts *navigator* zu, die allerdings hier vom Cordova-Framework bereitgestellt wird und nicht zum normalen DOM gehört. Auch für den

Abb. 5.22 Die Geschwindigkeitsbegrenzung greift

Zugriff auf Kompasssensoren muss man gewisse Rechte und Voraussetzungen auf dem mobilen Gerät fordern. Man muss deshalb die Unterstützung als Plugin (*cordova-plugin-device-orientation*) hinzufügen, womit auch gleichzeitig die Rechtefrage erledigt wird. Mit der CLI geht das so:

```
cordova plugin add cordova-plugin-device-orientation
```

Der Umgang mit dem *compass*-Objekt und dessen Methoden hat jedoch extrem große Ähnlichkeit zur Situation bei der Geolocation. Auch die Argumente der Methoden zur Richtungsbestimmung mit den beiden Callbacks für den Erfolgs- und Fehlerfall sowie die möglichen Optionen als JSON-Objekt sind so gut wie identisch. Und die automatisch bei einer Änderung des Kompass aufgerufene Methode *watchHeading()* liefert als Rückgabewert einen Zeiger, den man in einer Variablen speichern und *clearWatch()* übergeben kann, um eine Beobachtung zu beenden.

Abb. 5.23 Die Geschwindigkeit wird angezeigt

Hintergrundinformation

Der Umgang mit ähnlichen Situationen wird im Cordova-Framework meines Erachtens sehr intelligent und konsistent gehandhabt. Es wird darauf geachtet, dass sich bei ähnlichen Vorgängen die Anwendung der Methoden (als auch der Bezeichner) stark gleicht und man sich streng an den nativen DOM-Vorgängen orientiert, wenn solche vergleichbar bzw. verfügbar sind.

Das *compass*-Objekt repräsentiert einen Sensor, der die Ausrichtung von dem Kopfteil eines mobilen Geräts bestimmt. Mit den Methoden *getCurrentHeading()* und *watchHeading()* erhalten Sie eine Gradangabe zwischen 0 und 359.99.

▶   **Tipp** Bei *navigator.geolocation* steht Ihnen ebenfalls eine *heading*-Eigenschaft
        zur Verfügung.

Der Wert 0 steht dabei für Nord, 90 für Ost, 180 für Süd und 270 für West. Vollkommen analog der Verwendung von *watchPosition()* können Sie mit *watchHeading()* eine Änderung der Ausrichtung des mobilen Geräts beobachten.

▶   Auch bei diversen modernen Smartphone ist die Unterstützung für den Zugriff
auf den Kompass nur eingeschränkt vorhanden. Teilweise geht auch eine einmalige Bestimmung, aber die Beobachtung mehrerer Werte funktioniert nicht.
Wie bei der Geolokalisierung kann man nun auf die Idee kommen, mit dem
folgenden Codefragment eine Browserweiche aufbauen, die im Fall fehlender
Unterstützung eine entsprechende automatisierte Reaktion programmieren
lässt:

```
if(navigator.compass) {
...
} else {
...
}
```

Ich rate davon aber ab, denn dieses Konstrukt funktioniert nach meinen Erfahrungen in
einigen Geräten nicht. Das ist zwar meines Erachtens nicht logisch, aber die Praxis bei
Web-Programmierung (und das machen wir ja im Grunde hier auch) lehrt, dass man mit
Logik oft nicht weiterkommt. Es bleibt im Grunde nur der explizite Test, wo das Feature
geht und wo nicht.

5.7.1   Die möglichen Optionen

Die möglichen Optionen beim Aufruf der Methoden *getCurrentHeading()* und
watchHeading() entsprechen in den Anforderungen in etwa denen, die Sie aus der Geolokalisierung kennen. Wobei natürlich etwas andere Voraussetzungen gegeben sind. Allerdings
ist *frequency* wieder die Angabe in Millisekunden, in welchem Intervall eine Kompassin-
formation ausgelesen werden soll (Default: 100). Die Option *filter* (die nicht überall unterstützt wird) gibt einen Änderungswinkel des Kopfteils an, bei dem ein *watchHeading()*-
Callback ausgelöst wird.

5.7.2   Die Eigenschaften

In dem Objekt, das defaultmäßig als erster Parameter in der Callback-Funktion des Erfolgs-
falls zur Verfügung steht, stehen wieder gewisse Eigenschaften zur Verfügung, die sich aus
den Bedingungen ergeben, die man bei der Bestimmung der Himmelsrichtung hat. So gibt
es ja einen magnetischen und einen geographischen Nordpol. Beide sind nicht identisch.

• Mit *magneticHeading* erhält man die Grade in Richtung des magnetischen Nordpols,
während *trueHeading* sich auf den geographischen (wirklichen) Nordpol bezieht. Ein
negativer Wert der Eigenschaft bedeutet, dass der Nordpol nicht bestimmt werden kann.

- Mit *headingAccuracy* erhalten Sie den Winkel zwischen dem magnetischen und dem geografischen Nordpol. Dieser Wert ist abhängig von der tatsächlichen Position auf der Erde.
- Mit *timestamp* erhalten Sie wie üblich einen Zeitstempel in Millisekunden.

5.7.3   Ein vollständiges Kompassbeispiel

Erstellen wir eine App, die die Himmelsrichtung in Grad angibt, in die der Kopf eines mobilen Geräts zeigt (*kap5/Kompass1*). Die laufende Beobachtung von Änderungen der Ausrichtung des Smartphones soll mit einer Schaltfläche gestartet und mit einer anderen beendet werden können. Das ist der zentrale Part des Bodys:

```
<h1 class="schriftgross ausrichtung rundeEcken">Himmelsrichtung in
Grad</h1>
<button id="start" class="btn ausrichtung rundeEcken">Beobachten
</button>
<button id="ende" class="btn ausrichtung rundeEcken">Ende</button>
<div id="kompass" class="schriftspeed hintergrund vordergrundspeed
rundeEcken ausrichtung">###</div>
```

Für die Optik kommt wieder CSS zum Einsatz, das der Vollständigkeit halber hier angegeben werden soll:

```
* {
  background:#CCCCCC;
  background-image: -moz-linear-gradient(top left, #ccc 5%, yellow
     95%);
  background-image: -webkit-linear-gradient(top left, #ccc 5%, yellow
     95%);
  background-image: linear-gradient(top left, #ccc 5%, yellow 95%);
}
.rundeEcken {
  -moz-border-radius: 4px; -webkit-border-radius: 4px; border-radius:
4px;
  border-style: solid; border-width: 1pt;
}
.hintergrund {
  background:#000000;
}
.vordergrund{
  color: green;
}
```

```
.schriftgroes{
  font-size: 60px;
}
.schriftspeed{
  font-size: 120px;
}
.vordergrundspeed{
  color: yellow;
}
.ausrichtung{
  text-align: center;
}
.btn {
  margin:5px; padding:5px; min-width:100px; background:#b6ff00;
}
```

Die eigentlich spannende Stelle ist wie üblich die JavaScript-Datei:

```
var watchID = null;
(function () {
  "use strict";
  document.addEventListener('deviceready', onDeviceReady.bind(this),
    false);
  document.getElementById("ende").addEventListener('click', function
    () {
    if (watchID) {
      navigator.compass.clearWatch(watchID);
      watchID = null;
      document.getElementById("kompass").innerHTML = "###";
    }
  }, false);
  document.getElementById("start").addEventListener('click', function
    () {
    watchID = navigator.compass.watchHeading(success, error, {
      frequency: 3000
});
  }, false);
  function onDeviceReady() {
    navigator.compass.getCurrentHeading(success, error);
  };
  function success(heading) {
    document.getElementById('kompass').innerHTML =
      Math.floor(heading.magneticHeading);
  }
  function error(compassError) {
```

```
      document.getElementById('kompass').innerHTML = ('Fehler: '
          + compassError.code);
   }
})();
```

In der JavaScript-Datei wird einer Schaltfläche der Aufruf von *navigator.compass.watch-Heading()* und der anderen von *navigator.compass.clearWatch()* zugeordnet. Die Beobachtung wird alle drei Sekunden aktualisiert – sofern das Gerät dies unterstützt! Beim Laden der Seite wird *navigator.compass.getCurrentHeading()* ausgeführt und damit mindestens einmal die Ausrichtung ermittelt. Im Erfolgsfall sehen Sie die gerundeten Grad, in dem der magnetische Nordpol zu finden ist (Abb. 5.24).

5.7.4 Ein Kompassbeispiel unter Verwendung von HTML5-Canvas-Objekten

Gestalten wir auch unseren Kompass optisch wieder etwas interessanter (*kap5/Kompass2*). Dazu greifen wir wieder auf Canvas-Elemente und deren Methoden zurück. Interessant ist

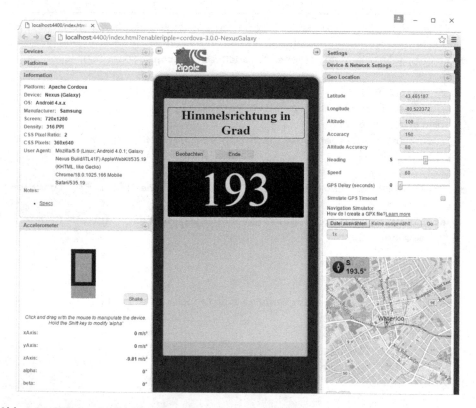

Abb. 5.24 Die Angabe der Himmelsrichtung bei einem Emulator

Abb. 5.25 Die Kompassrose zeigt zusätzlich zu den Gradangaben die Richtung an

hier die Methode *drawImage()*. Damit können Sie ein Bild zeichnen. Etwa eine Kompass-rose, die die Himmelsrichtung angibt (Abb. 5.25). Diese zeigt in der Originalgrafik Nord wie üblich oben an.

Natürlich könnten wir auch mit HTML über den *img*-Tag oder mit reinem JavaScript ein Bild in der HTML-Seite anzeigen, aber wir wollen das Bild geschickt animieren und die Rose immer so drehen, dass sie auch wirklich die Himmelsrichtung anzeigt. Und dazu werden wir die Canvas-Methoden *translate()* zum Verschieben und *rotate()* zum Rotieren verwenden.

Nun müssen Sie allerdings aufpassen, dass die beiden letztgenannten Methoden den gesamten Grafikkontext verschieben bzw. rotieren und nicht nur ein Objekt darauf. Das macht den Umgang in Kombination etwas schwierig, denn auch die Rotation betrifft immer den gesamten Grafikkontext um den Ursprung. Und dieser wird mit *translate()* verschoben. Ebenso sollten Sie beachten, dass die Winkelangaben bei der Rotation als Bogenmaß (Radian) und nicht Grad angegeben werden. Dahingegen erhalten wir vom *compass*-Objekt ja Gradangaben und diese müssen umgerechnet werden. Aber das ist nicht schwer. Die Umrechnung zwischen Grad und Bogenmaß geht so (bereits mit Java-Script-Syntax notiert, aber das ist die allgemeine Formel):

▶ var bogenmass = (Math.PI/180)*grad;

So sieht unsere HTML-Seite im Body aus:

```
<h1 class="schriftgross ausrichtung rundeEcken">Himmelsrichtung</h1>
<div id="kompass" class="schriftspeed hintergrund vordergrundspeed
rundeEcken ausrichtung">###</div>
<div class="ausrichtung2">
  <canvas id="rose" width="250" height="250"></canvas>
</div>
```

Das ist eigentlich nur eine Kombination der letzten beiden Beispiele. Interessant wird wieder die JavaScript-Datei.

```
var zb = null;
var img = null;
var winkelalt = 0;
(function () {
  "use strict";
  img = new Image();
  img.src = 'images/kompass.png';
  zb = document.getElementById("rose").getContext('2d');
  zb.translate(125, 125);
  document.addEventListener('deviceready', onDeviceReady.bind(this),
    false);
  function onDeviceReady() {
    navigator.compass.watchHeading(success, error, {
      frequency: 1000
    });
  };
  function success(heading) {
    var winkel = Math.floor(heading.magneticHeading);
    document.getElementById('kompass').innerHTML = winkel;
    zb.translate(-125, -125);
    zb.clearRect(0, 0, 500, 500);
    zb.translate(125, 125);
    zb.rotate((winkelalt - winkel) * Math.PI / 180);
    winkelalt = winkel;
    zb.drawImage(img, -125, -125);
  }
  function error(compassError) {
    document.getElementById('kompass').innerHTML = ('Fehler: '
```

```
      + compassError.code);
  }
})();
```

Wir merken uns in dem Beispiel mit der Variable *winkelalt* den Winkel, in den der Kopf von dem Smartphone beim Aufruf der Methode *watchHeading()* zeigt und vergleichen diesen Wert mit dem Winkel beim nächsten Aufruf. Daraus können wir die Drehung der Kompassrose berechnen.

Diese liegt als Bild vor, das als JavaScript-Objekt geladen wird (*img = new Image();* und *img.src = 'images/kompass.png';*).

Wir arbeiten in dem Beispiel mit einem Canvas-Bereich, der 250 Pixel hoch als auch breit ist. Auch die Grafik der Kompassrose hat die Ausmaße 250 × 250 Pixel. Mit *zb.translate(125, 125);* verschieben wir den Grafikkontext genau in die Mitte von diesem Bereich.

Nun bestimmen wir wieder bei jedem Aufruf von *watchHeading()* den Winkel zum magnetischen Nordpol und speichern diesen in einer Variable *winkel*. Der Wert wird dann wie im letzten Beispiel angezeigt.

Mit *zb.translate(-125, -125);* und *zb.clearRect(0, 0, 500, 500);* löschen wir den gesamten Canvas-Bereich. Das erscheint vielleicht etwas umständlich. Ihnen sollte aber auffallen, dass der Bereich, den wir löschen, größer ist als die Ausmaße vom Canvas. Wir machen uns hier nur die Arbeit leicht, denn je nach Drehung des Grafikkontext wird das Rechteck nicht genau über dem Canvas liegen, sondern gedreht. Mit dieser Größe und der Verschiebung wird einfach sichergestellt, dass auch „die ganze Tafel gewischt wird".

Nachdem der Grafikkontext nach dem Löschen wieder in den Mittelpunkt des Canvas verschoben wurde, rotieren wir um diesen Punkt. Und zwar um so viele Grad (beachten Sie die Umrechnung in Bogenmaß), wie sich die Ausrichtung geändert hat. Dazu wird der neue Winkel von dem der vorherigen Messung einfach abgezogen (*zb.rotate((winkelalt - winkel) * Math.PI / 180);*) In dem so gedrehten Grafikkontext zeichnen wir das Bild. Da es am Ursprung des Grafikkontext gezeichnet wird, müssen wir es sowohl in X- als auch Y-Richtung soweit wieder zurück verschieben, wie wir den Grafikkontext mit *translate()* nach vorne verschoben haben (*zb.drawImage(img, -125, -125);*).

▶   **Tipp** Zum Abschluss noch eine Bemerkung zum Intervall der Messungen – wenn Sie nur die Kompassrose anzeigen, sollten Sie die Messungen noch schneller durchführen als wir hier machen. Dann bekommen Sie – wegen der geringeren Änderungen des Winkels in kürzerer Zeit – auch eine noch flüssigere Animation. Aber das kostet natürlich auch Ressourcen und Strom im mobilen Gerät.

5.8   Der Beschleunigungssensor

Viele moderne Smartphone verfügen über einen **Beschleunigungssensor** oder **Accelerometer**. Mit diesem kann man die Beschleunigung des Geräts in eine der drei möglichen Richtungen im dreidimensionalen Raum messen (links-rechts, vor-zurück, oben-unten).

Die Beschleunigung wird in der Physik meist in Metern pro Sekunde zum Quadrat angegeben. Zu der Bestimmung dieser Beschleunigungswerte wird auf eine Testmasse im
Gerät die wirkende Trägheitskraft bestimmt. Entsprechend erhalten Sie die jeweiligen
Beschleunigungskräfte in x-, y- und z-Richtung in m/s^2. Dabei ist die z-Richtung die Ausrichtung nach oben bzw. unten. Auf diese Richtung wirkt immer die Erdschwerkraft. Und
diese beträgt in Meereshöhe 9,81 m/s^2.

Wenn ein Gerät also nicht bewegt wird, liefert ein Sensor in x- und y-Richtung den
Wert 0. Wobei durch Erschütterungen eigentlich immer kleinere von 0 verschiedene Werte
gemessen werden, die man wegrunden oder sonst irgendwie kompensieren sollte, wenn
man die Beschleunigung darstellen oder auch nur auf echte Beschleunigungen reagieren
will. In z-Richtung liefert der Sensor eben die Erdschwerkraft, was – im Rahmen der
Genauigkeit von dem Sensor und der konkreten Höhe über dem Meeresspiegel – in etwa
9,81 m/s^2 entsprechen sollte. In der Regel wird der Wert von dem Geräte mit einem Minus-
zeichen, um die negative Beschleunigung zu kennzeichnen (Abb. 5.26).

Die Werte werden bei Cordova als nummerische Gleitkommazahlen mit Vorzeichen
(negative und positive Beschleunigung) und recht hoher Genauigkeit geliefert.

▶   **Tipp** Mit den Beschleunigungssensoren kann man sich ganz nette Anwendungen vorstellen. Etwa eine App für Flieger, die das Sinken und Steigen anzeigen soll. So etwas werden wir gleich auch noch machen. Allerdings sollte
man sich der Probleme bei Smartphones bewusst sein. Der Beschleunigungssensor reagiert – sagen wir einmal – recht nervös auf die kleinste Änderung.
Alleine wenn Sie ein Smartphone in der Hand halten, werden bereits kleinste
und kaum zu kontrollierende Bewegungen und auch die Art, wie Sie das Gerät
halten, den Sensor beeinflussen. Wenn Sie also die Beschleunigungen messen,
werden Sie recht große Sprünge in den Angaben merken. Eine rein kontinuier-
liche Änderung kann man in der Praxis kaum voraussetzen. Um eine sinnvolle
Verwertung vorzunehmen, müssen Sie mit verschiedenen mathematischen
Algorithmen diese Stichproben „glattbügeln", wenn Sie eine sinnvolle Aussage
machen wollen. Und auch dann kommt der Sensor meist nicht an spezialisierte
Geräte heran, denn die Sensoren sind doch meist sehr ungenau.

5.8.1   Die Methoden und Eigenschaften

Sie werden bei dem Zugriff unter Cordova auf den Beschleunigungssensor erneut eine sehr
hohe Ähnlichkeit zur Geolokalisierung und der Bestimmung der Himmelsrichtung feststel-
len. Die Basis bildet das read-only-Objekt *navigator.accelerometer* als Erweiterung von
navigator durch das Cordova-Framework, dessen Methoden *getCurrentAcceleration()*,
watchAcceleration() und *clearWatch()* sich aus den bisherigen Abhandlungen im Kapitel
nahezu zwingend ergeben.

Ebenso sind die Argumente mit den zwei Callbacks für den Erfolgs- und Fehlerfall sowie der optionale dritte Parameter mit den Optionen altbekannt. Nur verfügt die Fehlerfunktion in dieser Anwendung über keinen Standardparameter mit Informationen zur spezifischen Fehlersituation. Als Option können Sie für *frequency* für die Angabe der Abfrage (Millisekunden) setzen.

Das Sensorobjekt stellt die Beschleunigungen in die drei Richtungen über entsprechend benannte Eigenschaften *x*, *y* und *z* zur Verfügung. Wie üblich, erhalten Sie mit *timestamp* auch einen Zeitstempel in Millisekunden, wann der Zugriff auf den Sensor erfolgt ist.

5.8.1.1   Die Voraussetzungen auf dem mobilen Gerät und das passende Plugin

Neben dem prinzipiellen Vorhandensein des Sensors müssen die Permissions/Voraussetzungen bei einem Zugriff gesetzt werden. Das erledigt das Hinzufügen des passenden Plugins *cordova-plugin-device-motion* wieder automatisch.

```
cordova plugin add cordova-plugin-device-motion
```

5.8.1.2   Ein vollständiges Beispiel

Durch die Verwandtschaft zu der Geolokalisierung und dem Zugriff auf den Kompass wollen wir nur ein einfaches Beispiel durchspielen, dass den Beschleunigungssensor überwacht und die Werte in der App anzeigt (*kap5/Beschleunigung1*). In der HTML-Seite passiert nichts neu Erwähnenswertes, so dass wir uns nur die JavaScript-Datei ansehen wollen:

```
(function () {
  "use strict";
  document.addEventListener('deviceready', onDeviceReady.bind(this),
    false);
  function onDeviceReady() {
    navigator.accelerometer.watchAcceleration(success, error, {
      frequency: 3000
    });
  };
  function success(acceleration) {
    document.getElementById('beschleunigung').innerHTML =
      'Beschleunigung X:<br />' +
      Math.floor(acceleration.x * 100) / 100 + '<hr />' +
      'Beschleunigung Y:<br />' +
      Math.floor(acceleration.y * 100) / 100 + '<hr />' +
      'Beschleunigung Z:<br />' +
      Math.floor(acceleration.z * 100) / 100 + '<hr />' +
```

```
      'Zeitstempel: ' + acceleration.timestamp;
  }
  function error() {
    document.getElementById('beschleunigung').innerHTML =
      'Fehler';
  }
})();
```

Das Listing sollte selbsterklärend sein, unter der Voraussetzung, dass wir die letzten Bei-spiele besprochen haben. Beachten Sie, dass wir die Anzeige der Beschleunigungswerte auf zwei Stellen hinter dem Komma runden (Abb. 5.26).

▶   **Tipp** Sie können beim Test von Beschleunigungssensoren in Emulatoren nicht sicher sein, dass Sie vernünftige (Dummy-)Werte bekommen – wenn Sie überhaupt die Werte vorgeben können. Es kann sogar vorkommen, dass bei den Dummywerten im Emulator die Werte von x, y und z vertauscht werden. Wobei das im Grunde ein umfassenderes Problem darstellt. Wie halten Sie Ihr

Abb. 5.26 Beschleunigungswerte

Smartphone, wenn Sie die Beschleunigung nach unten oder oben messen? Haben Sie es auf der flachen Hand liegen? Oder aufrecht mit der Smartphone-Kopf nach oben ausgerichtet? Das ist ja nicht eindeutig und leider setzen das Geräte deshalb auch nicht einheitlich um. Deshalb sind diese Messwerte nur mit Vorsicht zu verwenden.

Als sehr guter Emulator für den Beschleunigungssensor erweist sich aber wieder Ripple. Dort können Sie mit dem Shake-Button in der Kategorie ACCELEROMETER die dynamische Beschleunigung in X-Richtung simulieren (Abb. 5.26). Aber grundsätzlich werden Sie um einen Test mit echten Geräten nicht herum kommen.

5.9   Ein Cockpit als Abschlussbeispiel

In einem Abschlussbeispiel, dass wir im Laufe des Buchs auch noch weiterentwickeln werden, sollen die Techniken des Kapitels zusammengetragen und in einer vollständigen, sinnvollen App vereinigt werden. Als Ziel soll eine Flieger-App entstehen, die einem Piloten die Geschwindigkeit über Grund, seine Flugrichtung, den geografischen Nordpol, die Steig- und Sinkwerte sowie die Position in einer Landkarte anzeigen. Es handelt sich also um eine Art Cockpit (*kap5/Cockpit1*). Wobei man einschränken muss, dass die Voraussetzungen bei einem Smartphone (mangelnde Helligkeit des Displays, Schlafmodus, Touchscreen, Akkulaufzeit, Genauigkeit und Empfindlichkeit der Sensoren, Befestigungsmöglichkeiten, Stoßempfindlichkeit etc.) gewisse Einschränkungen im harten Praxiseinsatz bewirken. Es soll also nur eine reine Demo-App werden.

Die Menge der anzuzeigenden Werte erzwingt ein kompaktes Layout für die einzelnen Daten, aber auch den darstellbaren Gesamtbereich, denn der Anzeigebereich eines Smartphones ist ja ziemlich beschränkt. Natürlich werden wir zum konkreten Aufbau des Layouts Div-Elemente und CSS einsetzen. Auch im JavaScript-Bereich werden wir etwas mehr programmieren als wir bisher getan haben und verschiedene Verfahren einwenden, um für den Anwender sinnvolle Werte aus den Sensoren zu erhalten. Denn eine unveränderte Angabe der verschiedenen Sensormesswerte genügt für diese App nicht. Verschiedene dieser hier eingesetzten Algorithmen haben wir im Kapitel schon gesehen und die werden jetzt weiterentwickelt.

5.9.1   Portrait-Modus

Nun wird eine App in der geplanten Form nur dann sinnvoll zu verwenden sein, wenn sich das mobile Gerät frei bewegt. Und dann ist es sehr lästig, wenn sich der Anzeigemodus ständig von Portrait (Hochformat) auf Landscape (Querformat) oder wieder zurück ändert. Wir wollen den Modus fest auf Portrait einstellen. Dazu gibt es verschiedene Möglichkeiten. Die Einstellung führt über die üblichen XML-Konfigurationsdateien. Das soll hier

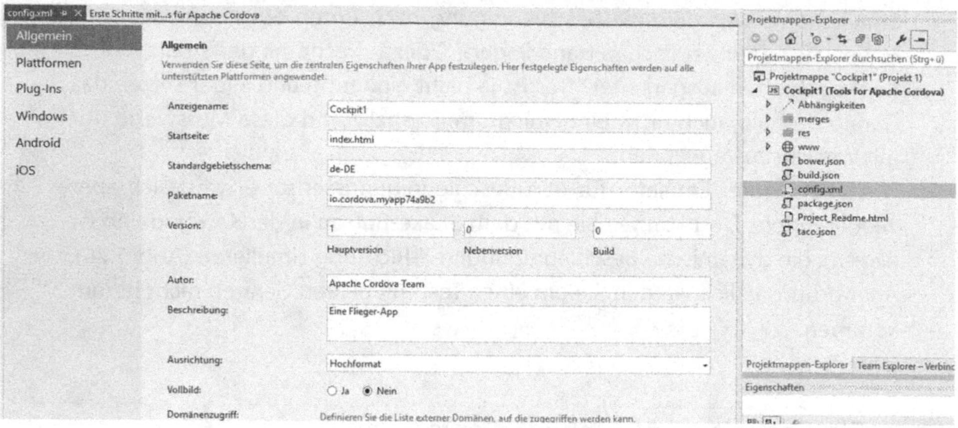

Abb. 5.27 Unter Ausrichtung legen Sie Hochformat fest

nicht vollständig behandelt werden, da die Details sich je nach Plattform und Entwicklungsumgebung unterscheiden. Wir behandeln hier nur die Festlegung bei der Verwendung eines Cordova-Projekts unter Visual Studio. Dazu legen Sie dort ein Cordova-Projekt an und öffnen mit einem Doppelklick die Datei config.xml. Dort können Sie in einem visuellen Dialog unter Ausrichtung den Wert Hochformat einstellen (Abb. 5.27).

Das soll die CSS-Datei sein, die wir hier verwenden:

```
body {
  background:#CCCCCC;
  background-image: -moz-linear-gradient(top left, #ccc 5%, blue 95%);
  background-image: -webkit-linear-gradient(top left, #ccc 5%, blue
     95%);
  background-image: linear-gradient(top left, #ccc 5%, blue 95%);
}
.rundeEcken {
  -moz-border-radius: 4px; -webkit-border-radius: 4px; border-radius:
     4px;
  border-style: solid; border-width: 1pt;
}
.sg1 {
  font-size: 20px;
}
.ausrichtung {
  text-align: center;
}
#karte {
  position: relative; height: 150px; width: 300px;
```

```
  margin-left: auto; margin-right: auto; overflow: hidden;
}
#content {
  display: block; width: 300px; margin-left: auto; margin-right: auto;
}
#rose {
  display: block; margin-left: auto; margin-right: auto;
  width: 250px; height: 250px;
}
#tacho {
  display: inline-block; width: 95px; color: black;
  border-right: solid; border-width: 1px;
}
#kompass {
  display: inline-block; width: 95px; color: blue;
  border-right: solid; border-width: 1px;
}
#beschleunigung {
  display: inline-block; width: 95px; color: green;
}
```

Die CSS-Datei definiert für das oben besprochene Layout über Klassen und ID die notwendigen Regeln. Das Listing dürfte keine Rätsel aufgeben. Kommen wir zu Basiswebseite. Das wäre der wichtige Part der HTML-Seite:

```
<div id="content" class="rundeEcken ausrichtung rundeEcken">
  <div class="ausrichtung">
    <canvas id="digitacho" width="300" height="50"></canvas>
  </div>
  <div id="tacho" class="sg1 ausrichtung">0</div>
  <div id="kompass" class="sg1 ausrichtung">0</div>
  <div id="beschleunigung" class="sg1 ausrichtung">0</div>
  <div class="ausrichtung">
    <canvas id="rose" width="250" height="250"></canvas>
  </div>
  <div id="karte" width="300" height="150"></div>
</div>
```

Alle anzuzeigenden Elemente der App werden in einen umgebenden Div-Container eingeschlossen. Das oberste Element soll die grafische Geschwindigkeitsanzeige sein, die in der Höhe geringfügig verkleinert wird. Darunter zeigen wir die nummerischen Werte für die Geschwindigkeit, die Himmelsrichtung und die Steig- oder Sinkwerte an. Diese werden jeweils in eigenen Divs präsentiert, die aber über die Ids mit CSS als *display:inline-block*

Abb. 5.28 Die erste Version der Flieger-App

formatiert und deshalb nebeneinander angezeigt werden. Unter diesen drei Angaben sehen
wir wieder die Kompassrose als zentralen Blickfang und darunter die Karte, deren Anzeigebereich in der Höhe auf 150 Pixel beschränkt werden soll. Für das Gesamtlayout siehe
Abb. 5.28.

▶   Als Kartenservice verwenden wir in dem Beispiel das Google-Karten-API. Beach-
      ten Sie, dass Sie dieses natürlich einbinden müssen und zudem das Nachladen
      der Daten von fremden Domains ermöglichen müssen. Dazu lassen wir auch
      in dem Beispiel einfach wieder den beschränkenden *meta*-Tag in der HTML-
      Datei weg. Denken Sie ebenfalls daran, dass Sie die drei notwendigen Plugins
      einbinden.

Im JavaScript-Part fügen wir nun die verschiedenen Zugriffe auf die Sensoren und die
damit ausgelösten Callbacks zusammen.

```
var zb1 = null;
var zb2 = null;
```

```
var img = null;
var winkelalt = 0;
var beschleunigungalt=0;
var beschleunigungsarray = [];
(function () {
  "use strict";
  document.getElementById("tacho").innerHTML = "0";
  img = new Image();
  img.src = 'images/kompass.png';
  zb1 = document.getElementById("rose").getContext('2d');
  zb1.translate(125, 125);
  document.addEventListener('deviceready', onDeviceReady.bind(this),
    false);
  function onDeviceReady() {
    if (navigator.geolocation) {
      navigator.geolocation.watchPosition(successgeo, errorgeo, {
        enableHighAccuracy: true, maximumAge: 15000,
        timeout: 1000, frequency: 5000
      });
    }
    else {
      document.getElementById('karte').innerHTML =
       "Geolocation nicht möglich";
      document.getElementById("tacho").innerHTML = "0";
    }
    if (navigator.accelerometer) {
      navigator.accelerometer.getCurrentAcceleration(
        function (acceleration) {
          beschleunigungalt = acceleration.z
        }, errorbeschleu);
      navigator.accelerometer.watchAcceleration(
      successbeschleu, errorbeschleu, {
        frequency: 400
      });
    }
    else {
      document.getElementById('beschleunigung').innerHTML = '#';
    }
    navigator.compass.watchHeading(successcomp, errorcomp, {
      frequency: 1500
    });
    function successgeo(position) {
      // Die Karte
      var map = null;
      var pinPoint = null;
```

```
var pinPixel = null;
var latitude = position.coords.latitude;
var longitude = position.coords.longitude;
document.getElementById('karte').style.width = "300px";
document.getElementById('karte').style.height = "150px";
var coords = new google.maps.LatLng(latitude, longitude);
map = new google.maps.Map(document.getElementById("karte"), {
  zoom: 11, center: coords, mapTypeId:
  google.maps.MapTypeId.HYBRID
});
var marker = new google.maps.Marker({
  position: coords, map: map, title: "Ihre aktuelle Position!"
});
// Die Geschwindigkeit
var speed = Math.floor(position.coords.speed * 3.6);
if (speed > 270)
  speed = 270;
document.getElementById("tacho").innerHTML = speed + " Km/h";
zb2 = document.getElementById("digitacho").getContext('2d');
zb2.font = "16px Arial";
zb2.fillStyle = "red";
zb2.fillText("0", 20, 0);
zb2.fillText("0", 0, 20);
zb2.fillText("50", 50, 20);
zb2.fillText("100", 100, 20);
zb2.fillText("150", 150, 20);
zb2.fillText("200", 200, 20);
zb2.fillText("250", 250, 20);
zb2.fillText("|", 0, 38);
zb2.fillText("|", 50, 38);
zb2.fillText("|", 100, 38);
zb2.fillText("|", 150, 38);
zb2.fillText("|", 200, 38);
zb2.fillText("|", 250, 38);
zb2.clearRect(0, 42, 270, 38);
if (speed > 249) zb2.fillStyle = "red";
else zb2.fillStyle = "green";
zb2.fillRect(0, 42, speed, 50);
}
function successcomp(heading) {
  var winkel = Math.floor(heading.trueHeading);
    document.getElementById('kompass').innerHTML =
  winkel + " &#176;";
  zb1.translate(-125, -125);
  zb1.clearRect(0, 0, 500, 500);
```

```
    zb1.translate(125, 125);
    zb1.rotate((winkelalt - winkel) * Math.PI / 180);
    winkelalt = winkel;
    zb1.drawImage(img, -125, -125);
}
function successbeschleu(acceleration) {
  var beschleu = acceleration.z;
  if (beschleunigungsarray.length < 5) {
    beschleunigungsarray[beschleunigungsarray.length] = beschleu;
    return;
  }
  else {
    beschleu = 0;
    for (var i = 0; i < beschleunigungsarray.length; i++) {
      beschleu += 1 * (beschleunigungsarray[i]);
    };
    beschleu = beschleu / beschleunigungsarray.length;
    beschleunigungsarray = [];
  }
  var aender = beschleu - beschleunigungalt;
  if (aender < -0.5) {
    document.getElementById('beschleunigung').style.color = "red";
    document.getElementById('beschleunigung').innerHTML =
     Math.floor(aender) + ' m/s^2';
  } else if (aender > 0.5) {
    document.getElementById('beschleunigung').style.color =
      "green";
    document.getElementById('beschleunigung').innerHTML =
      Math.floor(aender) + ' m/s^2';
  }
  else {
    document.getElementById('beschleunigung').style.color =
      "green";
    document.getElementById('beschleunigung').innerHTML =
      '0 m/s^2';
  }
  beschleunigungalt = beschleu;
}
function errorbeschleu() {
  document.getElementById('beschleunigung').style.color = "red";
  document.getElementById('beschleunigung').innerHTML =
    '0.00 m/s^2';
}
function errorgeo(msg) {
  document.getElementById("tacho").innerHTML = "0";
```

```
    }
    function errorcomp(compassError) {
      document.getElementById('kompass').innerHTML = winkel;
    }
  };
})();
```

In der JavaScript-Datei legen wir mehrere globale Variablen an, mit denen wir arbeiten. Bemerkenswert sind die Variablen für die zwei Canvas-Elemente (*zb1* und *zb2*), denn wir benötigen zwei getrennte Canvas-Bereiche. Ebenso sollte Ihnen das Array *beschleunigungsarray* auffallen, mit dem wir das nervöse Verhalten des Beschleunigungssensors ausgleichen wollen. Dazu gibt es Variablen zum Merken eines vorherigen Zustands. Für den Winkel bei der Himmelsrichtung haben wir das ja schon besprochen und hier greifen wir für die Berechnung der Steig- und Sinkwerte auf das gleiche Verfahren zurück.

5.9.1.1 Die Geolokalisierung

Wenn das Gerät fertig initialisiert ist, nehmen wir zuerst eine Geolokalisierung vor. Darüber bestimmen wir den Ort und die Geschwindigkeit. Wir beobachten die Veränderung der Position mit *watchPosition()*. In Erfolgsfall wird in der Funktion *successgeo()* wie bekannt mit dem Google-API eine Karte samt Marker angezeigt. Beachten Sie, dass wir dieses Mal die Karte etwas vereinfacht haben. Und wir legen auch noch einmal explizit mit JavaScript und dem *style*-Objekt den Anzeigebereich der Karte in der Höhe und Breite fest. Denn ohne diese Maßnahme kann es sein, dass sich die Höhe und/oder Breite ungewollt ändern. Der Rest ist bekannt. Ebenso wird in der Funktion die Geschwindigkeit ermittelt. Aber auch diese Schritte kennen wir. Hier ist nur zu beachten, dass wir dieses Mal jedoch die Maßeinheit mit ausgeben, da wir diese Information aus Platzgründen nicht in einer zusätzlichen Zeile anzeigen wollen.

5.9.1.2 Die Steig- und Sinkwerte

Der Zugriff auf den Beschleunigungssensor erfolgt mit *watchAcceleration()*. Darin bestimmen wir die aktuelle Beschleunigung in Z-Richtung. Also die aktuell wirkende Schwerkraft im Fall von einem ruhenden Gerät. Diese beträgt zwar näherungsweise 9,81 m/s^2 in Richtung des Erdmittelpunkts. Aber wie wir schon besprochen haben, ändert sich dieser Wert etwa mit der Höhe, in der Sie sich befinden. Zudem ist es sehr unwahrscheinlich, dass das Gerät wirklich ruht, wenn die App initialisiert ist. Wahrscheinlicher wird es in der Hand gehalten oder sonst bewegt, was sich auf den aktuell gemessenen Wert der Beschleunigung auswirken kann. Diese erste Momentaufnahme über *getCurrentAcceleration()* fixiert den tatsächlichen Wert in einer globalen Variablen *beschleunigungalt*, die wir in der Callback-Funktion *successbeschleu()* für den Erfolgsfall bei der folgenden Methode watchAcceleration() brauchen.

   In der Funktion *watchAcceleration()* bestimmen wir wieder die Beschleunigung in Z-Richtung und speichern den Wert in der lokalen Variablen *beschleu*. Und nun kommt ein kleiner Trick, um die schon angedeutete nervöse Reaktion des Beschleunigungssensors mit einem mathematischen Algorithmus „glattzubügeln". Denn die nachfolgende *if*-Anweisung sorgt dafür, dass unser globales Array zur Aufnahme von Messwerten des Sensors bei jedem Aufruf der Callback-Funktion gefüllt wird. Erst wenn fünf Messwerte da sind, kann der Programmfluss diese *if*-Abfrage überspringen. Wenn Sie noch die Optionen bei *watchAcceleration()* beachten erkennen Sie, dass wir alle 400 Millisekunden eine Messung durchführen. Das bedeutet, wir haben dann über zwei Sekunden fünf Messwerte erhoben. Und von denen wollen wir den Mittelwert bilden (*beschleu = beschleu / beschleunigungsarray.length;*), was einen einigermaßen vernünftigen Messwert darstellen sollte. Das Array wird danach wieder zurückgesetzt und das nächste Zweisekundenintervall führt wieder diese Mittelung der Messwerte durch.

Haben wir nun diesen gemittelten Messwert, bilden wir mit *var aender = beschleu - beschleunigungalt;* die Differenz zu dem vorherigen Messwert, den wir in der globalen Variablen *beschleunigungalt* gespeichert haben. Ist diese Differenz nun negativ bedeutet das, dass wir in Z-Richtung fallen, ist sie positiv, steigen wir in diese Richtung. Diese Information ist insbesondere für Flieger wichtig, die mittels Thermik auf Höhe kommen wollen. Nun wird noch zusätzlich ein gewisser Schwankungswert abgefangen, dass sich nicht minimalste Änderungen auswirken können und damit haben wir eine halbwegs zuverlässige Angabe über das Steigen oder Sinken, die noch auf ganze Meterangaben abgerundet wird.

Die letzte Information, die wir verwerten wollen, ist die Messung des Kompasssensors. Hier gibt es aber nichts Neues zu sagen. Nur wir beziehen uns dieses Mal auf den geographischen und nicht den magnetischen Nordpol. Zum Abschluss sehen Sie noch drei Callback-Funktionen für die jeweiligen Fehlerfälle.

Zusammenfassung

Sie haben nun die ersten praktischen Beispiele mit Cordova kennengelernt. Insbesondere sind in diesem Kapitel Plugins in Spiel gekommen, denn damit wird Cordova modular erweitert. Schwerpunkt waren die Geolokalisierung und die Navigation sowie der Zugriff auf den Beschleunigungssensor. Sie haben dabei auch tiefergehende Informationen zur Geolokalisierung und der Navigation erhalten. Dazu haben wir den Einsatz von HTML5 im Allgemeinen und Canvas-Techniken im Speziellen für Apps behandelt.

Erstellung in der Cloud – Der Build-Dienst von Adobe®

6

Inhaltsverzeichnis

6.1   Was behandeln wir in diesem Kapitel?

Sie haben nun erste Cordova-Apps erstellt und diese sind zum Teil auch schon recht anspruchsvoll gewesen. Wir wollen uns bei der Erstellung einer App in diesem Kapitel ein wenig von „Wolken" helfen lassen. Es gibt einen Build-Service für Apps, den wir uns ansehen. Das Kapitel wird recht kurz gefasst, denn insbesondere Visual Studio stellt mittlerweile sehr gute Möglichkeiten zur Erstellung von Apps für unterschiedliche Plattformen bereit – das haben wir ja schon gesehen. Damit verliert der Dienst, den wir hier behandeln, etwas an Bedeutung gegenüber früher, wo die IDEs noch auf ein Zielsystem beschränkt waren. Aber nicht jeder Entwickler will oder kann Visual Studio nutzen und es gibt deshalb durchaus noch Verwendung für diesen Cloud-Dienst.

© Springer Fachmedien Wiesbaden GmbH 2017
R. Steyer, *Cordova*, DOI 10.1007/978-3-658-16724-0_6

6.2   Der Build-Dienst

Wir haben im Laufe des Buchs schon gesehen, wie wir unsere Quellcodes mit den jeweiligen Entwicklungssystemen wie CLI, Xcode, dem Android Studio oder dem Visual Studio zu lauffähigen Apps für die verschiedenen Zielsysteme übersetzen können. Auch haben wir behandelt, wie man bestimmte Konfigurationen vornimmt und Metadaten zu einer App festlegt – im Wesentlichen mit Manifest-Dateien auf XML-Basis, die von den Tools mittlerweile weitgehend automatisiert und oft auch visuell erstellt werden. Aber Sie haben auch gesehen, dass wir da teils unterschiedlich für verschiedene Zielsysteme vorgehen und teilweise sind die relevanten Informationen und Dateien ziemlich verteilt. Dazu müssen wir unterschiedliche Betriebssysteme und Tools für die Entwicklung verwenden.

Gerade wenn man für mehrere System entwickeln möchte, wäre es sicher sehr bequem, wenn man nur die eigentlichen Web-Codes erstellen müsste (unter Umständen einfach mit einem normalen Editor oder einem speziellen Tool für die Webseitenentwicklung) und diese per Knopfdruck für alle gewünschten Zielsysteme erstellt würden. Es ist ja ein Grund von der Verwendung von Web-Technologie bei Apps, dass diese auch auf verschiedenen Zielsystemen verwendet werden können und da macht eine einfache Distribution für mehrere Systeme viel Sinn.

Und so etwas geht tatsächlich. Die Übersetzung Ihrer App können Sie auch der Cloud überlassen, um diesen Hype-Begriff ins Spiel zu bringen. In den ersten Versionen wurde dabei auf GitHub (https://github.com/) zurückgegriffen, was ein webbasierter Hosting-Dienst für Software-Entwicklungsprojekte auf Basis des Versionsverwaltungssystem Git darstellt. Es ist sehr wahrscheinlich, dass Ihnen der Dienst bei Ihrer Arbeit mit Eclipse schon begegnet ist, wenn Sie denn mit diesem Tool arbeiten. Im Rahmen des PhoneGap-Projekts[1] gibt es eine spezielle Webseite, die in der Anfangsphase so eine Übersetzung von Apps explizit mit GitHub erlaubt hat. Noch einmal zur Erinnerung – PhoneGap ist eine Distribution von Cordova und die damit erstellten Apps sind kompatibel zu Cordova-Apps. Mittlerweile wird GitHub nicht mehr direkt als Basis in den Fokus gestellt, sondern der Build-Service unabhängig davon angeboten (https://build.phonegap.com/ – Abb. 6.1).

Dazu müssen Sie sich allerdings mit einer Adobe ID einloggen (Abb. 6.2), die Sie über einen Adobe-Account erhalten. Und den müssen Sie vor einer Verwendung erstellen, wenn Sie noch keinen besitzen. Früher konnte man sich auch mit einem GitHub-Account zur Verwendung des Dienstes anmelden, aber das ist mittlerweile nicht mehr möglich.

> ▶ **Tipp** Falls Sie bei Adobe ® noch nicht registriert sind, können Sie sich für Open-Source-Projekte einen kostenlosen Account einrichten (Abb. 6.3). Die kommerzielle Nutzung ist je nach Leistungsumfang preislich gestaffelt. Den Link zur Registrierung finden Sie auch auf der Webseite zum Einloggen (Abb. 6.2). Zur Registrierung eines freien Accounts benötigen Sie nur Ihren Namen und eine E-Mail-Adresse (Abb. 6.4).

---

[1]Wir sind nun explizit bei PhoneGap und nicht Cordova.

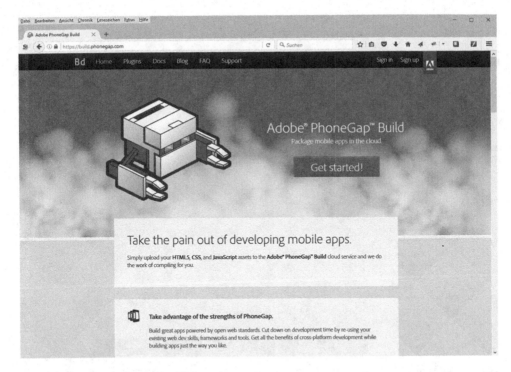

Abb. 6.1 Der Build-Service im Web

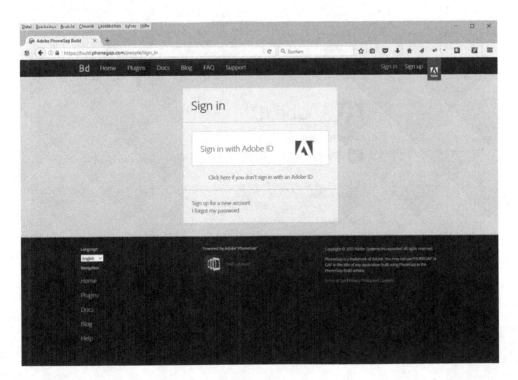

Abb. 6.2 Zur Nutzung brauchen Sie eine Adobe ID

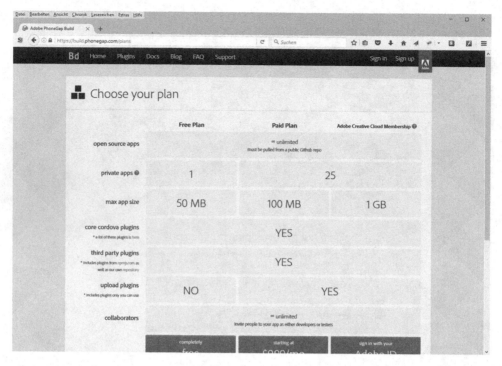

Abb. 6.3 Das Lizenzmodell von Adobe ®

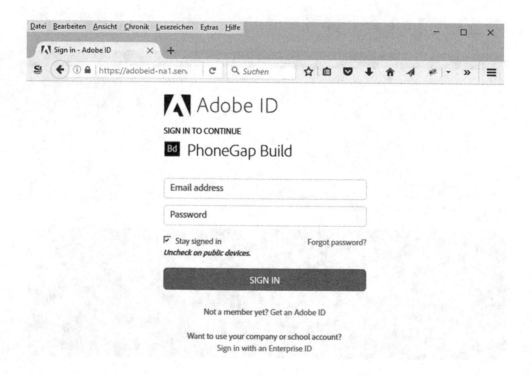

Abb. 6.4 Anlegen eines Accounts

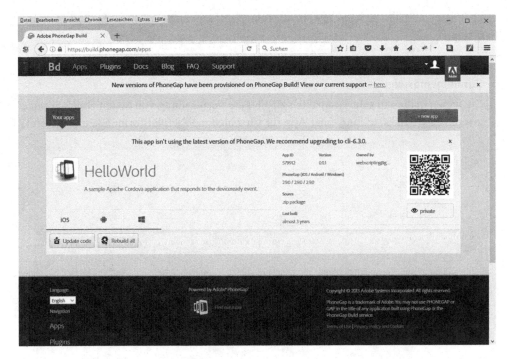

Abb. 6.5 Der Verwaltungsdialog von dem Build service

Für unsere Zwecke ist es wichtig, dass wir mit dem Build-Service unsere reinen Web-Quellcodes einfach nehmen und in der Cloud zu einer fertigen nativen App übersetzen lassen können. Sie benötigen weder besondere Tools, die wir bisher immer vorausgesetzt haben, noch die ganzen SDKs und Targets (speziell unter Android) noch die spezifischen Cordova- bzw. PhoneGap-Wrapper. Das wird alles von der Wolke bereitgestellt.

6.3 Übersetzung der Web-Quellcodes

Wenn Sie einen Account haben, können Sie sich einloggen und Ihre Apps von dem Dienst erstellen lassen. Sie kommen nach dem Einloggen auf Ihr Dashboard, wo Sie Ihre Apps verwalten können (Abb. 6.5).

Dazu laden Sie deren Web-Quellcodes zum Beispiel mit dem entsprechenden Upload-Dialog auf der Webseite hoch. Am einfachsten packen Sie dazu Ihr gesamte Verzeichnis *www* in eine Zip-Datei und schicken diese in die Wolke. Unterhalb Ihres Projekts sehen Sie Schaltflächen für die Plattformen, für die Sie die App entwickeln wollen (Abb. 6.5). Wenn Sie darauf klicken, können Sie alle notwendigen Angaben für die jeweilige Plattform vornehmen und dann die Apps erstellen lassen. Nach kurzer Zeit sollten die Apps kompiliert sein.

Zusammenfassung

Sie haben in diesem sehr kompakten Kapitel die Verwendung von einem Build-Service zur universellen Erstellung einer App für verschiedene Zielplattformen kennengelernt.

Information und Rückmeldung – Hallo, jemand da?

7

Inhaltsverzeichnis

7.1   Was behandeln wir im Kapitel?

In diesem Kapitel wollen wir uns ansehen, wie Sie mit Cordova Informationen zu dem Gerät eines Anwenders und der darauf laufenden Software sowie dessen konkreter Netzwerkverbindung herausbekommen. Dies sind im Wesentlichen rein informative Eigenschaften, die man aber bei gewissen Prozessen (etwa

Entscheidungen für oder gegen einen bestimmten Folgeschritt) durchaus nutzen kann und wird. Es kann für eine App etwa entscheidend sein, ob eine Netzwerkverbindung vorhanden ist und wenn ja, wie schnell diese ist. Oder es ist wichtig, welches Betriebssystem die Basis einer App bildet. Denn bestimmte Features von Cordova stehen ja nicht auf allen grundsätzlich unterstützten Plattformen zur Verfügung. Auch kann der Ladezustand des Akkus von Bedeutung sein. Ein weiteres Thema ist die Verwendung von Rückmeldungen an den Anwender. Also akustische und optische Meldungen, aber auch haptische Signale wie Vibrationen.

7.2 Das device-Objekt

Im DOM-Konzept stellt das Objekt *window* einige Methoden zur Interaktion mit dem Anwender über Dialogfenster bereit. Etwa das alert-, confirm- oder prompt-Fenster. Diese Dialoge sind in Cordova in eine andere Ebene verlagert werden – als Erweiterung von *navigator* (Abschn. 7.4). Cordova erweitert aber das DOM-Objekt *window* um ein Unterobjekt *device*, über das Sie Informationen über die Hardware und Software von einem Gerät abfragen können. Damit ist das *device*-Objekt im globalen Scope von JavaScript unmittelbar verfügbar, da man auf die Angabe von *window* (fast) immer verzichten kann. Das Plugin, das Sie installieren müssen, nennt sich *cordova-plugin-device*.

```
cordova plugin add cordova-plugin-device
```

7.2.1 Die Eigenschaften

Über das Objekt *device* stehen folgende Eigenschaften zur Verfügung:

▶ Nicht alle Eigenschaften stehen nicht auf allen Geräten und Plattformen zur Verfügung. Darüber hinaus gibt es noch ein paar Methoden, die wie üblich über Referenzen als Callbacks an das Objekt gehängt werden sowie in manchen Situationen ein paar zusätzliche Eigenschaften.

7.2.2 Ein Beispiel zur Anzeige relevanter Informationen

Das nachfolgende Beispiel (*kap7/Info1*) ist eine App mit der Ausgabe von Informationen über das Gerät. Sie soll ganz einfach sein. In der App werden nur die Werte der jeweiligen Eigenschaften von *device* (Tab. 7.1) in einem Div-Container der HTML-Seite ausgegeben (Abb. 7.1

Tab. 7.1 Die Eigenschaften von device

Eigenschaft	Beschreibung
cordova	Die Version von Cordova bzw. Cordova.
isVirtual	Die Information, ob die App auf einem Emulator oder Simulator ausgeführt wird.
manufacturer	Der Hersteller des Geräts.
model	Der Name des Geräts oder Produkts. Dieser kann sich auch bei gleichen Geräten in verschiedenen Versionen unterscheiden. In älteren Versionen des Frameworks wurde die Eigenschaft *name* verwendet.
name	In älteren Versionen von Cordova für diese Eigenschaft für den Namen des Geräts verwendet. In neuen Versionen des Frameworks wird die Eigenschaft nicht mehr zur Verfügung gestellt.
platform	Der Name des Betriebssystems.
serial	Die serielle Nummer des Geräts.
uuid	Die Information zum Universally Unique Identifier (UUID).
version	Die Version des Betriebssystems.

Abb. 7.1 Die Ausgabe Ripple

Abb. 7.2 Die
Ausgabe in einem
Windows-Phone-Emulator

und 7.2). Die Details zur HTML-Struktur sind uninteressant. Wir brauchen uns bloß die Java-Script-Datei zu betrachten. Wir iterieren dabei einfach über das *device*-Objekt und geben sie Eigenschaften (Name und Wert) aus.

```
(function () {
  "use strict";
  document.addEventListener( 'deviceready', onDeviceReady.bind( this ),
    false );
  function onDeviceReady() {
    document.getElementById('content').innerHTML = "";
    for (var i in device) {
      document.getElementById('content').innerHTML +=
        i + ": " + device[i] + "<br />";
    }
  };
} )();
```

Der Quellcode sollte selbsterklärend sein.

7.3   Der Netzwerkstatus

Für eine App ist es immens wichtig, ob auf das Netzwerk zugegriffen werden kann. Ob also eine Onlineverbindung besteht oder das Gerät offline ist. Auch die Geschwindigkeit der Verbindung kann von Interesse sein. So etwas zu überprüfen ist mit Cordova ganz einfach. Als Erweiterung von *navigator* stellt Cordova das Unterobjekt *connection* bereit. Dessen Eigenschaft *type* repräsentiert die Art der Netzwerkverbindung, die aktuell der App zur Verfügung steht. Der gesamte Ausdruck für die Auswertung des Netzwerkstatus lautet also *navigator.connection.type*.

Unter den verschiedenen Betriebssystemen müssen wieder gewisse Rechte eingeräumt und Voraussetzungen geschaffen werden, damit man aus der App heraus auf den Netzwerkstatus zugreifen kann. Das Plugin für die Erweiterung und die Konfiguration der notwendigen Rechte lautet *cordova-plugin-network-information*. Sie können es wie üblich der App hinzufügen:

```
cordova plugin add cordova-plugin-network-information
```

Nun gibt es in Cordova noch zusätzlich die *Connection*-Schnittstelle mit Konstanten, welche die Werte der Eigenschaft *type* – je nach Verbindungstyp – als Wert repräsentieren:

* *Connection.UNKNOWN*
* *Connection.ETHERNET*
* *Connection.WIFI*
* *Connection.CELL*
* *Connection.CELL_2G*
* *Connection.CELL_3G*
* *Connection.CELL_4G*
* *Connection.NONE*

Hintergrundinformation
Bis zur Version Cordova 2.3.0 wurde das Verbindungsobjekt über *navigator.network.connection* zur Verfügung gestellt. Die Änderung auf *navigator.connection* erfolgte nur, um mit den W3C-Spezifikationen synchron zu gehen. Der alte Zugriffsweg ist immer noch verfügbar, gilt aber als deprecated und die zukünftige Unterstützung ist nicht garantiert.

7.3.1   Ein Beispiel zur Auswertung des Netzwerkstatus

Ein praktisches Beispiel zur Auswertung des Netzwerkstatus kann sehr einfach gehalten werden (*kap7/NetzInfo1*). Wir zeigen nur den Wert von *navigator.connection.type* in der App an. Dazu brauchen wir bloß das kurze JavaScript-Listing betrachten, das eine Abwandlung vom letzten Beispiel darstellt.

```
(function () {
  "use strict";
  document.addEventListener( 'deviceready', onDeviceReady.bind( this ),
    false );
  function onDeviceReady() {
    document.getElementById('content').innerHTML =
      'Typ der Netzwerkverbindung:<br /> ' + navigator.connection.type;
  };
} )();
```

Der Wert von *navigator.connection.type* ist ein String entsprechend einer der oben genannten Konstanten – aber ohne das vorangestellte Connection (Abb. 7.3).

▶   Beachten Sie, dass der Wert von *navigator.connection.type* vollkommen klein geschrieben wird. Die Bezeichner der Konstanten von *Connection* hingegen werden (wie typisch für Konstanten) vollkommen groß geschrieben.

7.3.2   Ein Muster zur Entscheidung, ob eine Netzwerkverbindung besteht

Den Wert von *navigator.connection.type* können Sie natürlich in den üblichen Entscheidungsstrukturen auswerten. Insbesondere können Sie leicht abfragen, ob überhaupt eine Netzwerkverbindung besteht.

```
if (navigator.connection.type == "none") {
...
}
 else {
...
}
```

Abb. 7.3 Der Wert von navi-
gator.connection.type

▶   **Tipp** Sie können bei dem Vergleich auch die Konstanten von *Connection* ver-
    wenden. Also würden Sie im schematischen Beispiel auf *Connection.NONE*
    vergleichen.

7.4   Notification

Wir wollen uns nun um Rückmeldungen kümmern, die ein mobiles Gerät einem Anwender geben kann. Das sind Informationen in akustischer, optischer oder haptischer Form.
Cordova stellt dazu zum einen ein eigenes Objekt namens *notification* als weitere Erweiterung von *navigator* bereit. Um auf die Notifikation zugreifen zu können, müssen Sie
wieder die notwendigen Rechte und Voraussetzungen beachten, die bei der Installation
von dem, für die Erweiterung erforderlichen, Plugin *cordova-plugin-dialogs* eingerichtet
werden.

Das *notification*-Objekt stellt vier zentrale Methoden bereit, die es überwiegend[1] in ähnlicher Form auch im DOM-Konzept gibt.

- *navigator.notification.alert*
- *navigator.notification.confirm*
- *navigator.notification.prompt*
- *navigator.notification.beep*

Hintergrundinformation
Die gleichnamigen Methoden im DOM-Konzept gehören zum *window*-Objekt. Diese kann man
ebenfalls im Rahmen einer Cordova-App verwenden. Die Methoden sind allerdings nicht konfigurierbar, wohingegen die meisten Cordova-Implementationen eine native Dialogbox mit Konfi-
gurationsmöglichkeiten nutzen, wenn Sie die Methode über das *notification*-Objekt verwenden.
Dennoch gibt es einige Plattformen, auf denen auch dann nur die einfache Dialogbox des Browsers
aus dem DOM-Konzept zum Einsatz kommt.

7.4.1   Das Dialogfenster über alert()

Die Methode *alert()* dient zur Anzeige einer Dialogbox, wie man sie früher sehr viel im
WWW verwendet hat. Der von Cordova erweiterten Methode kann man vier Parameter
übergeben.

- Der erste Parameter ist ein String mit der anzuzeigenden Meldung.
- Der zweite Parameter ist ein Callback, der nach dem Schließen des Dialogs aufgerufen
  wird. Das kann selbstverständlich auch eine anonyme Funktion sein.

---

[1]Bis auf *beep()*.

- Optional können Sie als dritten Parameter einen Titel des Dialogs (Vorgabewert: „Alert") angeben.
- Als vierten Parameter können Sie einen Text für den angezeigten Button festlegen (Vorgabewert: „OK").

7.4.1.1   Ein Beispiel zum Einsatz von navigator.notification.alert()

Betrachten wir ein kleines Beispiel (*kap7/Haptick1*), bei dem das Beenden der Initialisierung der App dem Anwender mit einem *alert()*-Dialog angezeigt wird (Abb. 7.4).

Abb. 7.4 Das Dialogfenster
wird angezeigt

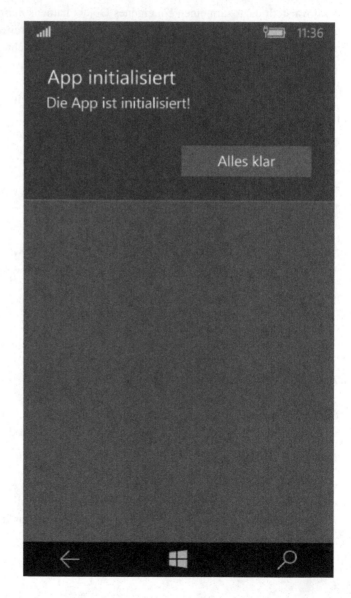

Abb. 7.5 Der Callback wurde
ausgeführt

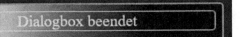

Nach Bestätigung des Dialogs wird soll in dem folgenden Beispiel ein Callback ausgeführt werden (Abb. 7.5).

Wir brauchen uns wieder nur den JavaScript-Teil ansehen, in dem die vier Parameter
entsprechend der obigen Ausführungen verwendet werden:

```
(function () {
  "use strict";
  document.addEventListener( 'deviceready', onDeviceReady.bind( this ),
    false );
  function onDeviceReady() {
    navigator.notification.alert(
      'Die App ist initialisiert!', // Anzeigetext
      function () {
        document.getElementById('content').innerHTML =
          'Dialogbox beendet';
      }, // Callback - mit einer anonymen Funktion
      'App initialisiert', // Titel der Dialogbox
      'Alles klar' // Beschriftung der Schaltfläche
    );
  };
} )();
```

Nach dem Initialisieren der App wird das Dialogfenster angezeigt, aber vom Rest der App
ist noch nichts zu sehen (Abb. 7.4). Erst wenn der Anwender das Dialogfenster beendet,
wird die Callback-Funktion aufgerufen. Diese schreibt in unserem kleinen Beispiel einfach
etwas in einen Div-Container in der Seite (Abb. 7.5).

▶ Es kann durchaus vorkommen, dass das Dialogfenster auf gewissen Plattformen anders aussieht und möglicherweise Bestandteile wie der Button gar nicht
auftauchen. Das sieht man etwa im Ripple-Emulator (Abb. 7.6). Auch kann es
sein, dass der Dialog nicht – wie gewünscht – modal ist und der Callback bereits

Abb. 7.6 Das Dialogfenster kann auch ganz anders
aussehen

vor dem Beenden des Dialogs ausgeführt wird. In dem Fall ist der Rückgriff auf die *alert()*-Methode des DOM möglich. Diese wird auf allen Plattformen unterstützt. Da kann man zwar keinen Callback angeben, aber ein nachfolgender Aufruf einer Funktion wird solange verzögert, bis das Dialogfenster geschlossen wurde.

7.4.2 Der confirm()-Dialog

Auch die Methode *notification.confirm()* werden Sie aus dem Web kennen, denn sie entspricht von der Anwendung *window.confirm()*, was Sie in einer Cordova-App ebenfalls einsetzen können. Damit wird eine Dialogbox angezeigt, in der der Anwender über alternative Schaltflächen entweder einen Schritt bestätigen oder ablehnen kann. Ganz klassisch (also in der DOM-Variante) beinhaltet so ein Dialog einen OK- und einen ABBRECHEN-Button. Unter Cordova ist die Methode aber konfigurierbar, was bei der DOM-Methode nicht der Fall ist, und auch flexibler zu verwenden.

Die Parameter sind identisch zur *navigator.notification.alert()*-Methode, wobei Sie bei den optionalen Texten für die Schaltflächen dann auch mehrere Texte angeben, die mit Komma getrennt werden. Der Vorgabefall ist die Situation, dass zwei Schaltflächen vorhanden sind, die in der Regel mit *OK* und *Cancel* beschriftet werden. Aber die Methode ist wie gesagt flexibler als der DOM-Vetter. Geben Sie als vierten Parameter mehr als zwei – durch Kommata getrennte, aber als einen String zusammengefasste – Texte an, erhalten Sie weitere Schaltflächen, die Sie separat verwerten können. Auch diese Flexibilität hat die DOM-Methode nicht, die immer (!) genau zwei Schaltflächen anzeigt.

Nun hat man aber bei mehr wie zwei Schaltflächen keine boolesche Situation mehr vorliegen und es genügt nicht, den Rückgabewert der Methode auf *true* (Ok) und *false* (Abbrechen) zu beschränken. Die Cordova-Varianten von *confirm()* liefert deshalb nummerische Werte und diese auch nicht als Rückgabewerte, sondern über den ersten Parameter der Callback-Funktion.

Klickt der Anwender auf die erste Schaltfläche, erhalten Sie den Wert 1, bei der zweiten den Wert 2, bei der dritten den Wert 3 usw. Diese Werte sind bemerkenswert, denn wir haben hier keine (!) Nullindizierung, wie es sonst in vergleichbaren Situationen fast immer der Fall ist. Deshalb nochmal zur Betonung – die erste Schaltfläche liefert den Wert 1 und nicht – wie man als erfahrener Programmierer erwarten wird – den Wert 0.

▶   **Tipp** Unterstützt eine Plattform die konfigurierbare Form des Dialogs nicht, wird von Cordova automatisch die DOM-Variante verwendet. Aber Sie können diese wie gesagt auch explizit selbst verwenden.

In dem folgenden JavaScript-Code (*kap7/Haptick2*) sehen Sie, wie drei Schaltflächen (Abb. 7.7) zur Auswahl gestellt werden und dann angezeigt wird, welche Schaltfläche vom Anwender ausgewählt wurde (Abb. 7.8).

Abb. 7.7 Der confirm()-Dialog
im Ripple-Emulator

Abb. 7.8 Der Buttonindex
wurde verwertet

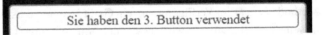

Hintergrundinformation

Die Reihenfolge der Schaltflächen im *confirm()*-Dialog kann sich auf verschiedenen Plattformen (oder zumindest in den Emulatoren) unterscheiden. Beachten Sie, dass die unterschiedliche Anzeigereihenfolge keine Auswirkungen auf den ausgewählten Index hat. Dieser repräsentiert immer die Reihenfolge, wie sie im Quelltext angegeben wurde. Auch kann es sein, dass die Formatierung der Beschriftung der Schaltflächen unterschiedlich behandelt wird, wenn der Platz zur Darstellung nicht ausreicht. Im einen Fall wird ein Textumbruch versucht und die Breite der Schaltflächen – wenn möglich – so angepasst, dass alle Schaltflächen vollständig zu sehen sind, während im anderen Fall Teile der Schaltflächen unter Umständen versteckt sind. Durch dieses – aus dem Web motivierten – Verhalten ist dieser Dialog in der Praxis eher selten sinnvoll. Frameworks wie jQuery Mobile oder Bootstrap stellen viel flexiblere und vor allen Dingen im Layout konsistentere Dialoge zur Verfügung.

```
(function () {
  "use strict";
  document.addEventListener('deviceready', onDeviceReady.bind(this),
    false);
```

```
function onDeviceReady() {
  navigator.notification.confirm('Die App ist initialisiert!',
    function (buttonIndex) {
      document.getElementById('content').innerHTML =
        'Sie haben den ' + buttonIndex + ". Button verwendet";
    }, 'App initialisiert', 'Alles klar,Kein Problem,Voll krass'
  );
};
})();
```

7.4.3   Entgegennahme von Benutzereingaben mit prompt()

In der klassischen Webprogrammierung war die Methode *window.prompt()* am Anfang ganz wichtig, um einfache Benutzereingaben entgegen zu nehmen. Aber selbst bei Webseiten wird die Methode so gut wie gar nicht mehr eingesetzt. Stattdessen kommen Formulare oder Dialog-Widgets zum Einsatz, wie sie Frameworks bereitstellen. Die Methode *navigator.notification.prompt()* soll deshalb nur der Vollständigkeit halber erwähnt werden.

7.4.4   beep()

Über *notification* steht Ihnen auch die ganz einfache, aber nichtsdestotrotz recht nützliche, Methode *beep()* zur Verfügung, um ein Gerät zu einer akustischen Rückmeldung zu veranlassen. Je nach Plattform wird dabei der normale Klingelton bzw. ein speziell für Systemmeldungen eingestellter Ton abgespielt oder aber Sie können auch auf einigen Plattformen eigene Tondateien auswählen, die im *www*-Wurzelverzeichnis stehen müssen. Die Details sollten Sie gegebenenfalls in der Dokumentation nachsehen. Als Parameter der Methode geben Sie nur an, wie oft ein Signal erfolgen soll.

So würde es 3x beepen:

```
navigator.notification.beep(5);
```

Die Anwendung der Methode ist so einfach, dass wir das Verfahren wollen gleich in einem etwas komplexeren Umfeld zeigen wollen. Wir haben da ja noch unsere Flieger-App (als eine Art Cockpit), die einen Piloten mit gewissen Informationen versorgen soll und die wir – wie besprochen – ja im Buch sukzessive weiterentwickeln wollen. In Verbindung mit der Vibration wollen wir gleich das Piepen anwenden.

7.4.5 vibrate()

Eine haptische Rückmeldung über Vibrationen wird von der Methode *navigator.vibrate()* ausgelöst. Als Parameter geben Sie in Millisekunden an, wie lange eine Vibration dauern soll. Um die Methode nutzen zu können, müssen Sie das Plugin *cordova-plugin-vibration* installieren.

Hintergrundinformation
Beachten Sie, dass in älteren Versionen die Methode über *navigator.notification.vibrate()* bereitgestellt wurde und dafür das Plugin *cordova-plugin-vibration* nicht benötigt wird. Diese Variante funktioniert heute auch noch, gilt aber als deprecated.

Auch die Anwendung der Methode ist so einfach, dass wir auf ein einzelnes Beispiel verzichten, sie aber mit dem Piepen in der weiterentwickelten Version der Flieger-App einbauen wollen.

7.4.6   Weiterentwicklung der Cockpit-App

Wir nehmen uns nun noch einmal die Cockpit-App vor und ergänzen hier gewisse Funktionalitäten aus dem Notification-Bereich (*kap7/Cockpit1.1*). Es gibt hier eine nützliche Anwendung für das Piepen – als akustisches Signal, ob ein Anwender sinkt oder steigt. In Verbindung mit der Vibration wird das Signal noch deutlicher. Und diese Informationsvermittlung über drei unterschiedliche Sinne ist sehr sinnvoll.[2] Schauen wir uns die Stelle an, in der wir die Anzeige für das Steigen und Sinken erstellen. Dort fügen wir für den Fall des Sinkens einfach ein akustisches Beep und die Vibration ein. Konkret müssen wir nur die Callback-Funktion für den Fall einer Beschleunigungsänderung und dort den Teil, in dem wir auf die negative Beschleunigung reagieren, betrachten. Hier sind die entscheidenden Stellen in der Callback-Funktion für die Beschleunigung mit den zwei Erweiterungen:

---

[2]Ich persönlich habe beim Gleitschirmfliegen nie einen Blick für mein Variometer übrig, wenn ich nach Thermik suche. Aber das Variometer gibt ebenfalls eine akustische Rückmeldung, ob ich gerade sinke oder steige und daraufhin kann ich reagieren, ohne auf das Display schauen zu müssen. Und wenn wegen Funk oder zu starken Windgeräuschen auch das akustische Signal nicht wahrzunehmen ist, hätten wir hier noch die Vibration als weitere Informationsquelle.

```
function successbeschleu(acceleration) {
  var beschleu = acceleration.z;
...
  if (aender < -0.5) {
    document.getElementById('beschleunigung').style.color = "red";
    document.getElementById('beschleunigung').innerHTML =
      Math.floor(aender) + ' m/s^2';
    navigator.notification.beep(1); // Beim Sinken piepen
    navigator.notification.vibrate(1000); // 1 Sekunde vibrieren
  } else if (aender > 0.5) {
...
  } else {
...
  }
...
}
```

7.5   Der Batteriestatus

Cordova stellt ein eigenständiges Plugin mit Namen *cordova-plugin-battery-status* zur
Verfügung, um den Ladezustand eines Akkus zu überprüfen. Das Plugin fügt dem *window*-
Objekt drei Events hinzu:

* *batterystatus*
* *batterycritical*
* *batterylow*

Alle Events in diesem Plugin geben ein Objekt mit den folgenden Eigenschaften zurück:

* *level*: Der Wert des Ladezustands zwischen 0 und 100.
* *isPlugged*: Ein boolean-Wert der anzeigt, ob ein Gerät am Netzteil angeschlossen ist
  oder über den Akku betrieben wird.

Schematisch kann man dieses Plugin so nutzen:

```
window.addEventListener("batterystatus", onBatteryStatus, false);
function onBatteryStatus(status) {
  console.log("Level: " + status.level + ", Am Netz: " +
    status.isPlugged);
}
```

7.6 Das Konsolenobjekt

Wenn Sie in der „normalen" Webprogrammierung Hintergrundinformationen ausgeben wollen, verwenden Sie oft die Anweisung *console.log()*. Damit werden Informationen in der Standardkonsole des Browsers ausgegeben. So etwas können Sie auch in Cordova verwenden. Aber zuerst müssen Sie das Plugin *cordova-plugin-console* installieren. Dieses Plugin definiert ein globales Konsolenobjekt und fügt zusätzliche Funktionen für iOS, Ubuntu, Windows Phone 8 und Windows hinzu. Im normalen Betrieb einer App wird man dieses Objekt nicht benötigen, aber zur Suche von Fehlern (Debuggen) können die bereitgestellten Methoden ganz hilfreich sein. Neben *console.log()* gibt es die folgenden Methoden:

- *console.error()*
- *console.exception()*
- *console.warn()*
- *console.info()*
- *console.debug()*
- *console.assert()*
- *console.dir()*
- *console.dirxml()*
- *console.time()*
- *console.timeEnd()*
- *console.table()*

7.7 Die Statusbar

Ein eher nicht ganz so wichtiges Plugin zur Rückmeldung ist *cordova-plugin-statusbar*. Es soll aber der Vollständigkeit halber noch kurz erwähnt werden. Das Statusleistenobjekt bietet einige Funktionen, um die iOS- und Android-Statusleiste anzupassen. Bei Bedarf finden Sie mehr dazu in der Dokumentation.

Zusammenfassung

Sie haben gesehen, wie Sie Informationen zu dem mobilen Endgerät des Anwenders einer App ermitteln können. Ebenso haben wir behandelt, wie man diverse Zustände eines mobilen Geräts auswerten kann. So können Sie etwa den Ladezustand eine Akkus oder den Netzwerkstatus eines mobilen Geräts bestimmen. Sie können aber auch über die Notivication und einige andere Objekte haptische und akustische Rückmeldungen eines Geräts auslösen.

Cordova im Zusammenspiel mit ergänzenden Frameworks – Die Funktionalität und die GUI bequemer erstellen

8

Inhaltsverzeichnis

© Springer Fachmedien Wiesbaden GmbH 2017
R. Steyer, *Cordova*, DOI 10.1007/978-3-658-16724-0_8

8.1   Was behandeln wir im Kapitel?

Cordova ist ein hervorragendes Mittel, um aus JavaScript heraus auf die Hardware eines mobilen Geräts sowie damit korrespondierende Objekte zuzugreifen. Bei der Erstellung ansprechender Oberflächen einer App hilft Cordova jedoch wenig. Ebenso beim grundsätzlichen Umgang mit JavaScript, dem DOM-Konzept und CSS. Es spricht viel dafür, dass Sie rein für die Programmierung bestimmter Arbeitsschritte mit JavaScript sowie der Gestaltung der Oberfläche einer App das Cordova-API um spezielle Frameworks ergänzen, die diese Arbeit erleichtern. Das können natürlich solche Frameworks sein, die speziell für mobile Anforderungen geschaffen wurden, aber Sie sind nicht darauf beschränkt, denn wir erstellen ja keine mobilen Webseiten bzw. Web-Applikationen, sondern Apps. Das erweitert die Auswahlmöglichkeiten.

Wir werden nun in dem Buch auch in der Folge den zusätzlichen Einsatz solcher ergänzenden Frameworks nicht voraussetzen, aber immer wieder Beispiele zeigen, welche die Alternativen zu einer rein direkten JavaScript- und CSS-Lösung demonstrieren, die nur mit Hilfe solcher Frameworks mit einem adäquaten Aufwand umgesetzt werden können. Ein ergänzendes Framework[1] sowie eine darauf aufsetzende Erweiterungen werden wir hier auch genauer im Zusammenspiel mit Cordova beleuchten, um dieses auch in der Folge hin und wieder einzusetzen.

In dem Kapitel wollen wir uns zudem etwas genauer damit auseinandersetzen, wann bestimmte Schritte bei einer App ausgeführt werden sollten. Also wann Sie auf die Initialisierung der App warten sollten und unter welchen Gegebenheiten Sie bereits nach dem Fertigstellen des DOM-Baums Anweisungen ausführen. Das wird zwar im Zusammenspiel mit ergänzenden Frameworks erläutert, ist aber vollkommen unabhängig davon.

8.2   jQuery, jQuery UI und jQuery Mobile

Es gibt eine ganze Reihe an Frameworks, die Sie zusammen mit Cordova verwenden können oder die teils in Konkurrenz dazu stehen. Dabei lassen wir allerdings in dem Buch die Konkurrenzframeworks zu Cordova links liegen, sondern betrachten nur Ergänzungen von Cordova. Viele dieser Frameworks ähneln sich vom Leistungsumfang und sogar der Syntax. Das liegt zum Teil auch daran, dass sie manchmal aufeinander aufbauen oder das gleiche Basisframework verwenden. Das gilt aber nicht für alle Kandidaten. Kurz erwähnen möchte ich Zepto (http://zeptojs.com/), xui.js (http://xuijs.com/), Web 2.0 Touch (http://web20boom.com/web/touch.php) oder DHTMLX Touch (http://dhtmlx.

---

[1]Eigentlich eine ganze Familie an Frameworks.

com/touch/). Ins Detail gehen wir allerdings mit jQuery (http://jquery.com). Denn derzeit ist jQuery im Web das populärste Framework und die Basis diverser Erweiterungen. Im Rahmen des jQuery-Projekts selbst gibt es nun auch eigene Erweiterungs-Frameworks speziell für die Erstellung von grafischen Oberflächen. Etwa jQuery UI, um Webseiten/ Web-Applikationen mit Widgets und Komponenten aufzupeppen. Oder jQuery Mobile speziell für mobile Webseiten und Web-Applikationen. Oder auch das Framework Boots-trap (http://getbootstrap.com/), was explizit auf jQuery aufsetzt. Und dieses Habitat rund um jQuery werden wir als Ergänzungen zur Cordova im Buch etwas genauer betrachten und in der Folge immer wieder auch einsetzen, denn das Zusammenspiel mit Cordova funktioniert meist hervorragend.

▶ An einigen Stellen im Buch ist der Begriff des **Widgets** schon beiläufig gefallen. Aber nun wird er von zentraler Bedeutung und wir sollten kurz besprechen, was ein Widget so genau ist. Bei Widgets handelt es sich in der Regel um Elemente, aus denen eine grafische Benutzerschnittstelle (UI – User Interface oder GUI – Graphical User Interface) zusammengesetzt wird. Mit HTML bzw. XHTML kann man etwa problemlos einfache Elemente wie Schaltflächen, Texteingabefelder, Labels, Überschriften, Formulare oder Tabellen generieren. Aber es gibt auch komplexere UI-Elemente, die im Fall von HTML ohne den zusätzlichen Einsatz von CSS und/oder JavaScript bzw. zusätzlichen Biblio-theken nicht von einem Browser unterstützt werden. Beispielsweise Eingabefelder zur qualifizierten Datums- und Zeiteingabe, Dialogfenster, Schieberegler, Fortschrittsan-zeigen etc. – eben Widgets.

Das Basisframework des gesamten Systems nennt sich einfach jQuery. Wie die Namen der anderen Bestandteile deutlich machen, setzen jQuery UI als auch jQuery Mobile explizit auf dem Basisframework jQuery auf. Allerdings sind sie darin nicht automatisch enthalten, sondern jeweils ein eigenständiges Projekt. Die Webseite des mobilen Frameworks finden Sie unter http://jquerymobile.com/ und von jQuery UI ist die Adresse http://jqueryui.com. Beide ergänzenden Frameworks sind aber auch von der eigentliche jQuery-Webseite aus zu erreichen.

Hintergrundinformation
Wir werden jQuery UI hier nicht weiter verfolgen, weil dieses Framework bei mobilen Webseiten und Apps nicht sonderlich sinnvoll ist, da auf Desktop-Browser optimiert und recht schwergewich-tig. Allgemein würde ich die Verwendung von jQuery UI bei einer Cordova-App nur dann emp-fehlen, wenn Sie keine Lösung mit jQuery Mobile, Bootstrap oder direkter Programmierung mit JavaScript und CSS hinbekommen oder dies einen großen Aufwand bedeutet.

8.3   Das Basisframework jQuery

Bei jQuery handelt es sich im Wesentlichen um eine JavaScript-Bibliothek mit einer ergänzenden Syntaxebene und eigenen Objektstruktur. Ein wesentlicher Vorteil von jQuery ist, dass die konkrete Anwendung von JavaScript als auch der Zugriff auf den DOM damit erheblich (!) vereinfacht wird. Mit den ergänzenden Techniken des jQuery-Frameworks werden sowohl der Zugriff auf Elemente des DOM verkürzt sowie vereinheitlicht als auch browserabhängige Besonderheiten kompensiert und fehlende Funktionalitäten ergänzt.

Und da jQuery im Kern wie gesagt eine JavaScript-Bibliothek ist, beruht jQuery nur auf Funktionalitäten, die jeder moderner Browser zu Verfügung stellt. Das gilt insbesondere für die Engines, die in mobilen Geräten zum Einsatz kommen. Das ist einerseits von erheblichem Vorteil, andererseits kann man mit der jQuery-Bibliothek bzw. dem jQuery-Framework nur das realisieren, was man mit JavaScript beziehungsweise DHTML und CSS sowie den DOM-Manipulation auch machen kann. Der Zugriff auf die Hardware eines mobilen Geräts ist entsprechend nicht bzw. nur sehr eingeschränkt möglich. Aber dafür haben wir ja Cordova.

8.3.1 Download von jQuery

Die JavaScript-Datei von jQuery ist als eine unmittelbare Ergänzung und Erweiterung zu HTML zu sehen und nur als eingebundener Bestandteil eines HTML-Gerüsts zu verwenden. Genau wie die Cordova-JavaScript-Bibliothek. Die JavaScript-Datei, die auch bei der Verwendung aufsetzender Erweiterungen wie UI oder Mobile eingebunden werden muss, erhalten Sie unter http://jquery.com/download/ zum Download. Dabei verwenden wir in der Folge die minimierte Version, in der überflüssige Leerzeichen, Zeilenumbrüche und Kommentare wegoptimiert wurden. Grundsätzlich könnten Sie jQuery auch von einem CDN aus dem Internet einbinden, aber das ist im Fall einer App eigentlich nicht zu empfehlen. Besser sind der Download und dann die lokale Integration in die App.

▶ CDN steht für Content Distribution Network oder auch Content Delivery Network. Es bezeichnet ein Netz lokal verteilter und über das Internet verbundener Server, mit dem Inhalte möglichst effektiv und für den Anwender intransparent ausgeliefert werden sollen. Dazu werden die Daten im Netz gecached und Anfragen nach Last verteilt. Aber Sie benötigen bei einem Zugriff eben immer Internet (und das auch schnell, was bei mobilen Geräten oft nicht der Fall ist), auch wenn man es auf Grund der eigentlichen Funktionalität einer App vielleicht gar nicht bräuchte. Vor allen Dingen ist das Nachladen aus dem Internet im mobilen Umfeld wegen der Performance nicht unkritisch und man muss unter Umständen auch die Domain für den externen Zugriff explizit freischalten.[2]

---

[2]Das Stichwort ist Whitelisting.

8.3.2   Die Einbindung von jQuery in Webseiten

Nun haben wir in unserer Cordova-Projektstruktur unter dem Verzeichnis *www* ein *js*-oder *scripts*-Unterverzeichnis.[3] Dorthin kopieren wir jeweils die jQuery-JavaScript-Datei. Von daher erfolgt in allen Beispielen, in denen wir jQuery verwenden, in der Folge eine Einbindung so:

```
<script type="text/javascript" src="js/jquery-3.1.0.min.js"></script>
```

Oder so:

```
<script type="text/javascript" src="scripts/jquery-3.1.0.min.js">
</script>
```

▶   Versionsnummern de Frameworks müssen Sie natürlich gegebenenfalls anpassen.

Nun sind die Bemerkungen zur Einbindung von jQuery aber noch nicht abgeschlossen, denn wir müssen uns über die Position in der HTML-Datei Gedanken machen, wo wir die Referenz platzieren. Wie schon im Buch erwähnt, sollten Sie Skripte grundsätzlich nach den Referenzen auf CSS-Dateien notieren, was wir natürlich auch beachten werden. Aber das ist nicht alles.

Die Referenz auf die jQuery-Bibliothek sollte immer vor den Referenzen der eigenen JavaScript-Dateien erfolgen, damit Sie dort mit der jQuery-Syntax und den jQuery-Objekten arbeiten können. Das ist die gleiche Situation wie bei Cordova. Wie aber verhält es sich mit der Referenz auf die Cordova-Datei? Notieren Sie die Referenz von jQuery davor oder danach? Denken wir einmal nach. Wird in Cordova jQuery verwendet? Nein. Aber auch die Cordova-Features spielen keine Rolle in jQuery. Erst in unserem eigenen Code führen wir die beiden Welten zusammen. Von daher sollte es keine Rolle spielen, ob Sie zuerst auf jQuery oder erst auf Cordova referenzieren. Wir müssen uns aber entscheiden und werden immer zuerst jQuery referenzieren.

8.3.3   Wie jQuery grundsätzlich arbeitet

Nahezu die gesamte Leistungsfähigkeit von nativer Programmierung mit JavaScript basiert darauf, dass man damit Objekte nutzen kann, die eine gewisse Funktionalität bereitstellen. Denken Sie an das DOM-Konzept oder aber Cordova. Auch das Potential von jQuery basiert vollkommen auf Objekten.

---

[3] Je nachdem, mit welchem Tool bzw. Template das Cordova-Projekt erzeugt wurde.

Das Framework stellt Ihnen ein eigenes **Objekt** namens *jQuery* zur Verfügung, das als neuer **Namensraum** zu verstehen ist, in dem alle globalen Objekte des Frameworks bereitgestellt werden. Auf diesen Namensraum greifen Sie mit dem Token *jQuery* oder dessen Alias *$* zu.

8.3.3.1 Zugriff auf DOM-Elemente mit jQuery

Mit die wichtigste Funktion im jQuery-Framework ist die Funktion *jQuery()*, die es mit verschiedenen Parametern gibt und die Sie auch über den Alias *$()* verwenden können. Sie ist unmittelbar an dem Token für den *jQuery*-Namespace bzw. dem *jQuery*-Objekt orientiert. Damit selektieren Sie zuverlässig ein Element im DOM. Die Supersache in jQuery ist, dass man als Parameter der Funktion so ziemlich alles angeben kann. „So ziemlich alles" ist natürlich sehr vage. Aber es passt – es kann ein beliebiger CSS-Selektor (CSS3!) als String, ein oder mehrere DOM-Element(e) oder ein Callback auf eine Funktion (auch anonym) sein. Dazu kommen spezielle jQuery-Erweiterungen in Form von Filtern, die Sie bei CSS-Selektoren zur genaueren Spezifizierung angeben können. Diese werden per Doppelpunkt in einen Selektor-String notiert. Dabei können Sie auch längere Ketten mit dem Doppelpunkt aufbauen, um von einer allgemeinen Selektion einer großen Menge die Treffermenge sukzessive einzuschränken. Statt „richtig" zu programmieren, brauchen Sie nur noch mit einer Art Pfadangaben gewünschte Objekte zu beschreiben. Das wird mit Beispielen sicher deutlicher. Schauen wir uns ein paar Selektionen an, die Sie so durchführen können:

```
$("h1"); // Eine Auswahl aller Überschriften der Ordnung h1
$("h1:first") // Erste Überschrift der Ordnung h1 - mit einem Filter
              // first
$("input:radio") // Alle Elemente vom Typ input mit dem type-Attribut
                 // radio
$(document) // Selektion des DOM-Objekts document - ohne Hochkommata
```

▶   Wenn Sie *jQuery()* oder *$()* als Parameter ein Element bzw. eine Gruppe von Elementen übergeben, werden diese ummantelt. Das bedeutet, dass sie danach im Kontext von jQuery zur Verfügung stehen und entsprechend die Eigenschaften und Methoden aus dem jQuery-Namensraum bzw. der jQuery-Bibliothek darauf angewendet werden können. Allerdings können Sie über jQuery-Objekte **nicht mehr** direkt auf die klassischen DOM-Eigenschaften zugreifen – Sie müssen die passenden Methoden des Frameworks verwenden.

8.3.4 Wichtige Methoden von jQuery

Wir können und wollen hier natürlich jQuery nicht im Detail behandeln. Aber ein paar Methoden sollten Sie kennen, damit wir daraus im Folgenden Nutzen für unsere Apps ziehen können. Wobei wir mit wenigen Methoden auskommen werden (Tab. 8.1).

Tab. 8.1 Wichtige Methoden von jQuery

Methode	Beschreibung
append()	Mit der Methode können Sie an Knoten im DOM-Baum weitere Knoten anfügen. Die Methode gibt es ziemlich analog in der nativen DOM-Programmierung auch (*appendChild()*). Der als String-Parameter übergebene Inhalt wird einfach hinten an den vorhandenen Inhalt gehängt. Sie erhalten also im selektieren Element einen weiteren Kindknoten.
attr() und *prop()*	Mit diesen Methoden können Sie auf beliebige Attribute eines Elements zugreifen. Sie können entweder den Wert von einem Attribut abfragen (Angabe der Eigenschaft als String-Parameter) oder Sie setzen den Wert. Zum Setzen geben Sie als Parameter ein einzelnes Paar als zwei getrennte Parameter in der Form (Name, Wert) an. Die Methode *attr()* gilt als deprecated und deshalb setzt man mittlerweile meist die neuere Methode *prop()* ein.
css()	Man kann mit reinem DHTML mittels des *style*-Objekt auf CSS-Eigenschaften zugreifen, aber man hat mit Browserinkompatibilitäten zu kämpfen. Und zudem damit, dass die Eigenschaften des *style*-Objekts in Hinsicht auf Groß- und Kleinschreibung sowie die Verwendung des Bindestrichs von der Notation der CSS-Eigenschaften abweichen. Über die Verwendung von jQuery werden die Eigenschaften normalisiert und damit in allen unterstützten Browsern identisch verfügbar. Mit der Methode *css()* fragen Sie entweder den Wert von einer CSS-Eigenschaft ab (Angabe der Eigenschaft als String-Parameter) oder Sie setzen die Werte von CSS-Eigenschaften. Zum Setzen geben Sie als Parameter in geschweiften Klammern eine kommatagetrennte Properties-Liste (also auch mehrere Eigenschaften auf einmal) mit Schüssel-Wert-Paaren (Name und Wert werden durch einen Doppelpunkt getrennt – also das JSON-Format) oder ein einzelnes Paar als zwei getrennte Parameter in der Form (Name, Wert) an. Dabei werden die Namen und Werte in Hochkommata eingeschlossen. ```$(this).css(\n {\n 'background-color' : 'blue',\n 'color' : 'white', 'opacity' : '0.7'\n }\n);```
each()	Die Methode iteriert über ein vorangestelltes Array oder Objekt. Als Parameter wird ein Callback oder eine anonyme Funktion angeben, deren erster Parameter wiederum der Schleifenindex ist. Die Methode arbeitet also im Grunde wie eine klassische Schleife, bei der bei jedem Durchlauf eine Callbackfunktion ausgelöst wird. Im Inneren der anonymen Funktion bzw. dem Callback steht *this* für das aktuelle Element einer Sammlung, über die gerade iteriert wird. ```$("div").each(function(index){\n $(this).append((index + 1) + ": ");\n});```

Tab. 8.1 (Fortsetzung)

Methode	Beschreibung
get()	Da Sie im Namensraum von jQuery nicht mehr direkt auf DOM-Eigenschaften und -Methoden zugreifen können, müssen Sie in dem Fall bei einer Selektion entweder die DOM-Methoden wie *document.getElementById()* verwenden oder aber Sie extrahieren ein Objekt wieder auf dem jQuery-Namensraum. Genau dazu dient die Methode *get()*. Als Parameter geben Sie den Index des Elements an (nullindiziert), das Sie so aus dem jQuery-Namensraum extrahieren. Dann können Sie wieder mit den normalen DOM-Eigenschaften und -Methoden arbeiten.
html()	Im DOM-Konzept sind auch Inhalte (Texte) eigenständige Knoten – Textknoten. Mit der Methode *html()* können Sie den Inhalt eines Textknotens abfragen, der klassisch im DOM-Konzept über *innerHTML* zur Verfügung steht. Es wird der Inhalt des ersten passenden Elements geliefert. Wenn Sie bei der Methode einen String-Parameter angeben, wird der Inhalt für alle passenden Textknoten übernommen.
val()	Auf den Inhalt von Formularfeldern können Sie mit *val()* zugreifen. Ohne Parameter gibt die Methode den Inhalt eines Feldes zurück, mit Parameter wird er gesetzt.

8.3.5   Die Ereignisbehandlung

Das jQuery-Framework stellt Ihnen eine eigene Ereignisbehandlung zur Verfügung. Es geht also darum, unter welchen Umständen bestimmte Aktionen im Rahmen der App ausgelöst werden. Und diese werden bei Cordova-Apps ohne ein Framework wie jQuery ja auch über das normale DOM-Ereignismodell mit all seinen Mängeln[4] behandelt. Es ist eines der wichtigsten Anwendungsgebiete von einem Framework wie jQuery, dass die Ereignisbehandlung vereinheitlicht und abgesichert wird. Das Ereignissystem von jQuery normalisiert das Event-Objekt über *jQuery.Event* (samt den Namen der verfügbaren Eigenschaften und Methoden) entsprechend der Standards des W3C und sorgt für eine einheitliche Behandlung in allen unterstützten Browsern. Insbesondere wird garantiert, dass das Ereignisobjekt zuverlässig zu Eventhandlern weitergereicht wird.

Das Ereigniskonzept stellt verschiedenste Methoden zur Reaktion auf Ereignisse zur Verfügung, die alle bekannten Techniken des Eventhandlings erlauben. Dieses doch recht komplexe Thema vertiefen wir aber nicht, sondern wir konzentrieren uns auf sogenannte Event Helper und die Datenbindung von jQuery. Diese Event Helper basieren auf klassischen Eventhandlern aus JavaScript/DOM bzw. HTML. Nur werden diese in jQuery über

---

[4]Unterschiedliche Ereignismodelle in verschiedenen Browsern, verschiedene Ereignisobjekte, Fehler in der Ereignisverarbeitung in einigen Browsern usw.

Methoden gekapselt, deren Aufruf an bestimmte Ereignisse gekoppelt ist. Sie können zur Verwendung dieser Event Helper Ihre Kenntnisse aus dem Bereich der JavaScript/DOM-Eventhandler direkt übertragen und lassen bei den Namen der jeweiligen Ereignismethode einfach nur das vorangestellte *on* weg. So wird die Methode *click()* bei einem Klick für jedes vorangestellte Element ausgelöst oder *mousedown()* wenn die Maustaste niedergedrückt wird. Als Parameter notieren Sie immer eine Callback-Funktion. In fast allen Fällen in Form einer anonymen Funktion. Der Parameter der Callback-Funktion ist standardmäßig das normalisierte Event-Objekt mit all den Eigenschaften, die im W3C-Standard vorgesehen sind.

```
$("img:first").click(function(evt) {
  // tue etwas
});
```

In jQuery gibt es wie gesagt über die Event Helper hinaus einige spezielle Techniken, die Ihnen eine qualifizierte, sichere, spezielle und zuverlässige Reaktion auf Ereignisse gestatten. Eine der Techniken ist die Datenbindung, die unter anderem mit der Methode *bind()* arbeitet. Dieser Methode können Sie zwei Parameter übergeben. Der erste Parameter ist eine Angabe des Ereignisses, auf das Sie reagieren wollen, und der zweite ein Callback. Ereignisse werden wie die Event Helper (oder Eventhandler ohne *on*) angegeben. Etwa *blur, focus, click, keypress* oder *keyup*. Sie können aber auch selbstdefinierte Ereignisse verwenden, was letztendlich der Schlüssel sein wird, dass wir hier auch spezielle Cordova-Ereignisse notieren können.

```
$("img").bind("mouseover", function(event){
// tue etwas
});
```

8.3.5.1   Ein spezielles Ereignis – der DOM ist fertig

Wie schon an verschiedenen Stellen erwähnt, ist es von entscheidender Bedeutung, dass man in der Web-Programmierung nicht zu früh auf den DOM zugreift. Das gilt auch für Web-Apps, die mit dem DOM arbeiten. Das jQuery-Framework stellt die Methode *$(document).ready()* zur Verfügung, die erst aufgerufen wird, wenn der DOM fertiggestellt wurde. Diese ist als zuverlässiger Ersatz von *window.onload* zu sehen. Statt *$(document).ready()* können Sie einfach als Kurzform *jQuery()* oder noch kürzer *$()* notieren. In allen drei Schreibweisen geben Sie einen Callback als Parameter an und diese Funktion wird unmittelbar nach Aufbau des DOM ausgeführt.

8.3.5.2   Erst recht ein spezielleres Ereignis – die App ist fertig

Nun bauen wir Apps und keine Webseiten im klassischen Sinn. So wichtig die Fertigstellung des DOMs auch ist – eigentlich langt das nicht, damit eine App „loslegen" kann. Die App muss fertig initialisiert sein. Das äußerst sich ja auch bisher schon in unserer

Grundstruktur, in der wir auf das *deviceready*-Event warten, bevor wir irgendeinen Code ausführen, der auf native Features zugreift. Das jQuery-Framework arbeitet hingegen wie eine Utility-Bibliothek und damit stehen deren Features unmittelbar nach dem Laden bereit. Genau deshalb verwenden manche Programmierer die folgende Konstruktion

```
window.onload = function () {
  document.addEventListener("deviceready", function() {
    ...
  })
};
```

Das ist im Grunde die „ausgeschriebene" Version des Codes, wie es etwa Visual Studio mit seinem Template generiert:

```
(function () {
  document.addEventListener('deviceready', onDeviceReady.bind(this),
    false);
  function onDeviceReady() {
  };
})();
```

Hier wird das Eintreten des *onload*-Events durch die anonyme Funktion und die Position der Einbindung des Skripts sichergestellt, das ja explizit am Ende des Bodies eingebunden wird.

Aber auch die CLI generiert eine Struktur, die neben der Reaktion auf *deviceready* das vollständige Laden des DOM sicherstellt. Hier wird ein Objekt erzeugt, dass nach dem Fertigstellen des DOMs erst erzeugt wird – was auch durch die Einbindung des Skripts am Ende des Bodies sichergestellt wird.

```
var app = {
  ...
}
app.initialize();
```

So eine Vorgehensweise kann man mit jQuery und dessen *$()*- und *bind()*-Methoden noch etwas eleganter und kompakter schreiben:

```
$(function() {
  $(document).bind("deviceready", function() {
    ...
  });
});
```

Nun ist diese Syntax vollkommen korrekt, aber im Internet findet man Hinweise, dass
$(document).bind("deviceready", function(){}) gelegentlich nicht zuverlässig arbeitet. Es
hängt wohl massiv an der konkreten Version von Cordova als auch jQuery sowie der Plattform selbst. Von daher empfehle ich auch beim Einsatz von jQuery – trotz der nicht ganz
so eleganten Schreibweise – die folgende Notation, die *document.addEventListener()* für
deviceready weiter verwendet:

```
$(function() {
  document.addEventListener("deviceready", function() {
    ...
  });
})
```

Oder aber Sie bleiben bei der Grundschablone bei der Struktur, die Ihnen die CLI oder
IDE wie Visual Studio generieren. Im Inneren können Sie dennoch dann problemlos
jQuery explizit verwenden.

8.3.5.3 Wann wird welcher Code beim Laden der App ausgeführt?

Allgemein kann es etwas trickreich sein, wann Sie welchen Code beim Laden einer App
ausführen. Als Leitfahren kann man folgende Tipps berücksichtigen, die wir in den nachfolgenden Beispielen noch unterfüttern werden:

- Deklarationen von globalen Variablen und Funktionen können konventionell in der
  obersten Ebene einer JavaScript-Datei erfolgen. Die Initialisierung von Variablen muss
  unter Umständen später erfolgen, wenn diese mit nativen Features (etwa Sensoren des
  Smartphones) oder DOM-Objekten (Elementen der Webseite wie Bilder oder Formularelemente) in Beziehung stehen.
- Nach dem Fertigstellen des DOM-Baums können alle Schritte ablaufen, die auch
  maximal nur mit reinen DOM-Objekten oder deren jQuery-Gegenstücken arbeiten.
- Alle Schritte, die auf native Objekte zugreifen, welche Ihnen Cordova bereitstellt
  (Objektrepräsentation von Sensoren, Telefonbuch, Kalender etc.), sollten immer erst
  nach dem *deviceready*-Event ausgeführt werden.

8.3.6 Vorhandenen Code mit jQuery umsetzen – das navigator-Objekt auswerten

Wir wollen als praktische Übungen für den Umgang mit jQuery als Cordova-Ergänzung
erst einmal einige Beispiele aus den vorherigen Kapiteln hernehmen und mit Hilfe von
jQuery überarbeiten. Sie üben damit den Umgang mit jQuery und werden sehen, dass wir
in JavaScript Schritte einfacher und kompakter schreiben können.

▶ Da wir in den nächsten Beispielen die Funktionalitäten unserer Apps in der Regel nicht verändern wollen, sondern nur die Quellcodes umstrukturieren und die „Qualität" des Quellcodes verbessern, vollziehen wir damit einen Schritt, der Refaktorisierung oder Refactoring genannt wird.

8.3.6.1 Eigenschaften des navigator-Objekts ausgeben

Das erste Beispiel, dass wir anpassen werden, ist das Projekt *AuswertungNavigator*, das nun in die Version 1.1 modifiziert wird (*Kap8/AuswertungNavigator1.1*). In diesem geben wir ja einfach alle Eigenschaften des *navigator*-Objekts aus (Abb. 8.1).

Abb. 8.1 Alle Eigenschaften des navigator-Objekts ausgeben

Hintergrundinformation
Wir werden in diesem ersten Beispiel auch die HTML-Datei kurz betrachten, damit Sie die Einbindung von jQuery sehen. In den folgenden Beispielen kümmern wir uns nur um die JavaScript-Sourcen.

Das ist die HTML-Datei mit der Referenz auf die jQuery-Bibliothek:

```
<!DOCTYPE html>
<html>
  <head>
...
  <body>
    <h4 class="ausrichtung rundeEcken">Das navigator-Objekt</h4>
    <div id="info" class=
      "hintergrund vordergrundspeed rundeEcken ausrichtung"></div>
    <script type="text/javascript" src="js/jquery-3.1.0.min.js">
    </script>
    <script type="text/javascript" src="cordova.js"></script>
    <script type="text/javascript" src="js/index.js"></script>
  </body>
</html>
```

Als einzige Neuerung sehen Sie die Referenz auf die jQuery-Datei, die wir als erste Skriptreferenz notieren.

Kommen wir zur JavaScript-Datei, in der wir nun explizit jQuery-Syntax verwenden wollen. Beachten Sie, dass wir in diesem Beispiel zu Demonstrationszwecken mit der *bind*-Variante zur Reaktion auf das *deviceready*-Ereignis arbeiten. Wie erwähnt gibt es in manchen Konstellationen damit Probleme, aber grundsätzlich ist diese Syntax sehr elegant und (meistens) funktioniert sie auch. Besonders bei einfachen Codes wie dem Folgenden und sollen sie einfach einmal in der Praxis kennenlernen.

```
$(function() {
  $(document).bind("deviceready", function() {
    $('#info').html("");
    for (i in navigator) {
      $('#info').append(i + ": " + navigator[i] + '<br />');
    }
  });
});
```

Sie sehen hier die oben besprochene Modifikation zur Sicherstellung, dass die App auch initialisiert wurde, bevor wir dort aktiv werden. Ansonsten verwenden wir *$()* für den verkürzten Zugriff auf Elemente in der HTML-Seite – hier über die ID (beachten Sie das vorangestellte # – es ist ein CSS-Selektor) – und die Methoden *html()* und *append()*.

8.3.6.2 Refaktorisierung der Positionsbestimmung mit GPS

Schauen wir uns noch eine weitere Modifikation eines Beispiels an. Wir nehmen das alte Beispiel zur Bestimmung der Position per GPS her (daraus wird *kap8/Position1.1*). Aber hier verzichten wir auf die jQuery-Methode *bind()*.

▶ Beachten Sie, dass Sie in dem Projekt wieder das Plugin *cordova-plugin-geolocation* sowie jQuery samt der Referenz in der HTML-Datei hinzufügen müssen.

Das ist der neue JavaScript-Code zur Positionsbestimmung per GPS:

```
$(function() {
  document.addEventListener("deviceready", function() {
    if (navigator.geolocation) {
      navigator.geolocation.getCurrentPosition(success, error);
    } else {
      $('#karte').html("Geolocation ist nicht möglich");
    }
  })
});
function success(position) {
  $('#karte').html(
    "Das Objekt navigator.geolocation liefert:<hr />" +
    "Breitengrad: " + position.coords.latitude +
    "<br />L&auml;ngengrad: " + position.coords.longitude +
    '<br />&Uuml;bergangsh&ouml;he: ' + position.coords.altitude +
    '<br />' + 'Genauigkeit: ' + position.coords.accuracy +
    '<br />' + 'Genauigkeit &Uuml;bergangsh&ouml;he: ' +
    position.coords.altitudeAccuracy +
    '<br />' + 'Steuerkurs: ' + position.coords.heading + '<br />'
    + 'Geschwindigkeit: ' + position.coords.speed + '<br />' +
    'Zeitstempel: ' + position.timestamp);
}
function error(msg) {
  $('#karte').html("Fehler bei der Lokalisierung:<br /> " + msg);
}
```

Wieder sehen Sie die neue Absicherung der Initialisierung der App sowie die verkürzten Zugriff auf DOM-Elemente und die Methode *html()* im Einsatz.

Wie Sie sehen, ist der Code in beiden Beispielen kompakter als in der ersten Version ohne jQuery. Allerdings sind die Vorteile noch nicht so gravierend, dass sie unbedingt einen Einsatz von dem zusätzlichen Framework erzwingen. Aber die Vorteile werden immer größer, je komplexer Quellcodes werden. Und vor allen Dingen wird das Basisframework extrem wichtig, wenn wir die Erweiterungen von jQuery Mobile oder Bootstrap ins Spiel bringen wollen.

8.4 Die GUI-Erstellung mit jQuery Mobile

Während das Basisframework jQuery mehr syntaktische Vorteile im Umgang mit Java-Script und dem DOM bereitstellt, wird Ihnen nun jQuery Mobile bei der Erstellung einer ansprechenden Oberfläche Ihrer Cordova-App helfen. Dabei können Sie auf Basis von HTML5, JavaScript und CSS eine einheitliche grafische Oberfläche aufbauen, die auf den wichtigsten modernen Tablets, Handys und Smartphones einheitlich funktionieren und sich auch so anfühlen soll. Dazu muss die große Bandbreite an mobilen Plattformen unter einen Hut gebracht und das Aussehen und Verhalten vereinheitlicht werden. Ebenso braucht man für die spezifischen Eingabemöglichkeiten und speziellen mobilen Effekte Unterstützung. Zwar ist jQuery Mobile eigentlich an den Bedürfnissen mobiler Webseiten bzw. Web-Applikationen orientiert, aber das Konzept kann man fast nahtlos auf Apps übertragen. Gerade auf Cordova-App, die sich ja innerhalb des Wrappers visuell kaum von mobilen Webseiten bzw. mobilen Web-Applikationen unterscheiden.

▶ Je mehr Frameworks Sie in einer Cordova-App ins Spiel bringen, desto diffiziler kann das Zusammenspiel werden. Obwohl sowohl jQuery und jQuery Mobile sehr gut gekapselt, robust und ausführlich getestet sind, lassen sich Randeffekte im Zusammenspiel mit Cordova in einer App nicht gänzlich ausschließen. Immerhin sind auf der einen Seite jQuery und jQuery Mobile ja eigentlich nur für Webseiten und Web-Applikationen gedacht und Cordova nur auf die Integration von purem HTML, JavaScript und CSS hin optimiert und getestet. Es gibt da durchaus Randbereiche, in denen man eventuell Probleme bekommen kann. Mir persönlich sind etwa Fälle bei Checkboxen unter gekommen, bei denen der Selektionszustand sich intern nicht geändert hat, obwohl visuell die Checkbox umgeschaltet hat. Solche Dinge sollte man im Auge behalten und die App gut testen. Im Problemfall muss man halt einen Workaround versuchen oder einen anderen Weg gehen.

Weiterhin müssen Sie beachten, dass die App durch zusätzliche Frameworks „schwergewichtiger" werden. Zwar sind jQuery und jQuery Mobile ziemlich schlank, aber es sind dennoch zusätzliche Ressourcen, die in die App integriert werden.

Sie gewinnen durch den Einsatz dieser ergänzenden Frameworks also eine Menge, aber manchmal zahlen Sie dafür auch einen Preis.

8.4.1 Die Plattformen

Die getestete und garantierte Unterstützung von jQuery Mobile ist sehr weitreichend. In der Dokumentation finden Sie genauere Hinweise (unter https://jquerymobile.com/browser-support/1.4/ etwa für jQuery Mobile 1.4 – Abb. 8.2).

Als Plattformen werden im Moment beispielsweise iOS, Android, BlackBerry, Bada, Windows Phone/Mobile, Palm webOS, Symbian, MeeGo und diverse mehr sowie sogar

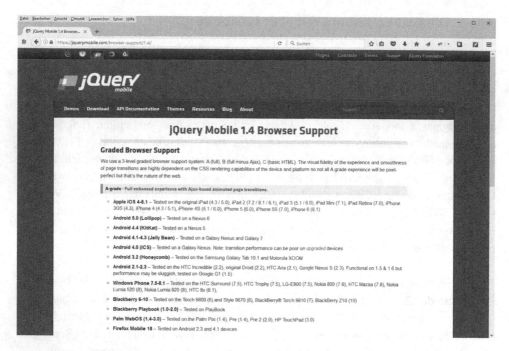

Abb. 8.2 Plattform-Support bei jQuery Mobile

spezielle ebook-Reader-Betriebssysteme wie Kindle unterstützt. Ebenso umfasst die Browserunterstützung alle relevanten Vertreter im mobilen Umfeld. Dabei sollte man beachten, dass in der Dokumentation von dem Projekt Kategorien angegeben werden, wie weit die Unterstützung von Plattform und Browser von jQuery Mobile garantiert wird. Sogenannte A-Klasse-Unterstützung bedeutet eine Garantie für vollen Support. Das bedeutet, dass diese Systeme sich bei den Features des Frameworks genauso verhalten, wie es vorgesehen ist.

Aber um es noch einmal zu betonen – diese ganzen Angaben beziehen sich auf die Verwendung in Browsern. Bei Cordova kommt das spezielle Umfeld des Cordova-Wrappers hinzu. Allerdings eher in vorteilhafter Hinsicht als ein zusätzliches Problem.

8.4.2   Die speziellen Features von jQuery Mobile

Das jQuery Mobile-Framework bietet verschiedene Arten an Unterstützung zum Aufbau einer grafischen Oberfläche für Ihre App. Es gibt einmal Widgets (Komponenten), aus denen Sie eine grafische Oberfläche zusammensetzen können. Diese Widgets sind auf eine berührungsgesteuerte Benutzerführung über Touchscreens optimiert. Dazu gibt es auch einige spezielle Events, die nur im mobilen Bereich sinnvoll sind. Ebenso gibt es ein spezielles CSS-Framework, dass das Aussehen der Benutzerschnittstelle an die Bedürfnisse einer mobilen Zielplattform angepasst. Mobile jQuery arbeitet dazu intensiv mit CSS3.

8.4.3   Der Download

Das jeweils aktuelle Release des Frameworks erhalten Sie über http://jquerymobile.com/download/. Dort stehen Ihnen verschiedene Dateien zur Verfügung. Da gibt es einmal die reinen JavaScript-Ressourcen, die es sowohl in einer lesbaren Version als auch einer minimierten Version (mit min gekennzeichnet) gibt, die für die Auslieferung gedacht ist. Dabei wurden alle überflüssigen Zeichen (Kommentare, nicht notwendige Leerzeichen, Umbrüche etc.) entfernt. Zum Framework zählen aber auch CSS-Ressourcen, die es auch in verschiedenen Versionen gibt. Im Allgemeinen ist es am sinnvollsten, wenn Sie die minimierte Version des Frameworks inklusive der CSS-Ressourcen laden.

▶   **Tipp** Wie schon bei dem Basisframework gilt, dass Sie besser die Ressourcen lokal bereitstellen als über ein CDN laden.

8.4.4   Die Einbindung

Da jQuery Mobile explizit auf dem Kernframework jQuery aufsetzt, müssen Sie neben jQuery Mobile auch die Kern-JavaScript-Datei von jQuery einbinden (zuerst).

▶   Dabei sollten Sie unbedingt eine passende Version von jQuery als „Grundlage" von jQuery Mobile verwenden. „Passend" bedeutet, dass deren Versionsnummer nicht zu niedrig sein darf. Das ist eigentlich trivial. Auf der Seite zum Download finden Sie entsprechende Hinweise. Allerdings kann auch eine zu neue (!) Version von jQuery gefährlich werden, denn wenn dort inkompatible Umstrukturierungen vorgenommen wurden, muss man diese möglicherweise auch in jQuery Mobile berücksichtigen. Von daher sollte man immer in der Dokumentation nachsehen, welche Versionen von jQuery als Basis empfohlen werden und genau diese Version verwenden.

Nun werden Sie fast immer in Ihrer Cordova-App mit externen Style Sheets arbeiten, die Sie in Ihrem HTML-Code referenzieren. Diese sollten immer vor den Skripten eingebunden werden, was mehrfach schon erwähnt wurde. Nun kommen aber auch weitere CSS-Dateien ins Spiel – die sogenannten CSS-Themes von jQuery Mobile, von denen Sie immer eines einbinden. Dies erzwingt auch eine Reihenfolge, wie Sie die CSS-Dateien in eine HTML-Seite einbinden.

Zuerst notieren Sie immer die CSS-Datei(en) von jQuery, die wir in unseren App-Projekten im CSS-Verzeichnis speichern, und dann erst Ihre eigenen CSS-Dateien. Der Grund ist, dass die später eingebundenen Regeln bei gleicher Priorität vorher definierte Regeln überschreiben. So können Sie sicher sein, dass Ihre eigenen CSS-Regeln in so einem Fall Vorrang haben.

Und da auch alle JavaScript-Dateien im gleichen Namensraum arbeiten, müssen wir auch hier wieder mit der Reihenfolge aufpassen. Das bedeutet, dass Sie Dinge, die Sie in einer JavaScript-Datei definiert haben, in der anderen unbeschränkt verwenden können, wenn sie bereits geladen wurden. Und da jQuery Mobile mit Deklarationen aus jQuery arbeitet und die zu dem Zeitpunkt da sein müssen, werden Sie zuerst auf jQuery referenzieren. Sie arbeiten im eigenen JavaScript-Code ja gegebenenfalls mit Elementen aus jQuery und jQuery Mobile und diese müssen zu dem Zeitpunkt definiert sein. Deshalb müssen Sie auch alle Ressourcen von jQuery vor Ihren eigenen Skripten einbinden. Zusammen mit der Referenz auf Cordova sieht eine Basisschablone mit allen notwendigen Referenzen in der richtigen Reihenfolge so aus (bei Verwendung des Verzeichnisses *js* für die JavaScripts):

```
<!DOCTYPE html>
<html>
  <head>
...

    <link rel="stylesheet" type="text/css"
      href="css/jquery.mobile-1.4.5.min.css">
    <link rel="stylesheet" type="text/css" href="css/index.css">
...
  </head>
  <body>
...

    <script type="text/javascript" src="js/jquery-11.1.1.min.js">
</script>
    <script type="text/javascript"
      src="js/jquery.mobile-1.4.5.min.js"></script>
    <script type="text/javascript" src="cordova.js"></script>
    <script type="text/javascript" src="js/index.js"></script>
  </body>
</html>
```

Sie sehen in dem Quellcode nach den üblichen Metaangaben im Header eine Referenz auf die CSS-Ressourcen von jQuery. In diesem Fall auf die minimierte Version 1.4.5 – bei anderen Versionen geben Sie entsprechende Versionsnummern oder Namen an. Dem folgt die Referenz auf unsere eigenen CSS-Ressourcen. Natürlich können hier beliebig viele CSS-Dateien referenziert werden.

▶ **Tipp** Bei jQuery Mobile werden bei speziellen Themes mehrere bzw. andere
CSS-Dateien referenziert. Diese Details vertiefen wir nicht und es sei auf die
Dokumentation zu jQuery Mobile verwiesen.

Am Ende des Bodies sehen Sie die Referenzen auf die JavaScript-Dateien von jQuery
und jQuery Mobile, Cordova und unsere eigenen JavaScript-Ressourcen. Natürlich auch
wieder mit speziellen Versionsnummern, die gegebenenfalls anzupassen sind. Beachten
Sie, dass wir die Version 1.4.5 von jQuery Mobile verwenden und für diese explizit jQuery
in der Version 1.11.1 als Basis (keine höhere Version) in der Dokumentation empfohlen
wird.[5]

▶ Zum CSS-Thema von jQuery Mobile gehören auch Bilder, die sich in einem
Unterverzeichnis der CSS-Ressourcen (also in dem Verzeichnis *css* unterhalb
von *www* – nicht *www* selbst) mit Namen *images* befinden müssen. In dem ZIP-
Verzeichnis mit dem Framework finden Sie dieses Verzeichnis.

8.4.5   Das Rollensystem und data-role

Kommen wir zu dem zentralen Aspekt des jQuery Mobile-Frameworks. In modernen
Webseiten – insbesondere mit HTML5 – versucht man sich bezüglich der verwendeten
HTML-Tags auf die Struktur einer Seite zu konzentrieren und überlässt das Design
vollkommen Style Sheets. Man beschränkt sich bei modernen Seiten also möglichst
auf wenige Tags, die nur die Struktur beschreiben. Von entscheidender Bedeutung ist
neben diversen neuen Elementen in HTML5 zur Abbildung einer Semantik das gute
alte DIV-Element. Und dieses Gedankengut wird auch im Framework konsequent
umgesetzt.

Das mobile jQuery Framework arbeitet mit einem **Rollensystem** für Elemente einer
Seite, um Widgets auszuzeichnen. Über ein Attribut *data-role* wird jedes Element, das
eine bestimmte Aufgabe erfüllen soll, über standardisierte Werte des Frameworks ausgezeichnet. Als Anwender müssen Sie damit bei der Auszeichnung eines Widgets meist
gar nicht mehr direkt programmieren. Sie können zum Beispiel ein DIV-Element alleine
durch die Auszeichnung mit dem Attribut und einem spezifischen Wert zu einem Button
oder einen Fußbereich machen. Alle Widgets, die Sie im Framework verwenden wollen,
können so erzeugt werden. Aber auch Seitenübergänge, Verknüpfungen und Seiten
selbst können durch diesen Ansatz gänzlich ohne manuelle Programmierung erstellt
werden.

---

[5]Ich hatte bei testweisen Experimenten in Kombination mit der jQuery-Version 3.1 auch Fehler
erhalten.

▶   In neuen Versionen des Frameworks kommen immer mehr Klassen zum Einsatz,
     die oft die bisherigen Attribute ablösen. Dabei wird alleine durch die Zuweisung
     einer Klasse das Framework instruiert eine bestimmte Funktionalität durchzu-
     führen. In der Regel funktionieren aber dann auch noch die „alten" Wege über
     Attribute.

8.4.6   Der grundsätzliche Aufbau einer mobilen Seite

Der grundsätzliche Aufbau einer Webseite, die von jQuery Mobile profitieren soll, ist
immer ähnlich. Man nutzt wie gesagt über das gesamte Framework insbesondere die *data-
role*-Attribute. Nun kann eine gesamte Webseite im Sprachgebrauch des Frameworks zwar
eine Seite sein, aber Seite versteht man in jQuery Mobile eigentlich anders. Es ist ein
abgeschlossenes Segment innerhalb der Webseite (normalerweise ein DIV-Element), das
mit Attribut *data-role="page"* versehen ist. Innerhalb solch eines Containers können Sie
alle gültigen HTML-Anweisungen verwenden (außer den Anweisungen des Grundgerüsts
selbst). Typischer Weise strukturiert man aber ein solches Seitensegment in einen eigenen
Kopf-, Inhalts- und Fußbereich. Diese werden wieder mit spezifischen Werten von *data-
role* gekennzeichnet.

```
<div data-role="page">
  <div data-role="header"> … </div>
  <div data-role="content"> … </div>
  <div data-role="footer"> … </div>
</div>
```

Hintergrundinformation
Sie sollten bei den Werten von *data-role* verblüffende Ähnlichkeiten zu den neuen semantischen
HTML5-Tags erkennen. Also *header* oder *footer*. Was kein Zufall ist! Dennoch arbeitet jQuery
Mobile derzeit nicht mit diesen neuen Tags, sondern eben den Werten für das Attribut. Das garantiert
eine bessere Abwärtskompatibilität.

8.4.6.1   Verknüpfen von Seiten in jQuery Mobile
Grundsätzlich werden in jQuery Mobile zur Verknüpfen von Seiten alle Standardlinktypen
aus HTML unterstützt. Dabei muss man jedoch zwischen externen und internen Links
unterscheiden, was sich aus dem abweichenden Verständnis einer Seite ergibt. Denn unter
jQuery Mobile kann ein einzelnes HTML-Dokument mehrere Seiten im Sinn des Frameworks enthalten (*page*-Segmente). Dieser Ansatz ist naheliegend, denn klassische Webseiten sind einfach zu groß für kleine Bildschirme auf Smartphones. Bei zu viel Inhalt muss
der Anwender mit einem mobilen Endgerät also fast immer scrollen, um die gesamten
Inhalte zu sehen. Eine Aufteilung der Inhalte einer Webseite durch den Ersteller der Webseite in festgelegte Segmente mit jeweils im logischen Verbund sinnvollen Informationen
ist also durchaus vorteilhaft. Und das gemeinsame Laden vorab ist im mobilen Bereich

nicht zuletzt durch die immer noch meist geringen Bandbreiten auch naheliegend. Diese bereits geladenen, aber noch nicht angezeigten page-Segmente kann man dann per spezieller Links miteinander verbinden und bei einem Wechsel der Seiten fix anzeigen, da die verschiedenen Seiten ja schon vorhanden sind.

Jeder *page*-Block benötigt nun für eine sinnvolle interne Verlinkung eine eindeutige ID und diese wird für die interne Verlinkung über eine klassische Ankernotation verwendet (*href="#meineId"*). Beim Anklicken des Links wird der entsprechend gekennzeichnete Bereich auf dem Bildschirm verschoben. Und Sie kennen sicher aus JavaScript die Funktionalität *history.back()*. Damit gehen Sie in der Historie eine Seite zurück. Mit dem Attribut *data-rel="back"* können Sie in jQuery Mobile genau diese Funktionalität ausnutzen, wenn Sie nicht explizit eine ID angeben. Aber sicherer ist die Angabe einer Id. Das könnte schematisch so gehen, wenn mehrere *page*-Segmente in einer HTML-Seite existieren, die verknüpft sind:

```
<div data-role="page" id="p1">
  <div data-role="header"><h1>Seite 1</h1></div>
  <div data-role="content"><a href="#p2">Seite 2</a></div>
  <div data-role="footer"><h4>Verlinkung</h4></div>
</div>
<div data-role="page" id="p2">
  <div data-role="header"><h1>Seite 2</h1></div>
  <div data-role="content">
    <a data-rel="back" href="#p1">Zurück</a></div>
  <div data-role="footer"><h4>Verlinkung</h4></div>
</div>
```

Sie sehen hier ein Dokument, das zwei Seiten im Sinn von jQuery Mobile enthält. Wenn Sie die Datei laden, wird zuerst nur der erste *page*-Bereich angezeigt, sofern der Browser das Framework korrekt unterstützt. Der Hyperlink im ersten *page*-Segment verweist auf eine ID p2 (*<a href="#p2">*) und führt zum zweiten *page*-Segment, das mit dieser ID ausgezeichnet ist. Auf der zweiten Seite finden Sie den Link zurück, der die Historie des Browsers verwendet. Beachten Sie, dass der Wert von href als #p1 gesetzt wurde und zusätzlich der Link zurück über *data-rel* ausgelöst wird, Das ist sozusagen ein doppelt abgesicherter Rücksprung zu dem *page*-Segment, von dem der Besucher kam.

▶   Die Verwendung von mehreren *page*-Segmenten ist bei Apps für manche Pattformen nicht ganz unkritisch, wenn hier die BACK-Taste bei einem Gerät mit gewissen Verhaltensweisen gekoppelt ist und die etwa auch die Historie zurückgehen muss. Oder gar ausschließlich damit auf eine Seite zurückgegangen werden darf. Von daher bieten sich mehrere *page*-Segmente in einer Seite nicht für alle Apps an. Das sind aber keine technischen, sondern rein Usabilty-politische Einschränkungen.

8.4.7   Eine erste App mit jQuery Mobile

Erstellen wir eine erste einfache App mit jQuery Mobile, die nur die einfachsten Grundstrukturen nutzt und deklarativ zwei Seiten mit Content zur Verfügung stellt, bei denen der Header und Footer rein durch die deklarative Verwendung der entsprechenden Attribute formatiert werden (Abb. 8.3). Dazu legen wir ein neues Cordova-Projekt mit Namen *kap8/ jQueryMobileApp* an (in dem Fall mit Visual Studio) und fügen die Ausführungen von oben in realem Code zusammen. Das sind wesentlichen Teile der HTML-Seite:

```
<!DOCTYPE html>
<html>
  <head>
  …
    <link rel="stylesheet" type="text/css"
      href="css/jquery.mobile-1.4.5.min.css">
    <link rel="stylesheet" type="text/css" href="css/index.css">
    <title>jQuery Mobile App</title>
</head>
  <body>
    <div data-role="page" id="p1">
      <div data-role="header"><h1>Seite 1</h1></div>
      <div data-role="content"><a href="#p2">Seite 2</a></div>
      <div data-role="footer"><h4>Footer der Seite 1</h4></div>
    </div>
    <div data-role="page" id="p2">
      <div data-role="header"><h1>Seite 2</h1></div>
      <div data-role="content">
        <a data-rel="back" href="#p1">Zur&uuml;ck</a>
      </div>
      <div data-role="footer"><h4>Footer der Seite 2</h4></div>
    </div>
    <script type="text/javascript"
      src="scripts/jquery-1.11.1.min.js"></script>
    <script type="text/javascript"
      src="scripts/jquery.mobile-1.4.5.min.js"></script>
    <script type="text/javascript" src="cordova.js"></script>
    <script type="text/javascript" src="js/index.js"></script>
  </body>
</html>
```

In der JavaScript-Datei als auch den eigenen CSS-Dateien passiert gar nichts. Das ist wesentlich, denn rein durch die deklarative Verwendung der Attribute hat jQuery Mobile

Abb. 8.3 Der Header und der Footer wurden deklarativ formatiert

die optische Aufbereitung der Seiten vorgenommen. Beachten Sie, dass nach dem Laden der App nur das Segment angezeigt wird, was mit dem Attribut *data-role="page" id="p1"* gekennzeichnet ist – also der entsprechende *div*-Container (Abb. 8.3).

Erst wenn der Anwender den Link zur Seite 2 anklickt, wird der *div*-Container mit dem Attribut *data-role="page" id="p2"* angezeigt (Abb. 8.4).

Abb. 8.4 Erst jetzt wird die zweite Seite angezeigt

8.4.8 Eine weitere App mit jQuery Mobile – eine verbesserte Tachometer-App

Wir nehmen uns nun erneut eine App vor, die wir bereits im Buch erstellt haben, und modifizieren sie mit jQuery und jQuery Mobile. Da wir aber gerade mit jQuery Mobile auch eine neue Benutzerschnittstelle erzeugen wollen, ist das nun kein reines Refactoring, sondern eine echte Weiterentwicklung. Wir nehmen das Projekt *kap5/Speed2*, das nun zu *kap8/Speed2.1* wird. Dies war die App, die die Geschwindigkeit nummerisch als auch mit einem Balken anzeigt.

▶ Beachten Sie, dass Sie in dem Projekt das Plugin *cordova-plugin-geolocation* sowie jQuery und auch wieder jQuery Mobile samt der Referenz in der HTML-Datei hinzufügen müssen.

Um die Details noch einmal zu verdeutlichen, folgt hier zuerst der Body der HTML-Datei in der Datei *index.html*:

```
<div data-role="page">
  <div data-role="header">
    <h1 class="schriftgross ausrichtung rundeEcken">Your Speed</h1>
  </div>
  <div data-role="content">
    <div class="ausrichtung2">
      <canvas id="digitacho" width="320" height="100"></canvas>
    </div>
    <div id="tacho" class=
      "schriftspeed hintergrund vordergrundspeed rundeEcken
      ausrichtung">
    </div>
  </div>
  <div data-role="footer">
    <div class="schriftgross ausrichtung rundeEcken">Km/h</div>
  </div>
</div>
<script type="text/javascript" src="scripts/jquery-1.11.1.min.js">
</script>
<script type="text/javascript"
  src="scripts/jquery.mobile-1.4.5.min.js"></script>
<script type="text/javascript" src="cordova.js"></script>
<script type="text/javascript" src="scripts/index.js"></script>
```

Durch die Auszeichnungen der DIV-Elemente in der HTML-Datei wird das Framework auf einer passenden Plattform dafür sorgen, dass die Bereiche entsprechend einem bestimmten Thema formatiert werden. Zudem wird der *page*-Block wie erwähnt als eine

Abb. 8.5 Eine App mit typischer Aufteilung

Seite gesehen. Die enthaltenen DIV-Blöcke füllen die vorgesehenen Rollen als Kopfbereich, Inhaltsbereich und Fußbereich aus. Im Kopfbereich zeigen wir den Titel der App, im Inhaltsbereich die grafische Anzeige und darunter die zugehörige nummerische Angabe und im Fußbereich die Einheit an. Sie werden erkennen, dass durch das Framework die einzelnen Segmente bereits ein Standardlayout bekommen, die einem typischen, nativen App-Layout entspricht (Abb. 8.5).

Betrachten wir die überarbeitete JavaScript-Datei, in der wir nun gezielt jQuery-Syntax einsetzen. Dabei werden die Teile nicht abgedruckt, in denen sich keine relevanten Änderungen ergeben haben. Das sind im Wesentlichen die Schritte, in denen wir in den Canvas-Bereich zeichnen:

```
var zb = null;
$(function() {
  $("#tacho").html("0");
  document.addEventListener("deviceready", function() {
    navigator.geolocation.watchPosition(function(position) {
      var speed = Math.floor(position.coords.speed * 3.6);
```

```
    if (speed > 270)
      speed = 270;
    $("#tacho").html(speed);
    zb = $("#digitacho").get(0).getContext('2d');
    zb.font = "18px Arial";
... // keine Änderungen
  }, function(error) {
    $("#tacho").html("0");
  }, {
    enableHighAccuracy : true,
    maximumAge : 500, timeout : 1000, frequency : 500
  });
  }, false);
});
```

Wir verwenden hier wieder die *document.ready()*-Methode von jQuery und gezielt den verkürzten, normalisierten Zugriff auf die DOM-Objekte mit *$()*. Im Fall des Zugriffs auf den Zeichnenbereich des Canvas haben wir jedoch die Situation, dass wir das Canvas-DOM-Objekt „roh" benötigen. Sie sehen im Quelltext, dass wir mit *get()* dazu dieses Objekt aus dem jQuery-Namensraum extrahieren (*$("#digitacho").get(0).getContext('2d')*). Selbst damit ist die Schreibarbeit noch signifikant kompakter als wenn wir mit den klassischen DOM-Methoden zur Selektion arbeiten würden.

Beachten Sie auch am Anfang des Listings die Zeile *$("#tacho").html("0");*. Diese wird unmittelbar nach der Fertigstellung des DOM-Baums, aber vor der fertigen Initialisierung der App durchgeführt. Sie sehen also ein Beispiel, wann und wie man in diesem „Zwischenbereich" beim Start der App bestimmte Schritte durchführen kann.

8.4.9 Schaltflächen, Toolbars, Navbars und Formularelemente

Während die Bedienung klassischer Web-Applikationen auf dem PC stark am Mauszeiger orientiert ist, orientieren sich mobile Webseiten und Apps an der Bedienung mit dem Finger (Stichwort Touchscreens). Und damit kann man nur ungenau bzw. schwierig den engen sensitiven Bereich eines klassischen Hyperlinks in Textform treffen. Von daher müssen sensitive Elemente meist größer werden, um dem Anwender eine bequeme Bedienung zu gewährleisten. Und dazu bieten sich Schaltflächen und optimierte Formularelemente an.

8.4.9.1   Button
Schaltflächen werden bei jQuery Mobile ganz einfach erzeugt. Sie müssen nicht mehr tun als in einem Link dem Attribut *data-role* den Wert *button* zuzuweisen. Alternativ können Sie auch spezielle Klassen verwenden.

```
<a href="index.html" data-role="button">Klick</a>
```

▶   **Tipp** Selbstverständlich können Sie mit dem Klick auf eine Schaltfläche nicht
    nur einen Hyperlink, sondern ein beliebiges Ereignis auslösen. Dazu binden Sie
    wie üblich in JavaScript über die *bind()*- oder *click()*-Methode einen Callback an
    die Schaltfläche. Wenn Sie ein *a*-Element als Basis der Schaltfläche verwenden,
    sollten Sie dann aber als zusätzliches Attribut *href="#"* notieren, um das Auslö-
    sen des Hyperlinks zu unterbinden.

In der Grundeinstellung werden alle Schaltflächen als Blockelemente generiert. Zumindest im zentralen Inhaltsbereich des *page*-Segments. Das bedeutet, sie nehmen die
gesamte Breite eine Seite ein und erzeugen einen Umbruch. Wenn Sie *data-inline="true"*
als Attribut beim Button setzen, erzeugen Sie jedoch ein Inlineelement, das nur den
Raum einnimmt, den der Inhalt erzwingt. Außerdem unterbleibt der Zeilenumbruch.
Damit können Sie also mehrere Schaltflächen nebeneinander anordnen. Bei Bedarf
können Sie auch auf einfache Weise grafische Symbole den Buttons hinzufügen. Dazu
stellt das jQuery Mobile Framework einen Satz an häufig gebrauchten Icons für mobile
Apps bereit. Diese sind auf minimale Größe und maximalen Kontrast hin optimiert. Um
diese grafischen Symbole zu verwenden brauchen Sie bloß das *data-icon*-Attribut einem
Button hinzuzufügen.

Entsprechend wird der Wert *false* bei *data-inline* zwingend ein Blockelement bewirken.
In dem Fußbereich und Header werden Schaltflächen automatisch als Inlineelement formatiert und müssten bei Bedarf so zu Blockelementen umgewandelt werden.

Sie können Schaltflächen auch visuell zu Gruppen zusammenfassen. Dazu werden
sie in einen Container gepackt, der mit dem Attribut *data-role="controlgroup"* versehen
ist. In der Grundeinstellung werden die Schaltflächen vertikal zusammengefasst und alle
Abstände zwischen den Button beseitigt. Auch die Schatteneffekte werden so umgestaltet,
dass die Gruppe optisch als gemeinsame Einheit auftritt. Hier ist ein kurzes Beispiellisting
für gruppierte Schaltflächen:

```
<div data-role="controlgroup">
  <a href="eins.html" data-role="button">Ja</a>
  <a href="zwei.html" data-role="button">Nein</a>
  <a href="#" data-role="button">Abbruch</a>
</div>
```

▶   **Tipp** Mit *data-type="horizontal"* können Sie die Anordnung auch horizontal vor-
    nehmen. Dann werden die Schaltflächen als Inlineelemente formatiert.

8.4.9.2   Toolbars

Eine besondere Form an Widgets im Framework sind **Toolbars**. Diese werden im Kopf-
oder Fußbereich eines *page*-Segments verwendet. Es ist nun recht bequem, wenn Sie in
diesen Bereichen eine horizontale Navigation oder eine Aufteilung in Tabellenblätter
haben. Das Framework beinhalten dazu ein Navigationsbar-Widget (*data-role="navbar"*),

um eine unsortiert Liste mit Links in eine horizontale Leiste mit Schaltflächen zu über-
führen. Hier ist ein Beispiel einer Navbar:

```
<div data-role="footer">
  <div data-role="navbar">
    <ul>
      <li><a href="http://rjs.de">Home</a></li>
      <li><a href="http://blog.rjs.de">Blog</a></li>
    </ul>
  </div>
</div>
```

Die Positionierung der Kopf- und Fußbereiche erfolgt in der Vorgabe inline. Damit befinden sich diese Elemente im normalen Fluss der Webseite. Der Vorteil ist, dass sie damit
auf nahezu allen Devices sichtbar sind, da unabhängig von der Positionierung mit Java-
Script und/oder CSS. Die Elemente werden einfach so angeordnet, wie Platz verfügbar
ist. Gerade bei den vielen unterschiedlichen Auflösungen im mobilen Umfeld ist das von
Vorteil.

8.4.9.3 Formularelemente

Nun gibt es noch einige weitere wesentliche Interaktionskomponenten in einer GUI. Viel
Interaktion mit Anwendern basiert auf den unterschiedlichsten Formularelementen. Das
Framework jQuery Mobile stellt alle gängigen Formularelemente in einer optimierten
Form für die mobilen Devices bereit. Insbesondere ist die Bedienung mit dem Finger
explizit vorgesehen. Aber im Grunde basieren fast alle Formularelemente auf den üblichen
nativen HTML-Formularelementen, die vom Framework im Hintergrund über Standard-
werte von type sowie einige ergänzende Werte des Frameworks generiert, initialisiert und
dabei angepasst werden. Dabei werden auch Features von HTML5 vorweggenommen,
die in konventionellen Webbrowsern derzeit entweder noch gar nicht oder unzureichend
umgesetzt wurden und im besten Fall – wenn überhaupt – sehr unterschiedlich aussehen.

▶   **Tipp** Obwohl es nicht in der Regel unbedingt notwendig ist, sollten die Formu-
    larelemente in den üblichen *<form>*-Container eingeschlossen werden. Auch
    dann, wenn Sie gar keine Daten wegschicken wollen.

Grundsätzlich werden alle Formularelemente mit einer dynamischen Breite versehen, um
sich unterschiedlichen Bildschirmbreiten anzupassen. Auch die Anordnung zwischen verschiedenen Elementen kann sich je nach Bildschirmbreite unterscheiden (übereinander
oder nebeneinander). Um die Anpassung von Labels, Legenden und Formularelementen
an breitere Bildschirme zu gewährleisten sollten diese mit einem div- oder fieldset-Ele-
ment ummantelt werden. Diesem sollte dann das Attribut *data-role="fieldcontain"* hinzugefügt werden. Das Framework verwaltet die Elemente dann gemeinsam und gestaltet sie

zudem mit Rahmen etc. Mit *<label for="id">* können Sie bei Bedarf einem Formular-element über die ID eine Beschriftung zuordnen, die das Framework passend anordnet.

Da Ihnen die verschiedenen Formularelemente bekannt sind, wollen wir nur einige wenige Anmerkungen und Beispiele kurz vorstellen. Die überwiegende Anzahl der Formularelemente basiert auf dem input-Element. Mit *<input type="text" />* können Sie etwa ein einzeiliges Texteingabefeld erzeugen. Es gibt aber auch einige Formularelemente, die mit anderen Elementen erstellt werden. Vermutlich kennen Sie das mehrzeilige Texteingabeelement, das mit *<textarea></textarea>* erzeugt wird.

Einem Widget wollen wir uns etwas genauer widmen, da wir es in folgenden Beispielen verwenden wollen – der Schieberegler oder Slider. Bei diesem geben Sie in der Regel einen Vorgabe-, Minimal- und Maximalwert vor, den der Schieberegler annehmen kann. Dieses Widget wird mit dem Tag *input* und einem speziellen Wert des Attributs *type* (*range*) erzeugt. Hier ist ein Beispiel für einen Slider:

```
<input type="range" id="slider" value="50" min="0" max="100" />
```

Mit weiteren Attributen wie *data-highlight* oder *data-mini* können Sie das Aussehen des Sliders weiter konfigurieren. Nun ist bemerkenswert, dass wir hiermit einen Schieberegler umsetzen, der eben nicht ein natives HTML5-Widget darstellt, sondern vom Framework gerendert wird. Das sorgt für eine breite Unterstützung und eine weitgehende einheitliche Darstellung und Verhaltensweise.

8.4.10 Weiterentwicklung der Tacho-App mit jQuery Mobile

Wir wollen nun die letzte Version der App zur Anzeige der Geschwindigkeit (*kap8/ Speed2.1*) weiterentwickeln und dabei Widgets von jQuery Mobile verwenden und auch noch ein paar weitere Dinge zeigen, die man mit jQuery Mobile machen kann (*kap8/ Speed2.2*).

Derzeit zeigt die App derzeit die Geschwindigkeit mit dem Balken in einem festen Tachobereich von 0 bis 270 Km/h an. Das ist wenig sinnvoll, wenn man etwa die Geschwindigkeit eines Radfahrers oder gar eines Fußgängers so darstellen will. Es wäre sicher gut, wenn man die Anzeige des Tachobereichs skalieren könnte. Und genau das wollen wir tun. Der Anwender der App soll eine Maximalgeschwindigkeit angeben können, mit der er sich vermutlich bewegen wird. Diese Angabe wird dazu verwendet, den Anzeigebereich zu skalieren. Wählt ein Anwender etwa 50 Km/h als vermutliche Maximalgeschwindigkeit, werden die Einheiten des Balkens mit 0, 10, 20, 30, 40 und 50 Km/h markiert und auch die Breite der Geschwindigkeitsanzeige Balkens entsprechend angepasst. Werden nur 10 Km/h als vermutliche Maximalgeschwindigkeit gewählt, werden die Einheiten mit 0, 2, 4, 6, 8 und 10 Km/h dargestellt, was etwa für einen Fußgänger eine vernünftige Einteilung darstellen sollte.

Zur Angabe dieser Maximalgeschwindigkeit wollen wir ein Formularelement verwenden, dass wir oben besprochen haben – den Schieberegler, der die Einstellung von Werten von 10 bis 300 Km/h erlauben soll. Dazu verwenden wir den Footer des page-Segments als Anzeigebereich für den Slider und damit werden wir den Content-Bereich gegenüber der Vorgängerversion auch etwas umstrukturieren. Hier sind den neuen Strukturen:

```
<div data-role="page">
  <div data-role="header">
    <h1 class="schriftgross ausrichtung rundeEcken">
      Your Speed</h1>
  </div>
  <div data-role="content">
    <div class="ausrichtung2">
      <canvas id="digitacho" width="320" height="100"></canvas>
    </div>
    <div class="schriftgross ausrichtung rundeEcken">Km/h</div>
    <div id="tacho" class=
      "schriftspeed hintergrund vordergrundspeed rundeEcken>
      ausrichtung">
    </div>
  </div>
  <div data-role="footer">
    <form>
      <div data-role="fieldcontain">
        <label for="slider">Km/h (max):</label>
        <input type="range" name="slider" data-highlight="true"
          id="slider" value="50" min="10" max="300" /></div>
    </form><br/>
  </div>
</div>
...
```

Wie im vorherigen Beispiel haben wir einen *page*-Block, der als eine Seite gesehen wird. Der Schieberegler ist im Fußbereich positioniert (Abb. 8.6).

Betrachten wir die überarbeitete JavaScript-Datei. Hier verwerten wir nicht nur die Werte von dem Schieberegler zur Skalierung der Anzeige – wir verwenden nun auch eine etwas elegantere Programmierung zum Zeichnen in dem Canvas-Bereich, indem wir auf Arrays und Schleifen zurückgreifen.

```
var zb = null;
var vmax = 50;
var varray = [0, 10, 20, 30, 40, 50];
var speed = 10;
function zeichneAnzeige() {
  zb = $("#digitacho").get(0).getContext('2d');
```

Abb. 8.6 Skalierung mit dem Schieberegler

```
    zb.font = "18px Arial";
    zb.fillStyle = "red";
    zb.clearRect(0, 0, 320, 100);
    for (var i = 0; i < varray.length; i++) {
      zb.fillText(varray[i], i * 50, 20);
      zb.fillText("|", i * 50, 40);
    }
    zb.clearRect(0, 45, 270, 55);
    if (speed > vmax) zb.fillStyle = "red";
    else zb.fillStyle = "green";
    zb.fillRect(0, 45, speed / vmax * 250, 55);
}
$(function() {
  $("#tacho").html("0");
  $("#slider").bind("change", function() {
    vmax = $("#slider").val();
    var skal = Math.floor(vmax / 5);
    for (var i = 1; i < 6; i++) {
```

```
     varray[i] = skal * i;
   }
   zeichneAnzeige();
});
document.addEventListener("deviceready", function() {
  navigator.geolocation.watchPosition(function(position) {
    speed = Math.floor(position.coords.speed * 3.6);
    if (speed > vmax) speed = vmax;
    $("#tacho").html(speed);
    zeichneAnzeige();
  }, function(error) {
    $("#tacho").html("0");
  }, {
    enableHighAccuracy : true, maximumAge : 500,
    timeout : 1000, frequency : 500
  });
}, false);
});
```

Sie sehen sofort, dass der Code gegenüber der Vorgängerversion für kompakter ist. Das ist
einerseits ein Verdienst der Verwendung von jQuery mit den verkürzten Schreibweisen für
den DOM-Zugriff, aber andererseits auch der stärkeren Modularisierung über Funktionen
sowie der Verwendung von Schleifen, um im Canvas-Bereich zu zeichnen.

Wir verwenden eine Reihe von globalen Variablen, die zum Teil bereits vor Fertigstellung des DOM-Baums initialisiert werden können. Neu ist die Variable *vmax* zur Angabe
der erwarteten Maximalgeschwindigkeit. Diese benötigen wir zur Skalierung des Anzeigebereichs. Ebenso das neue Array *varray*, das die Zahlen enthält, die wir als Kilometer-
skala anzeigen wollen. Wir gehen in der Grundeinstellung von einem *vmax*-Wert 50 Km/h
aus und dementsprechend wird das Array mit [0, 10, 20, 30, 40, 50] initialisiert. Da wir
in dem Listing über Funktionen modularisieren, legen wir auch für die Geschwindigkeit
eine globale Variable speed an. Wir könnten aber natürlich auch mit Übergabewerten
arbeiten.

Das Zeichnen des Tachobereichs übernimmt die Funktion *zeichneAnzeige()*, die an zwei
Stellen aufgerufen wird. Einmal nach der Initialisierung der App. Das ist die gleiche Stelle,
wo auch in der Vorgängerversion das Zeichnen durchgeführt wurde. Dort zwar nicht über
eine Funktion, sondern mit den Anweisungen selbst, aber das ist natürlich kein Unterschied. Die Funktion wird aber noch an einer anderen Stelle aufgerufen. Nämlich nach
jeder Änderung des Werts vom Schieberegler. Mit *$("#slider").bind("change", function()
{... zeichneAnzeige();});* binden wir den Aufruf an das Änderungsereignis des Schiebereg-
lers. Und das bedeutet, dass die Anzeige der Skalierung nach jeder Änderung dynamisch
neu aufgebaut wird.

In der Funktion *zeichneAnzeige()* iterieren wir mit einer Schleife über das Array
varray und zeigen dessen Werte als Skalenwerte an. Der Index der Schleife wird dabei

Abb. 8.7 Die maximale Geschwindigkeit wird begrenzt

multifunktional benutzt und wir können den Code erheblich kürzer fassen. Ebenso berücksichtigen wir den Wert von *vmax* bei der Änderung der Farbe. Wobei hier der Bereich nur ganz kurz rot aufblinkt, bevor die Geschwindigkeit explizit auf den Maximalwert gesetzt und wieder grün wird (Abb. 8.7).

Wichtig ist noch die Anpassung der Breite des Balkens, womit die Geschwindigkeit angezeigt wird. Natürlich muss hier die Skalierung berücksichtigt werden. Eine Eins-zu-Eins-Umsetzung zwischen der Breite des Balken und der Geschwindigkeit wie bisher[6] ist nicht mehr möglich. Deshalb teilen wir den gemessenen Wert der Geschwindigkeit (speed) durch die Maximalgeschwindigkeit (vmax) und multiplizieren dies mit der Breite des Canvas (*zb.fillRect(0, 45, speed / vmax * 250, 55);*). Damit passt das Verhältnis wieder für alle gewählten Skalierungen.

In der Callbackfunktion vom Schieberegler rufen wir nicht nur das Neuzeichnen des Canvas-Bereichs auf. Wir füllen auch das Array *varray* mit sechs Werten, die sich auf Grund der gewünschten Maximalgeschwindigkeiten ergeben. Die Logik ist recht einfach. Der erste Wert ist immer 0 und der letzte die gewünschte Maximalgeschwindigkeit. Dazwischen muss es fünf Intervallen gleichen Abstands geben und deshalb dividieren wir die Höchstgeschwindigkeit durch den Wert 5. Zu besseren Anzeige werden die Ergebnisse noch abgerundet (*var skal = Math.floor(vmax / 5);*).

---

[6]Das war bisher einfach ein „geschickt" (oder auch faul) gewähltes Verhältnis der Breite von dem Canvas-Bereich und der Kilometerangabe.

8.4.11 Das Themenframework und allgemeine Gestaltung von Inhalt

Grundsätzlich versucht man in jQuery Mobile die Gestaltung von Inhalten möglichst weit dem Browser zu überlassen und möglichst wenig Layoutoverhead zu übertragen oder gar ein einheitliches Design zu erzwingen. In der Vorgabeeinstellung verwendet das Framework die Standardstile und -größenangaben von HTML. Im Grunde fügt das Framework auf der Ebene nur ein paar Stile für Tabellen und Fieldsets hinzu, um sie etwas besser handhabbarer zu machen. Alles andere wird in schlanke CSS-Klassen verlagert.

Unter jQuery Mobile gibt es dazu ein reichhaltige Themenframework. Die zentrale Zuordnung von CSS-Regeln erfolgt über das *data-theme*-Attribut. Dieses kann jedem Widget zugewiesen werden, um die Darstellung dort anzupassen. In der Dokumentation des Frameworks wird empfohlen, dass das Attribut am besten global *page*-Segmenten zugewiesen wird. Grundsätzlich trennt das mobile Themensystem Farbe und Text von Strukturstilen wie Dimensionen und Pufferung. Damit können diese Regeln einmal definiert und beliebig gemischt bzw. kombiniert werden. Die Vorgabethemen in jQuery Mobile sind einfach alphabetisch durchnummeriert (a, b, c).

Die Themen in jQuery Mobile sind CSS-Bibliotheken, ohne die die Komponenten und Widgets des Frameworks nicht vernünftig dargestellt werden. Diese Themen können Sie selbst verändern, um ein eigenständiges Layout zu schaffen. Aber das ist von Hand mühselig, weil viele Details explizit festgelegt werden müssen. Um diese Erstellung und Anpassung von CSS-Regeln zu vereinfachen, gibt es im Framework ein webbasiertes visuelles ThemeRoller-Tool (http://jquerymobile.com/themeroller/ – Abb. 8.8).

Wenn Sie sich auf der Webseite des ThemeRoller umsehen sehen Sie eine Benutzerschnittstelle zum Designen aller Elemente, die vom Framework verwendet werden. Sie können jedes Standardthema anpassen oder auch ein eigenes, neues Thema hinzufügen. Sie sehen unmittelbar bei den Beispielen der verschiedenen Komponenten, wie sich ihre Änderung auf das aktuelle Design auswirken werden. Wenn Ihr Design fertig ist, müssen Sie es nur noch laden und in Ihrer App einbinden. Zum Download sehen Sie rechts oben in der Webseite des ThemeRoller eine entsprechende Schaltfläche.

8.4.11.1 Eine Überarbeitung der Fliegertacho-App

Wir wollen in dem abschließenden Beispiel für den Umgang mit jQuery Mobile das explizite Auszeichnen mit Themen nun demonstrieren sowie auch einmal mehrere *page*-Segmente einsetzen. Konkret werden wir unser Beispiel mit der Positionsbestimmung in einer Karte, der Anzeige der Himmelsrichtung, der horizontalen Beschleunigung und der Geschwindigkeit überarbeiten – unsere Fliegertacho-App. Neu wird sein, dass die App anpassbar sein soll. Zudem werden wir in einem umfangreicheren Quellcode diverse der jQuery-Erleichterungen verwenden, die wir bisher gesehen haben (*kap8/Cockpit1.2*).

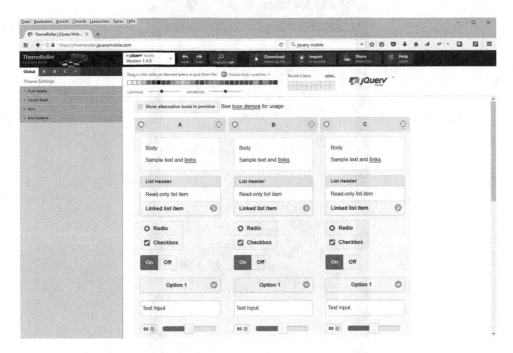

Abb. 8.8 Der ThemeRoller von jQuery Mobile

▶ Achten Sie darauf, dass Sie neben jQuery und jQuery Mobile die Plugins *cor-dova-plugin-device-orientation* und *cordova-plugin-geolocation* sowie die Refe-renz auf das API von Google Maps (http://maps.googleapis.com/maps/api/js) benötigen. Ebenso muss der Zugriff auf externe Domains frei geschaltet sein, weshalb der beschränkende *meta*-Tag nicht gesetzt sein darf.

Hier folgt zuerst die Basis-HTML-Seite, in der Sie zwei *page*-Segmente sowie das gezielte Theming von einzelnen Passagen sehen. Dazu verwenden wir im Header-Bereich eine Navbar, in der wir allerdings (derzeit) jeweils nur eine Schaltfläche anzeigen (Abb. 8.9). Da in dem Beispiel diverse Feinheiten zu beachten sind, sehen Sie nachfolgend dieses Mal wieder den gesamten HTML-Code.

Über den Button im Header gelangt ein Anwender zur zweiten Seite, in der man mit Formularelementen auswählen kann, wie die Geschwindigkeitsanzeige skaliert (ein Schieberegler) und ob die Karte mit der Position anzeigen werden soll (ein Optionsfeld – Abb.8.10). Das sind also klassische Optionen. Über eine Navbar im Header des zweiten *page*-Segments gelangt man zurück zum ersten *page*-Segment (Abb. 8.11).

Je nach Festlegungen des Anwenders sieht dann die eigentliche „Bedienseite" der App unterschiedlich aus. Dabei sind wie gesagt die Anzeige der Karte und der Geschwindig-keitsbereich dynamisch auswählbar (Abb. 8.12).

Abb. 8.9 Die App in der Grundeinstellung

Abb. 8.10 Ob die Karte angezeigt wird oder nicht wird mit
einem Optionsfeld festgelegt

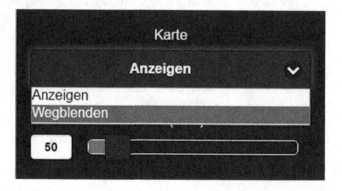

Abb. 8.11 Das zweite page-
Segment im Emulator des
Visual Studios

Abb. 8.12 Die Karte wird
nicht mehr angezeigt und
der Geschwindigkeitsbereich
wurde angepasst

```html
<!DOCTYPE html>
<html>
  <head>
...
    <link rel="stylesheet" type="text/css"
      href="css/jquery.mobile-1.4.5.min.css">
    <link rel="stylesheet" type="text/css" href="css/index.css">
    <title>Cockpit 1.2</title>
  </head>
  <body>
    <div data-role="page" id="p1" data-theme="a">
      <div data-role="header" data-theme="b">
        <div data-role="navbar">
          <ul><li><a href="#p2" class="ui-btn ui-shadow ui-corner-all
              ui-icon-arrow-r ui-btn-icon-right">Optionen</a></li></ul>
        </div>
      </div>
        <div id="content" data-role="content" class="ausrichtung">
          <div class="ausrichtung">
            <canvas id="digitacho" width="300" height="50"></canvas>
          </div>
          <div id="tacho" class="sg1 ausrichtung">0</div>
          <div id="kompass" class="sg1 ausrichtung">0</div>
          <div id="beschleunigung" class="sg1 ausrichtung">0</div>
          <div class="ausrichtung">
            <canvas id="rose" width="250" height="250"
              class="rundeEcken"></canvas>
          </div>
          <div id="karte" width="300" height="150"
            class="rundeEcken"></div>
          </div>
        <div data-role="footer">
          <h1 class="schriftgross ausrichtung">Wo bin ich?</h1>
        </div>
      </div>
      <div data-role="page" id="p2" data-theme="b">
        <div data-role="header" data-theme="c">
          <div data-role="navbar">
            <ul><li><a href="#" data-rel="back" id="
                retur" class="ui-btn ui-shadow ui-corner-all
                ui-icon-arrow-l ui-btn-icon-left">Zur&uuml;ck</a>
            </li></ul>
          </div>
        </div>
        <div id="optionen" data-role="content" class="ausrichtung">
          <form>
            <div class="ui-field-contain">
```

```
                <label for="checkboxkarte">Karte</label>
                <select name="checkboxkarte" id="checkboxkarte">
                  <option value="1">Anzeigen</option>
                  <option value="0">Wegblenden</option>
                </select>
              </div>
              <div data-role="fieldcontain">
                <label for="slider">Km/h (max): </label>
                <input type="range" name="slider" data-highlight="true"
                  id="slider" value="50" min="10" max="300" data-theme="c" />
              </div>
            </form>
          </div>
          <div data-role="footer">
            <h1 class="schriftgross ausrichtung">Optionen</h1>
          </div>
        </div>
        <script type="text/javascript" src=
        "scripts/jquery-1.11.1.min.js"></script>
        <script type="text/javascript" src=
        "scripts/jquery.mobile-1.4.5.min.js"></script>
        <script src="http://maps.googleapis.com/maps/api/js"
          type="text/javascript" async defer></script>
        <script type="text/javascript" src="cordova.js"></script>
        <script type="text/javascript" src="scripts/index.js"></script>
      </body>
</html>
```

▶   **Tipp** Beachten Sie auch die Verwendung von speziellen Klassen aus dem jQuery
Mobile-Framework. Diese beginnen mit dem Präfix *ui* und rein deren Notation
bewirkt, dass das Framework im Hintergrund diverse Dinge erledigt. So sorgt
die Zuordnung der Klasse *ui-icon-arrow-l* etwa bei einem Button für die Anzeige
eines Pfeils nach links, der mit der reinen Notation der Klasse *ui-btn-icon-left* auf
der linken Seite des Buttons angeordnet wird (Abb. 8.11).

Da die GUI der App nicht nur Standardklassen des jQuery Mobile-Frameworks nutzt,
sondern auch eigene CSS-Regeln intensiv genutzt werden,[7] soll bei dieser App auch der
CSS-Code gezeigt werden:

```
body {
  background: #CCCCCC;
  background-image: -moz-linear-gradient(top left, #ccc 5%, blue 95%);
```

---

[7]Beachten Sie etwa die Klasse für die abgerundeten Ecken, die sowohl bei der Rose als auch der
Karte eingesetzt wird.

```
    background-image: -webkit-linear-gradient(top left, #ccc 5%, blue
        95%);
    background-image: linear-gradient(top left, #ccc 5%, blue 95%);
}
.rundeEcken {
    -moz-border-radius: 5px; -webkit-border-radius: 5px; border-radius:
        5px;
    border-style: solid; border-width: 0pt;
}
.sg1 {
    font-size: 20px;
}
.ausrichtung {
    text-align: center;
}
#karte {
    position: relative; height: 150px; width: 300px;
    margin-left: auto; margin-right: auto; overflow: hidden;
}
#content {
    display: block; width: 300px;
    margin-left: auto; margin-right: auto;
}
#rose {
    display: block;
    margin-left: auto; margin-right: auto;
    width: 250px; height: 250px;
    background: #aaa;
    margin-top: 3px; margin-bottom: 3px;
}
#tacho {
    display: inline-block; width: 95px; color: black;
    border-right: solid; border-width: 1px;
}
#kompass {
    display: inline-block; width: 95px; color: blue;
    border-right: solid; border-width: 1px;
}
#beschleunigung {
    display: inline-block; width: 95px; color: green;
}
```

Die folgende JavaScript-Datei fügt im Wesentlichen Dinge zusammen, die wir bisher auch schon in verschiedenen Apps verwendet haben. Dennoch werden im Zusammenspiel der einzelnen Bestandteile an verschiedenen Stellen Details verändert oder ergänzt, so dass es meines Erachtens auch hier wichtig ist, wenn Sie den gesamten Quellcode sehen.

```javascript
var zb1 = null;
var zb2 = null;
var img = null;
var winkelalt = 0;
var beschleunigungalt;
var beschleunigungsarray = [];
var vmax = 50;
var varray = [0, 10, 20, 30, 40, 50];
var speed = 10;
function zeichneAnzeige() {
  zb2 = $("#digitacho").get(0).getContext('2d');
  zb2.font = "16px Arial";
  zb2.fillStyle = "red";
  zb2.clearRect(0, 0, 320, 50);
  for (var i = 0; i < varray.length; i++) {
    zb2.fillText(varray[i], i * 50, 20);
    zb2.fillText("|", i * 50, 38);
  }
  zb2.clearRect(0, 42, 270, 38);
  if (speed > vmax) zb2.fillStyle = "red";
  else zb2.fillStyle = "green";
  zb2.fillRect(0, 42, speed / vmax * 250, 50);
}
function zeigeKarte() {
  if ($("#checkboxkarte").val() == 0) {
    $("#karte").css({
      "display": "none"
    });
  } else {
    $("#karte").css({
      "display": "block"
    });
  }
}
$(function () {
  $("#tacho").html("0");
  $("#retur").bind("click", function () {
    vmax = $("#slider").val();
    var skal = Math.floor(vmax / 5);
    for (var i = 1; i < 6; i++) {
      varray[i] = skal * i;
```

```
    }
    zeichneAnzeige();
    zeigeKarte();
    });
  img = new Image();
  img.src = 'images/kompass.png';
  zb1 = document.getElementById("rose").getContext('2d');
  zb1.translate(125, 125);
  document.addEventListener("deviceready", function () {
    if (navigator.geolocation) {
      navigator.geolocation.watchPosition(successgeo, errorgeo, {
        enableHighAccuracy: true, maximumAge: 15000,
        timeout: 1000, frequency: 5000
      });
    } else {
      $("#karte").html("Geolocation nicht möglich");
      $("#tacho").html("0");
    }
    if (navigator.accelerometer) {
      navigator.accelerometer.getCurrentAcceleration(
        function (acceleration) {
          beschleunigungalt = acceleration.z
        }, errorbeschleu);
      navigator.accelerometer.watchAcceleration(successbeschleu,
        errorbeschleu, {
          frequency: 400
        });
    } else {
      $('#beschleunigung').html('#');
    }
    navigator.compass.watchHeading(successcomp, errorcomp, {
      frequency: 1000
    });
  }, false);
});
function successgeo(position) {
  // Die Karte
  var map = null;
  var pinPoint = null;
  var pinPixel = null;
  var latitude = position.coords.latitude;
  var longitude = position.coords.longitude;
  $('#karte').css({
    "width": "300px", "height": "150px"
  });
```

```
var coords = new google.maps.LatLng(latitude, longitude);
map = new google.maps.Map(document.getElementById("karte"), {
  zoom: 11, center: coords, mapTypeId: google.maps.MapTypeId.HYBRID
});
var marker = new google.maps.Marker({
  position: coords, map: map, title: "Ihre aktuelle Position!"
});
// Die Geschwindigkeit
speed = Math.floor(position.coords.speed * 3.6);
if (speed > vmax)
  speed = vmax;
$("#tacho").html(speed + " Km/h");
zeichneAnzeige();
}
function successcomp(heading) {
  var anzwinkel = Math.floor(heading.trueHeading) + " &#176;";
  var winkel = Math.floor(heading.trueHeading);
  $('#kompass').html(anzwinkel);
  zb1.translate(-125, -125);
  zb1.clearRect(0, 0, 500, 500);
  zb1.translate(125, 125);
  zb1.rotate((winkelalt - winkel) * Math.PI / 180);
  winkelalt = winkel;
  zb1.drawImage(img, -125, -125);
}
function successbeschleu(acceleration) {
  var beschleu = acceleration.z;
  if (beschleunigungsarray.length < 5) {
    beschleunigungsarray[beschleunigungsarray.length] = beschleu;
    return;
  } else {
    beschleu = 0;
    for (var i = 0; i < beschleunigungsarray.length; i++) {
      beschleu += 1 * (beschleunigungsarray[i]);
    };
    beschleu = beschleu / beschleunigungsarray.length;
    beschleunigungsarray = [];
  }
  var aender = beschleu - beschleunigungalt;
  if (aender < -0.5) {
    $('#beschleunigung').css({
      "color": "red"
    });
    $('#beschleunigung').html(Math.floor(aender) + ' m/s^2');
  } else if (aender > 0.5) {
```

```
  $('#beschleunigung').css({
    "color": "green"
  });
  $('#beschleunigung').html(Math.floor(aender) + ' m/s^2');
} else {
  $('#beschleunigung').css({
    "color": "green"
  });
  $('#beschleunigung').html('0 m/s^2');
}
  beschleunigungalt = beschleu;
}
function errorbeschleu() {
  $('#beschleunigung').css({
    "color": "red"
  });
  $('#beschleunigung').html('0 m/s^2');
}
function errorgeo(msg) {
  $("#tacho").html("0");
}
  function errorcomp(compassError) {
$("#kompass").html(winkel);
}
```

Zuerst einmal sehen Sie am Beginn des JavaScripts, dass wir mit diversen globalen Variablen arbeiten. Diese Variablen werden dazu verwendet Altzustände von Messergebnissen, in verschiedenen Funktionen notwendige Werte und Skalierungen zu speichern. Wir haben sie alle schon in ähnlicher Form in anderen Apps verwendet.

Das Beispiel wird stark mit Funktionen modularisiert, was auch verschiedene globale Variablen notwendig macht, wenn wir nicht mit Übergabewerten arbeiten wollen. Diese haben wir ebenso schon in anderen Apps verwendet und besprochen – zumindest die entsprechenden Anweisungen. Dementsprechend besteht das Beispiel an vielen Stellen aus dem Zusammenfügen dieser Funktionen bzw. Anweisungen. Wobei wir explizit einigen schon vorhandenen Code mit jQuery refaktorisieren und damit erheblich vereinfachen bzw. komprimieren können. Aber grundsätzlich sollte auf Grund der bisherigen Ausführungen nachzuvollziehen sein, was in dem Quellcode gemacht wird. Auf einige wichtige Details möchte ich Sie aber hinweisen:

- Für die dynamische Anzeige der Karte mit der Position des Anwenders wurde die Funktion *zeigeKarte()* erstellt. In dieser wird mit *if ($("#checkboxkarte").val() == 0)* überprüft, welchen Eintrag der Anwender im Listenfeld aus dem zweiten page-Segment (die Optionen) ausgewählt hat. Ist der Wert 1, wird die Karte angezeigt (das ist auch die

Grundeinstellung). Andernfalls wird sie ausgeblendet. Dazu verwenden wir rein CSS. Das bedeutet, dass die Karte nicht in dem Sinn aktiviert oder deaktiviert wird sondern nur, dass der Anzeigebereich angezeigt wird oder nicht (*{$("#karte").css({"display" : "none"});} else {$("#karte").css({"display" : "block"});}*).

- Diese Funktion *zeigeKarte()* wird zusammen mit der Funktion *zeichneAnzeige()* zum dynamischen Zeichnen der Geschwindigkeitsanzeige bei jeder Änderung der Optionen aufgerufen. Nach der Fertigstellung des DOM-Baums wird an die Schaltfläche zum Rücksprung von dem zweiten page-Segment zum ersten *page*-Segment ein Klickereignis gebunden (*$("#retur").bind("click", function() {...})*). Die Bindung erfolgt hier nicht mehr – wie bei vorherigen Beispielen – an die Wertänderung von dem Schieberegler. Das würde schon deswegen keinen Sinn machen, weil ja zusätzlich auch das Kontrollkästchen ausgewertet wird. Beide Funktionen verwerten die gewählten Optionen.

- Die Funktion zum Zeichnen der Geschwindigkeitsanzeige wird ebenfalls nach der Initialisierung der App bei erfolgreicher Geolokalisierung aufgerufen, während der explizite Aufruf für die Funktion *zeigeKarte()* nach der Initialisierung der App nicht notwendig ist. Denn der Anzeigebereich der Karte wurde in der Voreinstellung einfach auf sichtbar gesetzt und wird nicht dynamisch generiert, wie es bei der Geschwindigkeitsskala der Fall ist.

- Die Überwachung der verschiedenen Sensoren erfolgt analog der bisherigen Beispiele. Nur sind alle Callbacks in externe Funktionen verlagert worden, da wir diese teils mehrfach benötigen. Etwa zur Positionsbestimmung als auch der Überwachung der Positionsänderung. Ebenso wird der Code mittlerweile so umfangreich, dass anonyme Funktionen leicht unübersichtlich werden können.

- In der Funktion *successcomp(heading)* wird die Ausrichtung des Kopfs vom Smartphone bestimmt und diese mit einer numerischen Angabe sowie einer Kompassrose angezeigt – das Verfahren kennen wir. Die Maskierung der Gradangabe ° über ° beugt einige Problemen vor. Von daher verknüpfen wir die Entität separat mit dem numerischen Wert des Winkels und speichern das Resultat als String in einer neuen lokalen Variablen (*var anzwinkel = Math.floor(heading.trueHeading) + " °";*), die wir zur Anzeige des numerischen Werts samt Einheit (als HTML-String) in der Methode *html()* verwenden (*$('#kompass').html(anzwinkel);*). Für die Beobachtung der Drehung der Kompassrose benötigen wir jedoch einen reinen numerischen Wert und für den verwenden wir eine weitere lokale Variable (*var winkel = Math.floor(heading.trueHeading);*). Der Rest ist wie gehabt und auch die anderen Callbacks enthalten – bis auf die neue jQuery-Syntax – keine Neuerungen oder Besonderheiten.

8.5 Der Einsatz von Bootstrap

Zum Abschluss des Kapitels soll jetzt noch das Framework Bootstrap (http://getbootstrap. com/) zur Erstellung einer GUI angesprochen werden. Vielleicht stellen Sie sich die Frage, warum jetzt noch Framework ins Spiel gebracht wird? Genügen nicht jQuery und jQuery Mobile? Und gegebenenfalls jQuery UI? Ja und nein.

Zuerst einmal – Bootstrap setzt explizit auf jQuery auf – genauso wie jQuery Mobile und jQuery UI. Mit jQuery Mobile verbinden es sehr viel, denn auch hier werden deklarativ Strukturen mittels der Verwendung von Klassen beschrieben und auch der Leistungsumfang deckt sich ziemlich mit dem von jQuery Mobile und jQuery UI. Aber Bootstrap zählt nicht zum jQuery-Habitat selbst. Warum dann verwenden?

Nun – jQuery Mobile ist für mobile Seiten bzw. Apps gedacht, während jQuery UI für Desktop-RIAs optimiert ist. Sie entscheiden sich also für eine der beiden Welten. Allerdings wachsen die Welten immer mehr zusammen. Gerade unter Windows 10 sieht man dieses mit den UWP-Apps. Und da ist es nicht mehr unbedingt sinnvoll, ein „Entweder-Oder" im Design zu wählen, sondern ein „Sowohl-Als auch". Genau hier zeigt sich dann der Vorteil von Bootstrap, denn die Designs und Strukturen, die damit gemacht werden, „funktionieren" sowohl mobil als auch im Desktop-Umfeld – wenn Sie das wollen.

8.5.1 Responsive Design

Wenn sich GUIs an Gegebenheiten anpassen können, wird oft von „Responsive Design" beziehungsweise „Responsive Webdesign" (**RWD**) gesprochen. Ganz vereinfacht kann man es so ausdrücken:

▶ RWD: Die Webseiten bzw. allgemein die GUI passen sich den Gegebenheiten beim Besucher der Webseite oder des Inhalts allgemein an.

Letztendlich ist dahinter ein nahezu zwangsläufiges Konzept zu sehen, wenn sich der grafische Aufbau einer „responsiven" Webseite anhand der Anforderungen des jeweiligen Gerätes ergeben soll (reaktionsfähiges Design), mit dem die Seite betrachtet wird. Dies betrifft insbesondere die Anordnung und Darstellung einzelner Elemente:

- Eine angepasste Navigation
- Seitenspalten (Sidebars) oder eben nicht, wenn kein Platz ist
- Texte in unterschiedlicher Größe und Formatierung
- Bilder werden skaliert
- Nutzung unterschiedlicher Eingabemethoden und -techniken – je nach Plattform

Ziel dieser Art der Erstellung einer Oberfläche ist, dass Oberflächen ihre Darstellung so anpassen, dass sie sich jedem Betrachter so übersichtlich und benutzerfreundlich wie möglich präsentieren.

Der Grund, warum RWD bei RIAs mittlerweile in den Fokus rückt, ist die immer bessere Unterstützung von CSS in modernen Browsern. War es früher noch recht aufwändig, so ein dynamisches Design zu erstellen (im Wesentlichen mit ausgefeilten Browserweichen und anspruchsvollem JavaScript), ist das durch modernes CSS viel einfacher geworden. Die technische Basis für modernes RWD sind eben die besagten neueren Webstandards HTML5, CSS3 (hier insbesondere die Media Queries) und JavaScript sowie Designvorlagen (Templates). Dazu gibt es auch die strategische Art, wie man „offiziell" als responsiv „geadelte" Seiten definiert.

8.5.1.1 Mobile Webseite versus responsive Webseite

Rund um dynamisches beziehungsweise angepasstes Design werden verschiedene Konzepte differenziert. Eine mobile Webseite ist nicht per se responsive. Der wesentliche Unterschied zwischen einer „normalen" mobilen Webseite und einem responsiven Design besteht in der Anzahl der Templates:

- Aus historischer Sicht bildet die Desktop-Version eines Templates die „normale" Ansicht der Webseite. Dieser wird nach der klassischen Methode ein zusätzliches, unabhängiges Template für mobile Endgeräte hinzugefügt.
- Beim RWD gibt es nur ein Template und damit eine einzige Version der Webseite, die sich automatisch an die Umgebung anpasst. Man redet hier auch von einem „fließenden" Design.

Hintergrundinformation

Im Zusammenhang mit RWD taucht auch immer wieder der Begriff der **adaptiven Webseite** auf. Auch diese passt sich den Gegebenheiten des Besuchers an, besitzt aber nur eine gewisse Anzahl an festen Templates, zwischen denen umgeschaltet wird. Das Layout bleibt dabei jeweils statisch. Eine fließende Anpassung (**Fluid Layout**) an alle Auflösungen wie beim RWD findet nicht statt.

8.5.2 Bootstrap zur Umsetzung von RWD

Bootstrap ist nun ein sehr beliebtes Framework auf Basis von HTML, CSS und JavaScript für die Entwicklung von solchen anpassungsfähigen Projekten für das moderne Web. Ursprünglich für mobile Geräte entwickelt, ist es mittlerweile universell einsetzbar.

Bootstrap kommt mit purem, fertigem CSS, nutzt aber im Quellcode die CSS-Präprozessoren Less und Sass, womit CSS vorkompiliert und damit effizienter wird. Mit dem Grunt-Tool (http://gruntjs.com/) werden CSS und JavaScript dann kompiliert.

Die Anpassung an verschiedene Geräte – von Smartphones über Tablets bis hin zu Desktop-PCs – erfolgt mit Hilfe von Media-Queries, globale CSS-Stile (normalisiert über *Normalize.css*), grundlegende HTML-Elemente mit erweiterbaren Klassen und ein umfangreiches Rastersystem, wobei HTML5 vorausgesetzt wird. Drüber hinaus stellt das Framework jede Menge Funktionen und Komponenten bereit.

Insgesamt gilt bei Bootstrap der „Mobile-First-Ansatz". Stile werden in der Regel zunächst für kleine Bildschirme geschrieben und dann den größeren angepasst.

Bootstrap benötigt als Rahmen immer ein Element, in dem Seiteninhalte und ein Rastersystem verpackt sind. Mittels dem *class*-Attribut vergibt man entweder den Wert *container* für einen sich anpassenden Container mit einer festen Breite oder *container-fluid* für einen Container, der die gesamte Breite deines Anzeigefensters einnimmt.

Das anpassungsfähige, Mobile-First-basierte, fließende Rastersystem von Bootstrap kann bis zu 12 Spalten über verschiedene Geräte- oder Viewport-Größen skalieren. Dabei sind vordefinierte Klassen für einfache Layout-Optionen, sowie umfangreiche Mixins für die Erstellung von semantischeren Layouts vorhanden.

Wenn Sie das Rastersystem verwenden, werden Seitenlayouts mit einer Reihe von Zeilen und Spalten erstellt. Diese enthalten dann die eigentlichen Inhalte. Die Struktur ähnelt stark den klassischen HTML-Tabellen, nur werden hier mit Klassen die Zeilen (Klasse *row* und andere) und Spalten (Klassen *col-* …) die Auszeichnungen bei ganz normalen Div-Elementen vorgenommen. In dem Rastersystem dürfen Inhalt dann nur in Spalten platziert werden und nur Spalten dürfen direkte Kinder von Zeilen sein.

8.5.3   Herunterladen

Bootstrap bietet mehrere Wege, um das Framework zu erhalten.

- Ein CDN
- Installation mit Bower
- Installation mit npm
- Mit Composer installieren

Details sind in der Dokumentation zu finden. In jedem Fall ist bei einer App aber wieder die lokale Integration sehr zu empfehlen.

8.5.3.1   Eine Basis-Vorlage

Eine Schablone zur Einbindung von Bootstrap kann wie folgt aussehen – beachten Sie, dass Sie explizit jQuery als Grundlage benötigen:

```
<!DOCTYPE html>
<html>
  <head>
    <meta charset="utf-8">
    <meta http-equiv="X-UA-Compatible" content="IE=edge">
    <meta name="viewport" content=
      "width=device-width, initial-scale=1">
    <!-- Die 3 Meta-Tags oben *müssen* nach der Dokumentation zu
    Bootstrap zuerst im head stehen; jeglicher sonstiger head-Inhalt
    muss *nach* diesen Tags kommen -->
    <link rel="stylesheet" type="text/css"
      href="css/bootstrap.min.css">
```

```
      <link rel="stylesheet" type="text/css" href="css/index.css">
      <title></title>
    </head>
    <body>
      <div class="container|container-fluid"
...
      </div>
      <script src="scripts/jquery-1.11.1.min.js"></script>
      <script src="scripts/bootstrap.min.js"></script>
...
  </body>
  </html>
```

Bei Bedarf werden noch die Unterstützung für Media Queries und HTML5-Elemente in IE8 über HTML5 shim und *Respond.js* sowie noch kompilierte Plugins, Hacks etc. eingebunden, um bestimmt Funktionalitäten bereitzustellen.

▶ **Tipp** Im Laufe der folgenden Kapitel werden wir praktische Beispiele mit dem Einsatz von Bootstrap sehen.

Zusammenfassung

Sie haben in dem Kapitel ganz kurz einige Alternativen und vor allen Dingen Ergänzungen zu Cordova kennengelernt. Sie können insbesondere jQuery zur Optimierung des JavaScript-Codes in Ihrer Cordova-App einsetzen und Sie können die Benutzeroberfläche einer App mit Hilfe von jQuery Mobile ansprechend gestalten und dabei ein Aussehen und Verhalten erzeugen, wie man es bei nativen Apps vorfindet. Sie kennen jQuery UI als potentielle Ergänzung zu jQuery Mobile und haben – ohne Praxis bisher – auch Bootstrap kennengelernt. Wir haben zudem besprochen, wann bestimmte Schritte bei einer App ausgeführt werden sollten. Also wann Sie auf die Initialisierung der App warten sollten und unter welchen Gegebenheiten Sie bereits nach dem Fertigstellen des DOM-Baums Anweisungen ausführen.

Multimediafragen – Mobile Unterhaltung

9

Inhaltsverzeichnis

9.1 Was behandeln wir im Kapitel?

Moderne mobile Geräte verfügen selbstverständlich über Kameras und Wiedergabemöglichkeiten für diverse Multimediaformate. Sie können Musik hören, Videos betrachten, aber auch Ton, Bilder und Videos aufnehmen. Zum Teil haben wir das schon recht früh im Buch ganz ohne Cordova gesehen, als einfach über die neuen HTML5-Elemente Videos oder Audiodateien wiedergegeben wurden.

© Springer Fachmedien Wiesbaden GmbH 2017
R. Steyer, *Cordova*, DOI 10.1007/978-3-658-16724-0_9

Über Cordova haben Sie aus JavaScript heraus Zugang zu den damit verbundenen Hardwarekomponenten und den nativen Softwarebestandteilen des mobilen Geräts. Diese Multimediaaktionen stehen im Mittelpunkt dieses Kapitels.

9.2   Zugriff auf die Kamera – das navigator.camera-Objekt

Das Cordova-API erweitert das *navigator*-Objekt um ein Unterobjekt *camera*, über das Sie Zugang zur Kamera eines mobilen Geräts haben. Genaugenommen zu der Default-Kamera-App, mit der Sie hauptsächlich Bilder aufnehmen können. Ab Cordova 5.0+ wird diese Funktionalität über das Plugin *cordova-plugin-camera* bereitgestellt. Für ältere Versionen kann immer noch das Plugin *org.apache.cordova.camera* verwendet werden, wobei das allerdings als deprecated markiert ist und zudem aus der Vergangenheit einige Probleme damit bekannt sind. Man sollte also – wenn irgend möglich – die neuste Version verwenden.

▶   Die meisten Emulatoren können nur sehr eingeschränkt zum Testen dieser Funktionalität verwendet werden. Eventuelle Fehler werden also meist von dem Emulatoren und nicht der App oder dem Plugin selbst verursacht.

9.2.1   Die Aufnahme mit getPicture()

Die entsprechende Methode zur Aufnahme eines Bildes nennt sich – sicher nicht unerwartet, denke ich – *getPicture()*. Dazu gibt es noch eine Methode *cleanup()* zum Leeren des temporären Speichers für ein aufgenommenes Bild, in dem ein Bild erst einmal landet.

Mit der Methode *navigator.camera.getPicture()* können Sie auf einfache Weise aus Ihrer App heraus ein Foto aufnehmen oder aus dem Album des Geräts entnehmen. Das Bild wird als Parameter im Erfolgs-Callback als base64-kodierter String (Vorgabe) oder den URL der Bilddatei geliefert. Dieser Erfolgs-Callback ist wie meist üblich der erste Parameter der Methode. Der Fehler-Callback ist in der Methode der zweite Parameter (dessen Parameter ist ein Objekt mit Informationen über den Fehler) und optional können Sie im JSON-Format als dritten Parameter Optionen angeben. So sieht das schematisch aus:

```
navigator.camera.getPicture(cameraSuccess, cameraError, [Optionen]);
```

Als Grundeinstellung ist der Wert der Quelle (*Camera.sourceType*) in den Optionen auf *Camera.PictureSourceType.CAMERA* eingestellt. Sobald die Methode aufgerufen wird, kann der Anwender mit der normalen Kamera-App des mobilen Geräts ein Foto schießen und wenn dieses aufgenommen wurde, wird diese Standardkamera-App geschlossen.

Dabei wird die App zurückgesetzt. Das bedeutet, dass der Anwender wieder zu dem Zustand zurückkehrt, von dem die Standardkamera-App aufgerufen wurde.

Wenn der Wert von *Camera.sourceType* über die Optionen auf *Camera.PictureSourceType.PHOTOLIBRARY* oder *Camera.PictureSourceType.SAVEDPHOTOALBUM* eingestellt ist, wird dem Anwender ein Auswahldialog angezeigt, über den ein Foto aus dem Album des Geräts ausgewählt werden kann. In jedem Fall wird der Rückgabewert der Aktion an die Erfolgs-Callback-Funktion weitergereicht. Dort kann man die üblichen Maßnahmen mit dem Bild durchführen. Vom Anzeigen in der App – etwa mit einem *<img>*-Tag – bis zum Speichern auf dem Gerät oder dem Upload auf einen Server.

9.2.1.1 Die Optionen

Die optionalen Optionen spezifizieren bei *navigator.camera.getPicture()* im JSON-Format diverse Angaben zum Bild und dem Aufnahmeverfahren (Tab. 9.1).

Zusätzlich zu den hier aufgeführten Optionen gibt es wenige weitere Optionen, die nur auf ausgewählten Plattformen unterstützt und deshalb hier nicht weiter vorgestellt werden. Bei Bedarf können Sie sich über die Dokumentation informieren.

Tab. 9.1 Mögliche Optionen in getPicture()

Option	Beschreibung
allowEdit	Ein boolescher Wert der angibt, ob das Bild vor einer Selektion editiert werden darf (sofern die Kamera-App das ermöglicht).
cameraDirection	Auswahl der Kamera (Frontkamera und die Kamera auf der Rückseite).
correctOrientation	Eine boolesche Angabe, ob ein Bild bei der Aufnahme in der Orientierung korrigiert werden soll, wenn das Gerät gedreht ist.

destinationType	Das Format des Rückgabewerts vom Bild. Es handelt sich um eine nummerische Angabe, die über ein JSON-Format in *navigator.camera.DestinationType* definiert ist.
	
	`Camera.DestinationType = {`
	`    DATA_URL : 0, FILE_URI : 1`
	`};`
	
	Dabei steht der Wert 0 für ein base64-kodierten String und der Wert 1 für die Spezifizierung als URL.

encodingType	Eine nummerische Angabe des Dateiformats des Bildes. Mögliche Formate sind PNG und JPEG. Vorgabe ist das JPEG-Format. Die Definition steht im JSON-Format in der Eigenschaft *navigator.camera.EncodingType*.
	
	`Camera.EncodingType = {`
	`    JPEG : 0, PNG : 1`
	`};`

Tab. 9.1 (Fortsetzung)

Option	Beschreibung

mediaType	Die Art des Medientyps. Diese Option lässt sich nur verwenden, wenn für die Eigenschaft *PictureSourceType* der Wert *PHOTOLIBRARY* oder *SAVEDPHOTOALBUM* eingestellt ist. Konkret definiert ist die nummerische Repräsentation des Medientyps im JSON-Format.
	
	`Camera.MediaType = {`
	
	`    PICTURE: 0, VIDEO: 1, ALLMEDIA : 2`
	
	`};`
	
	Die Angabe 0 (Vorgabewert) erlaubt nur die Auswahl von statischen Bildern entsprechend der Spezifikation in *DestinationType*, während der Wert 1 nur Videos erlaubt, deren URL zurückgegeben wird. Bei Angabe des Werts 2 können Sie sowohl Bilder als auch Videos auswählen.

popoverOptions	Unter iOS kann man bei einem iPad Angaben zur Position von PopOvers machen.
quality	Die Qualität des gespeicherten Bilds. Möglich ist ein nummerischer Wert auch dem Wertebereich zwischen 0 und 100, wobei 100 die höchste Qualität bedeutet. Beachten Sie, dass die tatsächliche Qualität des Bildes natürlich von dem Gerät abhängt.
saveToPhotoAlbum	Eine boolesche Angabe, ob ein Bild nach der Aufnahme im Fotoalbum gespeichert werden soll.

sourceType	Die Angabe der Bildquelle. Dies ist eine nummerische Angabe, die im JSON-Format definiert ist.
	
	`Camera.PictureSourceType = {`
	
	`    PHOTOLIBRARY : 0, CAMERA : 1, SAVEDPHOTOALBUM : 2`
	
	`};`
	
	Der Wert 0 steht für die Fotothek des Geräts, der Wert 1 für die Kamera und der Wert 2 für das Standardfotoalbum des Geräts mit den gespeicherten Bildern.

targetHeight	Eine nummerische Angabe der Höhe des Bildes in Pixel zur Skalierung. Die Angabe muss in Kombination mit *targetWidth* verwendet werden.
targetWidth	Eine nummerische Angabe der Breite des Bildes in Pixel zur Skalierung. Die Angabe muss in Kombination mit *targetHeight* verwendet werden.

9.2.2   Ein Beispiel – ein Bild aufnehmen, anzeigen und speichern

Im nachfolgenden Beispielcode werden wir einfach ein Bild aufnehmen und in der App anzeigen (*Kap9/Kamera1*). Dabei werden wir uns für den Umgang mit JavaScript und dem DOM die Arbeit etwas erleichtern und als Ergänzung das jQuery-Framework einsetzen, wie es im letzten Kapitel vorgestellt wurde. Eine reine JavaScript-Variante wäre aber kaum umfangreicher, da Sie nur die klassischen DOM-Methoden zum Zugriff auf DOM-Objekte sowie deren spezifischen Eigenschaften notieren müssten. Hier ist der zentrale Teil des Bodys der HTML-Datei *index.html*:

```html
<h4>Zugriff auf die Kamera</h4>
<div id="btn">
  <button id="aufnahme">Photo aufnehmen und anzeigen</button><br/>
  <button id="speichern">Photo aufnehmen und speichern</button><br/>
  <button id="loeschen">Photoanzeige l&ouml;schen</button>
</div>
<div id="meldung"></div>
<img id="bild" />
```

Die Seite beinhaltet einfach drei Schaltflächen sowie einen Anzeigebereich für eine Meldung und das aufgenommene Bild (Abb. 9.1). Die Formatierung erfolgt mit ein biss-chen CSS, was wir hier aber nicht vertiefen wollen (reine Standardformatierungen). Wenn Sie nun eine Aufnahme auslösen oder von einem Datenträger laden, sieht die App je nach Plattform ganz unterschiedlich aus, was auch bereits die Emulatoren deutlich machen. Es werden ja die nativen Kamera-Apps des Geräts samt deren nativer GUI direkt verwendet (Abb. 9.2 und 9.3).

Hier ist die JavaScript-Datei mit der Funktionalität. Beachten Sie, dass wir mit jQuery arbeiten und die Bibliothek in der HTML-Datei dazu eingebunden sein muss.

Abb. 9.1 Die App mit den Schaltflächen

Abb. 9.2 So kann die eine GUI einer nativen Kamera-App aussehen

```javascript
var destinationType;
var bildBreite;
(function () {
  "use strict";
  document.addEventListener('deviceready', onDeviceReady.bind(this),
    false);
  function onDeviceReady() {
    destinationType = navigator.camera.DestinationType;
  };
  $("#aufnahme").click(function () {
    navigator.camera.getPicture(onSuccess1, onFail, {
      quality: 50, destinationType: destinationType.DATA_URL
    });
  });
  $("#loeschen").click(function () {
    $('#bild').css({
      'display': "none"
    });
    $("#meldung").html('Bildanzeige gel&ouml;scht');
  });
  $("#speichern").click(function () {
    navigator.camera.getPicture(onSuccess2, onFail, {
      quality: 50, destinationType: destinationType.FILE_URI,
      saveToPhotoAlbum: true,
      encodingType: navigator.camera.EncodingType.PNG
    });
  });
```

Abb. 9.3 Bei einer anderen
Plattform wird die GUI anders
aussehen

```
function onSuccess1(imageData) {
  bildBreite = (screen.width * 0.9) + "px";
  $('#bild').attr('src', "data:image/jpeg;base64," + imageData);
  $('#bild').css({
    'display': "block", 'width': bildBreite, 'margin': 'auto'
  });
  $("#meldung").html('Aufnahme erfolgreich');
}
```

```
function onSuccess2(imageData) {
  $("#meldung").html('Aufnahme erfolgreich gespeichert');
}
function onFail(message) {
  $("#meldung").html('Fehler bei der Aufnahme: ' + message);
  $('#bild').css({
    'display': "none"
  });
}
})();
```

Nach der Initialisierung des Geräts initialisieren wir die globale Variable *destinationType* mit dem Wert von *navigator.camera.DestinationType*. Die drei Schaltflächen werden mit den jeweiligen Aktionen verbunden, die sie auslösen sollen. Für den Fall einer reinen Aufnahme und temporären Verfügbarkeit des Ergebnisses geben wir in den Optionen nur die Qualität und *destinationType.DATA_URL* für *destinationType* vor. In dem Erfolgs-Callback bekommen wir das Bild damit als base64-kodierten String. Mit *$('#bild').attr('src', "data:image/jpeg;base64," + imageData);* spezifizieren wir das entsprechend bei der Angabe des Wertes vom Attribut *src* für das Bildobjekt, das in der App angezeigt werden soll (Abb. 9.4). Des Weiteren spezifizieren wir hier noch die Bildbreite entsprechend der Breite des Displays und eine Zentrierung. Dazu wird eine Erfolgsmeldung angezeigt. Wenn also ein Anwender die erste Schaltfläche antippt, öffnet sich die Kamera-App des Geräts und der Anwender kann ein Bild aufnehmen. Ist es in Ordnung, wird nach dem Übernehmen dieser Erfolgs-Callback aufgerufen.

Die Aktion in Verbindung mit dem Speichern eines Bildes verläuft weitgehend analog. Nur zeigen wir hier kein Bild im Erfolgsfall an. Die Option *saveToPhotoAlbum : true* sorgt aber dafür, dass das Bild automatisch im Album gespeichert wird. Zusätzlich liefern wir dieses Mal das Bild als URL (*destinationType : destinationType.FILE_URI*) und im PNG-Format (*encodingType : navigator.camera.EncodingType.PNG*).

Das Löschen der Anzeige eines Bildes ist in dem Beispiel eine reine CSS-Aktivität, in der der Anzeigebereich des Bildes ausgeblendet wird. Die Aktion ist nur dann sinnvoll, wenn vorher mit der ersten Aktivität ein Bild angezeigt wurde.

9.3   Aufnahmemöglichkeiten mit Capture & Co

Über das *Capture*-Objekt samt seiner Verwandten haben Sie per Cordova Zugang zu den Aufnahmemöglichkeiten eines Geräts. Im Detail zur Audio-, Video- und Bildaufnahme über die Standardapplikationen des jeweiligen Geräts. Gerade bei der Bildaufnahme gibt es Überschneidungen mit den gerade gezeigten Techniken, aber die hier verfügbaren Möglichkeiten sind flexibler und sie liefern genaue Informationen über die aufgenommenen Dateien. Basis ist das Plugin *cordova-plugin-media-capture*.

Abb. 9.4 Die App im Windows-Emulator nach Auf-
nahme eines Bildes

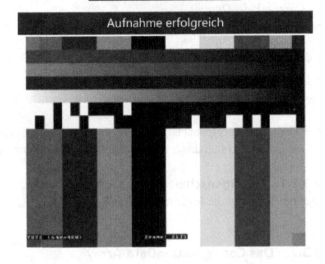

9.3.1   Die Basisobjekte

Konkret sind an dem „Einfangen" von Multimediadaten unter Cordova Objekte von den
folgenden Typen beteiligt:

- *Capture*
- *CaptureAudioOptions*
- *CaptureImageOptions*

Tab. 9.2 Die Eigenschaften des capture-Objekts

Eigenschaft	Beschreibung
supportedAudioModes	Die Angabe der Audioaufnahmeformate, die von dem Gerät unterstützt werden.
supportedImageModes	Die unterstützten Bildgrößen und -formate des mobilen Geräts.
supportedVideoModes	Die unterstützten Videoauflösungen und -formate des Geräts.

- *CaptureVideoOptions*
- *CaptureCallBack*
- *CaptureErrorCB*
- *ConfigurationData*
- *MediaFile*
- *MediaFileData*

Der Dreh- und Angelpunkt ist das Objekt *capture*, welches zum Namensraum von *navigator. device* gehört und sich damit im globalen JavaScript-Sichtbarkeitsbereich befindet.

9.3.1.1 Die Eigenschaften von capture
Die Tab. 9.2 zeigt die Eigenschaften des capture-Objekts.

9.3.2 Das ConfigurationData-Array

Die Eigenschaften der Konfigurationsdaten werden als Array vom Typ *ConfigurationData* bereitgestellt. Dieses umfasst die MIME-Typen (die Eigenschaft *type*) und die Aufnahmedimensionen *height* und *width* in Pixel für die Höhe und Breite (im Fall von Video- oder Bilderfassung – bei Tondateien sind diese Werte 0).

▶ **MIME-Typen** (Multipurpose Internet Mail Extensions) legen einen Internet-Standard zur Spezifizierung von Dateitypen bei der Kommunikation zwischen einem Server und einem Client fest. Vor allen Dingen kommt der MIME-Typ im WWW bei der Kommunikation zwischen einem Webserver und einem Browser zum Einsatz, aber auch in vielen anderen Situationen. In jedem Fall kennen datenverarbeitende Programme, die MIME-Typen unterstützen, die so bestimmten Dateitypen. MIME-Typen werden nach folgendem Schema angegeben:

Hauptkategorie/Unterkategorie

Hauptkategorien sind etwa *text, image* oder *audio*. Unterkategorien von *text* sind beispielsweise *plain* (eine reine Textdatei), *javascript* (beim Einbinden von JavaScripts) oder *html* (eine HTML-Datei). Unterkategorien von *image* sind beispielsweise *gif* oder *jpeg.* In unserem Fall sollten die MIME-Typen etwa so aussehen (entspechend der Definition in RFC2046):

- *video/3gpp*
- *video/quicktime*
- *image/jpeg*
- *image/png*
- *audio/amr*
- *audio/wav*

9.3.3 Konkrete Aufnahmemethoden

Zentrale Bedeutung haben beim „Einfangen" von Multimediadaten natürlich passende Aufnahmemethoden für die verschiedenen Multimediaarten, die sprechend benannt werden. Die Methoden sich in der Anwendung sehr ähnlich (nur bei den sinnvollen Optionen gibt es Abweichungen), da im Grunde immer das Gleiche damit gemacht wird (Tab. 9.3).

Tab. 9.3 Die Aufnahmemethoden

Methode	Beschreibung
captureAudio( )	Die Methode *navigator.device.capture.captureAudio(CaptureCB captureSuccess, CaptureErrorCB captureError, [CaptureAudioOptions options])* dient zum asynchronen Start und der Anzeige der Standardaudioaufnahmeapplikation eines Geräts. Als Ergebnis erhalten Sie Informationen über die aufgenommene Audiodatei(en). Da Sie mit der Methode nicht direkt Dateien aufnehmen, sondern wie gesagt nur die Standardaufnahmeapplikation des Geräts aktivieren, stehen Ihnen auch alle Möglichkeiten bereit, die diese Standardapplikation bietet. Sie können insbesondere in einer einzelnen Session mehrere Aufnahmen durchführen. Erst wenn der Anwender die Standardaufnahmeapplikation schließt, endet die Aktion. Alternativ kann die Aktion auf enden, wenn die maximale Anzahl der Aufnahmen erreicht ist, die Sie mit dem *limit*-Parameter in *CaptureAudioOptions* angeben. Wenn Sie keinen *limit*-Parameter angeben, wird der Vorgabewert 1 verwendet und der Anwender kann genau eine Tondatei aufnehmen. Und natürlich kann auch eine Fehlersituation bei der Aufnahme die Aktion beenden.
	Wie üblich gibt es bei der Methode entsprechend einen Erfolgs- und einen Fehler-Callback. Der Erfolgs-Callback liefert ein Array mit Objekten vom Typ *MediaFile*, wobei jedes Objekt darin einem aufgenommenen Audioclip entspricht. Wenn die Aufnahme abgebrochen wird oder ein anderer Fehler eintritt, wird ein *CaptureErrorCB*-Callback aufgerufen, in dem Sie ein *CaptureError*-Objekt mit einem Fehlercode erhalten (etwa *CaptureError. CAPTURE_NO_MEDIA_FILES*).
	Beachten Sie, dass die Methode unter verschiedenen Plattformen nur eingeschränkt unterstützt wird, wobei diese sich mit jeder neuen Betriebssystemversion als auch Variante von Cordova ändern kann. Sehen Sie dazu unbedingt in der Dokumentation nach, wie weit die Unterstützung jeweils gediehen ist. Das gilt auch für die anderen Aufnahmemethoden.

Tab. 9.3 (Fortsetzung)

Methode	Beschreibung
captureImage( )	Über die Methode *navigator.device.capture.captureImage(CaptureCB captureSuccess, CaptureErrorCB captureError, [CaptureImageOptions options])* erfolgt der Start und die Anzeige der Bildaufnahmeapplikation des Geräts. Dazu erhalten Sie Informationen über die aufgenommenen Bilder. Die formalen Details sind nahezu identisch zur Aufnahme von Audioclips. Nur erhalten Sie in den Mediaobjekten natürlich Bilder statt Audiodateien.
captureVideo( )	Mit der Methode *navigator.device.capture.captureVideo(CaptureCB captureSuccess, CaptureErrorCB captureError, [CaptureVideoOptions options])* erreichen Sie den Start und die Anzeige der Videorekorderapplikation des Geräts. Dazu erhalten Sie Informationen über die aufgenommenen Videos. Auch hier sind die formalen Details nahezu identisch zur Aufnahme von Audioclips und Bildern.

Tab. 9.4 Aufnahmeoptionen

Option	Beschreibung
limit	Die Angabe der maximalen Anzahl der Audioclips, Bilder oder Videoclips, die ein Anwender in einer einzelnen Session aufnehmen kann. Der Wert muss nummerisch sein und mindestens 1 betragen.
duration	Die maximale Dauer von einem Audioclip oder einem Video in Sekunden. Bei Bildern macht die Option natürlich keinen Sinn.
mode	Der gewählte Modus. Der Wert muss bei einem Audioclip einem der Elemente in *capture.supportedAudioModes*, bei Videos in *capture.supportedVideoModes* und bei Bildern in *capture.supportedImageModes* entsprechen.

9.3.4 Die Optionen

Die Aufnahmemethoden verfügen über spezifische Optionen, die jeweils als dritter optionaler Parameter im JSON-Format angegeben werden können und die bei allen drei Methoden weitgehend identisch sind – sofern sie dort jeweils sinnvoll sind (Tab. 9.4).

▶ Beachten Sie, dass auch die Optionen vom API nicht bei allen Plattformen voll unterstützt werden. Details finden sich in der Dokumentation.

9.3.5 Erfolg und Misserfolg

Werfen wir nun einen genaueren Blick auf die beiden Callback-Methoden, die bei den Aufnahmemethoden ausgelöst werden.

9.3.5.1 CaptureError und CaptureErrorCB

Der Fehler-Callback besitzt als Parameter ein Fehlerobjekt vom Typ *CaptureError*, das über die Eigenschaft *code* einen der folgenden Fehlercodes in Form von Konstanten liefert (Tab. 9.5).

9.3.5.2 CaptureCB, MediaFile und MediaFileData

Der Erfolgs-Callback besitzt als ersten Parameter ein Array mit Objekten vom Typ *MediaFile*. Objekte dieses Typs enthalten alle wichtigen Informationen über die aufgenommene Datei (Tab. 9.6).

Objekte vom Typ *MediaFile* besitzen zudem die Methoden *getFormatData()*. Damit erhalten Sie genauere Informationen über die Multimediadatei. Der Aufruf über *mediaFile. getFormatData(MediaFileDataSuccessCB successCallback, [MediaFileDataErrorCB errorCallback])* besitzt – neben dem üblichen (optionalen) Fehler-Callback – einen Erfolgs-Callback mit einem Objekt vom Typ *MediaFileData*. Dieses besitzt folgende Eigenschaften (Tab. 9.7).

▶ Die Unterstützung der Methode *getFormatData()* ist auf den verschiedenen Plattformen nur eingeschränkt vorhanden.

Tab. 9.5 Vordefinierte Fehlerkonstanten

Konstante	Beschreibung
CaptureError. CAPTURE_APPLICATION_BUSY	Die Multimediaapplikation wird aktuell von einem anderen Service verwendet.
CaptureError. CAPTURE_INTERNAL_ERR	Fehler der Kamera oder des Mikrofons bei der Aufnahme.
CaptureError. CAPTURE_INVALID_ARGUMENT	Falsche Verwendung von API-Methoden (etwa ein negativer Wert für *limit*).
CaptureError. CAPTURE_NO_MEDIA_FILES	Der Anwender hat die Multimediaapplikation beendet, bevor etwas aufgenommen wurde.
CaptureError. CAPTURE_NOT_SUPPORTED	Die angeforderte Aufnahmeoperation wird vom Gerät oder der Plattform nicht unterstützt.
CaptureError. CAPTURE_PERMISSION_DENIED	Der Anwender hat keine Berechtigungen für die Anfrage eingerichtet.

Tab. 9.6 Eigenschaften von MediaFile-Objekten

Eigenschaft	Beschreibung
fullPath	Der vollqualifizierte Name der Datei mit Pfadinformationen.
lastModifiedDate	Das Datum und die Zeit der letzten Modifikation der Datei.
name	Der Name der Datei ohne Pfadinformationen.
size	Die Größe der Datei in Bytes.
type	Der MIME-Typ der Datei.

Tab. 9.7 Eigenschaften von MediaFileData

Eigenschaft	Beschreibung
bitrate	Die Bitrate des Inhalts, wobei dieser Wert bei Bildern nicht sinnvoll ist und dort 0 beträgt.
codecs	Das Format des Audio- und Videoinhalts.
duration	Die Länge von einem Audio- oder Videofile in Sekunden. Bei einem Bild ist der Wert 0, da nicht sinnvoll.
height	Die Höhe von einem Bild oder Videoclip. Im Fall einer Tondatei ist der Wert 0, da diese Angabe nicht sinnvoll ist.
width	Die Breite von einem Bild oder Videoclip. Im Fall einer Tondatei ist der Wert 0, da diese Angabe nicht sinnvoll ist.

9.3.6   Konkrete Aufnahmebeispiele

Schauen wir uns nun konkrete Anwendungen zur Aufnahme von verschiedenen Dateitypen an (*kap9/Kamera2*). Dabei nutzen wir aus, dass sich die Aufnahmemethoden von der Anwendung gleichen und auch die Callbacks strukturell identisch sein können, wenn man keine spezifischen Anwendungen mit den verschiedenen Dateitypen durchführen möchte. Wir werden in dem folgenden Beispiel einfach alle relevanten Informationen über die aufgenommenen Daten ausgeben. In der HTML-Datei werden wir nur drei Schaltflächen und einen Anzeigebereich positionieren. Da wir in JavaScript auch hier wieder mit jQuery (aber kein jQuery Mobile) arbeiten wollen, muss darauf eine Skriptreferenz gesetzt werden. Das ist der Körper der Webseite:

```
<h4>Aufnahmen</h4>
<div id="btn">
  <button id="p_aufnahme">Photo aufnehmen</button><br/>
```

```
  <button id="a_aufnahme">Audio aufnehmen</button><br/>
  <button id="v_aufnahme">Video aufnehmen</button>
</div>
<div id="meldung"></div>
```

In der JavaScript-Datei reagieren wir im Wesentlichen auf die Betätigung der drei Schaltflächen durch den Anwender. Dazu registrieren wir drei Reaktionsmethoden, die jeweils eine der drei Aufnahmemethoden aufrufen. Dabei spielen wir beim Aufruf zwar ein bisschen mit den spezifischen Optionen, aber im Grunde ist der jeweilige Aufruf an allen drei Stellen identisch. Und wir kommen mit einer gemeinsamen Callback-Funktion für den Erfolgsfall aus. Ebenso gibt es nur einen Fehler-Callback.

Nun wurde an verschiedenen Stellen schon ausgeführt, dass die Unterstützung der verschiedenen Aufnahmemethoden von der Plattform und dem konkreten Gerät abhängt. In der Theorie sollte es so sein, dass bei einem erfolgreichen Aufruf einer der Aufnahmemethoden der Callback für den Erfolgsfall aufgerufen wird und im Fehlerfall der Fehler-Callback. Leider stürzt aber unter manchen Plattformen im Fehlerfall oft die gesamte App ab, statt den Fehler-Callback auszulösen.[1] Es wird dabei in der Regel eine sogenannte Ausnahme geworfen, die man in der Programmierung im Grunde behandeln in die App am Laufen halten kann. Dazu wird eine kritische Anweisung in JavaScript in eine *try-catch*-Konstruktion eingeschlossen, wie Sie es in der Folge sehen. Ist ein Aufruf einer potentiell kritischen Anweisung (wie einer Aufnahmemethode) erfolgreich, wird einfach die Anweisung ausgeführt. Sonst passiert nichts weiter. Im Fall einer Ausnahme wird jedoch die Maßnahme im *catch*-Teil ausgeführt (in unserem Fall eine Fehlermeldung) und die App läuft weiter (Abb. 9.5).

Im Erfolgsfall wird die Zustimmung für den Zugriff auf die Hardware eingefordert und die Standardaufnahmeapplikation von dem Gerät wird die Kontrolle übernehmen (Abb. 9.6 – hier im Windows Phone-Emulator).

Soweit die Theorie!

Leider kann selbst diese Ausnahmebehandlung, die wir im Code verwenden, nicht in allen Situationen die generierten Ausnahmen abfangen. Die Ausnahmen werden in so Situationen bei manchen Plattformen „unterhalb" der JavaScript-Ebene geworfen (auf der Ebene vom Wrapper) und die App wird trotzdem abstürzen, wenn Sie eine kritische Methode aufrufen. Wir werden also im folgenden Listing verschiedene Sicherungsmaßnahmen sehen und in diversen Fällen kann damit auch das Abstürzen der App verhindert werden. Zu 100 % klappt das aber nicht. Ziemlich unkritisch sind Bildaufnahmen, aber im Fall von Video- oder Tonaufnahmen müssen Sie in gewissen Konstellationen mit Abstürzen rechnen, die Sie mit JavaScript nicht verhindern können.

---

[1]Hauptsächlich bei alten Geräten/Plattformen.

Abb. 9.5 Eine Ausnahme
wurde abgefangen

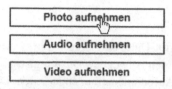

Hier ist nun das Listings mit der JavaScript-Funktionalität zu den Aufnahmen:

```
(function () {
  "use strict";
  document.addEventListener('deviceready', onDeviceReady.bind(this),
    false);
  function onDeviceReady() {
    $("#p_aufnahme").click(function () {
```

Abb. 9.6 Zugriff auf die Standardaufnahmeapplikation von dem Gerät

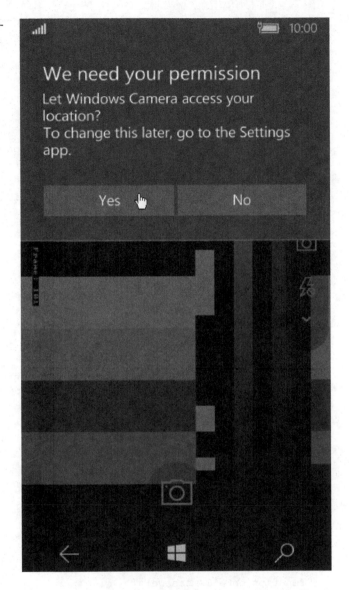

```
try {
  navigator.device.capture.captureImage(onSuccess, onFail,
    {limit: 5});
} catch (e) {
  $("#meldung").html('Bildaufnahme wird nicht unterstützt');
}
});
$("#v_aufnahme").click(function () {
  try {
```

```
            navigator.device.capture.captureVideo(onSuccess, onFail, {
               duration: 1000});
        } catch (e) {
            $("#meldung").html('Videoaufnahme wird nicht unterstützt');
        }
    });
    $("#a_aufnahme").click(function () {
      try {
            navigator.device.capture.captureAudio(onSuccess, onFail, {
               limit: 2, duration: 1000});
        } catch (e) {
            $("#meldung").html('Tonaufnahme wird nicht unterstützt');
        }
    });
    function onSuccess(mediaFiles) {
      var i;
      var dateidaten = "";
      $("#meldung").html('<h4>Aufnahme erfolgreich</h4>');
      for (i = 0; i < mediaFiles.length; i++) {
        dateidaten += "<h5>Aufgenommene Datei " + (i + 1) +
        "</h5>Vollqualifizierter Dateiname:<br />" +
        mediaFiles[i].fullPath + "<br />Letzte Modifikation:<br />" +
        new Date(mediaFiles[i].lastModifiedDate) +
        "<br />MIME-Typ: " + mediaFiles[i].type + "<br/><br/>";
        mediaFiles[i].getFormatData(function (mediaDetails) {
           for (j in mediaDetails) {
              dateidaten += j + ": " + mediaDetails[j] + "<br />";
           }
        }, function () {
           dateidaten += "Keine Details";
        });
      }
      dateidaten += "<hr />";
      $("#meldung").append(dateidaten);
    }
    function onFail(message) {
      $("#meldung").html('Fehler bei der Aufnahme: ' + message.code);
    }
  };
})();
```

Wenn der Anwender eine Aufnahmemethode aufruft, übernimmt die Standardapplikation des Geräts die Kontrolle (Abb. 9.6). Unsere App „wartet" im Hintergrund auf deren Beendigung und der Rückgabe der ermittelten Informationen. Diese Standardapplikation kümmert sich auch um die Speicherung der Daten und unsere App muss sich darum gar nicht kümmern. Die App verwertet nur asynchron die Informationen, die von der Standardapplikation geliefert werden (Abb. 9.7).

Wenn der Anwender mit der Standardapplikation erfolgreich Bilder, Audiofiles oder ein Video aufgenommen hat, bauen wir im Erfolgs-Callback einen String *dateidaten* zusammen, in dem wir für alle Multimediadateien sämtliche relevanten Informationen ausgeben, die ermittelt werden konnten. Dieser String wird in dem Anzeigebereich der Webseite (ID *meldung*) angezeigt (Abb. 9.7). Dazu verwenden wir die jQuery-Methoden *html()* und *append()*. Natürlich könnten wir hier auch mit klassischen DOM-Techniken arbeiten. Mit

Abb. 9.7 Die Aufnahmen wurden beendet – hier die Anzeige der aufgenommenen Bildinformationen im Windows Phone-Emulator

einer Schleife iterieren wir über alle aufgenommenen Mediadateien und geben deren Daten aus. Konkret den absoluten Pfad (*fullPath*), die letzte Modifikation (*lastModifiedDate*) und den MIME-Typ (*type*).

▶ Beachten Sie, dass wir in dem Beispiel mit *new Date(lastModifiedDate)* die Datumsinformation in eine lesbare Form umwandeln. Leider kann man das nicht auf allen Plattformen so machen. Im Grunde sollte *lastModifiedDate* die Anzahl der Millisekunden seit dem 01.01.1970 enthalten und diese nummerische Information kann man dem Konstruktor von Date() als Parameter übergeben (wie es im Listing zu sehen ist). Daraus wird ein lesbares Datum aufbereitet. Aber unter einigen Plattformen enthält *lastModifiedDate* nicht diesen nummerischen Wert, sondern bereits selbst ein aufbereitetes Datum als String. In dem Fall dürfen Sie nicht den Konstruktor anwenden, sondern geben für unseren Fall einfach *lastModifiedDate* aus. Dieses inkonsistente Verhalten zwingt leider zu einer spezifischen Programmierung für verschiedene Plattformen, was eigentlich ja mit Cordova vermieden werden soll. Zudem ist es meines Erachtens keine gute Wahl, wenn man statt des nummerischen Werts einen String liefert. Es ist leicht, aus den Millisekunden – wie Beispiel – ein lesbare Form aufzubereiten, aber meist möchte man mit der Modifizierungsinformation ja rechnen oder den Wert vergleichen und dann muss man diese Information aufwändig aus dem String extrahieren.

Um die unterschiedlichen Datenformate für das Modifizierungsdatum einheitlich zu handeln, bauen wir folgende Konstruktion:

```
if ((typeof mediaFiles[i].lastModifiedDate)=="string")
  dat = mediaFiles[i].lastModifiedDate;
else dat=new Date(mediaFiles[i].lastModifiedDate);
```

Mit dem *typeof*-Operator überprüfen wir, ob der Datentyp der Eigenschaft ein String ist und dann vermeiden wir den Konstruktor.

Hintergrundinformation
Nun könnte man auf die Idee kommen, stattdessen eine Ausnahmebehandlung der folgenden Form zu verwenden:

```
try{
  dat=new Date(mediaFiles[i].lastModifiedDate);
}
catch(e){
  dat=mediaFiles[i].lastModifiedDate;
}
```

Bedauerlicherweise wirft aber der Konstruktor von *Date()* aber bei einem invaliden Parameter keine Ausnahme, so dass wir mit so einem eleganten Ansatz nicht arbeiten können.

In der Schleife rufen wir für jedes Medienobjekt auch die Methode *getFormatData()* auf. Diese stellt über den ersten Parameter im Erfolgs-Callback ein Array mit Formatinformationen bereit. Über das Array kann man mit einer foreach-Schleife hervorragend iterieren (*for (j in mediaDetails) {...}*). Dabei steht der Zählindex in Form eines Strings (im Beispiel *j*) für die Eigenschaft selbst (also *duration* oder *codecs*) und das Arrayelement (im Beispiel *mediaDetails[j]*) für dessen Wert. Denken Sie daran, dass es sich in JavaScript ja in so Situationen (wie auch dem Aufbau von Objekten) immer um assoziierte Arrays bzw. Hashlisten handelt. Diese foreach-Schleife hat den wesentlichen Vorteil, dass wir nicht groß unterscheiden müssen, ob eine Eigenschaft auf einer Plattform vorhanden ist oder nicht. Denn wenn sie nicht da ist, wird auch gar kein entsprechender Index auftauchen. Leider Gottes liefern aber nur wenige Plattformen und Konstellationen überhaupt Formatinformationen.

9.4 Audiowiedergabe und -aufnahme mit Media

Die Aufnahme von Multimediadaten ist die eine Seite der Medaille, die Wiedergabe die andere. Mit Objekten vom Typ *Media* geht das mit Cordova, die Sie via dem Plugin *cordova-plugin-media* bereitstellen. Diese stellen Methoden zum Wiedergeben, aber auch Aufnehmen von Audiodateien zur Verfügung. Nur wird dieses Mal keine Standardapplikation des Geräts geöffnet und diese kümmert sich um die Aktion, sondern Sie können direkt Audiodaten wiedergeben als auch aufnehmen.

Der Zugriff auf die Kamera muss von der App explizit eingefordert werden und es sind gewisse Voraussetzungen in den verschiedenen Betriebssystemen notwendig. Das kennen wir ja auch schon aus anderen Situationen und wie immer wird sich darum durch die Installation des Plugins gekümmert.

9.4.1 Erzeugen von Mediaobjekten

Die formale Syntax zum Erzeugen eines Objekts vom Typ Media ist folgende:

```
var media = new Media(src, [mediaSuccess], [mediaError],
[mediaStatus]);
```

Hintergrundinformation
Ältere Implementierungen von *Media*-Objekten in Cordova waren nicht mit der Spezifikation des W3C identisch.

9.4.2 Die Parameter

Die Parameter des Konstruktors sind recht offensichtlich. Wir wollen aber dennoch die möglichen Parameter im Konstruktor von *Media* kurz besprechen, wobei die willkürlichen Namen den Sinn deutlich machen sollen (Tab. 9.8).

9.4.3 Methoden von Mediaobjekten

Die Methoden von Mediaobjekten sind ebenso recht naheliegend, wenn man sich die grundsätzlichen Funktionen eines Mediaplayers vor Augen führt (Tab. 9.9).

9.4.4 Ein Mediaplayer als Beispiel

Erstellen wir nun einen Mediaplayer als Beispiel, der die wichtigsten besprochenen Features zeigen soll (*Kap9/MediaPlayer*). Um die App optisch ansprechender zu gestalten,

Tab. 9.8 Parameter von Media

Parameter	Beschreibung
src	Der erste Parameter ist der URL eines Audioinhalts – also die Quelldatei.
mediaSuccess	Der zweite Parameter ist der optionale Callback, der nach dem erfolgreichen Abspielen bzw. Aufnehmen eines Media-Objekts oder der Stoppaktion aufgerufen werden soll.
mediaError	Der dritte Parameter ist der optionale Callback, der bei einem Fehler bei der Wiedergabe aufgerufen werden soll. Der Parameter ist ein Objekt vom Typ *MediaError*, das eine Fehlermeldung über die Eigenschaft *message* sowie einen vordefinierten Fehlercode über die folgenden Konstanten für die Eigenschaft *code* bereitstellt: - *MediaError.MEDIA_ERR_ABORTED* - *MediaError.MEDIA_ERR_NETWORK* - *MediaError.MEDIA_ERR_DECODE* - *MediaError.MEDIA_ERR_NONE_SUPPORTED*
mediaStatus	Der vierte Parameter ist ein weiterer optionaler Callback, der bei einer Statusänderung aufgerufen werden soll. Als Parameter dieses Callbacks werden die folgenden Konstanten zur Verfügung gestellt, die nummerischen Werten entsprechen: - *Media.MEDIA_NONE*: 0 - *Media.MEDIA_STARTING*: 1 - *Media.MEDIA_RUNNING*: 2 - *Media.MEDIA_PAUSED*: 3 - *Media.MEDIA_STOPPED*: 4

Tab. 9.9 Methoden von Mediaobjekten

Methode	Beschreibung
getCurrentPosition (mediaSuccess, [mediaError])	Die Position im Audiofile. Es gibt noch den zusätzlichen ReadOnly-Parameter *position*, der die Position der Audiowiedergabe in Sekunden beinhaltet. Aber dieser wird nicht automatisch während der Wiedergabe aktualisiert, sondern durch eben den Aufruf dieser asynchronen Methode.
getDuration()	Die Dauer von einem Audiofile in Sekunden als Rückgabewert, wenn sie ermittelt werden kann. Wenn die Dauer nicht bekannt ist, wird der Wert −1 zurückgegeben. Es gibt noch den zusätzlichen ReadOnly-Parameter *duration*, der die Dauer der Audiowiedergabe beinhaltet.
pause()	Mit dem Aufruf dieser einfachen synchronen Methode können Sie das Abspielen einer Tondatei pausieren.
play()	Mit dem Aufruf dieser asynchronen Methode erfolgt das Abspielen einer Tondatei. Dabei gibt es einige Unterschiede auf verschiedenen Plattformen, ob sie mehr als eine Tondatei abspielen können oder nicht. Ebenso gibt es einige spezifische Optionen. Im Normalfall wollen Sie aber eine Tondatei abspielen und dann wird die Methode einfach ohne Parameter aufgerufen.
release()	Die Methode gibt die zugrunde liegende nativen Betriebssystem-Audio-Ressourcen frei. Das ist insbesondere wichtig bei Betriebssystemen, wo es nur eine begrenzte Anzahl an gleichzeitig offenen Medienwiedergaben gibt (etwa Android).
seekTo (Millisekunden)	Die asynchrone Methode bewegt die Position an eine bestimmte Stelle in der Tondatei, wobei der Parameter in Millisekunden die Stelle angibt. Dabei aktualisiert der Aufruf den ReadOnly-Parameter *position*, der die Position der Audiowiedergabe in Sekunden beinhaltet. Beachten Sie, dass diese Methode in der Vergangenheit einige Probleme unter verschiedenen Plattformen hatte.
startRecord()	Mit der Methode erfolgt der Start einer Aufnahme. Dabei fordern einige Plattformen aktuell bestimmte Dateiformate oder vorbereitende Schritte. Etwa muss eine Datei bereits vorher existieren und vom wav-Format sein.
stop()	Mit der asynchronen Methode wird das Abspielen einer Tondatei beendet.
stopRecord()	Mit der asynchronen Methode wird das Aufnehmen einer Tondatei beendet.

wollen wir jQuery Mobile verwenden. Rein von der Funktionalität ist das aber unnötig. Mit der App wollen wir eine Tondatei abspielen, pausieren und beenden können. Hier ist die Basiswebseite, in der mit jQuery Mobile drei Schaltflächen zu einer Kontrollgruppe zusammengefasst und mit Icon versehen sind (Abb. 9.8). Unter den Schaltflächen wollen wir die Länge eines Audioclips (falls die Information verfügbar ist) und die Position im Audiofile in Sekunden angeben.

Abb. 9.8 Ein Mediaplayer

▶ Beachten Sie wie gesagt, dass wir jQuery Mobile verwenden und entsprechend wieder jQuery und jQuery Mobile referenziert werden müssen.

Hier ist das Listing mit dem Body der Webseite:

```
<div data-theme="a" data-role="header">
  <h4> Mediaplayer </h4></div>
 <div data-role="content">
  <div data-role="controlgroup" id="player" >
   <a href="#" data-iconpos="top" data-role="button"
     data-icon="arrow-r" id="p">Play</a>
    <a href="#" data-iconpos="top" data-role="button"
      data-icon="delete" id="s">Stop</a>
   <a href="#" data-iconpos="top" data-role="button"
     data-icon="gear" id="pa">Pause</a>
  </div>
   <div id="dauer">
     <span id="gesamtdauer"></span><span id="pos"></span>
   </div>
</div>
```

Die Verwendung von jQuery Mobile gestaltet einmal die Oberfläche der App ansprechender, erlaubt aber auch eine elegante Programmierung von einigen sinnvollen Features. So sollen etwa die Schaltflächen zum Stoppen und Pausieren des Mediaplayers nur dann aktivierbar sein, wenn die Tondatei abgespielt wird. Umgekehrt soll in diesem Moment die Schaltfläche zum Abspielen der Tondatei deaktiviert sein (Abb. 9.8). Mit jQuery Mobile können wir das einfach durch das dynamische Zuweisen und Wegnehmen von CSS-Klassen erreichen. Dazu gibt es im Framework bereits vorgefertigte Klassen und die Methode *addClass()* und *removeClass()*.

Hier ist nun das Listing für die JavaScript-Datei:

```
(function () {
  "use strict";
  var mediaDat = null;
  var mediaTimer = null;
  var pos = 0;
  document.addEventListener('deviceready', onDeviceReady.bind(this),
    false);
  function onDeviceReady() {
    $('#p').addClass('ui-disabled');
    $('#s').addClass('ui-disabled');
    $('#pa').addClass('ui-disabled');
    $("#p").click(function () {
      $('#p').addClass('ui-disabled');
      $('#s').removeClass('ui-disabled');
      $('#pa').removeClass('ui-disabled');
      var src = "http://rjs.de/saturday.mp3";
      mediaDat = new Media(src, function () {
        $("#gesamtdauer").html("Dauer: ### ");
        $("#pos").html(" - 0 sek");
      }, function (e) {
        $("#gesamtdauer").html("Dauer: ### ");
        $("#pos").html(" - 0 sek");
      });
      mediaDat.play();
      mediaDat.seekTo(pos * 1000);
      setTimeout(function () {
        $("#gesamtdauer").html("Dauer: ");
        if (mediaDat.getDuration() > -1)
          $("#gesamtdauer").append(mediaDat.getDuration());
        else $("#gesamtdauer").append("###");
      }, 1100);
      if (mediaTimer == null) {
        mediaTimer = setInterval(function () {
          mediaDat.getCurrentPosition(function (position) {
            if (position > -1) {
              pos = position;
              $("#pos").html(" - " + (position) + " sek");
            }
```

```
    }, function (e) {
        $("#pos").html(" - ### sek");
      });
    }, 1000);
  }
});
$("#s").click(function () {
  $('#s').addClass('ui-disabled');
  $('#pa').addClass('ui-disabled');
  $('#p').removeClass('ui-disabled');
  if (mediaDat != null) {
    mediaDat.stop();
    mediaDat.release();
    mediaDat = null;
    pos = 0;
  }
});
$("#pa").click(function () {
  if (mediaDat != null) {
    $('#s').addClass('ui-disabled');
    $('#pa').addClass('ui-disabled');
    $('#p').removeClass('ui-disabled');
    mediaDat.pause();
  }
});
document.addEventListener("deviceready", function () {
  $('#p').removeClass('ui-disabled');
}, false);
};
})();
```

Zuerst legen wir im Skript drei Variablen im globalen Objekt an, um das Mediaobjekt, ein Timerobjekt und die Position in der Mediadatei global speichern zu können.

Ganz am Beginn deaktivieren wir mit *addClass('ui-disabled')* alle drei Schaltflächen des Mediaplayers. Erst dann aktivieren wir gezielt die Schaltfläche zum Abspielen der Tondatei mit *$('#p').removeClass('ui-disabled');*. Das ist sozusagen unsere Grundeinstellung.

Beim Auslösen der Schaltfläche zum Abspielen der Tondatei werden die auslösende Schaltfläche deaktiviert und die Schaltflächen zum Beenden und Pausieren der Wiedergabe aktiviert (*$('#p').addClass('ui-disabled');* *$('#s').removeClass('ui-disabled');* *$('#pa').removeClass('ui-disabled');*)

Als Tondatei wollen wir eine MP3-Datei wiedergeben, die aus dem Internet geladen wird (*var src = "http://rjs.de/saturday.mp3"*). Die Wiedergabe über das Netzwerk ist meist aber nur dann sinnvoll, wenn diese gestreamt wird und die Internet-Verbindung nicht allzu langsam ist. Bei einem vollständigen Download wird die Übertragungszeit meist zu lange dauern (es sei denn, es ist nur eine ganz kleine Tondatei – etwa sehr kurz und mit niedriger Qualität).

▶ **Tipp** Natürlich können Sie auch eine Datei verwenden, die auf dem mobilen Gerät selbst gespeichert ist (etwa im Unterverzeichnis *sounds* unter *www*). Dabei sind aber diverse Dinge in Hinsicht auf die Unterschiedlichen Plattformen zu beachten. Die Details wollen wir an der Stelle nicht behandeln. Wir werden darauf aber in Kap. 11 eingehen und sparen uns mit der Referenz auf eine Mediendatei im WWW an der Stelle etwas Arbeit.

Und Sie müssen beim Dateiformat natürlich beachten, ob ein Gerät dieses Dateiformat auch wiedergeben kann. Mit dem MP3-Format sind wir aber auf einer recht sicheren Seite.

Ansonsten erzeugen wir im nächsten Schritt mit dem Konstruktor von Media ein Medienobjekt (*mediaDat = new Media(src, function() {...});*). Der Erfolg- als auch Fehler-Callback schreibt Daten in den Ausgabebereich in der App zur Anzeige der Dauer und der Position. Da beide Callbacks erst nach dem Beseitigen des Mediaobjekts ausgelöst werden, setzen wir den Ausgabebereich auf einen Defaultzustand.

Das eigentliche Abspielen der Tondatei erfolgt mit *mediaDat.play();*. Da wir eine Pausenfunktion realisieren, soll das Abspielen nach einem Pausieren natürlich auch da beginnen, wo die Pause ausgelöst wurde. Deshalb positionieren wir mit *mediaDat.seekTo(pos * 1000);* den Beginn der Wiedergabe. Die Variable *pos* wird regelmäßig aktualisiert und enthält die Position. Allerdings in Sekunden und wir benötigen für *seekTo()* Millisekunden. Deshalb multiplizieren wir hier *pos* mit dem Wert 1000, da wir mit *getDuration()* einen Wert in Sekunden bekommen.

▶ Einige Emulatoren machen beim Positionieren etwas Probleme. Aber das ist – wie immer bei Emulator-Problemen – irrelevant.

Die Anzeige der Dauer und Position verzögern wir im folgenden Schritt mit *setTimeout()* geringfügig. Das ist einfach dafür, dass die Positionierung mit *seekTo()* und die Aktualisierung der Position genügend Zeit bekommen und die Anzeige damit etwas harmonischer ist. Technisch ist das aber nicht notwendig.

Der Schritt über *setInterval()* aktualisiert jede Sekunde die Position in der Mediendatei und speichert diese in der globalen Variablen *pos*.

Beim Beenden der Wiedergabe ändern wir die Klassen für die Aktivierung und Deaktivierung der Schaltflächen und nutzen *mediaDat.stop();* zum Beenden sowie *mediaDat. release();* zur Freigabe der Medienressourcen. Mit *mediaDat = null;* wird das Medienobjekt zerstört und die globale Variablen für die Position wird mit *pos = 0;* zurückgesetzt.

Beim Pausieren ändern wir ebenso die Klassen für die Aktivierung und Deaktivierung der Schaltflächen und nutzen dieses Mal *mediaDat.pause();*. Die Position merken wir uns aber, da die Variablen *pos* nicht geändert wird. Das ist der Schlüssel, damit wir an dieser Stelle die Wiedergabe fortsetzen können.

Zusammenfassung

Sie haben die Möglichkeiten zur Aufnahme und Wiedergabe von Multimediaformaten mit Cordova kennengelernt. Sie können die Standardapplikationen für die Aufnahme von Multimediadateien aus Ihrer App heraus nutzen und Sie kennen die direkte Ton-wiedergabe mit Media-Objekten. Darüber hinaus haben Sie weitere praktische Verbin-dungen von jQurey sowie jQuery Mobile mit dem Cordova-API gesehen.

Kontaktversuche – Zugriff auf das Adressbuch   10

Inhaltsverzeichnis

10.1   Was behandeln wir im Kapitel?

Obwohl man bei Smartphones die ursprüngliche Kernfunktionalität dieser mobilen Geräte – das Telefonieren – im Grunde nur noch als Nebensache implementiert hat, ist die Kommunikation im Allgemeinen immer noch eine der wichtigsten Aufgaben, die Anwender mit einem mobilen Gerät durchführen. Wobei diese Kommunikation weit über das Telefonieren hinausgeht. SMS, E-Mail-Verkehr, Skypen, Chatten, ... – die Liste ist lang. Und diese Kommunikation basiert auf Kontakten, die in der Regel auf dem mobilen Gerät verwaltet oder damit synchronisiert werden. Dazu gibt es ein Kontaktbuch und auf dieses wollen wir in dem Kapitel zugreifen. Die Grundlage ist ein Objekt vom Typ *Contacts*. Objekte dieses Typs werden von Cordova als Erweiterung vom *navigator*-Objekt bereitgestellt.

© Springer Fachmedien Wiesbaden GmbH 2017
R. Steyer, *Cordova*, DOI 10.1007/978-3-658-16724-0_10

10.2   Die Kontaktdatenbank – Contacts und Contact

Basis für Zugriffe auf die Kontaktdatenbank unter Cordova ist das Plugin *cordova-plugin-contacts*. Für ältere Versionen von Cordova kann man aber weiterhin *org.apache.cordova. contacts* verwenden. Aber dieses Plugin ist deprecated und gerade bei so hochsensiblen Themen wie dem Zugriff auf das Adressbuch und persönliche Daten sollte man immer den neusten Stand verwenden.

Das *Contacts*-Objekt repräsentiert mit seinen verbundenen Objekten eine (spezielle) Datenbank mit Kontakten, auf die mit diversen Methoden, Eigenschaften und Unterobjekten zugegriffen werden kann. Die gesamte Logik ist selbstverständlich stark an den üblichen Techniken und Operationen orientiert, die man mit einer Datenbank durchführen kann. Als da wären die Verwaltung von Daten (Kontakten) über das Hinzufügen, Löschen oder Aktualisieren sowie das Suchen von Informationen. Allerdings haben wir in dem Cordova-API keine Möglichkeit zur eigenen Strukturierung der Datenbank. Sie können also keine Felder entfernen oder eigene Felder anlegen, was in einer „freien" Datenbank der Fall ist. Die Felder in der Datenbank sind fest vorgegeben und Sie erzeugen oder löschen nur die Datensätze (was Objekte vom Typ *Contact* im Grunde darstellen) darin und belegen diese vorgegebenen Felder mit Werten.

Die konkreten Kontakte werden über spezifische Felder mit strukturierten Informationen verwaltet, die selbst entweder als Strings oder vergleichbare Inhalte (Datum) oder Unterobjekte bereitgestellt werden. Wobei man gleich am Anfang festhalten sollte, dass die Informationen in der Datenbank im JavaScript-Code üblicherweise im JSON-Format angegeben werden. Damit lassen sich hervorragend verschachtelte Datenmodelle abbilden. Denken Sie etwa daran, dass eine Person zwar nur ein Geburtsdatum hat, aber mehrere E-Mail-Adressen zugeordnet sein können. Oder eine Person hat eine (oder mehrere) Adresse(n) und diese Adresse selbst besteht wieder aus eigenen Daten wie der Straße, der Postleitzahl und dem Ort. Das Objektkonzept von JavaScript und insbesondere besagte JSON-Notation kann solche Strukturen einfach und klar abbilden.

▶   Wie bei fast allen Plugins muss man sich auch bei der Arbeit mit dem Adressbuch und den Zugriffen auf persönliche Daten wieder Gedanken um die notwendigen Freigaben und Voraussetzungen machen. Es sind gewisse Voraussetzungen in den verschiedenen Betriebssystemen notwendig, was bei der Installation des Plugins wie üblich automatisch eingerichtet wird. Aber auch die Dokumentation von Cordova warnt bei dem Themengebiet ausdrücklich – der Zugriff auf das Adressbuch ist eine hochsensible Angelegenheit, die eine App explizit eingefordert muss und Anwender in Gewissenskonflikte hinsichtlich Sicherheit versus Feature, Komfort und Bequemlichkeit bringt. Nutzen Sie diese Forderungen nur dann, wenn Sie den Zugriff wirklich zwingend brauchen.

10.2.1 Die Objekte Contacts und Contact

Die Objekte vom Typ *Contacts* verfügen selbst nur über zwei Methoden. Eine dient zum Erstellen eines konkreten Kontaktobjekts vom Typ *Contact* (*create()*) und eine zum Suchen eines solchen (*find()*). Aber die Methode zum Erstellen eines Kontaktobjekts liefert eben auch ein neues Objekt vom Typ *Contact*, das dann wiederum weitere Methoden bereitstellte.

▶   Beachten Sie die Singularform versus der Pluralform bei den Bezeichnern.

10.2.1.1 Erstellen eines Datenbankobjektes mit create()

Die Methode *create()* eines *Contacts*-Objekt dient wie erwähnt zum Erzeugen eines *Contact*-Objekts, das wiederum einen Datensatz in der Datenbank repräsentiert. Ein solches wird als Rückgabewert geliefert. Beispiel zum Erzeugen eines Kontaktdatensatzes:

```
var contact = navigator.contacts.create(properties);
```

Sie können die Methode mit als auch ohne Eigenschaften als Parameter angeben. Geben Sie keine Eigenschaften in Form eines Parameters an, werden die Felder in der Datenbank nur mit Vorgabewerten belegt. Sollten Sie Eigenschaften vorgeben wollen, notieren Sie diese meist im JSON-Format. Alle angegebenen Eigenschaften werden dann mit den entsprechenden Werten belegt, alle nicht angegebenen Eigenschaften behalten Ihren Vorgabewert.

10.2.1.2 Die Eigenschaften von Contact

Um überhaupt zu wissen, welche Felder Ihnen in einem Kontaktdatensatz zur Verfügung stehen, betrachten wir die Eigenschaften eines *Contact*-Objekts (Tab. 10.1).

Tab. 10.1 Die Eigenschaften von Contact

Eigenschaft	Beschreibung
addresses	Ein Objekt (Array) vom Typ *ContactAddress* mit den verschiedenen Adressdaten eines Kontakts (privat, mobil, geschäftlich …).
birthday	Der Geburtstag einer Person als *Date*-Typ.
categories	Ein Objekt (Array) vom Typ *ContactField* mit benutzerdefinierten Kategorien eines Kontakts.
displayName	Der Anzeigename des Kontakts in Form eines Strings, wie er auf dem Display des Endanwenders zu sehen ist.
emails	Ein Objekt (Array) vom Typ *ContactField* mit den verschiedenen E-Mail-Adressen eines Kontakts (privat, mobil, geschäftlich …).

Tab. 10.1 (Fortsetzung)

Eigenschaft	Beschreibung
id	Eine eindeutige Kennung in Form eines Strings.
ims	Ein Objekt (Array) vom Typ *ContactField* mit den verschiedenen IM-Adressen (Instant Message) eines Kontakts.
name	Ein Objekt vom Typ *ContactName*, das mit seinen spezifischen Eigenschaften die vollständigen Namensinformationen repräsentiert.
nickname	Der Spitzname als String.
note	Eine Bemerkung zu dem Kontakt als String.
organizations	Ein Objekt (Array) vom Typ *ContactOrganization* mit den verschiedenen Daten bzgl. unterschiedlicher Organisationen zum einem Kontakt.
phoneNumbers	Ein Objekt (Array) vom Typ *ContactField* mit den verschiedenen Telefonnummern eines Kontakts (privat, mobil, geschäftlich …).
photos	Ein Objekt (Array) vom Typ *ContactField* mit verschiedenen Fotos eines Kontakts.
urls	Ein Objekt (Array) vom Typ *ContactField* mit den Webseiten, die mit einem Kontakt verbunden sind.

Hintergrundinformation

Sie sehen in den Beschreibungen der Eigenschaften, dass es sowohl solche Eigenschaften gibt, die als String oder ein Datumsobjekt verfügbar sind, als auch solche, die selbst wiederrum Objekte eines spezifischen Typs darstellen. Wenn Sie diese Unterobjekte verwenden wollen, müssen Sie dann deren konkrete Eigenschaften explizit ansprechen. Sind diese dann Strings oder ein Datum, können Sie einen Wert zuweisen oder auslesen. Wären es selbst wieder Objekte (also eine weitere Verschachtelungsebene), müssten Sie halt deren Eigenschaften verwenden. Sie kommen damit zu einer verschachtelten Notation, wie sie allgemein in der objektorientierten Programmierung zu finden und sehr logisch und einfach ist. Wir sehen das gleich in einem Beispiel. Vorher möchte ich Ihnen die möglichen Objekte und deren Eigenschaften kurz auflisten, wobei ich für die genauen Details aber zusätzlich auf die Cordova-Dokumentation verweise, wo meist noch ergänzende Informationen zu finden sind.

10.2.1.3 Objekte vom Typ ContactField

Ein Objekt vom Typ *ContactField* ist ein allgemeiner Speichertyp für spezifische Kontaktdaten. Dazu gibt es einen Wert (*value*) und einen Typ (*type*) sowie eine Eigenschaft um festzulegen, ob es sich um eine präferierte Informationen (*pref*) handelt (also etwa Hauptwohnsitz bei einer Adresse). Bei einem Contact-Objekt werden viele verschiedene Eigenschaften über Arrays (Objekte) vom Typ *ContactField* gespeichert – etwa Telefonnummer oder Webseiten.

10.2.1.4 Objekte vom Typ ContactAddress

Ein Objekt vom Typ *ContactAddress* enthält die üblichen Daten, die man bei einer einzelnen Adresse angeben kann (Straße, Postleitzahl, Ort, ...). Ein *Contact*-Objekt kann mehrere Objekte vom Typ *ContactAddress* besitzen und verwendet daher zu deren Verwaltung Arrays von diesem Typ. Das sind verfügbare Eigenschaften einer Kontaktadresse:

* *pref*
* *type*
* *formatted*
* *streetAddress*
* *locality*
* *region*
* *postalCode*
* *country*

10.2.1.5 Objekte vom Typ ContactName

Ein Objekt des Typs *ContactName* verwaltet alle Informationen, die man zu einem Namen einer Person führen kann. Vornamen, Nachnamen, Titel etc.:

* *formatted*
* *familyName*
* *givenName*
* *middleName*
* *honorificPrefix*
* *honorificSuffix*

10.2.1.6 Objekte vom Typ ContactOrganization

Ein Objekt des Typs *ContactOrganization* stellt die typischen Informationen bereit, die eine Firma abbilden (Art, Name, Abteilung, ...):

* *pref*
* *type*
* *name*
* *department*
* *title*

▶   Beachten Sie, dass die beschriebenen Kontaktfelder nicht alle auf jeder Plattform unterstützt werden. Im Gegenteil. In der Dokumentation von Cordova finden Sie umfangreiche Hinweise und Quirks, was man auf den verschiedenen Plattformen zu beachten hat. Ich empfehle dringend, dass Sie sich bei jedem verwendeten Kontaktfeld explizit informieren, ob und wie weit es auf Ihrer gewünschten Zielplattform verfügbar ist.

10.2.2 Ein Kontaktbeispiel

Schauen wir uns ein vollständiges Beispiel an (*kap10/Kontaktverwaltung1*). Dabei
wollen wir in einem einfachen Formular Benutzereingaben für Personendaten entgegen-
nehmen und diese in einem Kontaktobjekt speichern. Die Optik der App soll dabei
etwas mit Bootstrap „aufgehübscht" werden, was aber die Funktionalität in keiner Weise
beeinflusst. Aber wir sehen nun Bootstrap das erste Mal im Einsatz. Hier ist der Body-
Bereich der Basiswebseite mit dem Formular zur Eingabe der Daten und mit einem
Ausgabebereich:

```
<div class="container-fluid">
  <h4 class="ausrichtung">Adressbuch</h4>
  <form id="adresse">
    <div class="form-group"><label for="id">ID</label>
      <input type="text" id="id" class="form-control" /></div>
      <div class="form-group"><label for="displayName">Anzeigename
        </label>
      <input type="text" id="displayName" class="form-control" /></div>
      <div class="form-group"><label for="name">Name</label>
        <input type="text" id="name" class="form-control" /></div>
      <div class="form-group"><label for="nickname">Spitzname</label>
        <input type="text" id="nickname" class="form-control" /></div>
      <div class="form-group"><label for="phoneNumbers">Telefon</label>
      <input type="text" id="phoneNumbers" class="form-control" /></div>
      <div class="form-group"><label for="emails">E-Mail</label>
        <input type="email" id="emails" class="form-control" /></div>
  </form>
  <button type="button" class="btn btn-default" id="create">
    Kontakt Erstellen</button><hr />
  <div class="rundeEcken" id="info"></div>
</div>
```

Die Basisseite enthält ein einfaches Formular zur Eingabe von Daten durch den Anwender
und eine Schaltfläche zum Erstellen des Kontaktdatensatzes aus diesen Eingaben. Durch
die Verwendung spezieller Klassen (*form-control*) wird sich das Bootstrap-Framework um
eine Aufbereitung der Darstellung der Eingabeelemente kümmern. Das umgebende Div-
Element mit der Klasse *form-group* fasst das Label und das Eingabefeld zusammen. Dazu
gibt es einen Ausgabebereich, in dem der erstellte Datensatz dann angezeigt werden soll
(Abb. 10.1).
   Nun sollten Ihnen aber bei den IDs der Eingabefelder im HTML-Code etwas auffallen.
Deren Werte sind nicht zufällig gewählt, sondern entsprechen alle spezifischen Eigen-
schaften eines *Contact*-Objekts. Das können wir dann in JavaScript geschickt ausnutzen.
Und das ist der entsprechende JavaScript-Code:

Abb. 10.1 Das Formular in der App

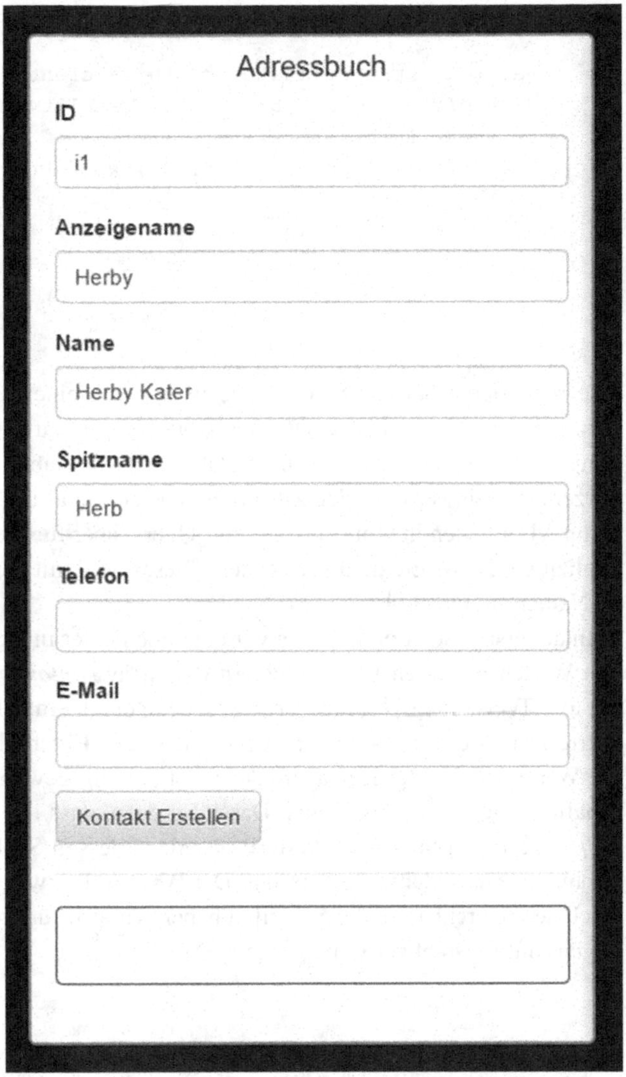

```
(function () {
  "use strict";
  document.addEventListener('deviceready', onDeviceReady.bind(this),
    false);
  function onDeviceReady() {
    $("#create").click(function () {
      var kontaktobj = {};
      var f = $("#adresse").get(0);
      for (var i = 0; i < f.length; i++) {
```

```
        kontaktobj[f[i].id] = f[i].value;
    }
    var kontakt = navigator.contacts.create(kontaktobj);
    $("#info").html("<h5>Kontakt erstellt</h5>");
    for (var i in kontakt) {
        $("#info").append(i + ": " + kontakt[i] + "<br />");
    }
  });
 };
})();
```

Wie registrieren bei der Schaltfläche in der App einen Klickereignishandler. In ersten Schritt erzeugen wir ein Array/Objekt *kontaktobj*. Dazu verwenden wir die literale Erzeugung mittels einer leeren JSON-Notation. Die Variable *f* soll nur im Folgenden eine kürzere Schreibweise für den Zugriff auf das Formular und den Ausgabebereich erlauben. Denn wir arbeiten in dem Beispiel mit jQuery, aber für die folgende Schleife möchte ich explizit ein DOM-Element verwenden. Dieses wird mit der Methode *get()* aus dem jQuery-Namensraum geholt

In der ersten Schleife iterieren wir über alle Felder in unserem Formular und bauen aus den Werten in dessen Eingabefeldern das Array *kontakobj* auf. Wir nutzen hier explizit die lose Typisierung von JavaScript aus, denn durch einfaches Hinzufügen von Schlüssel-Werte-Paaren erweitern wir das Objekt um neue Eigenschaften. Und wie erwähnt, sind die Werte der IDs der Eingabefelder nicht zufällig gewählt. Sie entsprechen alle Eigenschaften eines *Contact*-Objekts. Das führt dazu, dass die Anweisung *kontaktobj[f[i].id]* = *f[i].value;* ein Schlüssel-Werte-Paar anlegt, dessen Schlüssel genau einer Eigenschaft in einem *Contact*-Objekt entspricht. Der Wert ist das, was der Anwender eingegeben hat. Nach dem Durchlaufen der Schleifen haben wir also für *kontakobj* folgende Struktur vorliegen (mit Beispielwerten):

```
{
  "id" : "i1", "displayName" : "Herby", "name" : "Herby Kater",
  "nickname" : "Herb", "phoneNumbers" : "", "emails" : ""
}
```

Sie sehen diese Objektstruktur in der App natürlich nicht, denn sie liegt nur temporär im Speicher vor. Aber wir verwenden dieses so aufgebaute Objekt in der Methode *create()* - *var kontakt = navigator.contacts.create(kontaktobj);.* Und das bedeutet, dass damit dann ein Kontaktobjekt erzeugt wird, dessen Eigenschaften *id, displayName, name, nickname, phoneNumbers* und *emails* mit den Eingabewerten initialisiert sind.

In der folgenden Schleife iterieren wir über das so angelegte Kontaktobjekt kontakt und zeigen dessen Eigenschaften und Methoden im Ausgabebereich der App an (Abb. 10.2).

Bei der Ausgabe dürften Ihnen zwei Dinge auffallen:

Abb. 10.2 Ein Datensatz
wurde erzeugt und wird
angezeigt

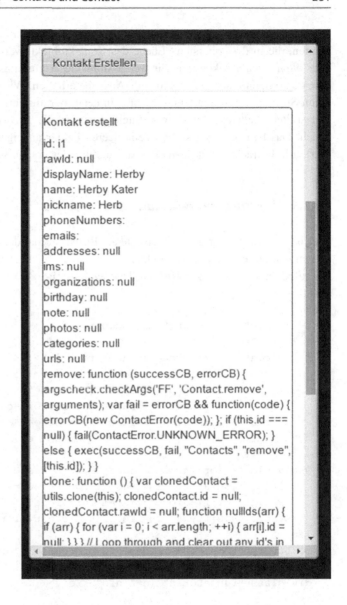

- Bei einigen Eigenschaften wird der Wert *null* angezeigt. Das sind dann die Eigenschaften, deren Werte selbst wieder Objekte sind.
- Und Sie sehen auch Eigenschaften wie *remove* oder *save*. Das sind eigentlich Methoden bzw. die Funktionszeiger auf Callback-Methoden. Denn Methoden werden in JavaScript als Callback bzw. Funktionsreferenzen an Eigenschaften von Objekten gebunden und von daher tauchen Sie hier auch auf.

Nun haben Sie also gesehen, dass wir bisher nur Daten in dem Adressbuch verwenden können, die in der „obersten" Ebene des Kontaktobjekts verwendet werden. Für *emails* oder *phoneNumbers* könnten wir weder sinnvolle Werte eingeben noch würden wir mit dem derzeitigen Listing eine sinnvolle Ausgabe erhalten. Wir müssen also die verschachtelten Strukturen mit den Unterobjekten in der Programmierung explizit berücksichtigen und sollten vielleicht auch etwas intelligenter an die Auswertung des Kontaktobjekts gehen. Das bedeutet, wir sollten keine leeren Felder anzeigen und schon gar nicht den Wert null. Betrachten wir dazu eine Abwandlung des ersten Beispiels.

10.2.3 Eine Weiterentwicklung des Beispiels

Hier ist der Körper der neuen Webseite als Basis. Sie hat den gleichen Aufbau wie eben und enthält nur ein paar andere Felder für das Adressbuch, die in „tieferen" Datenstrukturen gespeichert werden (*kap10/Kontaktverwaltung2*):

```
<div class="container-fluid">
  <h4 class="ausrichtung">Adressbuch</h4>
  <form id="adresse">
    <div class="form-group"><label for="id">ID</label>
      <input type="text" id="id" class="form-control" /></div>
    <div class="form-group"><label for="name">Name</label>
      <input type="text" id="name" class="form-control" /></div>
    <div class="form-group"><label for="streetAddress">Strasse</label>
      <input type="text" id="streetAddress" class="form-control" />
        </div>
    <div class="form-group"><label for="postalCode">PLZ</label>
      <input type="text" id="postalCode" class="form-control" /></div>
    <div class="form-group"><label for="locality">Ort</label>
      <input type="text" id="locality" class="form-control" /></div>
  </form>
  <button type="button" class="btn btn-default" id="create">
    Kontakt Erstellen</button><hr />
  <div class="rundeEcken" id="info"></div>
</div>
```

Wir haben also wieder ein Formular zur Eingaben von Daten, nur verwenden wir hier explizit ein paar String-Daten, die sich in Unterobjekten befinden, und die wir gezielt verwenden wollen. Für die Eingabe durch einen Anwender spielt das aber explizit keine Rolle. Das ist nur eine Frage des Datenmodells. Hier ist die neue JavaScript-Datei:

```
(function () {
  "use strict";
  document.addEventListener('deviceready', onDeviceReady.bind(this),
```

```
      false);
  function onDeviceReady() {
    $("#create").click(function () {
      var f = $("#adresse").get(0);
      var kontaktadr = {
        "streetAddress":f["streetAddress"].value,
        "locality":f["locality"].value,
        "postalCode":f["postalCode"].value
      };
      var kontaktobj = {
        "id":f["id"].value, "name":f["name"].value,
        "addresses":kontaktadr
      };
      var kontakt = navigator.contacts.create(kontaktobj);
      $("#info").html("<h5>Kontakt erstellt</h5>");
      for (var i in kontakt) {
        if((kontakt[i]!="") && (typeof(kontakt[i])=="string"))
          $("#info").append(i + ": " + kontakt[i] + "<br />");
        if((kontakt[i]!=null) && (typeof(kontakt[i])=="object")) {
          for(var j in kontakt[i]) {
            if((kontakt[i][j]!="") &&
              (typeof(kontakt[i][j])=="string"))
              $("#info").append(j + ": " + kontakt[i][j] + "<br />");
          }
        }
      }
    });
  }
})();
```

Wir arbeiten in diesem Beispiel mit zwei JSON-Objekten, die erst einmal temporär Teilstrukturen des zu erstellenden Kontakts abbilden. Mit *kontaktadr* legen wir aus den entsprechenden Eingabefeldern im Formular ein Adressobjekt an, das Eigenschaften vom Typ eines *ContactAddress*-Objekts temporär vorbereitet. Dieses wird dann der Eigenschaft *addresses* des temporären Gegenstücks eines *Contact*-Objekts (*kontakobj*) zugewiesen. Damit bildet dieses eine verschachtelte Struktur ab, wie wir sie für ein *Contact*-Objekt benötigen.

Bei der Anzeige der Daten verwenden wir nun ein paar Schritte, um keine leeren Daten sowie auch die Informationen in den verschachtelten Ebenen anzuzeigen.

Mit *if((kontakt[i]!="") && (typeof(kontakt[i])=="string"))* testen wir, ob wir überhaupt einen String vorliegen haben und dieser nicht leer ist. Dann zeigen wir diese Information an. Sollten wir einen Datumstyp ansprechen wollen, müssten wir die Prüfung natürlich entsprechend erweitern bzw. abwandeln.

Wenn wir den Typ *Object* vorliegen haben und dieser nicht *null* ist, nehmen wir eine innere Schleife und iterieren über dieses innere Objekt. Beachten Sie, dass wir ein mehrdimensionales Array ansprechen und zwei Indizes mit der äußeren und inneren Zähl-variablen benötigen (*kontakt[i][j]*). Ist ein konkreter Wert in der inneren Schleife nicht leer, wird auch er angezeigt (Abb. 10.3).

▶   **Tip** Beachten Sie, dass der Aufruf der Methode create() nicht(!) dafür sorgt, dass das erzeugte Kontaktobjekt in die Datenbank des mobilen Geräts geschrieben wird. Das Objekt ist ausdrücklich nicht persistent. Um den Kontakt also dauer-haft in der Datenbank eines Geräts zu speichern, müssen Sie noch zusätzlich die Methode *Contact.save()* aufrufen, was wir gleich sehen werden.

Abb. 10.3 Nur die wirk-lich gefüllten Daten werden angezeigt

10.3 Verwalten von Daten

Nun ist das reine temporäre Erstellen von Kontakten in der Regel nicht ausreichend. Sie werden diese meist dauerhaft (persistent) speichern wollen. Und dann müssen Sie diese auch verwalten können. Das umfasst mehrere Operationen.

10.3.1 Speichern, Duplizieren und Löschen

Ein Objekt vom Typ *Contact* stellt zum Speichern, Duplizieren und Löschen von Datensätzen in der Datenbank eines mobilen Geräts entsprechende Methoden zur Verfügung (Tab. 10.2).

10.3.1.1 Erweiterung des Beispiels um die Speicherfunktionalität

Wir wollen das letzte Beispiel kurz um die permanente Speicherung der Daten erweitern und fügen dazu der JavaScript-Datei den folgenden Codeabschnitt hinzu (*kap10/ Kontaktverwaltung3*):

```
...
var kontakt = navigator.contacts.create(kontaktobj);
...
kontakt.save(function () {
  $("#info").append("<h5>Kontakt gespeichert</h5>");
}, function (contactError) {
```

Tab. 10.2 Methoden von Kontaktobjekten

Methode	Beschreibung
clone()	Jedes Objekt in JavaScript kann von sich selbst eine Kopie anlegen. Das ist eine Grundfähigkeit, die jedes Objekt vom obersten Objekt in der Objekthierarchie (*Object*) erbt. Dementsprechend gilt das auch für individuell definierte Objekte, wie es im Cordova-API Kontaktobjekte darstellen. Die Besonderheit bzw. Cordova-Erweiterung gegenüber der normalen *clone()*-Methode ist, dass die Id-Eigenschaft (die normalerweise Objekte ja nicht haben) dabei explizit auf *null* gesetzt wird.
remove()	Mit der Methode kann man einen Datensatz aus der Datenbank des mobilen Geräts entfernen. Geht das schief, wird ein Fehler-Callback vom Typ *ContactError* aufgerufen.
save()	Der Aufruf der Methode speichert einen neuen Kontakt in der Datenbank des mobilen Geräts oder aktualisiert ihn, wenn es bereits einen Kontakt mit der gleichen ID in der Datenbank gibt. Also Parameter der Methode können Sie einen Erfolgs- und einen Fehler-Callback mit einem Fehlerobjekt vom Typ *ContactError* angeben.

```
$("#info").append("<h5>Fehler beim Speichern</h5>" + contactError.
   code);
});
```

Beachten Sie, dass Emulatoren beim Speichern meist Probleme bereiten.

10.3.2 ContactError

Ein Objekt vom Typ *ContactError* kann immer dann auftauchen, wenn ein Fehler bei
einer Operation mit Kontakten auftritt. Eine Reihe von Konstanten steht dann über die
Eigenschaft *code* zur genaueren Spezifizierung des aufgetretenen Problems zur Verfügung. Etwa diese:

- *ContactError.UNKNOWN_ERROR*
- *ContactError.INVALID_ARGUMENT_ERROR*
- *ContactError.TIMEOUT_ERROR*
- *ContactError.PENDING_OPERATION_ERROR*
- *ContactError.IO_ERROR*
- *ContactError.NOT_SUPPORTED_ERROR*
- *ContactError.PERMISSION_DENIED_ERROR*

10.4   Das Suchen von Daten

Wenn Sie mit mehreren Datensätzen operieren, gehört das Suchen von spezifischen Informationen zum Verwalten. Mit *navigator.contacts.find()* gibt es eine passende Methode,
die kein, ein oder mehrere Kontaktobjekte liefert, die mit vorgegebenen Suchbedingungen
übereinstimmen. Diese werden in dem Standardparameter des Erfolgs-Callback bereitgestellt. So sieht die formale Syntax aus:

```
navigator.contacts.find(contactFields,   contactSuccess,   contactError,
contactFindOptions);
```

Der erste Parameter mit den Kontaktfeldern ist zwingend und gibt an, welche Felder als
Ergebnis der Suche zu verwenden sind. Und das bedeutet, dass nur diese im Erfolgs-Callback zur Verfügung stehen. In der Regel notiert man das Feld als Arrayliteral. Also etwa so:

```
["name", "phoneNumbers", "emails"]
```

Da der Parameter wie gesagt zwingend ist, müssen Sie auf jeden Fall dort ein Feld notieren. Wenn Sie bei dem Parameter ein Feld der Länge 0 dort notieren, wird nur die ID

von einem Treffer geliefert. Notieren Sie hingegen eine Wildcard *["*"]*, erhalten Sie alle Felder eines Trefferkontakts.

Der letzte Parameter bei der Methode dient als optionaler Suchfilter für die Abfrage der Datenbank. Er ist vom Typ *ContactFindOptions* und kann mit einem Konstruktor der Klasse erzeugt werden. Als Eigenschaften gibt es *filter*, um den Suchstring zu spezifizieren (Default: *""*) und *multiple* zur Angabe, ob mehrere Treffer möglich sein sollen (Default: *false*).

Dabei kann man entweder die gewünschten Suchoptionen als JSON-Parameter dem Konstruktor übergeben oder aber anschließend jede gewünschte Eigenschaft spezifizieren. Entweder per Punktnotation oder per Arraynotation. Das wäre ein schematisches Beispiel zur Angabe von Suchfiltern:

```
var options = new ContactFindOptions();
options.filter="Herb";
options.multiple=true;
var fields = ["displayName", "name", "birthday"];
navigator.contacts.find(contactFields, contactSuccess,
  contactError, contactFindOptions);
```

10.5   Die Methode pickContact()

Im Laufe der Entwicklung vom Cordova-API wurde eine Methode *navigator.contacts. pickContact()* aufgenommen. Damit kann man einen einzelnen Datensatz aus dem Adressbuch auswählen. Formal nutzt man diese Methode so:

```
navigator.contacts.pickContact(function(kontaktobj){
...
},function(err){
...
});
```

Im Erfolgsfall erhält man ein JSON-Objekt mit den Kontaktdaten.

Zusammenfassung

Sie haben in diesem Kapitel den Umgang mit dem Kontaktbuch bei einem mobilen Gerät kennengelernt. Zudem haben wir Bootstrap zur Gestaltung der Oberfläche erstmals in dem Buch eingesetzt.

Ran an den Speicher – Persistente Informationen

11

Inhaltsverzeichnis

© Springer Fachmedien Wiesbaden GmbH 2017
R. Steyer, *Cordova*, DOI 10.1007/978-3-658-16724-0_11

11.1 Was behandeln wir im Kapitel?

Für diverse Funktionalitäten einer App kann es wichtig sein, dass sie Informationen über ihren Lebenszyklus hinaus speichert. Und natürlich muss man Daten wieder einlesen können. Denken Sie etwa an ein Notizbuch, To-Do-Listen oder ein Trackingsystem für eine Wegstrecke. Das führt unweigerlich zu dem Zugriff auf das Dateisystem der App, der Verwendung von Datenbanken (über eine bereits im System implementierte Kontaktdatenbank hinaus) oder anderen Speichermöglichkeiten auf mobilen Geräten. Und das wird das Thema in diesem Kapitel. Bei nativer Programmierung haben Sie meist direkten Durchgriff auf das Dateisystem eines Geräts, was aus JavaScript respektive einem Browser heraus erst einmal nicht (oder manchmal eingeschränkt) möglich ist. Aber der Cordova-Wrapper leistet genau diesen Durchgriff. Die Speicherung in Datenbankstrukturen wird hingegen zwar auch vom Cordova-API bereitgestellt, basiert aber auf den standardmäßigen Spezifizierungen des W3C im Rahmen der Neuerungen von HTML5, die mittelfristig auch aus RIAs heraus lokale Speichermöglichkeiten ausbauen sollen. Aus diesem Grund werden wir in dem Kapitel auch recht intensiv die Vorgänge bei einer App mit denen einer RIA vergleichen.

11.2 Zugriffe auf das Dateisystem – File & Co

Für viele Vorgänge im Leben einer App kann es wichtig sein, dass diese auf das Dateisystem eines mobilen Geräts zugreifen können. Unter Cordova ist das **File API** der Schlüssel zum Dateisystem. Das Cordova-API basiert unmittelbar auf dem W3C File API (auch **FileSystem API** genannt) (https://www.w3.org/TR/FileAPI/), wobei es nicht in allen Details identisch ist. Insbesondere muss beachtet werden, dass verschiedene Versionen des Cordova-APIs gerade in dem Bereich sich immer wieder massiv verändert haben. Was sicher auch daran liegt, dass sich das W3C File API selbst immer wieder stark verändert hat. So basieren einige Teile des Cordova-APIs auch noch auf älteren W3C-Spezifikationen. Allerdings entspricht der überwiegende Teil dem neusten Stand und wie gesagt – das Cordova-API wird fortlaufend weiterentwickelt.

11.2.1 Vorüberlegungen

Grundsätzlich ist das Lesen und Schreiben sowie Navigieren auf dem Dateisystem natürlich stark von den entsprechenden Mechanismen im Betriebssystem bestimmt und nicht ganz trivial. Sei es das Kopieren von Dateien und Verzeichnissen, das

Löschen, Erstellen oder Umbenennen. Dateimanagement ist ja eine der wichtigsten Kernaufgaben von einem Betriebssystem. Oder das Einlesen der konkreten Daten in einer Datei sowie das Speichern in einer solchen gehört zu solchen Zugriffen. Die tatsächlichen Objekte, die Cordova (als auch das zugrundliegende W3C-API) dafür bereitstellt, sind auch stark von den Techniken beeinflusst, wie sie schon lange in mächtigen Programmiertechnologien wie C, C++, C# oder Java eingesetzt werden. In traditionellen Techniken wie C ist die Ein- und Ausgabe von Daten (also u. a. das konkrete Lesen und Schreiben von Dateien) sowie die Operation auf dem Dateisystem ein recht kompliziertes Thema, denn ein Programmierer muss sehr viel von der Quelle zum Lesen oder dem Ziel zum Schreiben wissen. Insbesondere die objektorientierten Sprachen wie C# oder Java haben jedoch die Ein- und Ausgabe von Daten als auch die Navigation auf Dateisystemen grundsätzlich vereinfacht, da passende Objekte viel Hintergrundarbeit abnehmen. Dennoch ist der Umgang mit diesen Techniken etwas anspruchsvoller.

11.2.2 Datenströme

Der Ansatz zum Dateimanagement in diesen höher angesiedelten Sprachen arbeitet in der Regel mit sogenannten **Datenströmen**, die eine Folge von Bits abbilden, welche an einer gewissen Stelle vorbeikommen. Ein Datenstrom kann von jeder beliebigen Quelle kommen, d. h., der Ursprungsort von Daten spielt überhaupt keine Rolle. Ob Internet, lokaler Server oder lokales System, ist egal. Das gilt auch für das Ziel der Daten. Dies mag im ersten Moment als nicht sonderlich wichtig erscheinen, ist jedoch für den Umgang und das Verständnis der beteiligten Objekttypen von entscheidender Bedeutung.

11.2.2.1 Grundsätzliches zu Strömen

Alle Ströme in objektorientierten Ansätzen repräsentieren wie gesagt eine Folge von Bits und besitzen grundsätzlich einige charakteristische Methoden, um damit umgehen zu können. Es gibt in verschiedenen Programmiersprachen zwar meist Ströme mit ein paar speziellen Methoden, aber dennoch gibt es immer ähnliche Methoden, die in Strömen immer zur Verfügung stehen. Zum Einlesen von Daten gibt es irgendwelche *read()*-Methoden, von der es diverse Variationen und spezialisierte Erweiterungen geben kann. Die einfachste Form liest einfache einzelne Bytes aus dem Eingabestrom und stellt sie zur Verfügung. Wenn der Strom das Dateiende erreicht, wird eine charakteristische Reaktion erfolgen. Etwa erfolgt die Rückgabe von einem Wert wie – 1 oder es wird eine Ausnahme ausgeworfen. Wenn Sie mit der Verarbeitung eines Stroms fertig sind, wird man ihn in der Regel mit einer *close()*-Methode wieder explizit schließen.

Anders als der Eingabestrom, der eine Datenquelle darstellt, ist der Ausgabestrom ein Empfänger für Daten. Man findet Ausgabeströme meist in Verbindung mit Eingabeströmen. Führt eine Methode eines Eingabestroms eine Operation aus, wird die zugehörige

umgekehrte Operation von einer Methode des Ausgabestroms durchgeführt. Die grund-
legendste Methode eines Ausgabestroms ist eine *write( )*-Methode zum Erzeugen eines
Ausgabestroms.

Nun gibt es auf Ströme, die nicht nur ein Lesen und Schreiben von Daten, sondern auch
ein Navigieren auf dem Datenstrom gestatten. Etwa das Positionieren an einer bestimmten
Stelle im Datenstrom, um ab das gezielt zu lesen oder zu schreiben.

11.2.2.2   Grundsätzliches zu Dateisystemoperationen und Dateiattributen

Zusätzlich zu Datenströmen sind Mechanismen zum Umgang mit Dateien und Verzeich-
nissen wichtig. Also das Finden, Erstellen, Löschen oder Kopieren von Dateien und
Verzeichnissen. Es geht hier also um die Verwaltung der Dateien und Ordner. Solche
Dateioperationen sehen im ersten Moment losgelöst von dem eigentlichen Einlesen
und Schreiben von Daten aus. Wobei wir aber auch hier von Strömen reden. Denn es
handelt sich um das Anhängen von Strömen an Dateien im Dateisystem des Rechners.
In Cordova kapseln verschiedene Klassen Operationen in Bezug auf das Dateisystem.
Darunter fallen die Auflistung des Inhalts von Verzeichnissen, die Erstellung von Verzeichnissen, das Löschen von Dateien oder deren Umbenennung. Abfragen von Dateiinformationen sind andere wichtigere Operation. Es gibt auch gewisse Operationen,
die sich nur entweder auf eine Datei oder ein Verzeichnis ausführen lassen. In vielen
Situationen ist es also erst einmal wichtig zu klären, ob es sich bei dem Objekt um eine
Datei oder ein Verzeichnis handelt. Sie können dies mit geeigneten Methoden oder Attributen überprüfen.

Genauso wichtig ist die Überprüfung der **Dateiattribute**. Insbesondere der Lese- und
Schreiberlaubnis, die sich grundsätzlich mit geeigneten Methoden oder Attributen ermitteln lässt. Ein anderes wichtiges Dateiattribut ist die Anzeige, wann die Datei oder das
Verzeichnis zuletzt geändert wurde. Allgemein redet man hier von **Metadaten** einer Datei.
Und Sie müssen bei einem Dateimanagement in der Lage sein, die physische Existenz
einer Datei oder einer Verzeichnisses zu überprüfen, und Aussagen über den Pfad zu
treffen. Das bedeutet, dass Sie mit relativen oder absoluten Pfaden sowie dem Namen
einer Datei oder eines Verzeichnisses (mit oder ohne den davor stehenden Pfadnamen)
sowie den Elternverzeichnissen umgehen müssen. Und natürlich benötigen Sie Methoden zum Erstellen, Umbenennen, Löschen, Kopieren und Verschieben von Dateien und
Ordner.

11.2.2.3   Notwendige Freigabe und Voraussetzungen

Der Zugriff auf das Dateisystem ist eine hochsensible Angelegenheit und sollte von der
App explizit eingefordert werden müssen. Die meisten Betriebssysteme erfordern von der
App so eine Anforderung auch, wie Sie bei den notwendigen Berechtigungen sehen. Wenn
Sie die Plugins für Dateizugriffe installieren, werden diese – wie üblich – gesetzt. Aber
dieses Einfordern von Rechten betrifft auch (und gerade) RIAs (Abb. 11.1).

11.2.3   Die Basisobjekte unter Cordova

Kommen wir zuerst in einer Art historischem Rückblick zu den Objekten unter Cordova, die für die oben beschriebenen Vorgänge bis zur API-Version 2.5.0 die Grundlagen bildeten:

*   *DirectoryEntry*
*   *DirectoryReader*
*   *File*
*   *FileEntry*
*   *FileError*
*   *FileReader*
*   *FileSystem*
*   *FileTransfer*
*   *FileTransferError*
*   *FileUploadOptions*
*   *FileUploadResult*
*   *FileWriter*
*   *Flags*
*   *LocalFileSystem*
*   *Metadata*

Wie Sie sehen, gab es eine ganze Reihe an Objekten, die bei vielen Vorgängen auch in Kombination verwendet werden mussten. Oder anders ausgedrückt – praktische Beispiele erzwangen in der Regel, dass man gleich mehrere dieser Objekte einsetzte. Das hat sich in dem neuen etwas API geändert. Mehrere Objekte sind nun veraltet und die Vorgänge entflochten. Insbesondere „denkt" man nun – wie sonst auch – mehr über die Plugins denn die einzelnen Objekte. Dennoch stehen auch in der modernen Version des APIs die meisten dieser Objekte noch zur Verfügung. Aktuell orientiert sich das Cordova-API wie gesagt stark an der neusten Version des W3C-APIs, wobei einige Teile nicht ganz identisch sind.

Mit einem API zum Zugriff auf das Dateisystem kann eine Web-Anwendung bzw. – App in einen Sandbox-Abschnitt[1] des lokalen Dateisystems des Benutzer schreiben, Dateien erstellen, lesen oder navigieren. Das gilt in erster Linie für RIAs, die in einem Browser laufen,[2] aber das betrifft eben auch Cordova-Apps.

---

[1]Was damit gemeint ist, wird noch genauer ausgeführt.

[2]Wenn der Browser das unterstützt und der Anwender das gestattet.

Das API selbst ist nun in verschiedene Aufgaben unterteilt:

- Lesen und manipulieren von Dateien. Die Basis sind die Objekte *File / Blob, FileList* und *FileReader*
- Erstellen und Schreiben von Dateien. Das basiert auf den Objekten *Blob* und *FileWriter*.
- Verzeichnis- und Dateisystemzugriffe. Dafür gibt es die Objekte *DirectoryReader, FileEntry / DirectoryEntry* und *LocalFileSystem*.

11.2.4   LocalFileSystem

Mit Objekten vom Typ *LocalFileSystem* erhalten Sie allgemein erst einmal Zugriff auf das Wurzelverzeichnis eines zugänglichen Bereichs im Dateisystem. Mit der drüber bereitgestellten Methode *requestFileSystem()* fordern Sie Zugriff auf ein Dateisystem an. Was Sie dann haben wollen, ist ein Objekt vom Typ *DirectoryEntry* oder *FileEntry*. So ein Objekt vom Typ *FileEntry* repräsentiert eine Datei im Dateisystem mit noch detaillierteren (und zu erwartenden) Eigenschaften und Methoden. Die genaue Spezifikation für Dateien und Verzeichnisse in Cordova ist identisch mit der W3C Directories and Systems specification, wenn die Features vorhanden sind.

Als Eigenschaften gibt es etwa den Namen über *name* und *fullPath* für den vollständigen Pfad sowie die weiteren read-only Eigenschaften *isFile* und *isDirectory* zum Testen, ob es sich um eine Datei oder ein Verzeichnis handelt.

Für Dateien ist der Wert von *isFile* immer *true* und der Wert von *isDirectory* immer *false*. Bei einem Verzeichnis (Objekte vom Typ *DirectoryEntry*) gibt es diese Eigenschaften ebenfalls und die Werte sind natürlich genau umgekehrt belegt. Vielleicht erscheint es etwas seltsam, dass man diese beiden Eigenschaften so einsetzt. Aber Verzeichnisse sind im Betriebssystem ja nur besondere Dateien, deren Assoziation mit Ordnern in früheren Zeiten Laien deren Bedeutung besser klar machen sollte. Und grundsätzlich sind deshalb die ganzen Eigenschaften von Objekten vom Typ *DirectoryEntry* und *FileEntry* identisch.

Kommen wir zurück zu dem Öffnen eines Dateisystems über geeignete Methoden. Diese Methoden werden von Cordova als Erweiterungen des *window*-Objekts zur Verfügung gestellt und damit sind sie im globalen Namensraum von JavaScript direkt verfügbar.

Es gibt zwei Konstanten, die Sie dabei nachfolgend bei der Typangabe verwenden können und die Art des Zugriffs festlegen:

- *LocalFileSystem.PERSISTENT*: Die Festlegung einer dauerhaften (persistenten) Speicherung.
- *LocalFileSystem.TEMPORARY*: Eine temporäre Speicherung der Daten.

Formal sieht das Anfordern des Zugriffs auf ein Sandbox-Dateisystem so aus:

```
window.requestFileSystem(typ, dateigroesse, successCallback,
[errorCallback])
```

- Wenn Sie für die Dateigröße den Wert 0 angeben, wird diese nicht festgelegt. Andernfalls spezifizieren Sie eine Größe in Byte, die von der App für die Datei benötigt wird.
- Der Erfolgs-Callback stellt ein *FileSystem*-Objekt bereit.
- Der optionale Fehler-Callback stellt ein Objekt vom Typ *FileError* zur Verfügung.

Hier wäre ein Beispielcode zum Öffnen des Dateisystems:

```
function onInitFs(fs) {
  console.log('Dateisystem geoeffnet: ' + fs.name);
}
function onError(err) {
  console.log('Fehler beim Oeffnen des Dateisystems');
}
window.requestFileSystem(window.TEMPORARY, 5*1024*1024 /*5MB*/,
onInitFs,
onError);
```

Im Fehlerfall kann man das *FileError*-Objekt qualifiziert auswerten, denn dieses stellt einige Fehlerkonstanten bereit. Zum Teil sind diese bei Cordova-Apps uninteressant, aber so könnte der Fehler-Callback aussehen, wenn Sie einige der Fehlerkonstanten auswerten wollen:

```
function onError(err) {
  var msg = '';
  switch (err.code) {
    case FileError.QUOTA_EXCEEDED_ERR: msg = 'QUOTE ÜBERSCHRITTEN';
      break;
    case FileError.NOT_FOUND_ERR: msg = 'NICHT GEFUNDEN'; break;
    case FileError.SECURITY_ERR: msg = 'SICHERHEITSPROBLEM'; break;
    case FileError.INVALID_MODIFICATION_ERR:
      msg = 'FEHLER BEI DER_MODIFIKATION'; break;
    case FileError.INVALID_STATE_ERR: msg = 'STATUSFEHLER'; break;
    default: msg = 'Weiterer oder unbekannter Fehler';
  };
  console.log('Fehler beim Oeffnen des Dateisystems: ' + msg);
}
```

▶ **Tipp** Eine vollständige Liste der möglichen Fehler bei einer Cordova-App finden
   Sie hier: https://cordova.apache.org/docs/en/latest/reference/cordova-plugin-
   file/index.html#list-of-error-codes-and-meanings

▶ **Tipp** Die Unterstützung des File APIs für eine RIA ist zum Zeitpunkt der Bucherstellung in Browsern (auch ganz neuen) nur eingeschränkt vorhanden. Nur in
   Chrome kann man diese derzeit überhaupt erwarten. Aber auch da gibt es
   einige proprietäre Schritte, die im Quellcode notwendig sind. So muss man hier

statt *window.requestFileSystem* mit *window.webkitRequestFileSystem* arbeiten.
Sollte man also RIAs erstellen, die in Chrome das File API nutzen, ist folgende
Zeile vor dem Anfordern des Dateisystems sinnvoll:

window.requestFileSystem = window.requestFileSystem ||
   window.webkitRequestFileSystem;

Damit ist man auf der sicheren Seite, wenn die „offizielle" Methode *request-
FileSystem()* funktioniert, deckt aber auch die ggfls. notwendige proprietäre
Chrome-Variante ab.

Allerdings ist die Unterstützung des APIs auch in Chrome ständig im Fluss. So
wurde beispielsweise die Eigenschaft *code* eines *FileError*-Objekts in der Version
53 noch unterstützt, aber in der Version 54 eingestellt. Stattdessen soll *name*
oder *message* verwendet werden.

11.2.5   Wo wird gespeichert?

Das Dateisystem und der Ort, an dem Daten gespeichert werden, unterscheiden sich je
nach Plattform und Umgebung massiv. Und es kommt erst einmal darauf an, ob wir von
einer RIA oder einer Cordova-App reden.

11.2.5.1   Dateizugriff bei einer RIA

Obwohl wir natürlich Apps im Fokus des Buchs haben, sollen RIAs nicht ganz unter den
Tisch fallen. Denn es ist ja zu erwarten, dass manche Leser Kenntnisse aus der Web-Programmierung auch bei der Verwendung des File APIs übertragen möchten. Bei einer RIA
ist es wie gesagt wichtig, dass derzeit nur wenige Browser überhaupt Zugriffe gestatten
und das Dateisystem nur im Rahmen einer Sandbox bereit steht. Das bedeutet, dass eine
RIA nicht beliebig auf die Dateien auf dem Rechner App zugreifen kann – nur auf die-
jenigen, die im Rahmen der Sandbox bereit stehen.

Wenn Sie *requestFileSystem()* zum ersten Mal aufrufen, wird dabei neuer Speicher für
Ihre RIA erstellt.

▶ **Tipp** Wo konkret etwa Chrome eine Datei persistent ablegt, hängt an mehreren
   Faktoren. Etwa dem Betriebssystem, aber natürlich auch dessen konkreten Einstellungen und auch der Browserversion.

   Bei Windows 10 legt Chrome bei meiner Konstellationen z. B. Dateien unter
   *C:\Users\[Benutzername]\AppData\Local\Google\Chrome\User Data\Default\File
   System* ab. In kodierter Form.

   Unter MacOS können die Dateien unter */Users/[Benutzername]\/Library/
   Application Support/Google/Chrome/Default/File System* liegen.

   Es ist aber in der Regel nicht sinnvoll, dass Sie die Dateien explizit mit einem
   Dateimanager oder externen Programmen ansehen oder gar manipulieren –
   obgleich etwa Klartextdateien unter kodierten Namen so angesehen oder auch
   geändert werden könnten.

Abb. 11.1 Zugriffsrechte in
Chrome einfordern

Hintergrundinformation
Zum Zeitpunkt der Bucherstellung unterstützt für RIAs wie gesagt nur Chrome das File API halbwegs vollständig. Aber auch hier ist es in der Regel so, dass der Browser explizit Rechte zum Zugriff
auf das Dateisystem einfordern muss, wenn Daten persistent gespeichert werden sollen (storage
quota – Speicherkontingent). Dazu stellt Chrome ein API unter *window.webkitStorageInfo* bereit.
Darüber wird dann eine Methode *requestQuota()* aufgerufen, über die dann der Anwender die
Rechte gewähren kann (Abb. 11.1). Das kann etwa so geschehen:

```
window.webkitStorageInfo.requestQuota(PERSISTENT, 1024*1024,
  function(grantedBytes) {
    window.requestFileSystem(PERSISTENT, grantedBytes, onInitFs,
      errorHandler);
  }, function(e) {
    console.log('Error', e);
  });
```

Es gibt auch eine Methode, um die aktuelle Kontingentkonfiguration abzufragen: *window.webkitS-
torageInfo.queryUsageAndQuota()*. Sobald der Benutzer einmal die Berechtigung erteilt hat, ist es
zukünftig nicht erforderlich, dass *requestQuota()* noch einmal aufgerufen wird.
  Nun wurde aber oben bereits erwähnt, dass diese Aussagen zu verschiedenen APIs und Methoden
in Chrome in einem ständigen Fluss sind und sich Details innerhalb weniger Monate ändern können.
Während der Bucherstellung wurde *window.webkitStorageInfo* als deprecated (aber noch unterstützt) markiert und stattdessen zur Verwendung von *navigator.webkitTemporaryStorage* (temporäre
Speicherung) oder *navigator.webkitPersistentStorage* (dauerhafte Speicherung) geraten. Diese ständigen Änderungen machen den Einsatz des APIs in Browsern in der Praxis schwierig, aber glücklicher Weise kapselt Cordova bei Apps diese Veränderungen ganz gut.

11.2.5.2   Speicherplatz und Dateisystem bei einer Cordova-App
Wo konkret nun bei einer Cordova-App gespeichert wird, wie das Dateisystem aussieht
und welche Rechte Sie wo haben, ist explizit von dem Betriebssystem abhängig, unter
dem die App läuft. Dazu kommen aber auch noch weitere Rechte, Regeln und Freigaben.
Denken Sie etwa an ein gerootetes Android-Smartphone. Es führt nun zu weit sich in die
einzelnen Details und Tiefen hinab zu steigen und es ist ja Wesen von Cordova, dass Sie
sich weitgehend von den internen Strukturen fernhalten können. Aber in der Dokumentation von Cordova ist genau ausgeführt, wo welche Dateien gespeichert werden (https://
cordova.apache.org/docs/en/latest/reference/cordova-plugin-file/index.html#where-to-
store-files) und wie die verschiedenen Dateisystem-Layouts unter den verschiedenen
Betriebssystemen aussehen (Abb. 11.2).

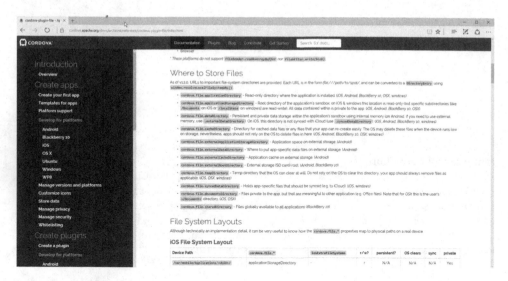

Abb. 11.2 Informationen zu den jeweiligen Dateistrukturen, Rechten und individuellen Anpassungen

11.2.6   Objekte vom Typ File und FileSystem und das Plugin cordova-plugin-file

▶   **Tipp** Wenn Sie mit Dateien in einer App umgehen wollen, sollten Sie auf jeden Fall das Plugin *cordova-plugin-file* installieren. Dessen Installation setzen wir in allen folgenden App-Beispielen voraus.

Objekte vom Typ *File* repräsentieren erst einmal „grob" eine Datei oder ein Verzeichnis und stellen die wichtigsten Attribute einer einzelnen Datei zu deren Identifizierung im Dateisystem zur Verfügung. Sie erhalten eine Instanz von einem *File*-Objekt über den Aufruf der Methode *file()* eines Objekts vom Typ *FileEntry*. So ein Objekt vom Typ *FileEntry* repräsentiert eine Datei im Dateisystem mit noch detaillierteren (und zu erwartenden) Eigenschaften und Methoden. Die genaue Spezifikation für Dateien und Verzeichnisse in Cordova ist identisch mit der W3C Directories and Systems specification, wenn die Features vorhanden sind.

Als Eigenschaften gibt es etwa *name* und *fullPath* sowie die read-only Eigenschaften *isFile* und *isDirectory*, die schon oben erwähnt wurden. Die nachfolgenden Methoden erlauben die bekannten Operationen (Tab. 11.1).

Um diese ganzen Eigenschaften und Methoden jetzt einmal im praktischen Einsatz zu sehen, erstellen wir nun mehrere Beispiele.

Tab. 11.1 Methoden zum Umgang mit Dateien

Methode	Beschreibung
copyTo()	Die Methode dient zum Kopieren einer Datei oder eines Verzeichnisses im Dateisystem. Die Methode besitzt vier Parameter, die leicht aus den klassischen Parametern von entsprechenden Betriebssystemoperationen herzuleiten sind. Der erste Parameter gibt das Elternverzeichnis (Ziel) an, wohin das Verzeichnis oder die einzelne Datei verschoben werden sollen (Typ *DirectoryEntry*). Der zweite Parameter ist der neue Name für das Verzeichnis oder die Datei, sofern er angegeben wird. Andernfalls wird der Originalname beibehalten.
	Die Parameter drei und vier stehen für den Erfolgs- und Fehler-Callback. Im Erfolgsfall ist der Parameter des Callback ein *DirectoryEntry*- bzw. *FileEntry*- und im Fehlerfall ein *FileError*-Objekt.
createReader()	Die Methode steht nur bei Verzeichnissen zur Verfügung und dient zum Erstellen eines Objekts vom Typ *DirectoryReader*, um die Einträge in einem Verzeichnis zu lesen. Die Methode verfügt über keine Parameter.
createWriter()	Die Methode steht nur bei Dateien zur Verfügung und dient zum Erstellen eines Objekts vom Typ *FileWriter*, um darüber in die Datei zu schreiben. Die Methode verfügt über einen Erfolgs- und einen Fehler-Callback als Parameter. Im Erfolgsfall ist der Parameter der Funktion ein Objekt vom Typ *FileEntry*. Im Fehlerfall wird ein *FileError*-Objekt bereitgestellt.
file()	Eine Methode zum Erstellen eines Objekts vom Typ *File*. Die Methode verfügt über einen Erfolgs- und einen Fehler-Callback als Parameter. Im Erfolgsfall ist der Parameter der Funktion ein Objekt vom Typ *FileEntry*. Im Fehlerfall wird ein *FileError*-Objekt bereitgestellt.
getDirectory()	Mit der Methode, die nur bei *DirectoryEntry*-Objekten bereitsteht, erstellen Sie Verzeichnisse oder testen deren Existenz.
	Der erste Parameter ist eine Pfadangabe zum Verzeichnis (absolut oder relativ zu dessen *DirectoryEntry*).
	Als zweiten Parameter können Sie Optionen im JSON-Format angeben. Mit diesen können Sie etwa spezifizieren, ob ein Verzeichnis erstellt werden soll, wenn es noch nicht vorhanden ist (Typ *Flags* – z. B. *{create: true, exclusive: false}*). Der Erfolgs-Callback hat einen Parameter vom Typ *DirectoryEntry* und der Fehler-Callback einen Parameter vom Typ *FileError*.
getFile()	Mit der Methode, die nur bei *DirectoryEntry*-Objekten bereitsteht, erstellen Sie eine Datei oder testen deren Existenz.
	Der erste Parameter ist eine Pfadangabe zur Datei (absolut oder relativ zu dessen *DirectoryEntry*).
	Als zweiten Parameter können Sie Optionen im JSON-Format angeben. Mit diesen können Sie etwa spezifizieren, ob ein Verzeichnis erstellt werden soll, wenn es noch nicht vorhanden ist (Typ *Flags* – z. B. *{create: true, exclusive: false}*). Der Erfolgs-Callback hat einen Parameter vom Typ *FileEntry* und der Fehler-Callback einen Parameter vom Typ *FileError*.

Tab. 11.1 (Fortsetzung)

Methode	Beschreibung
getMetadata()	Eine Methode zum Ausgabe der Metadaten einer Datei. Die Methode verfügt über einen Erfolgs- und einen Fehler-Callback als Parameter. Im Erfolgsfall ist der Parameter der Funktion ein Objekt mit dem Metadaten (etwa *modificationTime*). Im Fehlerfall wird ein *FileError*-Objekt bereitgestellt.
	Die zugehörige Methode *setMetadata()* dient zum Setzen der Metadaten einer Datei, wird aber nicht von allen Betriebssystemen unterstützt.
getParent()	Eine Methode zum Bestimmen des Elternverzeichnisses einer Datei oder eines Verzeichnisses. Die Methode verfügt über einen Erfolgs- und einen Fehler-Callback als Parameter. Im Erfolgsfall ist der Parameter der Funktion ein Objekt vom Typ *DirectoryEntry*. Darüber erhalten Sie etwa über *name* den Namen. Im Fehlerfall wird ein *FileError*-Objekt bereitgestellt.
moveTo()	Die Methode dient zum Verschieben einer Datei oder eines Verzeichnisses im Dateisystem und ist vollkommen analog der Kopiermethode *copyTo()* aufgebaut.
remove()	Die klassische Methode zum Löschen einer Datei oder eines Verzeichnisses, wie man sie aus verschiedenen Betriebssystemen kennt. Im Fall von Verzeichnissen gibt es die Besonderheiten zu beachten, dass das Verzeichnis leer sein muss und Sie das Wurzelverzeichnis des Dateisystems grundsätzlich nicht löschen können. Die Parameter sind der Erfolgs- und Fehler-Callback. Im Erfolgsfall hat der Callback keinen Parameter und im Fehlerfall ein *FileError*-Objekt.
removeRecursively()	Die Methode dient zum rekursiven zum Löschen eines Verzeichnisses. Dabei werden der Inhalt des Verzeichnisses sowie das Verzeichnis selbst beseitigt. Im Gegensatz zum Einsatz bei *remove()* muss das Verzeichnis nicht leer sein. Die Parameter sind der Erfolgs- und Fehler-Callback. Im Erfolgsfall hat der Callback keinen Parameter und im Fehlerfall ein *FileError*-Objekt.
toURL()	Die Methode dient der Rückgabe eines URL zur Lokalisierung einer Datei. Allerdings kann die Angabe – insbesondere einer RIA – eine „virtuelle" Adresse liefern (etwa bei Chrome *http://localhost/persistent/chromelog.txt*).

11.2.6.1   Ein Beispiel zur Auswertung des Dateisystems in Chrome

Zuerst soll eine einfache RIA erzeugt werden, die in Chrome 53 lauffähig sein soll.

```
<!DOCTYPE html>
<html lang="de">
<head>
...
</head>
<body>
<script type="text/javascript">
  function onInitFs(fs) {
    console.log('Dateisystem geoeffnet: ' + fs.name);
    for (var i in fs){
      document.write(i + ":" + fs[i] + "<br />");
    }
    document.write("<hr />");
    for (var i in fs.root){
      document.write(i + ":" + fs.root[i] + "<br />");
    }
  }
  function onError(err) {
    console.log('Fehler beim Oeffnen des Dateisystems: ' + err.name);
  }
  window.requestFileSystem = window.requestFileSystem ||
    window.webkitRequestFileSystem;
  var requestedBytes = 1024*1024*280;
  navigator.webkitPersistentStorage.requestQuota(
    requestedBytes, function(grantedBytes) {
        console.log('Garantierte Anzahl an Bytes: ', grantedBytes);
    }, function(e) { console.log('Fehler: ', e); }
  );
  window.requestFileSystem(window.PERSISTENT, 0, onInitFs, onError);
</script>
</body>
</html>
```

Sie erkennen eine einfache Webseite mit einem internen Skript. Entsprechend der oben erwähnten Besonderheiten wird das Dateisystem auch explizit für Chrome angefordert und dann mit *navigator.webkitPersistentStorage.requestQuota()* der Zugriff auf das Dateisystem eingefordert.

Abb. 11.3 Auswertung des
Dateisystems in Chrome

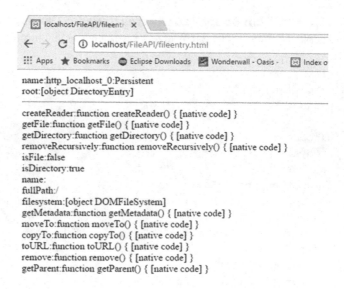

Beachten Sie, dass Sie in Regelfall keine Rechte bekommen, wenn Sie die HTML-
Datei in Chrome über das *file*-Protokoll aufrufen.[3] Sie müssen die Datei über das
http-Protokoll und einen Webserver aufrufen.

Der Erfolgs-Callback gibt dann erst einmal alle Eigenschaften von dem *FileSystem*-Objekt
aus. Besonders interessant ist die *root*-Eigenschaft – die Wurzel von dem zugänglichen
Dateisystem. Das ist ein Objekt vom Typ *DirectoryEntry* und dessen Eigenschaften und
Methoden werden mit der Schleife dann ausgegeben. Sie sehen genau die oben genannten
Eigenschaften und Methoden, soweit sie in Chrome verfügbar sind (Abb. 11.3).

11.2.6.2   Eine Cordova-App zur Auswertung des Dateisystems

Portieren wir nun das Beispiel in eine Cordova-App (*Kap11/FileAPIApp*). Dazu benötigen wir – wie oben erwähnt – natürlich das Plugin *cordova-plugin-file*, wir lagern den
JavaScript-Code entsprechend unserer allgemeinen Projektstruktur für Apps aus und wir
eliminieren die speziellen Chrome-Anpassungen.

Die reine Webseite *index.html* soll neben den üblichen Referenzen nur einen *Div*-Con-
tainer mit der ID *info* enthalten. Das brauchen wir uns nicht extra ansehen.

---

[3]Sie müssten für den Fall Chrome mit dem Flag *–allow-file-access-from-files* starten.

Das ist die JavaScript-Datei, mit der wir dieses Mal auf das Dateisystem zugreifen (Visual Studio-Stil):

```javascript
(function () {
  "use strict";
  document.addEventListener( 'deviceready', onDeviceReady.bind( this ),
    false );
  function onDeviceReady() {
    var requestedBytes = 1024 * 1024 * 280;
    window.requestFileSystem(window.PERSISTENT, 0, onInitFs, onError);
  };
  function onInitFs(fs) {
    document.getElementById("info").innerHTML =
      'Dateisystem geoeffnet: '
    + fs.name
    + "<hr />";
    for (var i in fs) {
      document.getElementById("info").innerHTML += i + ":" + fs[i]
        + "<br />";
    }
    document.getElementById("info").innerHTML += "<hr />";
    for (var i in fs.root) {
      document.getElementById("info").innerHTML += i + ":" +
        fs.root[i] + "<br />";
    }
  }
  function onError(err) {
    document.getElementById("info").innerHTML =
      'Fehler beim Oeffnen des Dateisystems: ' + err.name;
  }
})();
```

Außer den Vereinfachungen hinsichtlich der proprietären Anpassungen erhalten Sie eine analoge Struktur wie bei der reinen Webseite.

▶   Beachten Sie, dass manche Emulatoren den Zugriff auf das Dateisystem gestatten, andere aber nicht. Das ist aber – wie immer – irrelevant in Hinsicht auf die Anwendung auf realer Hardware.

Dateisystem geoeffnet: persistent

```
winpath:C:/Data/Users/DefApps/AppData/Local/Packag
makeNativeURL:function(path) { return
FileSystem.encodeURIPath(this.root.nativeURL +
sanitize(path.replace(':','%3A')));}
name:persistent
root:[object Object]
constructor:function(name, root) { this.winpath =
root.winpath; if (this.winpath && !/\/$/.test
(this.winpath)) { this.winpath += "/"; }
this.makeNativeURL = function(path) { return
FileSystem.encodeURIPath(this.root.nativeURL +
sanitize(path.replace(':','%3A')));}; root.fullPath = '/'; if (!
root.nativeURL) root.nativeURL = 'file://'+sanitize
(this.winpath + root.fullPath).replace(':','%3A');
WinFS.__super__.constructor.call(this, name, root); }
__format__:function(fullPath) { var path = sanitize
('/'+this.name+(fullPath[0]==='/'?'':'/')
+FileSystem.encodeURIPath(fullPath)); return
'cdvfile://localhost' + path; }
toJSON:function() { return ""; }
```

```
isFile:false
isDirectory:true
name:persistent
fullPath:/
filesystem:[object Object]
nativeURL:ms-appdata:///local/
constructor:function(name, fullPath, fileSystem,
nativeURL) { // add trailing slash if it is missing if
```

Nun ist die reine Ausgabe von Informationen zu einer Datei oder einem Verzeichnis allerdings nicht wirklich das Ziel, wenn man Dateizugriffe mit einer App vornehmen will. Wir
schauen uns jetzt an, wie wir konkrete Aktionen vornehmen können. Die notwendigen
Methoden haben wir ja bereits aufgelistet (Tab. 11.1).

11.2.7 Eine Datei erstellen

Versuchen wir zuerst einmal eine Datei zu erstellen. Sie können eine Datei mit der Methode *getFile()* des Dateisystems, einer Methode der *DirectoryEntry*-Schnittstelle, nachschlagen oder erstellen. Die genaue Verhaltensweise steuern Sie mit einem JSON-Objekt. Nach dem Anfordern eines Dateisystems wird dem Erfolgs-Callback ein *FileSystem*-Objekt übergeben, das ein *DirectoryEntry*-Objekt (*fs.root*) enthält, welches wiederum auf das Stammverzeichnis des Dateisystems der App verweist. Der folgende Codeausschnitt erzeugt eine leere Datei namens „log.txt" im Stammverzeichnis des App-Dateisystems:

```
function onInitFs(fs) {
  fs.root.getFile('log.txt', {create: true, exclusive: true},
function(fileEntry) {
…
  }, function () {
…
});
}
```

Sobald das Dateisystem angefordert wurde, wird der Erfolg-Handler ein *FileSystem*-Objekt übergeben. Innerhalb des Rückrufs können wir *fs.root.getFile()* mit dem Namen der zu erstellenden Datei aufrufen. Sie können einen absoluten oder relativen Pfad übergeben. Die Angaben müssen aber gültig sein. Beispielsweise ist es ein Fehler zu versuchen, eine Datei zu erstellen, deren unmittelbarer übergeordneter Ordner nicht vorhanden ist.

Das zweite Argument für *getFile()* ist besagtes Objektliteral in JSON, das das Verhalten der Funktion beschreibt, wenn die Datei nicht existiert.

In diesem Beispiel nutzen wir *create: true*. Das erzeugt die Datei, wenn sie nicht existiert. Wenn sie nicht angelegt werden kann, wird ein Fehler ausgegeben. Das gilt auch für den Fall, dass die Datei schon vorhanden ist. In beiden Fällen erhalten Sie aber eine Referenz auf die Datei.

Ansonsten (*create: false*) wird eine Referenz auf die Datei abgerufen und zurückgegeben.

▶   In beiden Fällen werden eventuell vorhandene Dateiinhalte nicht überschrieben, da wir nur einen Referenzeintrag für die betreffende Datei erhalten.

Schauen wir uns das in zwei Varianten mit vollständigem Code wieder an – einmal für eine RIA in Chrome (Abb. 11.4) und natürlich auch in einer App (Abb. 11.5). Beides Mal wird eine leere Datei im Stammverzeichnis des App-Dateisystems erzeugt. Für die Chrome-RIA soll die Datei „chromelog.txt" und für die App „applog.txt" genannt werden. Im Erfolgs-Callback geben wir dann einfach wieder die relevanten Dateiinformationen aus.

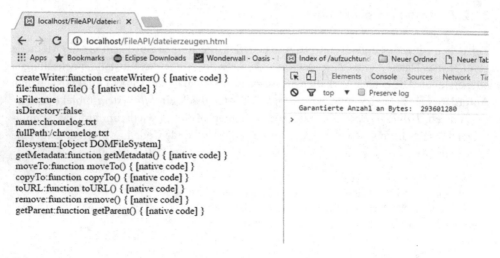

Abb. 11.4 Die Datei wurde im Chrome erzeugt

11.2.8   Ein Beispiel zum Anlegen einer Datei in einer RIA

```
<!DOCTYPE html>
<html lang="de">
…
</head>
<body>
<script type="text/javascript">
  function onInitFs(fs) {
    fs.root.getFile('chromelog.txt', {create: true, exclusive: true},
      function(fileEntry) {
        for (var i in fileEntry){
          document.write(i + ":" + fileEntry[i] + "<br />");
        }
      }, function () {
          console.log('Fehler beim Erstellen der Datei');
    });
  }
  function onError(err) {
    console.log('Fehler beim Oeffnen des Dateisystems: ' + err.name);
  }
  window.requestFileSystem =
    window.requestFileSystem || window.webkitRequestFileSystem;
  var requestedBytes = 1024*1024*280;
  navigator.webkitPersistentStorage.requestQuota(
    requestedBytes, function(grantedBytes) {
        console.log('Garantierte Anzahl an Bytes: ', grantedBytes);
```

```
    }, function(e) { console.log('Fehler: ', e); }
  );
  window.requestFileSystem(window.PERSISTENT, 0, onInitFs, onError);
</script>
</body>
</html>
```

Nach dem Anlegen der Datei werden einfach alle vorhandenen Informationen zu der Datei angezeigt.

Abb. 11.5 In der App wurde
die Datei erstellt

Dateisystem geoeffnet: persistent

isFile:true
isDirectory:false
name:applog.txt
fullPath:/applog.txt
filesystem:[object Object]
nativeURL:ms-appdata:///local//applog.txt
constructor:function(name, fullPath, fileSystem,
nativeURL) { // remove trailing slash if it is present if
(fullPath && /\/$/.test(fullPath)) { fullPath =
fullPath.substring(0, fullPath.length - 1); } if (nativeURL
&& /\/$/.test(nativeURL)) { nativeURL =
nativeURL.substring(0, nativeURL.length - 1); }
FileEntry.__super__.constructor.apply(this, [true, false,
name, fullPath, fileSystem, nativeURL]); }
createWriter:function(successCallback, errorCallback)
{ this.file(function(filePointer) { var writer = new
FileWriter(filePointer); if (writer.localURL === null ||
writer.localURL === "") { if (errorCallback)
{ errorCallback(new FileError
(FileError.INVALID_STATE_ERR)); } } else { if
(successCallback) { successCallback(writer); } } },
errorCallback); }
file:function(successCallback, errorCallback) { var
localURL = this.toInternalURL(); var win =
successCallback && function(f) { var file = new File
(f.name, localURL, f.type, f.lastModifiedDate, f.size);
successCallback(file); }; var fail = errorCallback &&
function(code) { errorCallback(new FileError(code)); };
exec(win, fail, "File", "getFileMetadata", [localURL]); }

11.2.9   Ein Beispiel zum Anlegen einer Datei in einer App

Das wäre die abgewandelte Form für die App (*Kap11/FileAPIApp2*) – nur der JavaScript-Code:

```
(function () {
  "use strict";
  document.addEventListener('deviceready', onDeviceReady.bind(this),
   false);
  function onDeviceReady() {
    var requestedBytes = 1024 * 1024 * 280;
    window.requestFileSystem(window.PERSISTENT, 0, onInitFs, onError);
  };
  function onInitFs(fs) {
    document.getElementById("info").innerHTML =
      'Dateisystem geoeffnet: '
    + fs.name
    + "<hr />";
    fs.root.gtFile('applog.txt', { create: true, exclusive: true },
    function (fileEntry) {
      for (var i in fileEntry) {
        document.getElementById("info").innerHTML +=
          i + ":" + fileEntry[i] + "<br />";
      }
    }, function () {
      document.getElementById("info").innerHTML =
        'Fehler beim Erstellen der Datei';
    });
  }
  function onError(err) {
    document.getElementById("info").innerHTML =
      'Fehler beim Oeffnen des Dateisystems: ' + err.name;
  }
})();
```

11.2.10   Zugang zum Content mit FileReader und FileWriter

Das reine Erstellen einer Datei bzw. das Zurückgeben der Referenz auf eine bestehende Datei mündet schnell in eine Sackgasse. Wir wollen in der Regel in eine Datei schreiben und auch wieder aus ihr lesen. Das führt zu zwei weiteren Typen an Objekten im API.

11.2.10.1   Eine Datei einlesen mittels FileReader
Ein Objekt vom Typ *FileReader* stellt Eigenschaften und Methoden zur Unterstützung von Lesezugriffe auf Dateien zur Verfügung. Dateien können als Text oder

Tab. 11.2 Die Eigenschaften eines FileReaders

Eigenschaft	Beschreibung
error	Ein Fehlerobjekt vom Typ *FileError*.
onabort	Ein Eventhandler zur Reaktion auf den Abbruch des Lesevorgangs (etwa durch Aufruf der Methoden *abort()*). Als Wert wird wie üblich ein Callback zugeordnet.
onerror	Ein Eventhandler zur Reaktion auf einen Fehler beim Lesen.
onload	Ein Eventhandler zur Reaktion auf den erfolgreichen Abschluss des Lesevorgangs. Die Daten wurden komplett gelesen.
onloadend	Ein Eventhandler zur Reaktion auf das Ende des Lesevorgangs – unabhängig davon, ob dieser erfolgreich war oder nicht.
onloadstart	Ein Eventhandler zur Reaktion auf den Start des Lesevorgangs.
readyState	Der Status des Readers. Das ist entweder der Wert *EMPTY*, *LOADING* oder *DONE*.
result	Der Inhalt der gelesenen Datei.

base64-kodierte Daten ausgelesen werden und man kann über Listener auf verschiedene Ereignisse beim Laden reagieren. Ein Objekt dieses Typs erstellen Sie in der Regel mit einem Konstruktor:

```
var meinReader = new FileReader();
```

Ein *FileReader*-Objekt stellt nun eine Reihe an interessanten Eigenschaften bereit. Die meisten sind dabei Eventhandler (Tab. 11.2).

Ein *FileReader*-Objekt stellt ebenso Methoden bereit, die sich naheliegender Weise um das Einlesen von Daten aus der Datei kümmern (Tab. 11.3).

Tab. 11.3 Die Lesemethoden

Methode	Beschreibung
abort()	Abbruch des Lesevorgangs.
readAsDataURL()	Lesen der als Parameter angegebenen Datei und Rückgabe als base64-kodieren Daten-URL.
readAsText()	Lesen der Datei und Rückgabe als Text. Als Parameter geben Sie die Datei an. Ein optionaler zweiter Parameter kann das Encoding spezifizieren. Default ist UTF8. Einige Betriebssysteme unterstützen diese explizite Angabe einer Kodierung auch nicht und verwenden immer UTF8.

11.2.10.2   In eine Datei schreiben mittels FileWriter

Sicher nicht sonderlich überraschend stellen Objekte vom Typ *FileWriter* das Gegenstück zum Einlesen – das Schreiben – von Daten zur Verfügung. Dateien werden als Text geschrieben. Dabei führen *FileWriter*-Objekte Attribute über die Position eines Dateizeigers und die Länge der Datei, damit man im Datenstrom beliebige Positionen zum Schreiben ansteuern kann. Und man kann über Listener auf verschiedene Ereignisse beim Schreiben reagieren. Ein Objekt dieses Typs erstellen Sie ebenfalls in der Regel mit einem Konstruktor.

In der Grundeinstellung werden Schreiboperationen über den *FileWriter* immer am Beginn der Datei vorgenommen. Damit werden vorhandene Daten überschrieben. Mit dem optionalen Boolean-Parameter des Konstruktors kann man ein Anhängen an das Ende der Datei vorgeben. Der Parameter wird dazu auf *true* gesetzt, wohingegen der Wert *false* den gleichen Effekt hat, wie wenn man den Parameter weglässt – die Datei wird überschrieben. Beispiel:

```
var meinWriter1 = new FileWriter ();
var meinWriter2 = new FileWriter (true);
```

Tabelle 11.4 zeigt die Eigenschaften von einem *FileWriter*-Objekt.
Tabelle 11.5 beschreibt die Methoden von einem FileWriter.

Tab. 11.4 Die Eigenschaften eines FileWriters

Eigenschaft	Beschreibung
error	Ein Fehlerobjekt vom Typ *FileError*.
fileName	Der Name der zu erstellenden Datei.
length	Die Länge der zu erstellenden Datei.
onabort	Ein Eventhandler zur Reaktion auf den Abbruch des Schreibvorgangs (etwa durch Aufruf der Methoden *abort()*). Als Wert wird wie üblich ein Listener über einen Callback zugeordnet.
onerror	Ein Eventhandler zur Reaktion auf einen Fehler beim Schreiben.
onwrite	Ein Eventhandler zur Reaktion auf den erfolgreichen Abschluss des Schreibvorgangs. Die Daten wurden komplett geschrieben.
onwriteend	Ein Eventhandler zur Reaktion auf das Ende des Schreibvorgangs – unabhängig davon, ob dieser erfolgreich war oder nicht.
onwritestart	Ein Eventhandler zur Reaktion auf den Start des Schreibvorgangs.
position	Die aktuelle Position des Dateizeigers.
readyState	Der Status des Writer. Entweder *INIT, WRITING* oder *DONE*.

Tab. 11.5 Schreibmethoden

Methode	Beschreibung
abort()	Abbruch des Schreibvorgangs.
seek()	Die Methode bewegt den Dateizeiger auf das angegebene Byte.
truncate()	Mit dieser Methode können Sie eine Datei auf die angegebene Länge kürzen.
write()	Diese Methode schreibt Daten in eine Datei und verwendet dabei die UTF-8-Kodierung.

Schauen wir uns ein paar praktische Beispiele nun an.

11.2.10.3 Eine RIA zum Schreiben von Daten in eine Datei

```
<!DOCTYPE html>
<html lang="de">
<head>
...
</head>
<body>
<script type="text/javascript">
  function onInitFs(fs) {
    fs.root.getFile('chromelog.txt', {create: true, exclusive: true},
    function(fileEntry) {
     // FileWriter-Objekt erstellen
    fileEntry.createWriter(function(fileWriter) {
      fileWriter.onwriteend = function(e) {
        console.log('Erstellen fertig.');
      };
      fileWriter.onerror = function(e) {
        console.log('Fehler beim Schreiben: ' + e.toString());
      };
      // Blob erzeugen und in die Datei schreiben.
      var blob = new Blob(['Aktuelles Datum: ' + new Date()],
        {type: 'text/plain'});
      fileWriter.write(blob);
    })
  }, function () {
      console.log('Fehler beim Erstellen der Datei');
  });
  }
  function onError(err) {
```

```
      console.log('Fehler beim Oeffnen des Dateisystems: ' + err.name);
   }
   window.requestFileSystem =
      window.requestFileSystem || window.webkitRequestFileSystem;
   var requestedBytes = 0;
   navigator.webkitPersistentStorage.requestQuota(
      requestedBytes, function(grantedBytes) {
         console.log('Garantierte Anzahl an Bytes: ', grantedBytes);
      }, function(e) { console.log('Fehler: ', e); }
   );
   window.requestFileSystem(window.PERSISTENT, 0, onInitFs, onError);
</script>
</body>
</html>
```

In dem Code rufen wir die *createWriter( )*-Methode von *FileEntry* auf, um ein *FileWriter*-Objekt zu erhalten. Innerhalb des Erfolgs-Callbacks werden Event-Handler für Fehler-und *WriteEvent*-Ereignisse eingerichtet. Die Textdaten werden in die Datei geschrieben, indem ein *Blob*-Objekt erstellt wird.

▶ *Blob*-Objekte können beliebige binäre Daten enthalten.

Dem *Blob*-Objekt wird im Konstruktor über die Array-Notation Text übergeben, der MIME-Type als Klartext festgelegt und der Blob selbst als Parameter an *FileWriter.write( )* übergeben. In der Konsole können Sie dann erkennen, ob die ganze Aktion von Erfolg gekrönt war (Abb. 11.6).

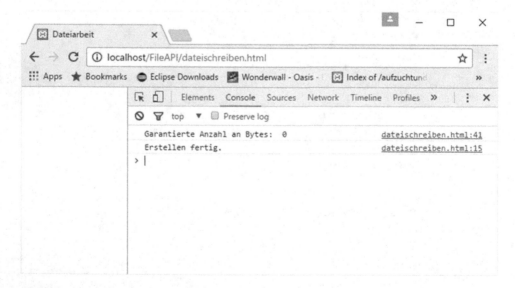

Abb. 11.6 In die Datei wurde geschrieben

11.2.10.4 Eine RIA zum Lesen von Daten aus einer Datei

Lassen Sie uns nun die Datei wieder auslesen. Der folgende Code wählt die gerade im letzten Beispiel angelegte Datei „chromelog.txt". Deren Inhalt wird mit dem *FileReader*-API (der Methode *readAsText()*) als Klartext gelesen. Dann wird mit klassischen DOM-Methoden ein neues *<textarea>*-Element auf der Seite angehängt (Abb. 11.7). Wenn die Datei nicht existiert, wird ein Fehler ausgelöst.

```
<!DOCTYPE html>
<html lang="de">
<head>
...
</head>
<body>
<script type="text/javascript">
  function onInitFs(fs) {
    fs.root.getFile('chromelog.txt', {}, function(fileEntry) {
      // Ein File-Objekt bekommen und dann mit
      // FileReader den Inhalt lesen
      fileEntry.file(function(file) {
        var reader = new FileReader();
        reader.onloadend = function(e) {
          var txtArea = document.createElement('textarea');
          txtArea.value = this.result;
          document.body.appendChild(txtArea);
        };
        reader.readAsText(file);
```

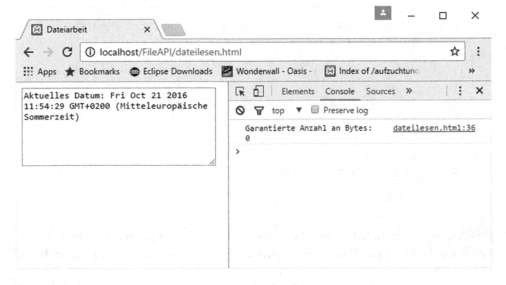

Abb. 11.7 Die gespeicherten Daten wurden wieder eingelesen

```
    })
  }, function () {
      console.log('Fehler beim Einlesen der Datei');
});
  }
  function onError(err) {
    console.log('Fehler beim Oeffnen des Dateisystems: ' + err.name);
  }
...
```

11.2.10.5   Eine RIA zum Anhängen von Daten an vorhandenen Inhalt in einer Datei

Zum Abschluss lassen Sie uns noch Daten an die bestehende Datei anhängen.

```
<!DOCTYPE html>
<html lang="de">
<head>
...
</head>
<body>
<script type="text/javascript">
  function onInitFs(fs) {
    fs.root.getFile('chromelog.txt', {create: false}, function
      (fileEntry) {
    // FileWriter-Objekt erstellen
    fileEntry.createWriter(function(fileWriter) {
     fileWriter.seek(fileWriter.length);//Start Schreibposition bei EOF
      // Neuer Blob und anhängen
      var blob = new Blob(['\nZufallszahl: ' + Math.random()],
        {type: 'text/plain'});
      fileWriter.write(blob);
    })
  }, function () {
  console.log('Fehler beim Erstellen der Datei');
});
  }
  function onError(err) {
    console.log('Fehler beim Oeffnen des Dateisystems: ' + err.name);
  }
...
```

Das Anhängen der Daten erzeugt keine Ausgabe, aber wenn Sie danach die RIA zum Lesen der Daten in der Datei wieder aufrufen, sehen Sie den neu angehängten Inhalt (Abb. 11.8).

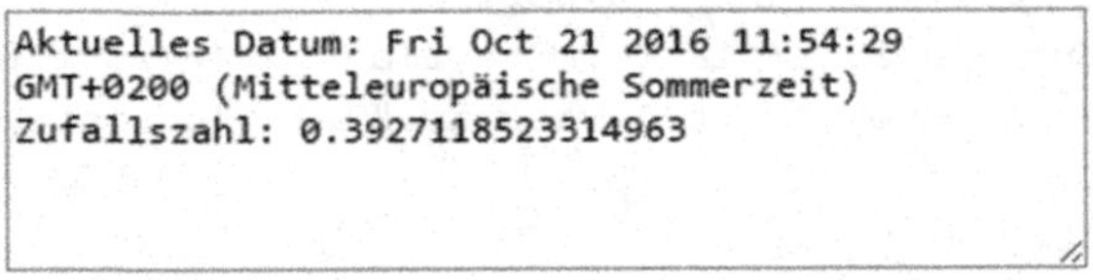

Abb. 11.8 Daten wurden
angehängt

```
Aktuelles Datum: Fri Oct 21 2016 11:54:29
GMT+0200 (Mitteleuropäische Sommerzeit)
Zufallszahl: 0.3927118523314963
```

11.2.10.6   Eine App zur Dateiverwaltung

Nun steht ja die Erstellung von Cordova-Apps und nicht wirklich die Erstellung von RIAs im Fokus des Buchs. Deshalb werden wir die hier einzeln und rein von der puren Web-Technologie aus erarbeiteten Techniken in einer etwas umfangreicheren App zusammenfassen. Dazu werden wir auch gleich noch das **Löschen** von einer Datei mit der Methode *remove()* hinzufügen. Die App (*Kap11/DateienSchreibenLesenApp*) soll die verschiedenen Dateiaktionen über vier Schaltflächen auslösen. Um die GUI etwas bequemer zu haben, verwenden wir hier wieder jQuery Mobile. Das reduziert zudem den reinen JavaScript-Code.

Das ist der zugrundliegender HTML-Code der Datei *index.html*:

```html
<!DOCTYPE html>
<html lang="de">
<head>
  <meta charset="utf-8">
...
  <link rel="stylesheet" href="css/jquery.mobile-1.4.5.min.css" />
  <link rel="stylesheet" type="text/css" href="css/index.css">
  <script src="scripts/jquery-1.11.1.min.js"></script>
  <script src="scripts/jquery.mobile-1.4.5.min.js"></script>
  <title>DateienSchreibenLesenApp</title>
</head>
<body>
  <div data-role="page">
    <div data-role="header">
      <div data-role="navbar">
        <ul><li><a href="#" id="wrt">Schreiben</a></li>
          <li><a href="#" id="rd">Lesen</a></li>
          <li><a href="#" id="apd">Anh&auml;ngen</a></li>
          <li><a href="#" id="del">L&ouml;schen</a></li></ul>
      </div>
    </div>
    <div data-role="content">
      <div id="info"></div>
    </div>
    <div data-role="footer" data-position="fixed">
      <div id="dat"></div>
    </div>
  </div>
  <script type="text/javascript" src="cordova.js"></script>
```

```
  <script type="text/javascript"
    src="scripts/platformOverrides.js"></script>
  <script type="text/javascript" src="scripts/index.js"></script>
</body>
</html>
```

Mittels jQuery Mobile wird eine Seite gestaltet, die mit einer NavBar vier Schaltflächen in dem Header-Bereich bereitstellt (Abb. 11.9). Die Schaltflächen haben jeweils eine ID, über welche die Aktionen zum

Abb. 11.9 Eine Datei wurde erstellt

- Erstellen einer Datei mit Content,
- Anzeigen des Dateiinhalts,
- Anhängen von Inhalt an den bestehenden Content und
- Löschen der Datei

ausgelöst werden.

Das ist der JavaScript-Code, der im Wesentlichen die angepassten Techniken zeigt, welche wir bei den RIAs für Chrome behandelt haben. Natürlich muss die Reaktion auf die Schaltflächen implementiert werden und wir nutzen die Vorteile von jQuery für den reinen JavaScript-Code:

```
(function () {
  "use strict";
  var fs = null; // Das Dateisystem als global zugängliche Variable
  document.addEventListener('deviceready', onDeviceReady.bind( this ),
    false);
  function onDeviceReady() {
    window.requestFileSystem(window.PERSISTENT, 0, onInitFs, onError);
    // Erstellen einer Datei mit Content
    $("#wrt").click(function () {
      fs.root.getFile('applog.txt', {create: true, exclusive: true},
        function (fileEntry) {
          // FileWriter-Objekt erstellen
          fileEntry.createWriter(function (fileWriter) {
            fileWriter.onwriteend = function (e) {
              $("#info").html('Erstellen fertig.');
            };
            fileWriter.onerror = function (e) {
              $("#info").html('Fehler beim Schreiben: ' +
                e.toString());
            };
            // Blob erzeugen und in die Datei schreiben.
            var blob = new Blob(['Aktuelles Datum: ' + new Date()],
              { type: 'text/plain' });
            fileWriter.write(blob);
          })
        }, function () {
          $("#info").html('Fehler beim Erstellen der Datei');
        });
    });
    // Lesen einer Datei mit Content
    $("#rd").click(function () {
      fs.root.getFile('applog.txt', {}, function(fileEntry) {
        // Ein File-Objekt bekommen und dann mit
        // FileReader den Inhalt lesen
```

```
            fileEntry.file(function(file) {
               var reader = new FileReader();
               reader.onloadend = function(e) {
                  $("#info").html("Inhalt der Datei:<hr />" + this.result);
               };
               reader.readAsText(file);
            })
         }, function () {
            $("#info").html('Fehler beim Einlesen der Datei');
         });
      });
      // Anhängen
      $("#apd").click(function () {
         fs.root.getFile('applog.txt', {create: false}, function
            (fileEntry) {
            // FileWriter-Objekt erstellen
            fileEntry.createWriter(function (fileWriter) {
               fileWriter.seek(fileWriter.length);//Start Schreibposition EOF
               var neuContent = 'Zufallszahl: ' + Math.random();
               // Neuer Blob und anhängen
               var blob = new Blob(['<br />' + neuContent],
                  {type: 'text/plain'});
               fileWriter.write(blob);
               $("#info").html("\"" +
                  neuContent + '" an die Datei angehängt');
            })
         }, function () {
            $("#info").html(
               'Fehler beim Anhängen von Inhalt an die Datei');
         });
      });
      // Löschen
      $("#del").click(function () {
         fs.root.getFile('applog.txt', {create: false},
         function (fileEntry) {
            fileEntry.remove(function () {
               $("#info").html('Datei gelöscht');
            })
         },
         function () {
            $("#info").html('Fehler beim Löschen der Datei');
         });
      });
   };
```

```
function onError(err) {
  $("#info").html('Fehler beim Oeffnen des Dateisystems: ' +
    err.name);
  $("a").addClass('ui-disabled');
}
function onInitFs(files) {
  $("#dat").html('Dateisystem geoeffnet: ' + files.name + "<hr />");
  fs = files;
  $("a").removeClass('ui-disabled');
}
}) ();
```

Wenn der Anwender die App öffnet, ist der Content-Bereich erst einmal leer. Die erste Aktion, die man als Anwender ausführen muss, ist das Erstellen der Datei (Abb. 11.9). Solange keine Datei erstellt wurde, werden die drei anderen Aktionen zu Fehlern und entsprechenden Meldungen führen. Das könnte man auch so abfangen, dass man die drei Schaltflächen beim Start der App deaktiviert (etwa mit der Klasse *ui-disabled* aus jQuery Mobile, die im Fall von Fehlern beim Öffnen des Dateisystems alle Schaltflächen deaktivieren soll). Aber für das Beispiel ist das so gelöst, dass die Schaltflächen schon beim Start auszuwählen sind und der Anwender dann halt eine Fehlermeldung erhält.

Ist aber eine Datei erstellt worden, kann der Inhalt der Datei mit der zweiten Schaltfläche angezeigt (Abb. 11.10).

Dafür wird nun das Auslösen der ersten Schaltfläche einen Fehler anzeigen, denn die Datei ist ja schon vorhanden *create:true* würde versuchen, die bestehende Datei neu anzulegen, was ja nicht geht.

Wenn die Datei erstellt ist, kann man aber immer wieder neuen Inhalt hinzufügen. Das macht man mit der dritten Schaltfläche (Abb. 11.11).

Abb. 11.10 Der Inhalt der neu erstellten Datei

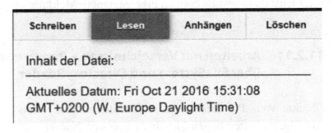

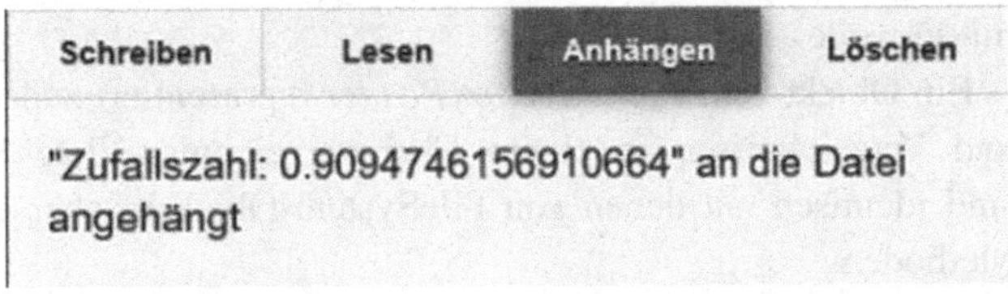

Abb. 11.11 An den bestehenden Inhalt wurde neuer Inhalt angehängt

Abb. 11.12 An den bestehenden Inhalt wurde mehrfach
neuer Inhalt angehängt, was
man beim Anzeigen der Datei
erkennen kann

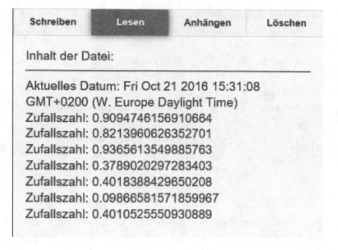

Abb. 11.13 Die Datei wurde
gelöscht

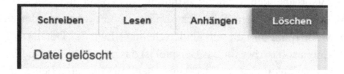

Wenn man sich dann mit der zweiten Schaltfläche den Inhalt der Datei wieder anzeigen
lässt, sieht man den Content, der bei der Erstellung erzeugt wurde, sowie jeden angehängten weiteren Inhalt (Abb. 11.12).

Neu bei dieser App ist die Möglichkeit zum Löschen einer Datei. Aber die Vorgehensweise ist einfach. Man nimmt das *fileEntry*-Objekt und ruft einfach dessen Methode
remove() auf. Als Parameter gibt es einen Erfolgs- und einen Fehler-Callback. In dem Beispiel wird dann jeweils einfach eine geeignete Meldung ausgegeben (Abb. 11.13).

11.2.11   Arbeiten mit Verzeichnissen – Repräsentation des Dateisystems
über FileSystem und DirectoryReader

Objekte vom Typ *FileSystem* repräsentieren das Dateisystem und sind recht einfach.
Als Eigenschaften haben Sie über *name* den Namen und über *root* das Wurzelverzeichnis des Dateisystems als Objekt vom Typ *DirectoryEntry* zur Verfügung. Das kennen Sie
mittlerweile.

Ein Objekt vom Typ *DirectoryReader* repräsentiert zudem eine Liste mit allen Dateien
und Verzeichnissen in einem Elternverzeichnis. Viele Eigenschaften und Methoden
sind identisch mit denen von FileSystem-Objeken, aber es gibt also einige zusätzliche
Methoden.

Mit der Methode *readEntries()* können Sie etwa die Liste der enthaltenen Dateien und Verzeichnisse auslesen. Dabei gibt es zwei Parameter, wobei der erste den Erfolgs- und der zweite den Fehler-Callback darstellen. Im Erfolgsfall erhalten Sie ein Array mit *FileEntry*- und *DirectoryEntry*-Objekten als Parameter und im Fehlerfall ein *FileError*-Objekt als Parameter. Oder die Methode *removeRecursively()* zum rekursiven Löschen eines Verzeichnisses. Weitere Methoden wurden ja bereits vorgestellt (Tab. 11.1) und einige Methoden unterscheiden sich nicht bei Dateien und Verzeichnissen – etwa das Erstellen oder Löschen eines Verzeichnisses – nur müssen Sie hier statt *fs.root.getFile()* eben *fs.root. getDirectory()* verwenden und beim Löschen muss das Verzeichnis leer sein. Sofern Ihr Pfad legitime Elternverzeichnisse angibt, können Sie so sogar Unterverzeichnisse anlegen.

Spielen wir einige Beispiele mit Dateioperationen durch, die etwas spezieller sind.

11.2.11.1 Ein Beispiel zum Einlesen und Ausgeben eines Verzeichnishalts

Wir wollen zuerst einmal den Verzeichnisinhalt einlesen und ausgeben. Davor erzeugen wir noch schnell eine Datei und zwei Verzeichnisse im Wurzelverzeichnis. Beachten Sie, dass die Fehler-Callbacks nachfolgend nur ganz einfach ausgearbeitet sind und wir nicht auf den Erfolgs-Callback weiter reagieren (*Kap11/VerzeichnisseAuslesenApp*):

```
(function () {
  "use strict";
  document.addEventListener( 'deviceready', onDeviceReady.bind( this ),
    false );
  function onDeviceReady() {
    window.requestFileSystem(window.TEMPORARY, 0, onInitFs, function
      () {
      document.getElementById("info").innerHTML = "Fehler 1";
    });
  };
  function onInitFs(fs) {
    fs.root.getDirectory('Verzeichnis1', {create: true}, function(dE)
      {},
    function () {
      document.getElementById("info").innerHTML = "Fehler 2";
    });
    fs.root.getDirectory('Verzeichnis2', {create: true}, function (dE)
      {},
    function () {
      document.getElementById("info").innerHTML = "Fehler 3";
    });
    fs.root.getFile('dat1.txt', {create: true}, function () {
    }, function () {
      document.getElementById("info").innerHTML = "Fehler 4";
    });
    var dirReader = fs.root.createReader();
```

```
     dirReader.readEntries(function (results) {
       document.getElementById("info").innerHTML =
         "Anzahl der Dateien und Verzeichnisse: " + results.length +
         "<hr />";
       for (var i = 0; i < results.length;i++) {
         document.getElementById("info").innerHTML += results[i].name +
           " ist Verzeichnis: " + results[i].isDirectory + "<br />";
       }
     }, function () {
       document.getElementById("info").innerHTML = "Fehler 5";
     }
   );
   }
})();
```

Mit *fs.root.createReader()* generieren wir einen Reader für das Verzeichnis in mit dessen
Methode *readEntries()* erhalten wir im Erfolgs-Callback ein Array mit den Dateien und
Verzeichnissen. Diese geben wir einfach aus (Abb. 11.14).

11.2.11.2   Eine Datei verschieben

Eine weitere spezielle Anwendung, die wir uns mit einem Beispiel ansehen wollen, ist das
Verschieben einer Datei (*Kap11/DateiVerschiebenApp*). Damit erledigen wir auch gleichzeitig das Kopieren einer Datei, denn das ist syntaktisch identisch – nur muss dann statt der
nachfolgend angewendeten Methode *moveTo()* die Methode *copyTo()* verwendet werden.

```
(function () {
  "use strict";
  var dirName = 'Verzeichnis1';
  var datName = 'dat1.txt';
  document.addEventListener('deviceready', onDeviceReady.bind(this),
    false);
  function onDeviceReady() {
    window.requestFileSystem(window.TEMPORARY, 0, onInitFs, function
      () {
      document.getElementById("info").innerHTML = "Fehler 1";
    });
  };
  function onInitFs(fs) {
    fs.root.getDirectory(dirName, { create: true }, function (dE) {
    }, function () {
      document.getElementById("info").innerHTML = "Fehler 2";
    });
    fs.root.getFile(datName, { create: true }, function (d) {
      document.getElementById("info").innerHTML = "Datei " + d.name +
        " erstellt. <hr />";
```

```
  }, function () {
    document.getElementById("info").innerHTML = "Fehler 3";
  });
  fs.root.getFile(datName, {}, function (fileEntry) {
    fs.root.getDirectory(dirName, {}, function(dirEntry) {
      fileEntry.moveTo(dirEntry);
      document.getElementById("info").innerHTML +=
        " Datei verschoben.";
    }, function () {
      document.getElementById("info").innerHTML = "Fehler 4";
    });
  }, function () {
    document.getElementById("info").innerHTML = "Fehler 5";
  });
  }
})();
```

Zuerst werden ein Verzeichnis und eine Datei erzeugt. Dann wird die Datei in das neu erzeugte Verzeichnis verschoben. Nach dem erfolgreichen Verschieben wird einfach eine Meldung ausgegeben (Abb. 11.15).

11.2.12 Eine KML-Datei erstellen – Tracking für die Geolocation

Wir wollen nun noch einmal auf Stoff aus früheren Kapiteln zurückgreifen und Features von Cordova in einer etwas umfangreicheren App (*Kap11/KMLApp*) zusammenbringen, die sich sinnvoll kombinieren lassen. Wir hatten ja die Geolokalisierung schon ausführlich besprochen und es bietet sich an, ein Trackingsystem für solche eine Geolokalisierung

Abb. 11.14 Verzeichnisinhalt ausgeben

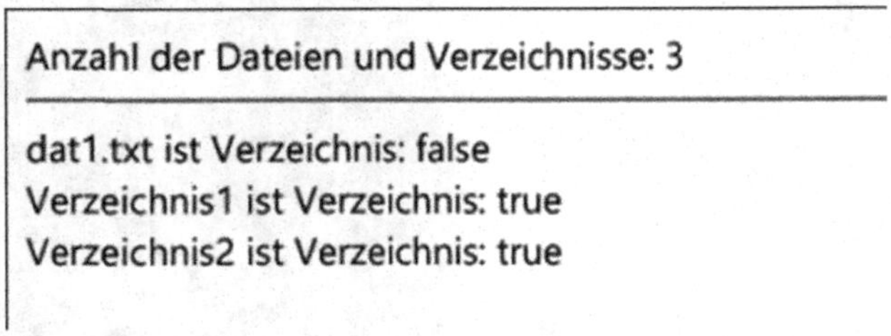

Anzahl der Dateien und Verzeichnisse: 3

dat1.txt ist Verzeichnis: false
Verzeichnis1 ist Verzeichnis: true
Verzeichnis2 ist Verzeichnis: true

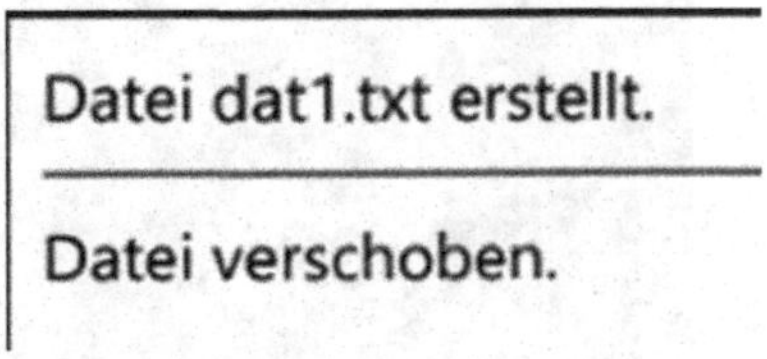

Datei dat1.txt erstellt.

Datei verschoben.

Abb. 11.15 Eine Datei verschieben

über die Speicherung von Positionen in einer Datei aufzubauen. Sie ermitteln wie gehabt die Breite und den Längengrad eines Geräts und speichern diese Koordinaten mit einem Schlüssel oder sonst einer Struktur. Dazu kann man Datenbanken wie SQLite (Abschn. 11.4.2) oder auch den Local Data Storage (Abschn. 11.5) verwenden, aber auch eine einfache Datei. Nur sollte diese dann eine gewisse Struktur haben. Im einfachsten Fall schreiben Sie in gewissen Zeitintervallen die jeweils ermittelten Koordinaten untereinander in die Datei. Aber etwas mehr Struktur wäre sicher sinnvoll und da bietet sich ein JSON-Format an, über das Sie Metainformationen und saubere Schlüssel verwalten können. Dennoch wollen wir hier auf eine XML-Datei zurückgreifen und diese erstellen. Denn natürlich bietet XML eine hervorragende Basis zur Speicherung von strukturierten Informationen. Allerdings wollen wir keine eigene Struktur mit XML aufbauen, sondern eine vorhandene XML-Sprache verwenden und damit eine XML-Datei erzeugen. Ganz konkret eine KML-Datei.

Hintergrundinformation
KML ist die Abkürzung von Keyhole Markup Language und bezeichnet eine XML-Sprache, die von Google eingesetzt wird. Typischer Weise haben KML-Dateien die Dateiendungen *.kml* oder.*kmz*, wobei letztere eine komprimierte Version beschreibt. Als MIME-Typen finden neben den Standard-XML-MIME-Typen normalerweise *application/vnd.google-earth.kml+xml* oder *application/vnd.google-earth.kmz* Anwendung. Mit KML kann man Geodaten in einer Form beschreiben, dass sie von Google Earth (Abb. 11.16) oder Google Maps verarbeitet werden können.

Eine einfache KML-Datei könnte so aussehen, wobei das Wurzelelement mit dem Namensraum verpflichtend ist. Das *Placement*-Element beschreibt einen Ort. Mit *TimeStamp* können Sie eine Zeitstempel und mit Point die konkreten Koordinaten angeben.

Abb. 11.16 Eine KML-Datei wurde in Google Earth geladen

Hier ist ein Beispiel für ein *Placemark*-Element innerhalb eines KML-Dokuments:

```
<?xml version="1.0" encoding="UTF-8"?>
<kml xmlns="http://www.opengis.net/kml/2.2">
<Document>
  <Placemark>
    <TimeStamp><when>2012-10-16T07:35:15Z</when></TimeStamp>
    <Point><coordinates>8.35,48.3666667,0</coordinates></Point>
  </Placemark>
</Document>
</kml>
```

Die gesamte Sprache ist sehr mächtig und unter https://developers.google.com/kml/documentation/kmlreference?hl=de-DE beschrieben.

Wenn Sie also eine KML-Datei von dem Weg eines Anwenders in einer Datei tracken, kann diese später unter Google Earth (Abb. 11.16) oder Google Maps geladen und ausgewertet werden.

▶ Beachten Sie, dass Sie für das Beispiel verschiedene Plugins benötigen. Natürlich das *cordova-plugin-file*, aber auch *cordova-plugin-geolocation*. Auch darf der Zugriff auf externe Ressourcen nicht blockiert werden.

Die Basiswebseite in unserem Beispiel soll nur einen Anzeigebereich für den Längen- und Breitengrad sowie eine Schaltfläche für das Speichern enthalten. Die Musik geht wie immer in der JavaScript-Datei ab.

```
var kmldat = null;
var xmldat = '<kml xmlns="http://www.opengis.net/kml/2.2"><Document>';
(function () {
  "use strict";
  document.getElementById("speichern").addEventListener('click',
    function () {
      speichern();
    }, false);
  document.addEventListener('deviceready', onDeviceReady.bind(this),
    false);
  function onDeviceReady() {
    if (navigator.geolocation) {
      navigator.geolocation.getCurrentPosition(successgeo, errorgeo, {
        maximumAge: 1000, timeout: 10000, enableHighAccuracy: true
      });
      navigator.geolocation.watchPosition(successgeo, errorgeo, {
        enableHighAccuracy: true, maximumAge: 1000,
```

```
        timeout: 1000, frequency: 1000
    });
  } else {
    document.getElementById("info").innerHTML =
      "Geolocation nicht möglich";
  }
};
function successgeo(position) {
  var latitude = position.coords.latitude;
  var longitude = position.coords.longitude;
  document.getElementById("info").innerHTML = latitude + ", "
    + longitude;
  var dat = new Date();
  xmldat += '<Placemark><TimeStamp><when>' + dat.getFullYear() +
    '-' + dat.getMonth() + '-' + dat.getDate() + 'T' +
    dat.getHours() +
    ':' + dat.getMinutes() + ':' + dat.getSeconds() +
    'Z</when></TimeStamp><Point><coordinates>' +
    longitude + ',' + latitude +
    ',0</coordinates></Point> </Placemark>';
}
function errorgeo(msg) {
  document.getElementById("info").innerHTML = msg;
}
  function speichern() {
  window.requestFileSystem(LocalFileSystem.PERSISTENT, 0,
    function (fileSystem) {
      kmldat = "weg" + Date.parse(new Date()) + ".kml";
      fileSystem.root.getFile(kmldat,
        {create: true, exclusive: true},
        function (fileEntry) {
          fileEntry.createWriter(function (writer) {
            writer.onwriteend = function (evt) {
              document.getElementById("info").innerHTML =
                "Daten gespeichert in Datei " + kmldat;
            };
            writer.write('<?xml version="1.0" encoding="UTF-8"?>' +
              xmldat + '</Document></kml>');
          }, fail);
        }, fail);
    }, fail);
}
```

```
function fail(evt) {
   document.getElementById("info").innerHTML = evt;
}
})();
```

Im Wesentlichen erzeugt das Beispiel wieder einen Writer, nur verschachteln wir dieses Mal die Callbacks in der Funktion *speichern()* mit anonymen Funktionen. Interessanter ist die KML-Struktur, die wir erzeugen müssen. Dazu bauen wir einen String *xmldat* zusammen, der mit dem Beginn-Tag vom Wurzelelement *kml* samt Namensraum und dem Beginn-Tag von *Document* beginnt.

Beim Bestimmen der Geoposition erweitern wir im Erfolgs-Callback diesen String jedes Mal um ein *Placemark*-Element. Dieses beinhaltet einen Zeitstempel, den wir entsprechend dem geforderten Format aus einem Datumsobjekt zusammensetzen, und einem *Point*-Element mit den Koordinaten als Unterelement.

Wenn der Anwender die App lädt, wird automatisch das Tracken begonnen (Abb. 11.17). Das kann man natürlich auch mit einer manuellen Aktion koppeln, die das Tracken erst bei Bedarf beginnt.

Wenn der Anwender die Schaltfläche zum Speichern betätigt, wird die Datei erzeugt, deren Namen sich aus einem String *"weg"* und einem Zeitstempel eindeutig zusammensetzt. Im Writer hängen wir noch den notwendigen XML-Prolog vor das Wurzelelement und schließen das *Document-* und das *kml*-Element (*writer.write('<?xml version="1.0" encoding="UTF-8"?>' + xmldat + '</Document></kml>');*).

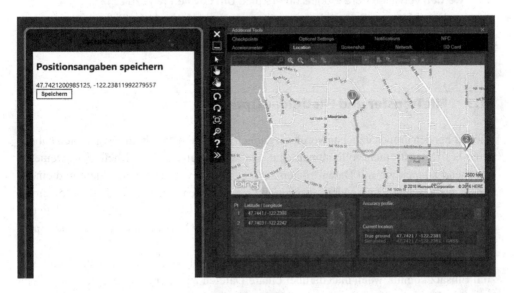

Abb. 11.17 Eine Route wird getrackt – hier im Emulator

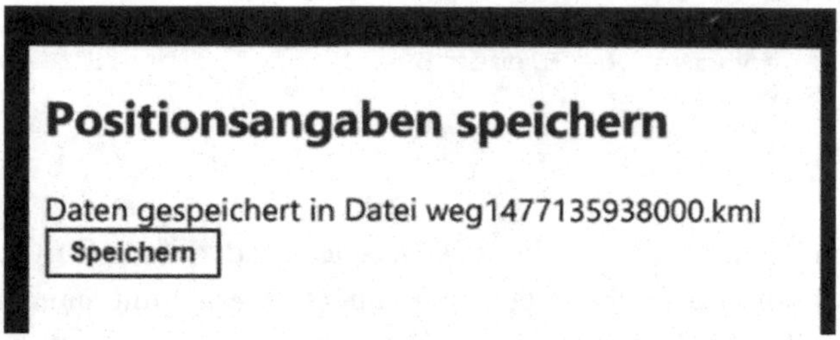

Abb. 11.18 Die getrackten
Daten wurden in eine Datei
geschrieben

Positionsangaben speichern

Daten gespeichert in Datei weg1477135938000.kml

Speichern

Damit wird eine gültige KML-Datei geschrieben, die in Google Earth oder Google Maps geladen werden kann und dann die getrackten Positionen anzeigt. Eine Meldung gibt den Namen der erstellten Datei an (Abb. 11.18).

▶ **Tipp** Wie angedeutet, sind die Pfade zum Zugriff auf Dateien je nach Betriebssystem als auch diverser Konfigurationen ziemlich unterschiedlich. Das *cdvfile*-Protokoll versucht diesem Problem Herr zu werden und gibt ein Format der Art vor:

cdvfile://localhost/[persistent|temporary|another-fs-root*]/path/to/file

Etwa kann ein Pfad so aussehen:

cdvfile://localhost/persistent/weg1477485929000.kml

Damit kann man plattformunabhängige Dateipfade angeben. cdvfile-Pfade werden von allen Core-Plugins unterstützt. Um cdvfile-Pfade zu erhalten, konvertieren Sie zum Beispiel Dateiangaben über die Methode *toURL()* oder *toInternalURL()* des aufgelösten *fileEntry*-Objekts. Wir kommen darauf beim Dateiupload zurück (Abschn. 11.3.3).

11.3 FileTransfer und FileUploadOptions

Wie wir bei den grundsätzlichen Vorüberlegungen zu diesem Abschnitt festgehalten haben, ist es bei Datenströmen vollkommen egal, wo sich Quelle und Ziel befinden. Dementsprechend können wir mit Datenströmen auch Dateien zwischen einem Client und einem Server austauschen. Oder anders ausgedrückt – wir führen einen Upload oder Download durch. Ein Objekt vom Typ *FileTransfer* ist in Cordova dazu der Schlüssel. Als Anwendungsprotokoll kommen HTTP oder HTTPS mit einem POST-Request zum Einsatz. Basis ist das Plugin *cordova-plugin-file-transfer*.

Es wird also eine Technik verwendet, wie sie im Web üblicherweise bei Webformularen zum Einsatz kommt, wenn man darüber binäre Dateien zum Server übertragen will. Über optionale Parameter kann man ein *FileUploadOptions*-Objekt angeben, um den Upload genauer zu spezifizieren. Auch ist es auf einigen (aber nicht allen) Plattformen möglich, dass Sie eine Datei mittels dieses Objekts von einem Server laden und auf dem mobilen

Tab. 11.6 Methoden von FileTransfer

Methode	Beschreibung
abort( )	Abbruch der Dateiübertragung.
download( )	Sofern die Methode von einem Gerät unterstützt wird, können Sie mit *download( )* eine Datei vom Server auf das mobile Gerät laden. – Der erste Parameter ist der URL von der zu ladenden Datei. Das ist die gesamte Pfadangabe mit dem Protokoll und dem Server sowie Verzeichnis- und Dateinamen. Der URL kann als Parameter der Methode *encodeURI( )* übergeben werden, um eine Pfadangabe mit Sonderzeichen so zu kodieren, dass sie per HTTP/HTTPS genutzt werden kann. – Der zweite Parameter ist die Zielangabe. Also der vollständige Pfad der zu erstellenden Datei auf dem mobilen Gerät. – Optional sind der dritte und vierte Parameter. Es handelt sich um einen Callback für den Erfolgs- und Fehlerfall. Im Erfolgsfall enthält der Callback als Parameter ein *FileEntry*-Objekt. Im Fehlerfall erhalten Sie ein *FileError*-Objekt. – Als fünften Parameter können Optionen angeben, die Header-Werte setzen (was derzeit noch sehr eingeschränkt ist). – Eine Liste vertrauenswürdiger Hosts kann noch als sechsten Parameter angegeben werden.
upload( )	Die Methode zum Upload von Dateien zum Server besitzt sechs Parameter, die zum Teil optional sind. – Auf jeden Fall müssen Sie als ersten Parameter den vollständigen Pfad der Datei auf dem mobilen Gerät angeben, die Sie zum Server laden wollen. – Und Sie benötigen die Angabe des Servers, zu dem der Upload erfolgen soll. Dazu geben Sie dessen URL an, der wie beim Download als Parameter der Methode *encodeURI( )* angegeben werden kann. – Die zwei folgenden optionalen Parameter sind der Callback für den Erfolgs- und Fehlerfall sowie Optionen in Form eines JSON-Objekt. Im Erfolgsfall enthält der Callback als Parameter ein *FileUploadResult*-Objekt. Im Fehlerfall erhalten Sie ein *FileTransferError*-Objekt. – Die Optionen sind Angabe wie der Dateiname und der MIME-Type (Details finden Sie unter https://cordova.apache.org/docs/en/latest/reference/cordova-plugin-file-transfer/index.html#upload). – Als sechsten Parameter können Sie angeben, ob Sie allen Hosts trauen oder nicht (default).

Gerät speichern. Als Methoden stellen *FileTransfer*-Objekte neben der bereits oben gesehenen *abort( )*-Methode zum Abbruch der Übertragungsaktion nur die Methoden zum Up- und Download bereit (Tab. 11.6), wobei der Download über so ein Objekt wie gesagt nur eingeschränkt funktioniert.

Beim Upload von Dateien können Sie wie erwähnt optionale Optionen im JSON-Format einstellen. Diese repräsentieren dann unter Cordova Objekte vom Typ *FileUploadOptions*. Dieses stellt die in Tab. 11.7 gezeigten Eigenschaften zur Verfügung.

Tab. 11.7 Eigenschaften von FileUploadOptions

Eigenschaft	Beschreibung
chunkedMode	Die Angabe dient dazu festzulegen, ob die Daten in einem chunked strea-ming mode zum Server geladen werden sollen. Dieser Modus taucht explizit bei der Definition von http 1.1 auf und beschreibt das Versenden der Daten in einer Serie von „Brocken". Ganz einfach ausgedrückt dient das dazu, dass man Daten verschicken kann ohne vorher die Größe zu kennen. In diesem Modus werden einfach solange Daten geschickt, solange welche da sind und das Ende separat markiert. Wenn diese Option nicht gesetzt ist, wird der De-faultwert *true* genommen. Also dient die Option zum Ausschalten von dieser Übertragungsart. Nicht alle Betriebssysteme unterstützen diese Option.
fileKey	Der Name des Formularelements. Als Vorgabe wird *file* genommen.
fileName	Der Dateiname, unter dem eine Datei auf dem Server gespeichert werden soll. Die Vorgabe ist *image.jpg*. Das macht deutlich, dass das Upload-Ver-fahren überwiegend für Bilder gedacht ist. Aber das Verfahren ist darauf nicht beschränkt.
headers	Die Angabe von Schlüssel-Werte-Paaren für Headerdaten. In der Regel gibt man diese im JSON-Format an.
mimeType	Der MIME-Type der hochgeladenen Daten. Die Vorgabe ist *image/jpeg*, was wieder die Konzentration auf Bilder zeigt.
params	Über diese Eigenschaft können Sie in Form von Schlüssel-Werte-Paaren (JSON-Format) einen beliebigen Satz an Optionen mit dem http-Request mitschicken.

11.3.1   FileUploadResult

Ein Objekt vom Typ *FileUploadResult* wird im Erfolgs-Callback der *FileTransfer-upload()*-Methode bereitgestellt. Die Eigenschaften sind Folgende:

* *bytesSent* (Anzahl der gesendeten Bytes),
* *responseCode* (der http-Antwortcode des Servers – etwa 200) und
* *response* (die eigentliche http-Antwort des Servers als String)

Die Eigenschaften werden allerdings nicht von allen Betriebssystemen bereitgestellt.

11.3.2   FileTransferError

Ein Objekt von Typ *FileTransferError* wird beim Auslösen eines Fehler-Callbacks bei einer Datenübertragung generiert. Die Art des Fehlers steht wieder in der Eigenschaft *code* bereit. Mit *source* und *target* haben Sie Zugang zur Quelle und dem Ziel der Datenübertragung und im Fall einer HTTP-Datenübertragung haben Sie mit *http_status* den http-Statuscode zur Verfügung.

Dazu gibt es eine Reihe von Standardkonstanten, deren Bedeutung weitgehend selbsterklärend ist:

- *FileTransferError.FILE_NOT_FOUND_ERR*
- *FileTransferError.INVALID_URL_ERR*
- *FileTransferError.CONNECTION_ERR*

Ein Upload einer Datei wie der KML-Datei aus dem letzten Beispiel könnte so laufen, wobei Sie mit dem MIME-Type gegebenenfalls die spezifischen KML-Typen wählen sollten und natürlich auch auf dem Webserver entsprechende Skripte verwenden müssen:

```
var options = new FileUploadOptions();
options.fileKey = "file";
options.fileName = kmldat;
options.mimeType = "text/xml";
var ft = new FileTransfer();
ft.upload(kmldatUpload, encodeURI("http://rjs.de/upload.php"), win,
fail, options)
```

Spielen wir das mit einer vollständigen App durch und modifizieren das letzte Beispiel zum Tracken einer Position samt dem Speichern in einer Datei entsprechend, dass die gespeicherte Datei auch auf einen Server hochgeladen werden kann.

11.3.3   Ein Beispiel mit dem Upload einer Datei

Hier wäre die HTML-Datei, die mit Bootstrap ein wenig gestaltet wird (*Kap11/KMLAppUpload*):

```
<!DOCTYPE html>
<html lang="de">
  <head>
    <meta charset="utf-8">
    <meta http-equiv="X-UA-Compatible" content="IE=edge,chrome=1">
    <meta name="format-detection" content="telephone=no">
    <meta name="msapplication-tap-highlight" content="no">
    <link rel="stylesheet" type="text/css" href=
      "css/bootstrap.min.css">
    <link rel="stylesheet" type="text/css" href="css/index.css">
    <title>KMLApp</title>
  </head>
```

```
<body class="ausrichtung">
  <h2>Positionsangaben</h2>
  <h4>Tracken - Speichern - Hochladen</h4>
  <div class="btn-group">
    <button id="trackstart" class="btn btn-default active">
      Track - Start</button>
    <button id="speichern" class="btn disabled">Track - Stopp
  </button>
  </div><hr />
  <button id="hochladen" class="btn disabled">Hochladen</button>
  <hr /><div id="info" class="well"></div>
  <script src="scripts/jquery-1.11.1.min.js"></script>
  <script src="scripts/bootstrap.min.js"></script>
  <script type="text/javascript" src="cordova.js"></script>
  <script type="text/javascript"
    src="scripts/platformOverrides.js"></script>
  <script type="text/javascript" src="scripts/index.js"></script>
</body>
</html>
```

Die App stellt ein paar Schaltflächen und einen Anzeigebereich für Rückmeldungen zur Verfügung. Wenn die Verfolgung der Position läuft, werden die Koordinaten in der App angezeigt (Abb. 11.19).

Wenn die Verfolgung beendet wird, werden automatisch eine KML-Datei gespeichert, die entsprechende Rückmeldung angezeigt und zudem die Schaltfläche zum Hochladen der Datei auf den Webserver aktiviert (Abb. 11.20). Beachten Sie, dass wir mit einer cvdfile-Pfadangaben arbeiten, um die Datei für den Upload plattformneutral zur Verfügung zu haben.

Das ist die JavaScript- Datei mit dem interessanten Part für einen Upload. Die Techniken zum Verfolgen der Position, dem Erzeugen der KML-Datei und dem Speichern werden Sie wiedererkennen. Sie werden dazu viele Vereinfachungen erkennen, die sich aufgrund von jQuery ergeben. Wir steuern zudem über das Hinzufügen und Wegnehmen von Bootstrap-Klassen, wann welche Schaltflächen aktivierbar sind. Neu ist der Part zum Upload der gespeicherten KML-Datei und darauf werden wir uns konzentrieren:

```
var watchId = null;
var kmldat = null;
var kmldatUpload = null;
var xmldat = '<kml xmlns="http://www.opengis.net/kml/2.2"><Document>';
(function () {
  "use strict";
  document.getElementById("speichern").addEventListener('click',
    function () {
```

Abb. 11.19 Die GUI der
App – aktuell wird die Position
verfolgt

Positionsangaben

Tracken - Speichern - Hochladen

Track - Start   Track - Stopp

Hochladen

Position wird verfolgt!

50.13882699362933 - 8.398989435382834

```
   speichern();
}, false);
document.getElementById("hochladen").addEventListener('click',
function () {
   hochladen();
}, false);
document.getElementById("trackstart").addEventListener('click',
function () {
```

Abb. 11.20 Die Datei kann
jetzt auf den Server geladen
werden

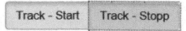

Positionsangaben

Tracken - Speichern - Hochladen

| Track - Start | Track - Stopp |

Hochladen

Daten gespeichert in Datei
cdvfile://localhost/persistent/weg1477484585000.kml.

```
    tracken();
}, false);
document.addEventListener('deviceready', onDeviceReady.bind(this),
false);
function onDeviceReady() {
};
function successgeo(position) {
  var latitude = position.coords.latitude;
  var longitude = position.coords.longitude;
  $("#info").html("Position wird verfolgt!<hr />" + latitude +
    " - " + longitude);
  var dat = new Date();
  xmldat += '<Placemark><TimeStamp><when>' + dat.getFullYear() + '-'
    + dat.getMonth() + '-' + dat.getDate() + 'T' + dat.getHours() +
    ':' + dat.getMinutes() + ':' + dat.getSeconds() +
    'Z</when></TimeStamp><Point><coordinates>' + longitude + ',' +
    latitude + ',0</coordinates></Point> </Placemark>';
}
function errorgeo(msg) {
  $("#info").html (msg);
}
function tracken() {
  $(this).removeClass("active").addClass("disabled");
  $("#speichern").removeClass("disabled").addClass("active");
  $("#hochladen").removeClass("active").addClass("disabled");
  if (navigator.geolocation) {
    navigator.geolocation.getCurrentPosition(successgeo, errorgeo, {
```

```
         maximumAge: 1000, timeout: 10000, enableHighAccuracy: true
      });
      watchId = navigator.geolocation.watchPosition(successgeo,
      errorgeo, {
         enableHighAccuracy: true,
         maximumAge: 1000, timeout: 1000, frequency: 1000
      });
   } else {
      $("#info").html("Geolocation nicht möglich");
   }
}
function speichern() {
   $(this).removeClass("active").addClass("disabled");
   $("#trackstart").removeClass("disabled").addClass("active");
   $("#hochladen").removeClass("disabled").addClass("active");
   navigator.geolocation.clearWatch(watchId);
   window.requestFileSystem(LocalFileSystem.PERSISTENT, 0,
   function (fileSystem) {
      kmldat = "weg" + Date.parse(new Date()) + ".kml";
      fileSystem.root.getFile(kmldat, {
         create: true,
         exclusive: true
      }, function (fileEntry) {
         kmldatUpload = fileEntry.toInternalURL();
         fileEntry.createWriter(function (writer) {
            writer.onwriteend = function (evt) {
               $("#info").html("Daten gespeichert in Datei " +
                  kmldatUpload + ".");
            };
            writer.write('<?xml version="1.0" encoding="UTF-8"?>' +
               xmldat + '</Document></kml>');
         }, fail);
      }, fail);
   }, fail);
}
function hochladen() {
   var options = new FileUploadOptions();
   options.fileKey = "file";
   options.fileName = kmldatUpload.substr(kmldatUpload.
      lastIndexOf('/') + 1);
   options.mimeType = "text/plain";
   var ft = new FileTransfer();
   ft.upload(kmldatUpload, encodeURI("http://localhost/upload.php"),
   function (e) {
      var msg = "";
```

```
      for (var i in e) {
        msg += "<br />"+ i + ": " + e[i];
  }

      $("#info").html("Datei " + kmldat +
        " auf Server geladen.<br />Das liefert der Server:<br />" +
          msg);}, fail, options, true);
  }
  function fail(evt) {
    var msg = "Fehler:<br />";
    for (var i in evt) {
      msg += i + ": " + evt[i] + "<br />";
    }
    $("#info").html(msg);
  }
})();
```

Beachten Sie, dass wir nach dem Speichern der KML-Datei über *kmldatUpload = fileEntry.toInternalURL();* einen cdvfile-Pfad zur gespeicherten Datei in einer globalen Variablen speichern. Den werden wir für den Upload verwenden.

In der Funktion *hochladen()* werden mit *var options = new FileUploadOptions();* Optionen für den Upload der Datei spezifiziert. Dann wird mit *var ft = new FileTransfer();* ein *FileTransfer*-Objekt erzeugt, dessen *upload()*-Methode den Upload durchführt. Im Fehlerfall (Abb. 11.21) wird im Fehler-Callback eine entsprechend Meldung angezeigt.

Im Erfolgsfall bekommen Sie die Meldungen des Servers angezeigt (Abb. 11.22). Beachten Sie, dass hier auch noch Fehlermeldungen auftauchen können. Nämlich dann, wenn die Datei zum Server geladen wurde, dort der Server aber diese nicht entgegennimmt.

Obwohl es irrelevant ist, soll hier noch kurz die PHP-Datei gezeigt werden, die die KML-Datei auf dem Server entgegen nimmt und in ein vorgesehenes Verzeichnis speichert:

```
<?php
if (isset($_FILES["file"]["name"])) {
    $name = $_FILES["file"]["name"];
    $tmp_name = $_FILES['file']['tmp_name'];
    $error = $_FILES['file']['error'];
    if (!empty($name)) {
        $location = 'up/';
        if (move_uploaded_file($tmp_name, $location.$name)){
            echo 'Uploaded';
        }
    } else {
        echo 'Fehler';
    }
}
?>
```

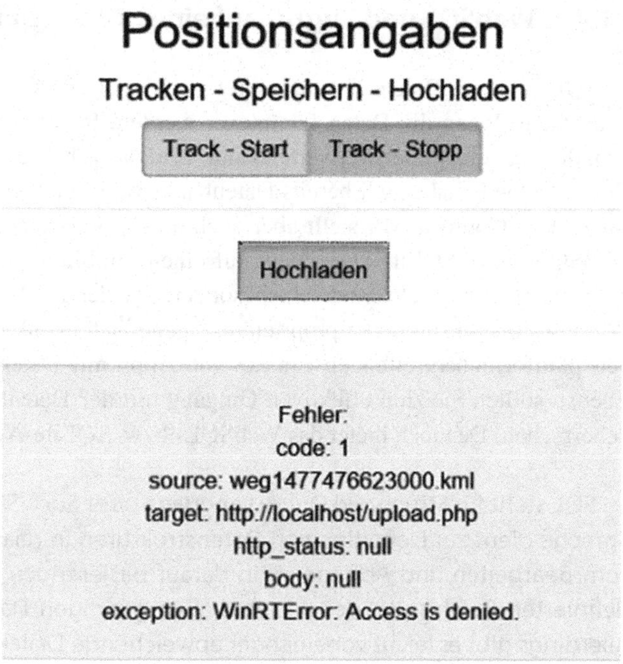

Abb. 11.21 Es gab Probleme
beim Hochladen der Datei

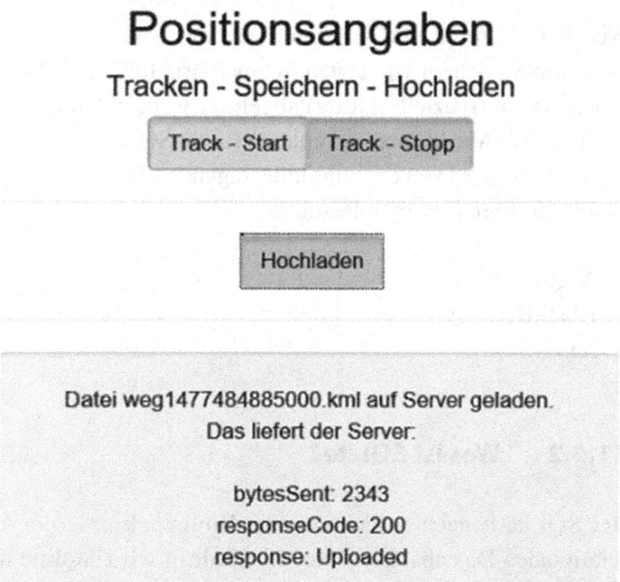

Positionsangaben

Tracken - Speichern - Hochladen

| Track - Start | Track - Stopp |

Hochladen

Fehler:
code: 1
source: weg1477476623000.kml
target: http://localhost/upload.php
http_status: null
body: null
exception: WinRTError: Access is denied.

Abb. 11.22 Die Datei wurde
auf den Server geladen

Positionsangaben

Tracken - Speichern - Hochladen

| Track - Start | Track - Stopp |

Hochladen

Datei weg1477484885000.kml auf Server geladen.
Das liefert der Server:

bytesSent: 2343
responseCode: 200
response: Uploaded

11.4   WebSQL und Zugriff auf eine SQLite-Datenbank

Der Umgang mit Dateien ist nur eine Fassette zum persistenten Speichern und Auslesen von Daten. Wenn die Daten komplexer werden, benötigt man strukturierte Informationen, die man qualifiziert verwerten kann. Und das führt zu Datenbankkonzepten. Mit dem Contact-Objekt haben wir bereits Datenbankstrukturen kennengelernt, die Cordova unterstützt. Das Cordova-API stellt aber auch eine Unterstützung für den Umgang mit einer WebSQL- bzw. SQLite-Datenbank auf einem mobilen Gerät zur Verfügung. Allerdings nicht unter allen Plattformen. Insbesondere ist derzeit Microsoft nicht dabei, denn für Windows Phone soll deren proprietäre, eigene Datenbank verwendet werden. Das macht den plattformübergreifenden Einsatz von Apps mit Datenbankzugriff etwas schwierig. Ebenso sollten Sie zum effektiven Umgang mit der Datenbank die Abfragesprache SQL beherrschen. Dennoch bietet das WebSQL- bzw. SQLite-API eine Menge Potential.

▶ SQL steht für Structured Query Language oder auch Standard Query Language. Die Sprache dient zur Definition von Datenstrukturen in relationalen Datenbanken sowie zum Bearbeiten und Abfragen von darauf basierenden Datenbeständen über einen definierten Befehlssatz, der von fast allen gängigen Datenbanken unterstützt wird. Allerdings gibt es leicht voneinander abweichende Dialekte.

11.4.1   Was ist WebSQL?

WebSQL (http://dev.w3.org/html5/webdatabase/) bietet ein vom W3C standardisiertes API zum Speichern von Daten in einer strukturierten Datenbank, die mit einer Standard-SQL-Syntax (speziell SQLite) abgefragt werden kann. Als solche Implementation bietet es die ganze Macht (und Komplexität) von SQL.

WebSQL wird von der zugrunde liegenden WebView-Engine auf den folgenden Cordova-Plattformen derzeit unterstützt:

* Android
* BlackBerry 10
* iOS

11.4.2   Was ist SQLite?

Bei SQLite handelt es sich um eine Bibliothek bzw. ein API zur Programmierung eines relationales Datenbanksystems. In Cordova wird SQLite über ein eigenes Plugin implementiert. Das SQLite-Plugin stellt ein API bereit, die praktisch identisch mit WebSQL ist. Aber ist hier auch Unterstützung für die Windows-Plattform verfügbar und es hat keine Größenbeschränkungen. Die Bibliothek unterstützt dazu einen Großteil des normalen

SQL-Sprachumfangs. Das geht hin bis zu Transaktionen, Views und Triggern sowie benutzerdefinierte Funktionen. SQLite ist extrem schlank und zielt damit vom Einsatz auch explizit auf mobile Geräte. Allerdings ist SQLite kein vollständiges Datenbankmanagementsystem (DBMS), nicht typsicher und die Verwaltung von Benutzer- und Zugriffsberechtigungen erfolgt nicht auf Datenbankebene, sondern über die Zugriffsberechtigungen des Dateisystems.

11.4.3 Die WebSQL- bzw. SQLite-Features in Cordova

Das Cordova-API zum Umgang mit WebSQL bzw. SQLite basiert auf der W3C Web SQL Database Specification and W3C Web Storage API Specification. Bei einigen Geräten gibt es bereits eine direkte Implementierung und bei diesen Plattformen wird diese durch die Cordova-Implementierung ersetzt.

11.4.3.1 Die Methode openDatabase()

Die entscheidende Methode, um mit einer WebSQL- bzw. SQLite-Datenbank zu arbeiten, ist *openDatabase()*. Damit geben Sie den Datenbanknamen, die Datenbankversion, den Anzeigenamen und die Datenbankgröße vor. Die Methode wird vom Cordova-API direkt als Erweiterung von *window* bereitgestellt und liefert als Rückgabe ein neues Datenbankobjekt, über das die konkrete Manipulation der Datenbank dann in der Folge abläuft. Das wäre ein Beispiel für die Erzeugung einer SQLite-Datenbank:

```
var meinedb = window.openDatabase("testDB", "1.0", "Test DB",
1000000);
```

11.4.3.2 Konkrete Transaktionen durchführen mit transcation(), readTransaction() und executeSql()

Die Methode *transaction()* und *readTransaction()* erlauben eine Datenbanktransaktion auszuführen. Die Methoden werden identisch angewendet, nur ist *readTranscation()* fehlersicherer. Diese Methoden besitzen zwei Parameter:

- Der erste Parameter ist ein Callback mit SQL-Anweisungen, die auf der Datenbank ausgeführt werden sollen. Der Standardparameter dieses Callbacks ist vom Typ *SQLTransaction* und ein Objekt dieses Typs besitzt die Methode *executeSql()*. Damit können Sie explizite SQL-Anweisungen ausführen – gleich welcher Art. Für mehrere Schritte rufen Sie die Methode im Callback einfach mehrfach mit unterschiedlichen SQL-Anweisungen auf.
- Der zweite Parameter ist der Fehler-Callback mit einem Standardparameter vom Typ *SQLError*. Ein Objekt dieses Typs stellt die Eigenschaften *code* (eine der vordefinierten Fehlercodes *SQLError.UNKNOWN_ERR, SQLError.DATABASE_ERR, SQLError.*

*VERSION_ERR, SQLError.TOO_LARGE_ERR, SQLError.QUOTA_ERR, SQLError.
SYNTAX_ERR, SQLError.CONSTRAINT_ERR* oder *SQLError.TIMEOUT_ERR*) sowie
message mit einer Fehlerbeschreibung zur Verfügung.

11.4.3.3   Ein erstes Datenbankbeispiel

Schauen wir uns ein kleines Beispiel mit SQLite in der Praxis an (*kap11/SQLiteApp1* –
allerdings ist das Listing bereits etwas erweitert, was wir weiter unten besprechen). Dabei
wollen wir ein Eingabefeld in einem Formular zur Verfügung stellen und die Eingabe des
Anwenders dort in einer Datenbank speichern. Natürlich benötigen Sie hier das Plugin
cordova-sqlite-storage. Das wäre der zentrale Part des HTML-Bodies:

```
<div>
  <h4 class="rundeEcken ausrichtung">Datenbank</h4>
  <form class="rundeEcken ausrichtung">
    <textarea id="memotxt" rows="5" cols="40"></textarea>
  </form>
  <div><button id="uebernahme">Eintrag &uuml;bernehmen</button></div>
  <div id="meldung" class="rundeEcken ausrichtung"></div>
  <div id="info" class="rundeEcken ausrichtung"></div>
</div>
```

Und das ist die JavaScript-Datei mit den Datenbankaktionen:

```
var db = null;
var wert = "";
(function () {
  "use strict";
  document.addEventListener('deviceready', onDeviceReady.bind(this),
    false);
  function onDeviceReady() {
    document.getElementById("uebernahme").addEventListener('click',
      function () {
        document.getElementById('meldung').innerHTML = "";
        wert = document.getElementById("memotxt").value;
        if (wert != "") {
          db.transaction(fuelleDB, errorCB, successCB);
        }
    });
    document.addEventListener("deviceready", function () {
      db = window.openDatabase(
        "Database", "1.0", "Meine Datenbank", 200000);
    }, false);
```

```
  };
  function fuelleDB(tx) {
    tx.executeSql('DROP TABLE IF EXISTS DATEN');
    tx.executeSql(
     'CREATE TABLE IF NOT EXISTS DATEN (id unique, data)');
    tx.executeSql(
     'INSERT INTO DATEN (id, data) VALUES (1, "' + wert + '")');
  }
  function errorCB(tx, err) {
    document.getElementById('meldung').innerHTML =
     "Fehler bei der SQL-Aktion: " + err;
  }
  function successCB() {
    document.getElementById('meldung').innerHTML =
     "SQL-Aktion ausgef&uuml;hrt.";
  }
})();
```

Mit *db = window.openDatabase("Database", "1.0", "Meine Datenbank", 200000);* wird die Datenbank geöffnet, sobald das mobile Gerät initialisiert ist.

Die Transaktion wird aufgerufen, wenn der Anwender die Schaltfläche gedrückt hat und im Texteingabefeld ein Inhalt steht (*db.transaction(fuelleDB, errorCB, successCB);*).

In der Transaktionsfunktion werden drei SQL-Anweisungen ausgeführt. Zuerst wird eine vorhandene Tabelle mit Namen DATEN gelöscht, wenn sie bereits vorhanden ist (*tx. executeSql('DROP TABLE IF EXISTS DATEN');*).

Danach wird eine Tabelle mit dem Namen und einer Struktur angelegt (*tx.executeSql ('CREATE TABLE IF NOT EXISTS DATEN (id unique, data)');*). Es gibt einen eindeutigen Schlüssel *id* und ein weiteres Feld *data*.

Mit *tx.executeSql('INSERT INTO DATEN (id, data) VALUES (1, "' + wert + '")');* werden die ID mit dem Wert 1 und das Feld *data* mit der Eingabe des Anwenders gefüllt. Ist die gesamte Datenbankaktion erfolgreich, bekommt der Anwender eine Erfolgsmeldung angezeigt. Andernfalls wird eine Fehlermeldung ausgegeben.

Beachten Sie, dass wir immer die gleiche ID verwenden. Das bedeutet, dass ein Datensatz immer wieder ersetzt wird, wenn man neue Daten eingibt und wieder speichert.

Nun zeigt dieses Beispiel bisher zwar das Anlegen einer Datenbank sowie das Füllen mit Daten, aber noch nicht das Anzeigen der Daten. Hierfür werden wir das Beispiel gleich etwas erweitern. Dazu müssen wir uns aber vorher genauer mit der Methode *executeSql()* beschäftigen.

11.4.3.4   Details zur Methode executeSql(), SQLResultSet und SQLResultSetRowList

Wenn Sie die Methode *executeSql()* bei einem *SQLTransaction*-Objekt aufrufen, erhalten Sie im Erfolgs-Callback ein Objekt vom Typ *SQLResultSet*. Das ist immer dann von

Tab. 11.8 Eigenschaften eines SQLResultSet-Objekts

Eigenschaft	Beschreibung
insertId	Die (letzte) ID der Reihe, die mit einem SQL-Statement in die Datenbank geschrieben wurde. Dieser Wert ist nur dann belegt, wenn die SQL-Anweisung etwas in die Datenbank geschrieben hat. Bei einer reinen Abfrage wird die Eigenschaft nicht gesetzt.
rows	Diese Eigenschaft beinhaltet eine *SQLResultSetRowList*, die die zurückgegebenen Zeilen repräsentiert. Gibt es keine Treffer, ist das Objekt leer. Da ein Objekt vom Typ *SQLResultSetList* auch als Array zu verstehen ist, gibt es natürlich die Eigenschaft *length* mit der Anzahl der Zeilen, die im *SQLResultSet* vorhanden sind. Und mit der Methode *item()* erhalten Sie die Werte an dem angegebenen Index. Die konkreten Feldnamen ergeben die entsprechenden Eigenschaften, die Sie dann mit Punktnotation ansprechen können.
rowsAffected	Die Anzahl der Zeilen, die von einer SQL-Anweisung verändert wurden. Wenn eine Anweisung keine Änderungen in der Datenbank bewirkt hat (etwa bei einem *select*), ist der Wert der Eigenschaft 0.

Bedeutung, wenn Sie SQL-Anweisungen abschicken, die eine Abfrage mit einem Ergebnis bewirken. Also etwa eine *Select*-Anweisung. Das Objekt vom Typ *SQLResultSet* repräsentiert die ermittelten Datensätze. Ein Objekt dieses Typs hat drei Eigenschaften (Tab. 11.8).

Um das Ergebnis einer Abfrage zu erhalten, müssen Sie also die Methode *executeSQL()* mit weiteren Parametern aufrufen. Der erste Parameter bleibt wie gehabt die SQL-Anweisung. Als zweiten Parameter notieren Sie jedoch ein leeres Objekt. Dazu ist es in der Praxis am einfachsten, wenn Sie da mit einem Arrayliteral *[]* einfach ein leeres Objekt notieren. Im folgenden Erfolgs-Callback können Sie Ergebnis der Abfrage dann verwerten. Gegebenenfalls folgt noch ein Fehler-Callback.

11.4.3.5   Die Weiterentwicklung des letzten Datenbankbeispiels

Modifizieren wir das erste Datenbankbeispiel nun so, dass wir in der App auch ausgeben, was in die Datenbank eingetragen wurde (Abb. 11.23). Dazu brauchen wir nur die Funktion *fuelleDB()* um eine weitere Funktion zum Anzeigen der Daten ergänzen und beide über *db.transaction()* nacheinander aufrufen. So würde das dann aussehen, wenn wir in dem Fall mit einer anonymen Funktion als Callback arbeiten:

```
...
if (wert != "") {
  db.transaction(fuelleDB, errorCB, successCB);
  db.transaction(function (tx) {
    tx.executeSql('SELECT * FROM DATEN', [], function (tx, results) {
```

Abb. 11.23 Einfügen und
Anzeigen von Daten

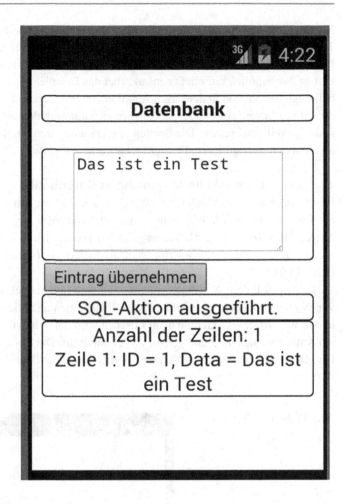

```
    document.getElementById('info').innerHTML = "Anzahl der Zeilen: "
       + results.rows.length;
    for (var i = 0; i < results.rows.length; i++) {
       document.getElementById('info').innerHTML += ("<br />Zeile " +
       (i + 1) + ": ID = " + results.rows.item(i).id + ", Data = " +
       results.rows.item(i).data);
    }
  }, errorCB);
 });
}
...
```

Nach dem Einfügen der Daten schicken wir ein Select-Statement ab, um den Inhalt der Tabelle *DATEN* vollständig als *SQLResultSet* zu erhalten. Im Erfolgs-Callback stehen die Datensätze dann über ein Objekt vom Typ *SQLResultSetList* zur Verfügung. In unserem Fall ist das natürlich nur ein Datensatz, aber das Beispiel ist so formuliert, dass es für eine beliebige Anzahl von Datensätzen funktioniert. Wir iterieren einfach über das Array. Mit *results.rows.item(i).id* und *results.rows.item(i).data* erhalten wir in der Schleife die Werte in den jeweiligen Spalten. Die Spalten *id* und *data* hatten wir in der Tabelle *DATEN* angelegt und daraus resultieren die Eigenschaften *id* und *data*.

11.4.3.6   Ein etwas umfangreicheres Datenbankbeispiel mit jQuery Mobile

Beschließen wir den Abschnitt zu WebSQL und SQLite mit einem etwas umfangreicheren Datenbankbeispiel. Wir wollen eine Art Notiz-App bzw. eine Memo-App programmieren (*kap11/MemoAppDatenbank*). Dabei greifen wir auf jQuery und jQuery Mobile zurück, um sowohl den JavaScript-Code als auch die optische Gestaltung zu vereinfachen (Abb. 11.24).

Die App soll dem Anwender maximal einfach und schnell das Erstellen und Löschen von Notizen erlauben. Ganz ohne lästige Rückfragen nach dem Motto „Sind Sie sicher?" in den Weg zu stellen. Gerade beim Löschen wird dabei bewusst in Kauf genommen, dass ein Anwender sicher ist und genau, was er damit tut. Der Fokus der App liegt darauf, dem Erstellen und Verwalten von Notizen möglichst wenige Schritte in den Weg zu stellen.

Abb. 11.24 Eine Notiz-App

Die Eingabe von Notizen erfolgt einfach wieder mit einem Texteingabefeld. Der Anwender selektiert das Eingabefeld und gibt dort eine Notiz ein. Wenn ein Gerät es unterstützt, kann man auch per Spracheingabe die Notiz erstellen! Unterhalb des Texteingabefelds wird eine Schaltfläche mit einer Grafik mit einem Harken angezeigt. Wenn dieser selektiert wird, wird die Notiz in der Datenbank gespeichert.

Das Löschen der Notizen soll auf zwei Arten möglich sein.

1. Das Löschen aller Notizen erfolgt über das Klicken Sie auf den Totenkopf im Kopfbereich der App.
2. Das gezielte Löschen einer Notiz erfolgt mit dem Klicken auf den Totenkopf direkt unterhalb einer Notiz.

Ein weiteres Feature der App ist die **Mehrsprachigkeit**. Der Anwender kann durch einen Klick auf die deutsche oder englische Fahne auswählen, ob die App eine deutsche oder englische Benutzerschnittstelle bereitstellt (Abb. 11.25).

▶ **Tipp** Cordova unterstützt mehrsprachige Apps mittlerweile mit einem eigenen Plugin *cordova-plugin-globalization* zur **Globalisierung**. Über dieses Plugin erhalten Sie Informationen, die für das Gebietsschema, die Sprache und die Zeitzone des Benutzers spezifisch sind. Sie können auch dazu passende Operationen wie die Anpassung des Datums durchführen. Das Plugin erweitert dazu das globale *navigator*-Objekt um das Unterobjekt *globalization*. Weiter werden wir aber auf dieses Cordova-Plugin nicht eingehen.

Hier ist nun die Basis-Webseite, die ausnahmsweise vollständig abgedruckt werden soll. Denn dieses Mal referenzieren wir verschiedene Ressourcen und das sollte deutlich gemacht werden.

Abb. 11.25 Die App stellt nun eine deutsche Benutzerschnittstellt bereit

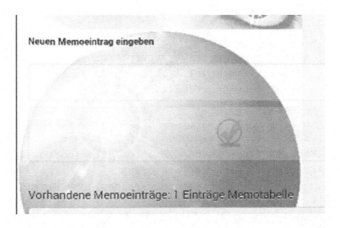

```
<!DOCTYPE html>
<html>
<head>
... >
  <link rel="stylesheet" href="css/jquery.mobile-1.4.5.min.css" />
  <link rel="stylesheet" type="text/css" href="css/index.css">
  <title>Memo-App</title>
</head>
<body>
  <div data-role="page" style="background-image:url('images/bgkugel.
    jpg');background-repeat:no-repeat">
    <div data-role="header" data-theme="c" data-position="fixed">
      <h4>QuickMemo</h4>
      <div data-role="navbar"><ul>
        <li><a href="#" id="loeschen"><img src="images/totenkopf.png" />
          </a></li></ul>
      </div>
    </div>
    <div data-role="content"><h5></h5>
      <form id="eintragen"><textarea id="memotxt"></textarea></form>
      <a href="#" id="uebernahme" data-role="button">
        <img src="images/ok.png" /></a>
      <div id="meldung"></div><span id="h5"></span>
      <span id="anzahl"></span><div id="info"></div>
    </div>
    <div data-role="footer" data-theme="c">
      <div data-role="navbar"><ul>
        <li><a id="english" href="#"> <img src="images/english.jpg"
          alt="English" class="sprache" /> </a></li>
        <li><a id="deutsch" href="#"> <img src="images/deutsch.jpg"
          alt="Deutsch" class="sprache" /> </a></li></ul>
      </div>
    </div>
  </div>
  <script type="text/javascript" src=
    "scripts/jquery-1.11.1.min.js"></script>
  <script type="text/javascript" src=
    "scripts/jquery.mobile-1.4.5.min.js"></script>
  <script type="text/javascript" src="scripts/txteng.js"></script>
  <script type="text/javascript" src="scripts/txtger.js"></script>
  <script type="text/javascript" src="cordova.js"></script>
  <script type="text/javascript"
    src="scripts/platformOverrides.js"></script>
  <script type="text/javascript" src="scripts/index.js"></script>
</body>
</html>
```

Die Webseite nutzt jQuery und jQuery Mobile und deshalb werden die CSS-Datei von jQuery Mobile sowie die beiden JavaScript-Bibliotheken referenziert. Insbesondere die *data-theme-* und *data-role-*Attribute sind Features von jQuery Mobile, um die Benutzeroberfläche zu gestalten. Zentraler Aspekt ist die Aufteilung der Oberfläche der App in einen Header-, Content- und Footer-Bereich, wie er mit den neuen HTML5-Tags auch möglich ist. Nur verwendet jQuery Mobile aus Gründen der Abwärtskompatibilität und besseren Unterstützung in älteren Plattformen klassische DIV-Element, die mit proprietären *data-role-*Attributen versehen werden. Weitere *data-role-*Werte dienen dazu, dass jQuery Mobile Navigationselemente erzeugt und das ebenfalls prorpietäre *data-theme* sorgt für die Zuordnung von CSS-Themen. Das soll zum jQuery Mobile-Part in dem Beispiel unter HTML genügen. Kommen wir zum JavaScript.

Zuerst klären wir, wie wir die **Mehrsprachigkeit** der App umsetzen. Das geht ganz einfach über zwei unterschiedliche JSON-Objekte mit Sprachbausteinen. So sehen die Sprachbausteine in Englisch in der Datei *txteng.js* aus:

```
var txtEngl= {
"h5first" : "Insert new entry", "h5last" : "Entries",
"fehler" : "SQL-Error", "eintragen" : "Memos",
"loeschen" : "Memos deleted"
};
```

Analog sind die Sprachbausteine in Deutsch in der Datei *txtger.js* aufgebaut:

```
var txtGer = {
"h5first" : "Neuen Memoeintrag eingeben",
"h5last" : "Vorhandene Memoeintr&auml;ge",
"fehler" : "SQL-Fehler", "eintragen" : "Eintr&auml;ge Memotabelle",
"loeschen" : "Memos gel&ouml;scht"
};
```

Sie sehen, dass beide Objekte für die Sprachbausteine identische Schlüssel haben. Nur sind in dem einen Objekt englische und in dem anderen Objekt deutsche Texte zugeordnet.

Kommen wir zur eigentlichen Logik der App:

```
var db = null;
var txt = txtEngl;
var sprache = "E";
var ds = null;
var zahlds = 0;
window.onload = function () {
  document.addEventListener('deviceready', function () {
    db = window.openDatabase("Database", "1.0", "QuickMemoDB",
      200000);
```

```
        db.transaction(initDB, errorCB, successCB);
        schreibeTexte();
        $("#deutsch").click(function () {
          txt = txtGer;
          sprache = "D";
          schreibeTexte();
        });
        $("#english").click(function () {
          txt = txtEngl;
          sprache = "E";
          schreibeTexte();
        });
        $('#memotxt').addClass('ui-disabled');
        $('#uebernahme').addClass('ui-disabled');
        $("#eintragen").click(function () {
          $('#meldung').html("");
          $('#memotxt').select();
          $("#memotxt").removeClass('ui-disabled');
          $("#uebernahme").removeClass('ui-disabled');
        });
        $("#memotxt").blur(function () {
          setTimeout(function () {
            $("#memotxt").addClass('ui-disabled');
            $("#uebernahme").addClass('ui-disabled');
            $("#memotxt").val("");
          }, '1000'
        );
        });
        $("#uebernahme").click(function () {
          db.transaction(fuelleDB, errorCB, successCB);
          $('#memotxt').addClass('ui-disabled');
          $('#uebernahme').addClass('ui-disabled');
        });
        $("#loeschen").click(function () {
          db.transaction(delDB, errorCB, successDEL);
        });
        }, false);
};
function initDB(tx) {
  tx.executeSql('CREATE TABLE IF NOT EXISTS MEMO (id INTEGER PRIMARY
    KEY AUTOINCREMENT, data)');
}
function delDB(tx) {
  tx.executeSql('DROP TABLE IF EXISTS MEMO');
  zahlds = 0;
}
```

```
function fuelleDB(tx) {
  tx.executeSql('CREATE TABLE IF NOT EXISTS MEMO (id INTEGER PRIMARY
    KEY AUTOINCREMENT, data)');
  var wert = $("#memotxt").val();
  if (wert != "")
    tx.executeSql('INSERT INTO MEMO (data) VALUES ("' + wert + '")');
  $("#memotxt").val("");
}
function queryDB(tx) {
  tx.executeSql('SELECT * FROM MEMO', [], querySuccess, errorCB);
}
function querySuccess(tx, results) {
  var tmpText;
  zahlds = results.rows.length;
  $('#anzahl').html(txt['eintragen'] + ": " + zahlds + "");
  $('#info').html("");
  for (var i = 0; i < zahlds; i++) {
    tmText = "<div class=
      'ui-btn ui-shadow ui-btn-corner-all ui-btn-up-e'>"
      + (i + 1) + ": " + results.rows.item(i).data +
      "<hr/><button id='btn" + results.rows.item(i).id +
"' class='delmich ui-btn ui-shadow ui-btn-corner-all ui-btn-up-d'>
<img src='images/totenkopf.png'/></button></div>";
    $('#info').html($('#info').html() + tmText);
  }
  $(".delmich").on('click', function () {
    ds = this.id.replace("btn", "");
    db.transaction(function (tx) {
      tx.executeSql('DELETE FROM MEMO WHERE id = "' + ds + '"');
    }, errorCB, successCB);
  });
}
function errorCB(err) {
  $('#meldung').html(txt['loeschen'] + ": " + err.code);
}
function successCB() {
  db.transaction(queryDB, errorCB);
}
function successDEL() {
  $('#meldung').html(txt['loeschen']);
  $('#info').html("");
  $('#anzahl').html(txt['eintragen'] + ": " + 0 + "");
}
function schreibeTexte() {
  $("h5:first").html(txt['h5first']);
```

```
$("#h5").html(txt['h5last'] + ": ");
$('#anzahl').html(zahlds + " " + txt['eintragen']);
};
```

Auf den ersten Blick ist das Listing sicher nicht ganz trivial zu verstehen. Aber wenn wir genauer hinsehen, erkennen wir die Schritte der letzten Beispiele wieder. Mit *openDatabase()* wird eine SQLite-Datenbank erzeugt und mit *executeSql()* werden verschiedene SQL-Anweisungen ausgeführt. Das umfasst einmal Löschaktionen mit DELETE. Diese werden beim Klick auf den Totenkopf bei einem Eintrag genau für den gewählten Eintrag durchgeführt. Entsprechend müssen wir das DELETE-Statement so zusammensetzen, dass wir auch den zugeordneten Eintrag erwischen. Beachten Sie die Anweisung *ds = this.id.replace("btn", "");*. Die ID bei einem Button unterhalb eines angezeigten Datensatzes hat keinen zufälligen Wert, sondern stimmt mit der ID des jeweiligen Datensatzes überein. Dementsprechend können wir mit *tx.executeSql('DELETE FROM MEMO WHERE id = '"' + ds + '"');* genau den passenden Datensatz löschen.

Das Löschen aller Datensätze ist hingegen einfach. Es muss bloß ein DROP ausgeführt werden (*tx.executeSql('DROP TABLE IF EXISTS MEMO');*).

Das Füllen der Datenbank übernimmt ein INSERT-Befehl (*tx.executeSql('INSERT INTO MEMO (data) VALUES ("' + wert + '")')*). Dabei ist der Wert die Benutzereingabe im Texteingabefeld.

Das Anzeigen der vorhandenen Datensätze, was sowohl nach dem Initialisieren der App als auch dem Einfügen oder Löschen eines Datensatzes erfolgt, übernimmt natürlich eine SELECT-Anweisung (*tx.executeSql('SELECT * FROM MEMO', [], querySuccess, errorCB)*).

Das Umschalten der Sprachen erfolgt durch die Zuordnung des jeweiligen Sprachobjekts zu der Variable *txt*, die dann in der Funktion *schreibeTexte()* verwendet wird.

Ansonsten finden Sie im Listing mit dem Methoden *addClass()* und *removeClass()* und der Klasse *ui-disabled* aus jQuery einen sehr eleganten und bequemen Weg, um Elemente zu aktivieren und deaktivieren. Ist die Klasse *ui-disabled* einem Element zugeordnet, ist das Element deaktiviert. Zum Aktivieren muss man lediglich die Klasse wieder entfernen. Das jQuery-Framework kümmert sich um alles Notwendige rundum.

11.5 Local Data Storage

Wie wir gerade gesehen haben, ist der Umgang mit SQL-Datenbanken nicht ganz trivial. Ebenso unterstützen nicht alle Betriebssysteme die Verwendung der SQLite-Datenbank unter Cordova. Wenn Sie hier nicht auf proprietäre Lösungen zurückgreifen wollen, bieten sich alternative Speicherungstechniken an. Aber auch sonst kann eine einfachere Lösung als eine SQL-Datenbank in vielen Fällen schon genügen. Schon fast seit Beginn der Webprogrammierung gab es Cookies, um auf dem Rechner eines Besuchers Informationen zu parken. Mit HTML5 wird die lokale Speicherung von Daten (auch ohne Datenbank) noch persistenter, mächtiger und leichter zu handhaben. Diesen neuen Ansatz in HTML5 nennt man **Local Data Storage**, der die strukturierte lokale Speicherung von Daten im Client auf ein neues Level hebt. Grundsätzlich werden dabei diese Daten permanent im Speicher des Browsers bzw. Cordova-Wrappers bleiben, bis sie mit speziellen Methoden oder automatischen Bereinigungen vom Browser beseitigt werden. Und das kann man in einer Cordova-App natürlich nutzen, weil „normale" Browsertechnologie ja im Hintergrund immer die Basis bildet.

Hintergrundinformation
Es gibt unter HTML5 auch ein sogenanntes **Session Data Storage**. Hiermit speichern Sie Information nur so lange, wie eine Sitzung im Browser dauert. Oder auf eine App bezogen – bis sie beendet wird.

11.5.1   Die Objekte localStorage und sessionStorage

Die eigentliche Anwendung von lokalen Speichervorgängen über HTML5-Technologie ist einfach. Es gibt hauptsächlich zwei Objekte *localStorage* und *sessionStorage*, die im Zentrum des gesamten Verfahrens stehen. Offensichtlich ist *localStorage* für das persistente Speichern zuständig und bei der sitzungsbezogenen Speicherung arbeiten Sie mit dem Objekt *sessionStorage*, wobei im Cordova-API nur *localStorage* erwähnt wird. Was auch nicht verwunderlich ist, denn wir wollen ja persistent Daten speichern. Eine Session im klassischen Sinn einer Client-Server-Kommunikation über HTTP ist ja hier nicht gegeben. Aber das Sessionobjekt können Sie rein auf HTML5-Basis im Prinzip schon nutzen.

Die gesamte Speicherung von Daten beruht auf Schlüsse-Werte-Paaren, die sequentiell vorgehalten werden. Beide Objekte stellen identische Methoden und eine Eigenschaft zur Verfügung.

Die einzige Eigenschaft dürfte keine Überraschung sein. Mit *length* erhalten Sie die Anzahl der gespeicherten Elemente.

Tabelle 11.9 zeigt die Methoden.

11.5.2   Ein Beispiel zum Speichern von Daten im Local Data Storage

Das nachfolgende Beispiel (*kap11/LocalStorageApp*) ist ebenfalls ein Memosystem, das aber nur das globale Löschen aller Einträge gestattet. Zudem verzichten wir hier auf jQuery, aber die Grundfunktionen werden Sie wiederfinden und große Ähnlichkeiten zu unserem letzten Datenbankbeispiel erkennen. Und Sie werden sehen, dass der Umgang mit dem *localStorage*-Objekt einfacher als der Umgang mit einem vollständigen Datenbanksystem ist. Hier ist zuerst der zentrale Part der HTML-Datei

Tab. 11.9 Die Methoden eines Objekts vom Typ localStorage bzw. sessionStorage

Methode	Beschreibung
clear()	Mit dieser Methode wird der gesamte Speicher gelöscht.
getItem()	Der Methode geben Sie als Parameter einen Schlüssel an und erhalten den Wert, der hinter dem Schlüssel abgelegt ist. Gibt es den Schlüssel nicht, erhalten Sie den Wert *null*.
key()	Der Methode geben Sie als Parameter einen nummerischen Wert an und erhalten den Namen des Schlüssels an der angegebenen Position. Ist der Wert von n größer als die Anzahl der Einträge im Speicher, erhalten Sie den Wert *null*.
removeItem()	Die Methode löscht das spezifizierte Schlüssel-Werte-Paar aus dem Storage. Dazu geben Sie als Parameter den Schlüssel an.
setItem()	Die Methode verwendet zwei Parameter, die ein klassisches Schlüssel-Werte-Paar darstellen. Man speichert damit eine neue Information (zweiter Parameter), die über den Schlüssel (erster Parameter) adressiert wird. Gibt es den Schlüssel schon, wird der vorhandene Wert überschrieben. Als Werte können Sie als Strings speichern, aber auch andere Formate wie JSON-Objekte.

```
<!DOCTYPE html>
<html>
<head>
...
</head>
<body>
  <div><h4 class="rundeEcken ausrichtung">Memo</h4>
    <div><h5 class="ausrichtung">Neuen Memoeintrag eingeben</h5>
      <form class="rundeEcken ausrichtung">
        <textarea id="memotxt" rows="5" cols="40"></textarea>
      </form><br />
      <button id="uebernahme">Eintrag &uuml;bernehmen</button>
      <button id="loeschen">Eintr&auml;ge L&ouml;schen</button>
    </div><hr />
    <h5 class="ausrichtung">Vorhandene Memoeintr&auml;ge</h5>
    <div id="info" class="rundeEcken ausrichtung"></div>
  </div>
...
</body>
</html>
```

Die Eingabe erfolgt wie gehabt über ein Formularfeld (Abb. 11.26).

Abb. 11.26 Verwenden des
lokalen Speichers

Hier ist der JavaScript-Code:

```
(function () {
  "use strict";
  var db;
  document.getElementById("uebernahme").addEventListener('click',
  function () {
```

```
      document.getElementById('info').innerHTML = "";
      var wert = document.getElementById("memotxt").value;
      var timeid = new Date().getTime();
      if (wert != "") window.localStorage.setItem("btn" + timeid, wert);
      document.getElementById("memotxt").value = "";
      anzeigeStorage();
   });
document.getElementById("loeschen").addEventListener('click',
   function () {
      window.localStorage.clear();
      document.getElementById("info").innerHTML =
         "<h5>Speicher gel&ouml;scht";</h5>
   });
document.addEventListener('deviceready', onDeviceReady.bind(this),
   false);
   function onDeviceReady() {
      anzeigeStorage();
   };
   function anzeigeStorage() {
      var j = 0;
      var tmText;
      var len = window.localStorage.length;
      document.getElementById("info").innerHTML =
         "<h5>Anzahl der gespeicherten Eintr&auml;ge: " + len + "</h5>";
      for (var i in window.localStorage) {
         j++;
         tmText = "<div>" + (j) + ": " + window.localStorage.getItem(i)
            + "<hr/>";
         document.getElementById("info").innerHTML += tmText;
      }
   }
})();
```

Die gesamte Funktion der App ist wie gesagt sehr ähnlich dem letzten Datenbank-Bei-spiel. Und wir hier mit *window.localStorage.setItem("btn" + timeid, wert);* ein Eintrag im lokalen Speicher vorgenommen. Der eindeutige Schlüssel wird über einen Zeitstempel erzeugt.

Das Anzeigen der Einträge im lokalen Speicher über die Funktion *anzeigeStorage()* erfolgt wieder mit der Iteration über die Einträge mit *window.localStorage.length* steht die Anzahl der Einträge zur Verfügung und mit *window.localStorage.getItem(i)* kommen wir an die einzelnen Einträge (Abb. 11.27).

Für das Löschen des lokalen Speichers nutzen wir *window.localStorage.clear()*.

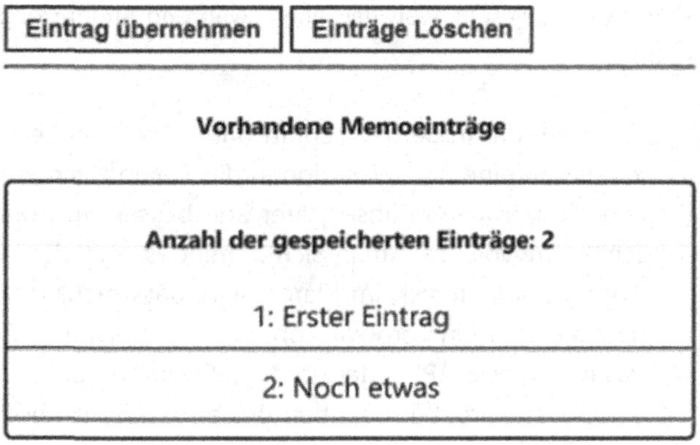

Abb. 11.27 Mehrere Einträge
sind vorhanden und werden
angezeigt

Eintrag übernehmen	Einträge Löschen

Vorhandene Memoeinträge

Anzahl der gespeicherten Einträge: 2
1: Erster Eintrag
2: Noch etwas

11.6 IndexedDB

Wenn Sie aus einer App oder RIA Daten speichern wollen, können Sie im Prinzip auch
das IndexedDB-API verwenden. Das Ziel des IndexedDB-API besteht darin, die Stärken
der LocalStorage- und WebSQL-APIs zu kombinieren und gleichzeitig ihre Schwächen zu
vermeiden. Mit IndexedDB können Sie beliebige JavaScript-Objekte speichern (sofern sie
von dem sogenannten strukturierten Klonalgorithmus unterstützt werden) und mit einem
Schlüssel indizieren. Das Konzept bietet einige der Vorteile von SQL-Tabellen, ohne die
Struktur zu beschränken oder überhaupt von vornherein zu definieren.

IndexedDB bietet ein einfaches und leicht verständliches Datenmodell, ähnlich wie
das Konzept des LocalStorage. Aber anders als beim LocalStorage können Sie mehrere
Datenbanken erstellen und in einer Datenbank mehrere Speicherobjekte pro Datenbank
anlegen. Seine asynchrone API und Suchindizes bieten darüber hinaus Leistungsvorteile.
Sie haben also ein einfaches Datenmodell vorliegen, das einfacher zu lernen ist als SQL
und zudem eine flexiblere Struktur als WebSQL. Darüber hinaus zeichnet das Konzept
eine hohe Robustheit aus der Verwendung eines Transaktionsdatenbankmodells sowie die
Unterstützung einer Versionierung aus.

Aber es gibt natürlich auch Nachteile. Es werden derzeit bei Cordova-Apps nicht
alle Plattformen unterstützt (insbesondere nicht iOS), andere nur mit Einschränkungen
(Windows) oder aber in neuen Versionen und auch das oft nur mit Einschränkungen
(Android erst ab 4.4). Das widerspricht natürlich der Idee der plattformneutralen Pro-
grammierung von Apps. Emulatoren kommen derzeit sogar so gut wie gar nicht mit dem
API zurecht.

Und die Einfachheit des Datenmodells erkaufen Sie mit einem recht komplexen API
mit verschachtelten Callbacks. Darüber hinaus gibt es eine begrenzte Gesamtmenge der
Speicherung. Bei RIAs ist die Unterstützung in einigen Browser (insbesondere Firefox

und Verwandten) sehr weit gediehen, während andere hier auch noch starke Schwächen zeigen.

▶   Wenn wir uns in dem Abschnitt mit IndexedDB beschäftigen, dann betrachte ich das als eine Art Investition in die Zukunft. Ich erwarte, dass die Unterstützung in Cordova in absehbarer Zeit besser wird und daher ist es auch jetzt schon sinnvoll, dass man sich zumindest mit dem Konzept vertraut macht. Aber Sie sollten sich im Klaren sein, dass nicht gewährleistet werden kann, dass die Codes in Cordova-Apps einwandfrei laufen. Es ist sicher ein Indiz, dass das IndexedDB-API in der Cordova-Dokumentation auch nur sehr rudimentär angerissen wird. Wir begeben uns also in dem Abschnitt in eine „experimentelle" Spielwiese.

11.6.1   Allgemeine Arbeitsweise

Betrachten wir erst einmal, wie man mit IndexedDB grundsätzlich arbeitet bzw. wie das Konzept funktioniert. IndexedDB arbeitet asynchron. Sie fordern eine bestimmte Datenbankoperation an und werden dann über ein DOM-Ereignis über das Ergebnis informiert. Sie können darauf wie gewohnt mit Callbacks reagieren.

Wenn Sie eine Anforderung erstellen, erhalten Sie ein Anforderungsobjekt, das *onerror-* und *onsuccess*-Ereignisse sowie Eigenschaften wie *result, error* und *readyState* bereitstellt.

Schematisch geht man bei einem Skript für den Zugriff auf eine IndexedDB so vor:

- Mit *window.indexedDB.open()*; öffnet man eine Datenbank. Man erhält wie allgemein üblich auch hier wieder ein Objekt, das einen *onerror-* und einen *onsuccess*-Callback bereitstellt.
- Im Erfolgs-Callback steht ein Verweis auf die Datenbank über den Standardparameter zur Verfügung und mit der Eigenschaft *result* kann man mit der Datenbank arbeiten.
- Wenn die Datenbank erstellt oder eine neue Versionsnummer beim Aufruf von open() angegeben wurde, reagiert man mit dem Eventhandler *onupgradeneeded*. Dann kann man etwa Daten hinzufügen, löschen etc.

Das Anlegen von Daten geht zum Beispiel so:

- Zuerst erfolgt das Erstellen von einem Objektspeicher mit Indizes über die Methode *createObjectStore()*.
- Als Schlüssel dient ein Datenwert, der dann zum Organisieren und dem Zugriff auf die Werte genutzt wird. Das macht man mit der Methode *createIndex()*. Die optionale *keyPath*-Option gibt an, wo der Key gespeichert ist. Wenn der Schlüsselpfad angegeben

ist, kann der Speicher nur JavaScript-Objekte enthalten und jedes Objekt muss eine Eigenschaft mit dem gleichen Namen wie der Wert von *keyPath* haben (es sei denn die Option *autoIncrement* ist *true*).

- Wenn der Speicher existiert (kann man mit *transaction.oncomplete* überwachen), kann man ihn auf verschiedene Weise füllen. Die *transaction()*-Methode nimmt ein Array der Namen der Objekteinträge und Indexes oder einen einzelnen String zum Zugriff auf einen einzelnen Objektspeicher. Die Art des Zugriffs der Transaktion wird meist *readonly* oder *readwrite* oder sein.

- Rückgabe ist ein *transaction*-Objekt, welches eine *objectStore()*-Methode bereitstellt, um auf eines der gespeicherten Objekte zuzugreifen.

Das folgende Code-Snippet zeigt eine einfache Verwendung von IndexedDB entsprechend der gerade beschriebenen Vorgänge:

```
var db;
var databaseName = 'myDB';
var databaseVersion = 1;
var openRequest = window.indexedDB.open(databaseName,
databaseVersion);
openRequest.onerror = function (event) {
    console.log(openRequest.errorCode);
};
openRequest.onsuccess = function (event) {
 //Datenbank ist offen und initialisiert
 db = openRequest.result;
 //mache etwas mit der Datenbank;
};
openRequest.onupgradeneeded = function (event) {
 //Entweder wurde eine Datenbank erstellt oder eine neue Versionsnummer
 //wurde beim Aufruf von open() angegeben
 var db = event.target.result;
 db.onerror = function () {
    console.log(db.errorCode);
 };
 //Erstellen von einem Objektspeicher mit Indizes.
 //Ein Schlüssel ist ein Datenwert, der zum Organisieren
 //und dem Zugriff auf die Werte genutzt wird
 //Die optionale keyPath-Option gibt an, wo der Key gespeichert ist
 //Wenn der Schlüsselpfad angegeben ist, kann der Speicher nur
 //JavaScript-Objekte enthalten und jedes Objekt muss eine Eigenschaft
 //mit dem gleichen Namen wie der Wert von keyPath haben (es sei denn
 //die Option autoIncrement ist true).
 var store = db.createObjectStore(buecher, {keyPath: 'buecherId'});
```

```
// Definiton des Index
// Syntax: store.createIndex(indexName, keyPath[, parameters]);
store.createIndex('titel', 'titel', {unique: false});
store.createIndex('autor', 'autor');
store.createIndex('isbn', 'isbn');
//Wenn der Speicher existiert, kann man ihn auf verschiedene Weise
//füllen.
store.transaction.oncomplete = function (event) {
//Die transaction-Methode nimmt ein Array der Namen der Objekteinträge
//und Indexes oder einen einzelnen String zum Zugriff auf einen
//einzelnen Objektspeicher. Die Art des Zugriffs der Transaktion
//kann read-only, 'readwrite' oder sein
//Rückgabe ist ein transaction-Objekt, welches eine
//objectStore()-Methode bereitstellt, um auf eines der gespeicherten
//Objekte zuzugreifen
var store = db.transaction('buecher',
   'readwrite').objectStore('buecher');
   ...
};
};
```

11.6.2   Ein komplettes Beispiel

Das nachfolgende Beispiel (*Kap11/IndexedDBApp*) zeigt den Zugriff in einer vollständigen Anwendung. Beachten Sie, dass es wie gesagt als Investition in die Zukunft zu sehen ist und es mit diesem Code in Emulatoren, aber auch noch diversen realen Umgebungen Probleme gibt. Für das Beispiel wollen wir wieder Bootstrap zur Gestaltung der GUI und jQuery für die Vereinfachung des JavaScript-Codes verwenden, aber das ist in Hinsicht auf die Zugriffe auf IndexedDB irrelevant.

Das ist die Datei *index.html*, welche die Basis bilden soll:

```
<!DOCTYPE html>
<html lang="de">
<head>
...
  <link rel="stylesheet" type="text/css" href="css/bootstrap.min.css">
  <link href="css/bootstrap-theme.min.css" rel="stylesheet">
  <link rel="stylesheet" type="text/css" href="css/index.css">
  <meta name="format-detection" content="telephone=no">
  <meta name="msapplication-tap-highlight" content="no">
  <title>IndexedDBApp</title>
```

```html
</head>
<body>
  <div class="container-fluid">
    <div id="info" class="alert alert-info" role="alert"></div>
    <label for="titel">Der Titel des Buchs</label>
    <div class="input-group input-group-sm">
      <input type="text" class="form-control" id="titel">
      <span class="input-group-addon" id="label-titel"></span>
    </div>
    <label for="titel">Der Autor des Buchs</label>
    <div class="input-group input-group-sm">
      <input type="text" class="form-control" id="autor">
      <span class="input-group-addon" id="label-autor"></span>
    </div>
    <label for="titel">Die ISBN des Buchs</label>
    <div class="input-group input-group-sm">
      <input type="text" class="form-control" id="isbn">
      <span class="input-group-addon" id="label-isbn"></span>
    </div>
    <button type="button" class="btn btn-default" id="erstellen">
      Neuer Eintrag</button><hr />
    <label for="titel">Nach dem Autor als Index suchen</label>
    <div class="input-group input-group-sm">
      <input type="text" class="form-control" id="suche_autor">
      <span class="input-group-addon" id="label-isbn">
        Zum Eintragen als auch Löschen</span>
    </div>
    <div class="btn-group" role="group">
      <button type="button" class="btn btn-default" id="anzeigen">
        Datensätze suchen</button>
      <button type="button" class="btn btn-default" id="ds_loeschen">
        Datensätze löschen</button>
    </div>
    <div id="ausgabe" class="alert alert-info" role="alert"></div>
  </div>
  <nav class="navbar navbar-default navbar-fixed-bottom">
    <div class="container">
      <button type="button" class="btn btn-default" id="db_leeren">
        Datenbank leeren</button>
      <button type="button" class="btn btn-default" id="db_loeschen">
        Datenbank löschen</button>
    </div>
  </nav>
  <script src="scripts/jquery-1.11.1.min.js"></script>
```

```
<script src="scripts/bootstrap.min.js"></script>
<script type="text/javascript" src="cordova.js"></script>
<script type="text/javascript"
   src="scripts/platformOverrides.js"></script>
<script type="text/javascript" src="scripts/index.js"></script>
</body>
</html>
```

Die GUI der App besteht aus einigen Schaltflächen, Eingabefeldern und Anzeigebereichen (Abb. 11.28). Diese werden mit Bootstrap gestaltet, aber rein funktional passiert hier nichts besonders. Alle relevanten Elemente in der Oberfläche haben eine ID und können damit angesprochen werden. Der JavaScript-Code zeigt nun die Funktionalität.

Abb. 11.28 Die reine GUI der App

```
var request = window.indexedDB.open("buecher");
var db;
(function () {
  "use strict";
  document.addEventListener('deviceready', onDeviceReady.bind(this),
    false);
  function onDeviceReady() {
    request.onupgradeneeded = function () {
      // Wenn Datenbank nicht vorhanden erstellen
      db = request.result;
      var store = db.createObjectStore("buecher", {
        keyPath: "isbn"
      });
      var titleIndex = store.createIndex("titel", "titel", {
        unique: true
      });
      var authorIndex = store.createIndex("autor", "autor");
      // Einige Daten zur Initialisierung anlegen
      store.put({
        titel: "WordPress", autor: "Ralph Steyer", isbn: 9783658128296
      });
      store.put({
        titel: "Joomla!", autor: "Ralph Steyer", isbn: 9783658088781
      });
    };
    request.onsuccess = function () {
      db = request.result;
      $("#info").html("Datenbank erstellt und initialisiert.<hr />
        Folgende Datensätze sind schon vorhanden:<br />");
      var tx = db.transaction("buecher", "readonly");
      var store = tx.objectStore("buecher");
      store.openCursor().onsuccess = function (event) {
        var cursor = event.target.result;
        if (cursor) {
          $("#info").append(cursor.value.isbn + ", " + cursor.value.
            titel + "," + cursor.value.autor + "<br />");
          cursor.continue();
        }
      };
    };
  };
  $("#erstellen").click(function () {
    var tx = db.transaction("buecher", "readwrite");
    var store = tx.objectStore("buecher");
    var titel = $("#titel").val();
```

```
    var autor = $("#autor").val();
    var isbn = $("#isbn").val();
    if ((titel == "") || (autor == "") || (isbn == "")) {
      $("#info").html("Die Daten müssen vollständig sein. Es wurde
        kein Datensatz hinzugefügt.");
      return;
    }
    store.put({ titel: titel, autor: autor, isbn: isbn });
    tx.oncomplete = function () {
      $("#info").html("Neuer Datensatz " + titel + ", " + autor + ", " +
        isbn + ", " + " hinzugefügt.");
      $("#titel").val("");
      $("#autor").val("");
      $("#isbn").val("");
    };
  });
$("#anzeigen").click(function () {
  var tx = db.transaction("buecher", "readonly");
  var store = tx.objectStore("buecher");
  var index = store.index("autor");
  var counter = 0;
  var suchbegriff = $("#suche_autor").val();
  $("#ausgabe").html("");
  var request = index.openCursor(IDBKeyRange.only(suchbegriff));
  request.onsuccess = function () {
    var cursor = request.result;
    if (cursor) {
      counter++;
      $("#ausgabe").append(cursor.value.isbn + ", " +
        cursor.value.titel
        + "," + cursor.value.autor + "<br />");
      cursor.continue();
    } else {
      $("#info").html("Suche nach dem Suchbegriff '" + suchbegriff +
        "' durchgeführt. Es gab " + counter + " Treffer.");
    }
  };
});
$("#ds_loeschen").click(function () {
  var tx = db.transaction("buecher", "readwrite");
  var store = tx.objectStore("buecher");
  var suchbegriff = $("#suche_autor").val();
  store.openCursor().onsuccess = function (event) {
    var cursor = event.target.result;
```

```
      if (cursor) {
         if (cursor.value.autor == suchbegriff) {
            var request = cursor.delete();
            request.onsuccess = function () {
              $("#info").html(
                 "Alle Datensätze, die mit dem Suchbegriff '" +
                 suchbegriff + "' übereinstimmen, wurden gelöscht.");
            };
         }
         cursor.continue();
      }
    };
  });
  $("#db_leeren").click(function () {
    var tx = db.transaction("buecher", "readwrite");
    var store = tx.objectStore("buecher");
    store.clear();
    $("#info").html("Die Datenbank wurde komplett geleert.");
    $("#ausgabe").html("");
  });
  $("#db_loeschen").click(function () {
    db.close();
    var req = window.indexedDB.deleteDatabase("buecher");
    req.onsuccess = function () {
      $("#info").html("Datenbank gelöscht.");
      $("#ausgabe").html("");
      $(".btn").addClass("disabled");
    };
    req.onerror = function () {
      $("#info").html("Datenbank konnte nicht gelöscht werden");
    };
    req.onblocked = function () {
      $("#info").html(
         "Datenbank konnte nicht gelöscht werden, da im Moment
           blockiert");
    };
  });
})();
```

Zuerst wird mit *var request = window.indexedDB.open("buecher");* eine Datenbank *buecher* geöffnet. Oder genaugenommen wird ein Pfad zu einer Datenbank geöffnet. Wenn die Datenbank noch nicht vorhanden ist, müssen wir sie erstellen. Das wird im deviceready-Event über den Eventhandler *request.onupgradeneeded* ausgelöst.

Mit *createObjectStore()* wird ein Objektspeicher angelegt und darin werden Indizes erzeugt. Danach werden dann einige Daten zur Initialisierung angelegt, wobei hier die *put()*-Methode zum Einsatz kommt.

Wenn das erledigt ist und erfolgreich war, soll gleich der aktuelle Inhalt des Daten-speichers in einem der Anzeigebereich der GUI angezeigt werden. Dazu nutzen wir mit *var tx = db.transaction("buecher", "readonly");* die *transaction()*-Methode. Beachten Sie, dass wir zum reinen Anzeigen der Daten natürlich nur Lesezugriff auf den Objektspeicher brauchen. Den holen wir uns dann mit *var store = tx.objectStore("buecher");*.

Über die Methode *openCursor()* können wir uns einen Zeiger auf die verschiedenen Records im Objektspeicher besorgen. Der Pointer auf den aktuellen Datensatz bekommen wir über das Standardobjekt des Erfolgs-Callback (*event.target.result*). Dieses Objekt gibt uns sowohl den Zugang zu den einzelnen Einträgen (mit der value-Eigenschaft) als auch die Möglichkeit zum Iterieren über alle Datensätze mittels *continue()*.

So generieren wir eine Ausgabe mit den Datensätzen, die in der GUI nach dem ersten Start angezeigt wird (Abb. 11.29).

Sie können nun in den ersten drei Eingabefeldern Daten eingeben, um mit einem Klick auf die Schaltfläche darunter neue Datensätze dem Objektspeicher hinzuzufü-gen. Dabei müssen alle drei Felder gefüllt sein. Im Zentrum der Aktion steht wieder die

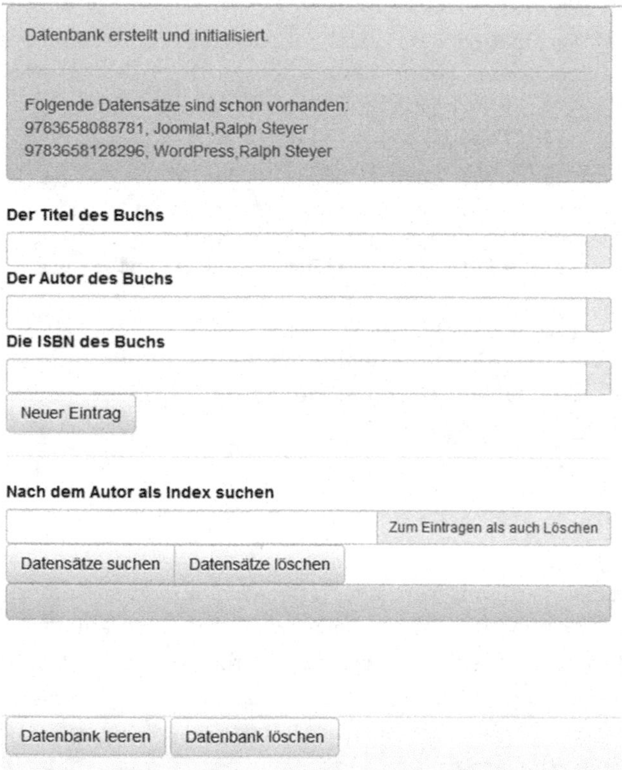

Abb. 11.29 Nach dem Start der App sind schon zwei Datensätze vorhanden

Datenbank erstellt und initialisiert.

Folgende Datensätze sind schon vorhanden:
9783658088781, Joomla!,Ralph Steyer
9783658128296, WordPress,Ralph Steyer

Der Titel des Buchs

Der Autor des Buchs

Die ISBN des Buchs

Neuer Eintrag

Nach dem Autor als Index suchen

Zum Eintragen als auch Löschen

Datensätze suchen   Datensätze löschen

Datenbank leeren   Datenbank löschen

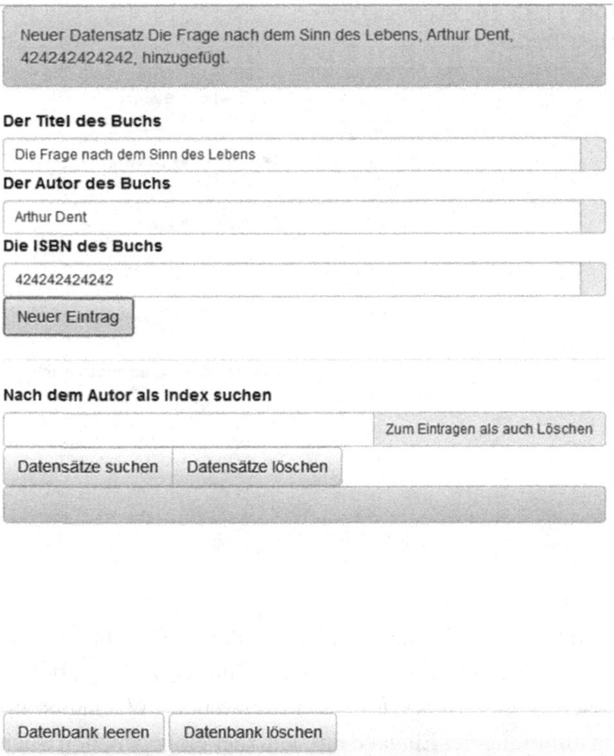

Abb. 11.30 Ein neuer Datensatz wurde hinzugefügt

Neuer Datensatz Die Frage nach dem Sinn des Lebens, Arthur Dent,
424242424242, hinzugefügt.

Der Titel des Buchs

Die Frage nach dem Sinn des Lebens

Der Autor des Buchs

Arthur Dent

Die ISBN des Buchs

424242424242

Neuer Eintrag

Nach dem Autor als Index suchen

Zum Eintragen als auch Löschen

Datensätze suchen   Datensätze löschen

Datenbank leeren   Datenbank löschen

transaction( )-Methode (*var tx = db.transaction("buecher", "readwrite");*) – diese Mal
mit Lese-Schreib-Zugriff – und die konkrete Angabe des Objektspeichers (*var store =
tx.objectStore("buecher");*). Wie oben auch verwenden wir die *put( )*-Methode zum Hinzufügen eines weiteren Datensatzes. Im Erfolgsfall zeigen wir an, was dem Objektspeicher
hinzugefügt wurde (Abb. 11.30).

Beim Neuladen der App werden alle hinzugefügten Datensätze zu sehen sein (Abb. 11.31).

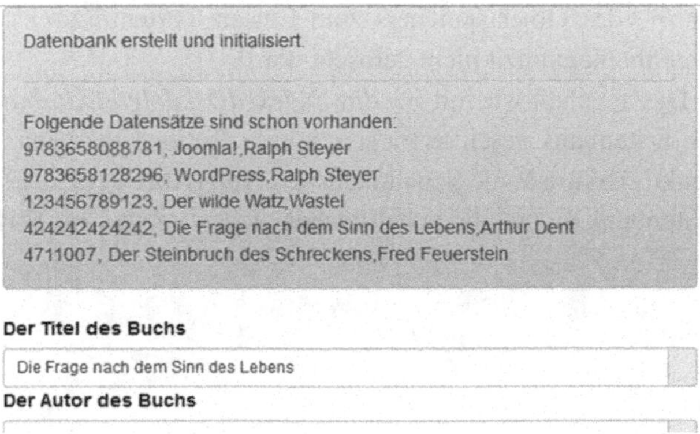

Abb. 11.31 Mehrere Datensätze wurden hinzugefügt

Datenbank erstellt und initialisiert.

Folgende Datensätze sind schon vorhanden:
9783658088781, Joomla!,Ralph Steyer
9783658128296, WordPress,Ralph Steyer
123456789123, Der wilde Watz,Wastel
424242424242, Die Frage nach dem Sinn des Lebens,Arthur Dent
4711007, Der Steinbruch des Schreckens,Fred Feuerstein

Der Titel des Buchs

Die Frage nach dem Sinn des Lebens

Der Autor des Buchs

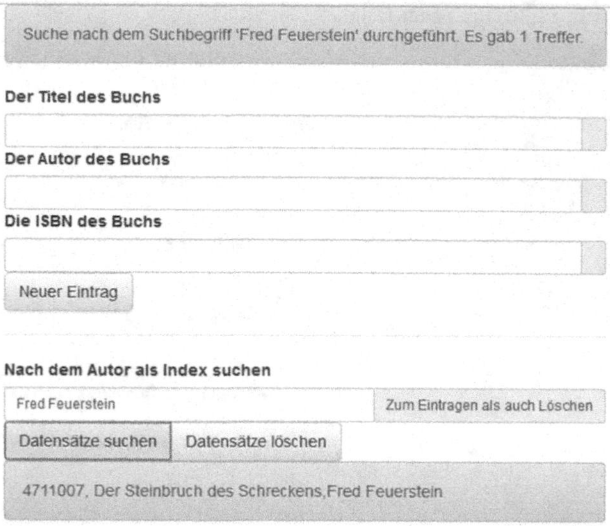

Abb. 11.32 Die Suche gab
einen Treffer

Suche nach dem Suchbegriff 'Fred Feuerstein' durchgeführt. Es gab 1 Treffer.

Der Titel des Buchs

Der Autor des Buchs

Die ISBN des Buchs

Neuer Eintrag

Nach dem Autor als Index suchen

Fred Feuerstein   Zum Eintragen als auch Löschen

Datensätze suchen   Datensätze löschen

4711007, Der Steinbruch des Schreckens,Fred Feuerstein

Nun gibt es in der GUI ein weiteres Eingabefeld, um dort den Autor eingeben zu können. Dieser Wert wird sowohl zum Anzeigen aller Werke des Autors als auch zum Löschen aller Werke des Autors verwendet. Wir haben in der App nur eine exakte Übereinstimmung der Eingabe mit dem hier eingegebenen Suchbegriff implementiert, aber das kann mit geeigneten JavaScript-String-Methoden und regulären Ausdrücken natürlich auf Wunsch angepasst werden.

Mit einer Anpassung der *openCursor( )*-Methode (*var request = index.openCursor (IDBKeyRange.only(suchbegriff));*) reduzieren wir die Treffermenge auf den gewünschten Suchbegriff und zeigen dann die Treffer an (Abb. 11.32). Das entspricht der Logik von oben.

Das Löschen eines Datensatzes erfolgt vollkommen analog. Nur kommt hier die Methode *delete( )* zum Einsatz (*var request = cursor.delete( );*). Auch nach der Aktion wird eine entsprechende Meldung dem Anwender gezeigt.

Das Leeren der gesamten Datenbank geht noch einfacher. Hier kommt die Methode *clear( )* des Objektspeichers zum Einsatz (*store.clear( );*). Beachten Sie, dass damit die Datenbank explizit nicht gelöscht wird!

Das machen wir mit *window.indexedDB.deleteDatabase( )*. Beachten Sie, dass vorher die Datenbank geschlossen sein muss (*db.close( )*). Wenn die Datenbank beseitigt wurde, deaktivieren wir alle Schaltfläche der App (Abb. 11.33). Erst der Neustart legt wieder eine Datenbank an und die Schaltflächen stehen wieder zur Verfügung.

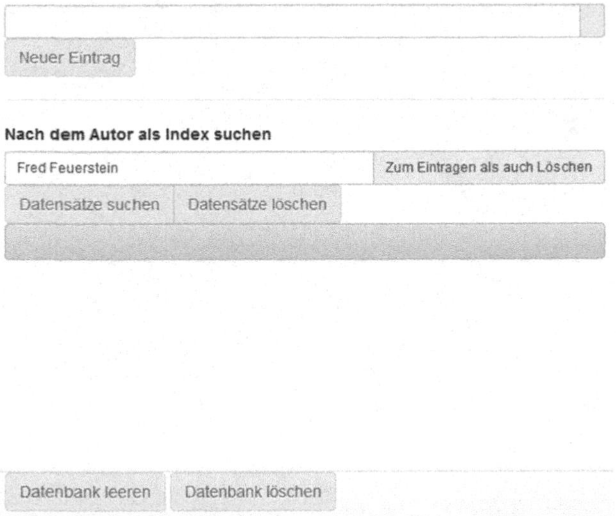

Abb. 11.33 Die Datenbank ist
gelöscht und alle Schaltflächen
wurden deaktiviert

Neuer Eintrag

Nach dem Autor als Index suchen

Fred Feuerstein   Zum Eintragen als auch Löschen

Datensätze suchen   Datensätze löschen

Datenbank leeren   Datenbank löschen

Zusammenfassung

Das war das umfangreichste Kapitel des Buchs, aber Sie haben auch eine Menge wichtiger und zusammenhängender Themen kennengelernt. Diese haben sich alle um das Speichern von Daten in der App gedreht. Sie haben dabei den Zugriff auf Dateien und das Dateisystem bei einer App kennengelernt und den Einsatz von Datenbanken über SQLite/WebSQL und IndexedDB gesehen. Nicht zu vergessen ist der Local Data Storage, der die einfachste Möglichkeit zu lokalen Datenspeichern darstellt und in vielen Fällen eine optimale Wahl darstellt.

Erweiterte Cordova-Themen – Was rund um die eigentlichen Apps noch geht

12

Inhaltsverzeichnis

12.1 Was behandeln wir in dem Kapitel?

Das abschließende Kapitel des Buchs kümmert sich um fortgeschrittene oder ergänzende Themen rund um Cordova. Dabei geht es weniger um die eigentliche Erstellung des Web-Codes von Cordova-Apps, sondern um Begebenheiten rund herum. Wir wollen uns Templates, Hooks, das Erstellen von eigenen Plugins und das sogenannte Whitelisting sowie die Festlegung von Regeln für externe Inhalte

© Springer Fachmedien Wiesbaden GmbH 2017
R. Steyer, *Cordova*, DOI 10.1007/978-3-658-16724-0_12

über die Content Security Policy ansehen. Damit wurden wir im Laufe des Buchs immer wieder konfrontiert und jetzt schauen wir zum Abschluss etwas hinter die Kulissen.

12.2   Cordova-App-Templates

Wenn Sie mit der CLI oder auch einer IDE ein Projekt für eine Cordova-App erstellen, werden gewissen Grundstrukturen automatisch generiert. Wie diese aussehen, wird von **Templates** (Vorlagen) bestimmt. Diese stellen also gewissen vorgefertigten Code bereit und erleichtern damit den Einstieg ins Projekt. Das haben Sie über das gesamte Buch so kennengelernt. Nun wurde bereits an verschiedenen Stellen angesprochen, dass sich die generierten Strukturen bei der Verwendung der CLI von denen unterscheiden, die etwa in Visual Studio erzeugt werden. Weil eben verschiedene Templates zum Einsatz kommen. Und da gibt es weitere Templates, die oft auch frei zur Verfügung stehen und die Sie bei der Erstellung eines Cordova-Projekts verwenden können. Insbesondere beim Einsatz der CLI ist das durch Angabe von geeigneten Parametern auf Befehlszeile ganz einfach.

12.2.1 Alternative Templates verwenden

„Offizielle" Templates im Cordova-Habitat sind alle auf eine bestimmte Weise veröffentlicht worden. Sie finden diese Templates unter anderem, wenn Sie mit *npm* nach dem Schlüsselwort *cordova:template* suchen (Abb. 12.1).

```
npm@2.15.8 C:\Program Files (x86)\nodejs\node_modules\npm

C:\Windows\System32>npm search cordova:template
npm WARN Building the local index for the first time, please be patient
NAME                                  DESCRIPTION
cordova-ng-boilerplate                Configurar um aplicativo Cordova com Angu
cordova-template-mfp                  MobileFirst Platform Foundation Cordova T
cordova-template-test-framework       cordova template for running cordova plug
phonegap-app-augmented-reality        Augmented Reality demo powered by Wikitud
phonegap-app-star-track               A PhoneGap example app using Framework7 a
phonegap-template-blank               blank template for phonegap and cordova p
phonegap-template-csdk-image-editor   A reference for creating PhoneGap apps th
phonegap-template-csdk-send-to-desktop A reference for creating PhoneGap apps th
phonegap-template-framework7          A starter template for building PhoneGap
phonegap-template-hello-world         > A Hello World template built with Phone
phonegap-template-jquery              Starter PhoneGap project using jQuery cor
phonegap-template-metro               Starter PhoneGap project using Metro UI C
phonegap-template-phaser              A template for getting started with phase
phonegap-template-push                > A Push template built with PhoneGap
phonegap-template-react-hot-loader    PhoneGap Template using React, ES2015, We
phonegap-vueify                       PhoneGap template using Vue, Browserify,

C:\Windows\System32>_
```

Abb. 12.1 Mit npm alternative Templates lokalisieren

Abb. 12.2 Das Template hat gleich Unterstützung für jQuery inkludiert

```
npm search cordova:template
```

▶ Wenn Sie das erste Mal eine Suche mit *npm* ausführen, wird ein lokaler Such-
   index erstellt und das kann eine Weile dauern.

Wenn Sie auf diese Weise ein Template gefunden haben, dass Sie verwenden wollen,
können Sie ein neues Cordova–Projekt mit einer Anpassung der „normalen“ CLI–Syntax
über eine Option *template* zu einer Verwendung veranlassen:

```
cordova create <Projekt> -template <npm-package-name>
```

Etwa so, wenn man mit dem Template *phonegap-template-jquery* Unterstützung von
jQuery bereits vorgeben möchte und damit das jQuery-Framework gleich mit im *www-*
Verzeichnis inkludiert werden soll (Abb. 12.2):

```
cordova create jqueryApp --template phonegap-template-jquery
```

Sie können aber auch lokale Templates auf Ihrem Computer oder einem beliebigen Git–
Repository verwenden:

```
cordova create <Projekt> -template <git-remote-url>
cordova create <Projekt> -template <Pfad-zum-Template>
```

12.2.2 Ein Template selbst erstellen

Die vorgegebenen Templates genügen oftmals, wenn Sie die Grundstrukturen einer App
anlegen wollen. Sie können jedoch ebenso eigene Templates erstellen, wenn Sie immer
wieder Strukturen benötigen, die Ihnen weder die CLI, Ihre bevorzugte IDE oder eines der

gefundenen Standarttemplates bereitstellen. Diese können Sie auch veröffentlichen, wenn Sie das wollen.

Am einfachsten nehmen Sie zuerst den Inhalt des *www*-Verzeichnisses einer vorhandenen App ohne spezifische Anpassungen und kopieren diesen in eine vorgegebene Struktur für Ihr eigenes Template. Dabei spielt der Ordner *template_src* die zentrale Rolle.

Wenn dann Ihr Template verwendet wird, wird all der Inhalt des Verzeichnisses *template_src* zum Erstellen der Grundstrukturen eines neuen Projekts verwendet. Deshalb müssen in das Verzeichnis alle notwendigen Dateien hinein, die Sie im Projekt benötigen. Also die Webseite, aber auch die CSS- und JavaScript-Ressourcen sowie eventuell standardmäßig vorhandene Mediendateien und die Konfiguration.

Darüber hinaus benötigen Sie außerhalb dieses Verzeichnisses zwingend eine Datei *index.js*, die eine Referenz auf das Verzeichnis *template_src* exportieren sollte, und optional eine Datei *package.json*, die auf die Datei *index.js* referenzieren sollte. Die Datei *package.json* sollte dabei *keyword "cordova:template"* enthalten. Letztere Datei benötigen Sie aber nur, wenn Sie Ihr Template unter npm veröffentlichen wollen. Ihre Dateistruktur wird also so aussehen:

```
TemplatePackage/
├── package.json
├── index.js
└── template_src/
    └── Inhalt des Templates für die App
```

Der Inhalt des Verzeichnisse *template_src* ist also im Wesentlichen das Verzeichnis *www* mit den Dateien *index.html* sowie die referenzierten JavaScript- und CSS-Datei, eventuell ein Bildverzeichnis und/oder ein Verzeichnis für Medien. Dazu die Datei *config.xml*. Auch eine weitere Version der Datei *package.json* kann da notiert werden, um die allgemeine Datei eine Ebene höher zu überschreiben.

Weiter finden Sie hier bei Bedarf auch ein Verzeichnis *hooks* für diese „Haken" für Entwickler (Abschn. 12.4).

12.2.2.1 Ein Beispiel für ein individuelles Template

So könnten Sie vorgehen, wenn Sie ein vollständiges individuelles Template erstellen wollen.

* Sie legen ein Verzeichnis für das Template an. Etwa für unser Beispiel *cordova-rjs-template*.
* In dem Verzeichnis legen Sie eine Datei *index.js* an. Die sieht vom Inhalt so aus:

```
var path = require('path');
module.exports = {
    dirname : path.join(__dirname, 'template_src')
};
```

- Die optionale Datei *package.json* in dem Wurzelverzeichnis könnte so aussehen, wenn Sie diese benötigen (die Schüssel sind sprechend):

```
{
  "name": "cordova-template", "version": "1.0.0",
  "description": "Ein Template zur Erstellung einer Cordova-App mit
    Einbindung von jQuery.",
  "main": "index.js", "homepage": "http://rjs.de/",
  "keywords": ["ecosystem:cordova", "cordova:template"],
  "author": "Ralph Steyer", "license": "Apache-2.0"
}
```

- Das Verzeichnis *template_src* enthält besagte Strukturen und Dateien, die Sie aus allen bisherigen Apps kennen. Etwa eine Datei *index.html* im Verzeichnis *www*, die so aussehen könnte:

```
<!DOCTYPE html>
<html>
  <head>
    <meta http-equiv="Content-Security-Policy" content="default-src
'self' data: gap: https://ssl.gstatic.com 'unsafe-eval'; style-src
'self' 'unsafe-inline'; media-src *">
    <meta name="format-detection" content="telephone=no">
    <meta name="msapplication-tap-highlight" content="no">
    <meta name="viewport" content="user-scalable=no, initial-scale=1,
    maximum-scale=1, minimum-scale=1, width=device-width">
    <link rel="stylesheet" type="text/css" href="css/index.css">
    <title></title>
  </head>
  <body>
    <!- Hier kommt Ihr Inhalt hin ->
    <script type="text/javascript" src="cordova.js"></script>
    <script type="text/javascript" src="js/jquery-3.1.0.min.js">
      </script>
    <script type="text/javascript" src="js/index.js"></script>
  </body>
</html>
```

▶   Beachten Sie, dass natürlich alle hier lokal referenzierten Dateien in den entsprechenden Verzeichnissen auch in *www* bereitstehen müssen. Insbesondere auch die hier eingebundene jQuery-Datei (wie in dem Beispiel) oder andere Ressourcen. Dazu kann man noch ein *img-* und *media*-Verzeichnis bereitstellen.

- Die Datei *config.xml*, die sich im Wurzelverzeichnis des Templates befindet, enthält die üblichen Angaben, die in der Regel maximal an ein paar Stellen individuell angepasst werden.

```
<?xml version='1.0' encoding='utf-8'?>
<widget id="de.rjs.template" version="1.0.0" xmlns="http://www.w3.org/
ns/widgets" xmlns:cdv="http://cordova.apache.org/ns/1.0">
 <name>RJS-Cordova-Template</name>
 <description>
  This is the project created from the template: cordova-rjs-template.
 </description>
 <author email="ralph.steyer@rjs.de" href="http://rjs.de">
   Ralph Steyer - RJS EDV-KnowHow</author>
...
</widget>
```

12.2.2.2 Die App mit dem eigenen Template erzeugen

Wenn das Template so fertig gestellt wurde, erzeugen Sie oder ein beliebiger Anwender so etwa die neue App auf Basis des Templates:

```
cordova create rjsApp --template f:\cordovatemplates\
cordova-rjs-template
```

12.3   Der Splashscreen

Wenn eine App startet, sehen Sie eine Animation oder Grafik, die diesen Start verdeutlicht. Das nennt man den Splashscreen. In Cordova wird ein eigenes Plugin *cordova-plugin-splashscreen* benötigt, um mit dieser Anzeige beim Start zu arbeiten. Dieses Plugin zeigt während des Startes der Anwendung dann einen individuellen Begrüßungsbildschirm an. Für Details sei auf die Dokumentation von Cordova verwiesen.

12.4   Whitelisting und die Content Security Policy

Wir wurden im Laufe des Buchs schon mit dem Problem konfrontiert, dass das Nachladen von Daten aus fremden Quellen in Apps mit Problemen behaftet sein kann. Denken Sie an die Verwendung von Bing- bzw. Google-Karten in Apps.

Standardmäßig werden neue Anwendungen meist so konfiguriert Zugang zu jedem Ort zu ermöglichen, wenn Sie denn überhaupt Netzwerkzugriff[1] und Zugriff auf lokale Speichermedien haben. In einem expliziten Sicherheitsmodell wird bei Cordova-Apps dann aber reglementiert, ob und wie Code von fremden Servern nachgeladen werden kann (CSP – Content Security Policy). Um Cross-Site-Scripting und andere Angriffe durch Einschleusen von Daten in die App zu verhindern verwendet man etwa einen *meta*-Tag in der Webseite, der gewisse Regeln für nachgeladene Ressourcen festlegt. Aber man kann Regeln auch in ausgelagerten XML-Dateien zur Konfiguration festlegen. Beide Vorgehensweisen lassen sich auch kombinieren.

Egal wie das erfolgt – so etwas wie die Content Security Policy erlaubt von allen Dingen die Angaben von vertrauenswürdigen Domains – das besagte **Whitelisting**. Damit werden Listen an vertrauenswürdigen Adressen angegeben. Allerdings muss man bei Cordova wie gesagt zwei unterschiedliche Wege differenzieren:

* Die Angabe von vertrauenswürdigen Adressen in der Datei *config.xml*.
* Die Verwendung eines *meta*-Tags.

12.4.1 Vertrauenswürdige Adressen in der Datei config.xml

Die einfachste Art, um für eine App vertrauenswürdigen Adressen anzugeben ist, dass Sie diese in der Datei *config.xml* eintragen. Entweder genau einen URL oder eine Angabe, die mittels des Platzhalters * universeller formuliert wird. Dabei muss man die Vorgehensweise unter Android derzeit etwas von den anderen Plattformen differenzieren.

12.4.1.1 Android

Für Android ab der Version 4.0 ist das Cordova-Sicherheitskonzept über eine Plugin-Schnittstelle erweiterbar. Ihre Anwendung sollte[2] dabei das Plugin *cordova-plugin-whitelist* verwenden, da es eine bessere Sicherheit und Konfigurierbarkeit bietet als frühere Versionen von Cordova. Sie installieren das Plugin wie üblich. Aber dann müssen Sie noch das Verhalten bei der Navigation zu neuen Inhalten und dem Laden externer Inhalte spezifizieren.

---

[1]Was bei Cordova-Apps standardmäßig der Fall ist.

[2]Im Prinzip können Sie auch ein eigenes Sicherheitskonzept implementieren, aber davon wird abgeraten, wenn es keine zwingenden Gründe gibt.

Hintergrundinformation

In diesem Zusammenhang muss auch das Plugin *cordova-plugin-legacy-whitelist* erwähnt werden. Dieses Plugin implementiert die Cordova 3.6 Whitelist-Richtlinie für Cordova 4.0. Es gilt allerdings als nicht sicher und die offizielle Dokumentation empfiehlt ausdrücklich die Verwendung von dem neueren Plugin.

12.4.1.1.1 Die Regeln bei der Navigation

In der Vorgabe ist aus einer CLI-reglementierten App die Navigation nur zu dem URL *file://* erlaubt. Andere URLs müssen explizit mit *<allow-navigation>*-Tags in der Datei *config.xml* hinzugefügt werden. Beispiel:

```
<!-- Alle Links auf maps.google.com -->
<allow-navigation href="http://maps.google.com/*" />
<!-- Wildcards sind möglich. Auch für das Protokoll -->
<allow-navigation href="*://*.google.com/*" />
```

12.4.1.1.2 Intent Whitelist

Zusätzlich zur Navigation kann man festlegen, welche URLs vom System geöffnet werden dürfen (etwa mit der *open()*-Methode). Standardmäßig werden keine externen URLs erlaubt. URLs müssen explizit mit *<allow-intent>*-Tags in der Datei *config.xml* hinzugefügt werden. Beispiel:

```
<allow-intent href="http://*/*" />
<allow-intent href="https://*/*" />
<allow-intent href="tel:*" />
<allow-intent href="sms:*" />
<allow-intent href="mailto:*" />
<allow-intent href="geo:*" />
<platform name="android">
  <allow-intent href="market:*" />
</platform>
```

Unter https://cordova.apache.org/docs/en/latest/reference/cordova-plugin-whitelist/ finden Sie detaillierte Hinweise zur Verwendung und Konfiguration der Whitelists unter Android.

12.4.1.2 Andere Plattformen

Für andere Plattformen handelt Cordova nach der W3C Widget Access-Spezifikation (http://www.w3.org/TR/widgets-access/), die innerhalb der *config.xml*-Datei auf dem *<access>* -Element aufbaut und den Netzwerkzugriff auf bestimmte Domänen ermöglicht.

```
<access origin="http://google.com" />
<access origin="https://google.com" />
<access origin="http://maps.google.com" />
<access origin="http://*.google.com" />
<access origin="*" />
```

▶   **Tipp** In einer typischen *config.xml*-Datei für eine App, die unter mehreren Platt-
     formen laufen soll, werden Sie beide Varianten des Whitelistings finden.

12.4.2 Content Security Policy mittels meta-Tag

In vielen Fällen genügt die Konfiguration von erlaubten Domains mittels der Datei *config.
xml*. Unter Android und iOS kann man derzeit mit einer Whitelist, wie sie gerade beschrieben wurde, aber leider nicht alle Arten an Requests filtern. Etwa werden Anfragen des
<video>-Elements oder Anfragen via WebSockets nicht blockiert. Deshalb wird empfohlen, dass man zusätzlich zu den Whitelists den *<meta>*-Tag Content Security Policy
in den HTML-Seiten verwendet, wenn solche Zugriffe vorgesehen sind. Leider ist der
Aufbau nicht ganz trivial, aber unter http://www.html5rocks.com/en/tutorials/security/
content-security-policy/?redirect_from_locale=de und https://github.com/apache/cordo-
va-plugin-whitelist finden Sie gute Quellen.
    Bei der Konfiguration ist oft Folgendes wichtig:

• Was Sie bei einer Cordova-App in dem *meta*-Tag angeben sollten ist vor Allen Dingen,
  woher Ihr Inhalt kommen kann. Das machen Sie mit der Angabe *content*.
• Die Angabe * *gap* wird unter iOS bei Verwendung von UIWebView gebraucht, damit
  zwischen JavaScript und dem nativen Code eine Kommunikation möglich ist.
• Die Angabe * *https://ssl.gstatic.com* wird unter Android für die Eigenschaft TalkBack
  benötigt.
• Mit *style-src* können Sie festlegen, woher Stylesheets geladen werden können.
• Mit *media-src* geben Sie die erlaubten Quellen für Mediendateien an.
• Sie deaktivieren oft die Verwendung von *eval()* und Inline-Scripts, denn diese Tech-
  niken stellen mit die größten Sicherheitsrisiken bei JavaScript überhaupt dar. Um das
  aber explizit zu aktivieren, wenn das dennoch benötigt wird, müssen Sie *'unsafe-inline'*
  und/oder *'unsafe-eval'* dem Wert *default-src* hinzufügen.
• Mit *frame-src* legen Sie fest, wie Inlineframes kommunizieren dürfen.

Im Normalfall gibt es keine Beschränkung, wenn Sie im *meta*-Tag eine Angabe nicht
setzen. Nur bei Inline-Skript und *eval()* ist das von der Logik anders herum. Hier sind ein
paar Angaben, die sinnvolle Kombinationen bei dem *meta*-Tag beschreiben:

```
<-- Ressourcen von überall - sonst Grundeinstellungen -->
<meta http-equiv="Content-Security-Policy" content="default-src *">
<-- Ressourcen nur von Same Origin und google.com - sonst Grundein-
stellungen -->
<meta http-equiv="Content-Security-Policy"
  content="default-src 'self' google.com">
```

▶   Gerade wenn Sie Frameworks wie das Google-Maps-API verwenden ist es nicht
     immer klar, wie diese Ressourcen verwenden. Eine zu enge Festlegung im *meta*-
     Tag kann hier Probleme machen. Beim Einsatz externer Frameworks müssen sie
     meist den Preis zahlen, dass Sie für *content* alle Domains freischalten und keine
     strengen Regeln einfordern oder ganz auf die Verwendung des *meta*-Tags ver-
     zichten und nur die Datei *confix.xml* verwenden.

12.5   Hooks

Wenn Sie die Dateistruktur Ihrer Cordova-Projekte ansehen, wird Ihnen vielleicht das
Verzeichnis *hooks* auffallen. Auch an diversen Stellen im Buch ist der Bezeichner schon
gefallen. Der Begriff „Hook" wird im Deutschen meist mit „Haken" übersetzt, aber in
dem Kontext ist die Übersetzung als „Einschubmethode" sinnvoller. Damit bezeichnet
man eine Schnittstelle, mit der fremder Programmcode in eine bestehende Anwendung
integriert werden kann. Darüber kann man diese Anwendung erweitern, deren Ablauf verändern oder auf bestimmte Ereignisse reagieren, auf die in der Standardversion noch nicht
reagiert wird. Dies kann entweder

- im Quelltext geschehen, der entsprechend modifiziert wird,
- über Konfigurationsdateien, die den Ablauf eines fertigen Programms verändern, oder
- über Aufruf von Funktionen, denen der auszuführende Programmcode in irgendeiner
  Form mitgegeben wird.

Es gibt also mehrere Möglichkeiten, Hooks in eine Anwendung zu implementieren.

Der einfachste Weg ist der, dass der Quelltext des zu erweiternden Programms vorliegt.
Dann modifiziert man diesen und stellt die erweiterte Anwendung zur Verfügung.

Sofern der Quellcode jedoch nicht genau bekannt ist oder nicht zur Verfügung steht,
ist dieser Weg meist nicht sinnvoll oder möglich. Daher definieren manche Programme
bestimmte Stellen, die explizit dazu vorgesehen sind, von anderen erweitert zu werden. So
wie das gelegentlich auftauchende Verzeichnis *hooks* im Cordova-Verzeichnis.

Diese Erweiterung kann dann dadurch geschehen, dass eine Funktion aufgerufen wird,
die im ursprünglichen Programm leer implementiert ist, also nichts bewirkt. Diese kann
dann gefahrlos auf eine fremdimplementierte Funktion umgelenkt werden. Die ursprünglich leere Funktion ist dann der Hook.

Cordova Hooks repräsentieren solche speziellen Skripte, die durch Entwickler hinzugefügt werden können, um Cordova-Befehle anzupassen. Damit können Sie spezielle Aktivitäten rund um Cordova-Befehle ausführen. Zum Beispiel können Sie dafür sorgen, dass ein eigenes Tool zur Formatierung und Kontrolle Ihrer JavaScript-Datei vor jedem Build ausgeführt wird. In einem solchen Fall könnten Sie einen "before_build"-Hook verwenden und die Cordova-Laufzeitumgebung anweisen, das benutzerdefinierte Tool vor jedem Build auszuführen.

Hooks in Cordova können mit bestimmten Aktivitäten in Beziehung gesetzt werden (etwas before_build, after_build usw.) oder sie können mit Plugins Ihrer Anwendung zusammenhängen. Cordova unterstützt unter anderem die in Tab. 12.1 dargestellten Hook-Typen.[3]

Tab. 12.1 Eine Auswahl an Hook-Typen

Hook-Typ	Zugeordneter Befehl	Beschreibung
before_platform_add und *after_platform_ad*d	*cordova platform add*	Vor und nach dem Hinzufügen einer Plattform sollen gewisse Dinge ausgeführt werden.
before_platform_rm und *after_platform_r*m	*cordova platform rm*	Vor und nach dem Entfernen einer Plattform sollen gewisse Dinge ausgeführt werden.
before_compile und *after_compil*e	*cordova compile* und *cordova buil*d	Maßnahmen, die vor und nach dem Kompilieren der App auszuführen sind.
before_deploy	*cordova emulate* und *cordova run*	Maßnahmen, die vor dem Bereitstellen der App auszuführen sind.
before_build und *after_build*	*cordova build*	Maßnahmen, die vor und nach dem Erstellen der App auszuführen sind.
before_emulate und *after_emulate*	*cordova emulate*	Aktionen vor und nach einer Emulation der App.
before_run und *after_run*	*cordova run*	Aktionen vor und nach dem Ausführen der App.
before_plugin_add und *after_plugin_add*	*cordova plugin add*	Vor oder nach dem Hinzufügen eines Plugins ausführen.
before_plugin_rm und *after_plugin_rm*	*cordova plugin rm*	Vor oder nach dem Entfernen eines Plugins ausführen.

[3]Eine vollständige Liste finden Sie unter https://cordova.apache.org/docs/en/latest/guide/appdev/hooks/index.html.

12.5.1 Definitionswege für Hooks

Es gibt verschiedene Wege, um in Cordova-Apps Hooks für eine App zu definieren. Hier sollen nur drei Wege kurz angedeutet werden.

12.5.1.1 Verwenden der Datei config.xml

In der XML-Datei *config.xml* gibt es ein spezielles Element *<hook>*. Das kann man etwa so verwenden, um bestimmte Schritte in Abhängigkeit eines der oben genannten Hook-Typen auszuführen. Diese Schritte können in Shell-Skripten, Batch-Dateien oder auch JavaScripts bereitgestellt werden. Dabei kann man sowohl global vorgehen als auch in Abhängigkeit von einer bestimmten Plattform. Beispiel:

```
<hook type="before_build" src="scripts/beforeBuild.bat" />
<hook type="before_build" src="scripts/beforeBuild.js" />
<hook type="before_plugin_install"
  src="scripts/beforePluginInstall.js" />
<platform name="android">
  <hook type="after_build" src="scripts/androidAfterBuild.bat" />
  ...
</platform>
<platform name="windows">
  <hook type="before_emulate " src="winBeforeEmulate.bat" />
  ...
</platform>
```

12.5.1.2 Die Datei plugin.xml

Als Entwickler von Plugins kann man Hook-Skripts mittels des *<hook>*-Elements in einer Datei *plugin.xml* definieren. Das könnte so aussehen:

```
<hook type="before_plugin_install" src="scripts/beforeInstall.js" />
<platform name="android">
  <hook type="before_plugin_install" src=
  "scripts/androidBeforeInstall.js" />
  ...
</platform>
```

Natürlich machen in dem Zusammenhang weitgehend die Hooks Sinn, die mit dem Installieren oder Deinstallieren von Plugins gekoppelt sind. Also before_plugin_install, after_plugin_install oder before_plugin_uninstall.

12.5.1.3 Das hooks-Verzeichnis

Obwohl dieser Weg als deprecated gekennzeichnet ist, kann man im Cordova-Verzeichnis einen Unterordner *hooks* verwenden und dort in weiteren Unterverzeichnissen

Skriptdateien platzieren. Diese weiteren Unterverzeichnisse haben die Namen der oben aufgeführten Hooks.

Beispiel:

hooks/after_build/skript.js

12.6 Eigene Plugins entwickeln

Das Cordova-Framework wurde über seine Entwicklungsgeschichte immer mehr modularisiert, wie wir in dem Buch ja immer wieder gesehen haben. Einzelne Funktionalitäten wurden in spezielle Module zusammengefasst und ausgelagert, damit man diese gezielt in eine App implementieren und die App von überflüssigem Code bewahren und schlank halten kann – die Plugins.

Ein Plugin ist dabei ein Paket von bei Bedarf hinzugefügtem Code, der gezielt die Cordova-WebView-Komponente erweitert, damit die App mit der nativen Plattform kommunizieren kann. Plugins umfassen eine einzelne JavaScript-Schnittstelle, Konfigurationen und entsprechende native Code-Bibliotheken für jede unterstützte Plattform. Im Grunde verbergen sich die verschiedenen nativen Code-Implementierungen hinter der gemeinsamen JavaScript-Schnittstelle.

Hintergrundinformation
Da die Entwicklung von Plugins explizit native Programmierung umfasst, werden wir die Entwicklung von Plugins nur soweit andeuten, wie wir nicht auf diese native Programmierung eingehen müssen.

Wenn Sie eigene Plugins entwickeln wollen, müssen Sie also so eine JavaScript-Schnittstelle bereitstellen sowie eine strukturell weitgehend vorgegebene Datei *plugin.xml*, in der die Konfiguration des Plugins beschrieben wird. Es gibt nun mehrere Möglichkeiten, wie diese Datei im Detail aufzubauen ist. Details sind in der Plugin-Spezifikation von Cordova verfügbar (https://cordova.apache.org/docs/en/latest/plugin_ref/spec.html).

Eine einfache Version solch einer Datei sieht etwa so aus:

```xml
<?xml version="1.0" encoding="UTF-8"?>
<plugin xmlns="http://apache.org/cordova/ns/plugins/1.0"
    id="cordova-plugin-rjs" version="0.2.3">
  <name>RJS</name>
  <description>Cordova RJS Plugin</description>
  <license>Apache 2.0</license>
  <keywords>cordova,rjs</keywords>
  <js-module src="www/rjsplugin.js" name="rjsplugin">
    <clobbers target="device" />
  </js-module>
  <platform name="ios">
    <config-file target="config.xml" parent="/*">
```

```
      <feature name="RJSPlugin">
        <param name="ios-package" value="RJSPlugin"/>
      </feature>
    </config-file>
    <header-file src="src/ios/RJSPlugin.h" />
    <source-file src="src/ios/RJSPlugin.m" />
  </platform>
</plugin>
```

- Das *id*-Attribut des *plugin*-Tags auf der Wurzelebene verwendet als Wert das gleiche Reverse Domain-Format zur Identifikation des Plugin-Pakets, den Sie dann beim Hinzufügen des Plugins verwenden. Das oben beschriebene Plugin würden Sie also so einer App hinzufügen:

```
cordova plugin add cordova-plugin-rjs
```

- Das *js-modul*-Tag gibt den Pfad zu der gemeinsamen JavaScript-Schnittstelle an.
- Das *plattform*-Tag gibt einen entsprechenden Satz von nativem Code für die gewünschte Plattform an – iOS-Plattform in diesem Fall. Darin kapselt das *config-file*-Tag ein *feature*-Tag, das in der plattformspezifischen Datei *config.xml* injiziert wird. Die *header-file*- und *source-file*-Tags geben den Pfad zu den nativen Komponentendateien an. In dem Fall ist der native Code in C/C++ geschrieben, aber hier können etwa auch Java-Ressourcen notiert werden.

12.6.1 Die JavaScript-Schnittstelle

Die JavaScript-Schnittstelle hat bei einem Plugin eine weitgehend feste Struktur. Sie müssen dort *cordova.exec()* aufrufen, um mit der nativen Plattform zu kommunizieren, und dabei die folgende Syntax verwenden:

```
cordova.exec(function(winParam) {},
  function(error) {},
  "service",
  "action",
  […]);
```

- Der erste Parameter ist ein Callback, wenn die Ausführung von *cordova.exec()* erfolgreich war.
- Der zweite Parameter ist der Fehler-Callback.
- Als dritter Parameter wird der Servicename angegeben, der auf der nativen Seite aufzurufen ist. Dies entspricht einer nativen Klasse.

- Parameter Nummer 4 ist der Aktionsname, der auf der nativen Seite aufzurufen ist. Dies entspricht in der Regel der nativen Klassenmethode.
- Als fünfter Parameter kann man ein Array mit Argumenten für den nativen Code angeben.

12.6.2 Die nativen Schnittstellen

Neben dem JavaScript für Ihr Plugin brauchen Sie mindestens eine native Implementierung. Die Details dazu führen – wie schon angedeutet – viel zu weit und deren Aufbau unterscheidet sich je nach Plattform und ist in der Cordova-Dokumentation zu finden.

12.6.3 Das Veröffentlichen von Plugins

Wenn Sie sich schon die Mühe machen ein Plugin zu programmieren, wollen Sie es in der Regel auch anderen Leuten zur Verfügung stellen. Sie können das Plugin auf jedem npmjs-basierte Registry-System veröffentlichen. Der empfohlene Weg ist die npm-Registrierung. Andere Entwickler können das Plugin dann automatisch entweder mit dem Tool plugman oder der Cordova CLI installieren und verwenden. Für weitere Details sei auf https://docs.npmjs.com/getting-started/publishing-npm-packages verwiesen.

12.7   Plugins aus zusätzlichen Quellen installieren und Funktionalitäten erweitern

Im Rahmen der „offiziellen" Cordova-Plattform gibt es eine Reihe von Standard-Plugins, die wir im Laufe des Buchs für die verschiedensten Apps eingesetzt haben. Es gibt aber auch eine ganze Menge an „inoffiziellen" Plugins beliebiger Anbieter, welche die Möglichkeiten von Cordova-Apps bei Bedarf erweitern. Wie die grundsätzlich erstellt werden, haben wir ja gerade besprochen. Sie finden diese ergänzenden Plugins meist leicht über Suchmaschinen und die Suchbegriffe „Cordova", „Plugin" und das gewünschte Feature. Bei professionell bereitgestellten Plugins finden Sie in der Dokumentation des Plugins dann Hinweise, wie sie zu installieren und anzuwenden sind.

12.7.1 Ein Beispiel – das Clipboard-Plugin

Die Standard-Plugins von Cordova unterstützen den Zugriff auf die Zwischenablage erst einmal nicht. Beim W3C gibt es aber eine Spezifikation für den Zugriff auf die Zwischenablage aus JavaScript (https://www.w3.org/TR/clipboard-apis/). Diese Spezifikation ist zwar in den meisten Browsern bzw. Engines noch nicht verfügbar, aber grundsätzlich kann man damit ganz einfach die Zwischenablage per JavaScript aus einem Browser heraus verwenden. Etwa so, wenn man nur den JavaScript-Anschnitt betrachtet:

```
$(function() {
  document.addEventListener('copy', function(e){
    e.clipboardData.setData('text/plain', $("#daten").val());
    e.preventDefault();
  });
  document.addEventListener('paste', function(e){
    if(e.clipboardData.types.indexOf('text/plain') > -1){
      $("#info").html(e.clipboardData.getData('text/plain'));
      e.preventDefault();
    }
  });
});
```

Wenn der Anwender den Copy-Vorgang auslöst (etwa mit STRG+V), wird der gesamte Prozess aufgerufen. Der Text in dem Eingabefeld wird in die Zwischenablage kopiert, auch wenn er nicht selektiert wurde. Das Einfügen über den Paste-Vorgang fügt den Text in das Div-Element in der Webseite ein (Abb. 12.3).

Um nun so ein Feature in einer Cordova-App zur Verfügung zu haben, können Sie eine App erstellen und das cordovaClipboard-Plugin verwenden. Das installieren Sie etwa so (Abb. 12.4):

```
cordova plugin add https://github.com/VersoSolutions/CordovaClipboard.
git
```

Wie konkret die syntaktische Unterstützung eines Features bei einem Plugin genau erfolgt, ist natürlich in der Verantwortung des Entwicklers. Und auch, ob ein Feature überhaupt funktioniert. Im Fall des hier beispielhaft genannten Plugins wird die Anwendung so erfolgen:

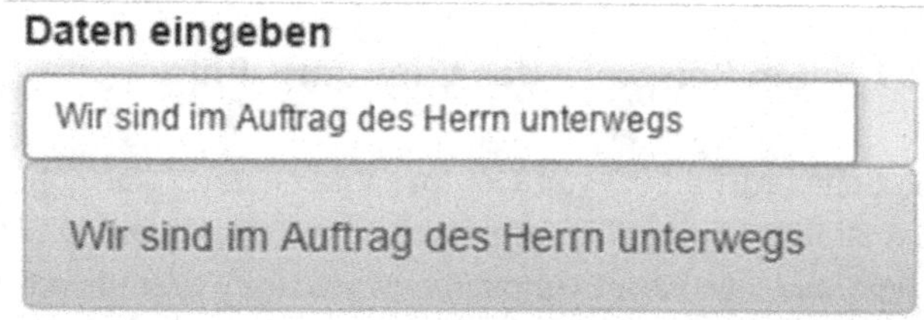

Abb. 12.3 Im Browser wurde der Text aus dem Eingabefeld mittels der Zwischenablage kopiert

```
eater than 4.0. If you have a previous platform version, you do *not* need this
plugin since the whitelist will be built in.

F:\cordovaprojekte\ClipboardApp>cordova platform add windows
Adding windows project...
Creating Cordova Windows Project:
        Path: platforms\windows
        Namespace: io.cordova.hellocordova
        Name: HelloCordova
Windows project created with cordova-windows@4.4.2
Installing "cordova-plugin-whitelist" for windows

F:\cordovaprojekte\ClipboardApp>cordova plugin add https://github.com/VersoSolut
ions/CordovaClipboard.git
Fetching plugin "https://github.com/VersoSolutions/CordovaClipboard.git" via git
 clone
Repository "https://github.com/VersoSolutions/CordovaClipboard.git" checked out
to git ref "master".
Installing "com.verso.cordova.clipboard" for android
Installing "com.verso.cordova.clipboard" for windows

F:\cordovaprojekte\ClipboardApp>
F:\cordovaprojekte\ClipboardApp>
F:\cordovaprojekte\ClipboardApp>_
```

Abb. 12.4 Mit der CLI wurde das Plugin hinzugefügt

```
module.controller('ClipboardCtrl', function($scope, $cordovaClipboard)
{
  $cordovaClipboard
    .copy(…)
    .then(function () {
      // Erfolg
    }, function () {
      // Fehler
    });
  $cordovaClipboard
    .paste()
    .then(function (result) {
      // Erfolgt - result enthält den Inhalt der Zwischenablage
    }, function () {
      // Fehler
    });
});
```

Zusammenfassung

Sie haben in diesem abschließenden Kapitel erweiterte Themen rund um das Cordova-Habitat kennengelernt. Für die Erstellung von Apps werden Sie diese Dinge nicht unbedingt benötigen, aber gerade Templates und Hooks erweitern die Flexibilität von Apps. Whitelisting kann wirklich zwingend werden, wenn Sie externe Ressourcen verwenden und dennoch das Sicherheitskonzept von Cordova verwenden wollen. Die Erstellung von eigenen Plugins verlässt jedoch explizit die eigentliche Cordova-Programmierung, weil dort die Hauptarbeit bei der nativen Programmierung für jede Plattform zu leisten ist.

Stichwortverzeichnis

© Springer Fachmedien Wiesbaden GmbH 2017
R. Steyer, *Cordova*, DOI 10.1007/978-3-658-16724-0

Printed in the United States
By Bookmasters